《可爱的河北》编委会

主　　　任	艾文礼（主编）
常务副主任	杨永山
副　主　任	白　石　　戴长江　　解永会　　夏文义
	史建伟
成　　　员	范　捷　　边建国　　刘继章　　赵继民
	杜　涛　　郄少华　　郑恩兵　　徐　凡
执 行 主 编	范　捷

文　　　字	刘继章　　赵继民　　杜　涛　　郑恩兵
插　　　画	彭大力　　王冬炎
摄 影 作 者	郄少华　　狄巨宽　　成贵民　　任长庆
	王　珑　　刘祺云　　胡喜魁　　于俊海
	衣志坚　　袁明海　　王运良　　刘振友
	于　磊　　苑　捷　　周万平　　赵昌镛
	贾占生　　卢白子　　张志明　　范立彦
	康同跃　　张宝林　　王国庆　　于文江
	藏哲辉　　王喜昌　　李自岐　　高景生
	蔡　皓　　郑文忠　　李志文　　陈永平
	刘红健　　刘德兴　　刘香山

艾文礼◎主编

可爱的河北

KE'AI DE HEBEI

河北出版传媒集团
河北人民出版社

图书在版编目（CIP）数据

可爱的河北 ／ 艾文礼主编. -- 石家庄：河北人民
出版社，2013.12

ISBN 978-7-202-08466-3

Ⅰ．①可… Ⅱ．①艾… Ⅲ．①文化史－河北省 Ⅳ．
①K292.2

中国版本图书馆CIP数据核字(2013)第295281号

书　　名	可爱的河北	
主　　编	艾文礼	
责任编辑	李成轩　甄　洁	
美术编辑	吴书平	
图文设计	郄少华　聂敏慧	
装帧设计	傳新 BOOKs DESIGN	
责任校对	付敬华	
出版发行	河北出版传媒集团　河北人民出版社	
	（石家庄市友谊北大街330号）	
印　　制	石家庄名伦印刷有限公司	
开　　本	787毫米×1092毫米　　1/16	
印　　张	38.5	
字　　数	590 000	
版　　次	2013年12月第1版　　2013年12月第1次印刷	
印　　数	1-3 000	
书　　号	ISBN 978-7-202-08466-3/I · 1008	
定　　价	160.00元	

卷首语

在波澜壮阔的渤海之滨，奔腾不息的中华母亲河黄河下游以北，环绕在首都北京和直辖市天津周围，是中国北方重要的省份河北省。

河北省历史传承悠久，文化底蕴厚重。神话传说中的盘古开天地、女娲造人、伏羲创八卦等都源于此，发现有大量新、旧石器文化遗存的阳原泥河湾被誉为"人类祖先的东方故乡"；黄帝、炎帝、蚩尤在涿鹿从征战到融合，开创华夏5000余年文明史；大禹划九州，河北地属冀州，意为充满希望的土地；春秋战国时期河北属燕国和赵国，故称"燕赵大地"；元、明、清定都北京，河北为拱卫京城的畿辅之地；革命战争年代，河北是重要的对敌战场和革命根据地，西柏坡是中共中央最后一个农村指挥所，毛泽东等领导人从这里赴京开创"建国大业"，被誉为"新中国从这里走来"；在漫长的历史进程中，河北涌现出无以计数的英雄豪杰和仁人志士，为河北乃至中国谱写出一曲曲雄浑的壮歌，创造出无比辉煌的业绩。

河北省地理环境优越，资源禀赋良好。环绕在北京及天津周围，处于全国城市布局最为稠密的区域，与京津构成竞争互补的格局，被誉为"黄金三角"地带；拥有487公里绵长曲折的海岸线，有秦皇岛、唐山、沧州密集的港口群及沿海产业园区，铁路、公路、航空及海运各种交通网络纵横交错、快捷便利，通讯设施完备；是中国唯一兼有海滨、平原、湖泊、丘陵、山地和高原的省份，自然生态良好，矿产及其他资源丰富；旅游文化资源充裕，有避暑山庄及周围寺庙、万里长城、清代皇家陵寝三处世界物质文化遗产，168处国家级重点文物保护单位，五座国家级历史文化名城以及遍布全省的名胜古迹，为多样化的经济及社会发展提供了良好的条件。

河北省经济基础雄厚，发展势头强劲。新中国建立后、特别是改革开放以来，在经济、社会发展方面奠定了坚实的基础；目前正面临难得的历史机遇：环渤海地区加速崛起，秦唐沧发展规划有望纳入国家发展战略；京津冀一体化进程加快，河北具有接受辐射、借力发展的独特优势；国内"南资北移"呈加速趋势，河北具有吸引资金和产业转移的良好条件；国家大力培育战略性新兴产业，河北在新能源、新材料、生物医药、信息技术等领域具备加快发展的基础；河北城镇化、工业化加速推进，环境保护日益加强，有利于更好地聚集要素、聚集产业、聚集财富，凝聚和激发经济发展的动力和活力。

为了让人们认识和了解河北，河北人民出版社于1984年编辑出版了《可爱的河北》一书，曾在河北工作和生活过的聂荣臻元帅、时任省委书记的高扬为此书题词。1998年此书进行了再版。本书自出版发行以来，在对内激发全省人民爱省、敬业的热情，对外宣传、介绍河北，树立河北良好形象方面发挥了非同寻常的作用，被誉为弘扬河北历史文化及现实发展的百科全书。在有关人士的呼吁下，此次对本书进行又一次再版。

本次再版，不是简单地照抄照搬，而是秉其宏旨、继其精髓、承其风骨，按照新时代确立的历史观及改革理念，从思路到框架都做出了全面调整，重新编排了章节、条目，重新撰写了文字，力求做到取舍得要、简约适当，文字量虽略为减少，但涉及面更为宽泛，可读性更强。比如将原版中的河北革命史扩展为整个河北史，历史人物也由单纯的河北籍扩展为包括在河北有过重要历史经历及贡献的非河北籍人物，比如秦始皇、刘秀、曹操、李世民、康熙等。本着雅俗共赏的原则，在介绍历史、文化、经济、科教的同时，加大了旅游景点、民俗风情、土特产品、风味小吃等的比重，使其更贴近读者。制作由原版的单色文字改为彩色印刷、图文并茂，采用国际大16开精装，设计新颖、装帧精美、制作精良，具有很高的观赏性和收藏价值。

愿新版《可爱的河北》作为宣传、介绍河北的媒介和桥梁，让省内外各界读者朋友更为全面、深入、准确地了解和认识河北，并进一步热爱河北和建设河北，促进全省人民更加奋发努力、不断进取，吸引更多的省外各界朋友到河北投资置业、旅游观光、互利双赢，使河北的明天更可爱、更强盛、更幸福、更绚丽。

2013年12月

目录

1

（四）历史掌故/91

三、雄厚的经济基础（121–172）

（一）历史回顾/122

（二）农村经济/129

（三）工业经济/141

（四）交通运输邮电通信/154

（五）对外经济/161

（六）目标展望/166

四、发展的科技教育（173–236）

（一）科技的历史与现状/174

六、高雅的文化艺术（361~460）

（一）诗词歌曲/**362**

八、璀璨的古今城市（517-570）

九、骄人的中国之最（571-590）

一、良好的资源禀赋

河北省是中国北方的重要省份，因位于中国的母亲河黄河下游以北而得名；春秋战国时期地属燕国和赵国，故称"燕赵大地"；是中国唯一兼有高原、山地、丘陵、湖泊、平原、滨海等全部地貌特征的省份；环绕在首都北京周围，拥有得天独厚的地缘优势；中文将都城周围的区域称"畿"，又称"京畿之地"或"畿辅重地"；简称"冀"，意为充满希望的土地。

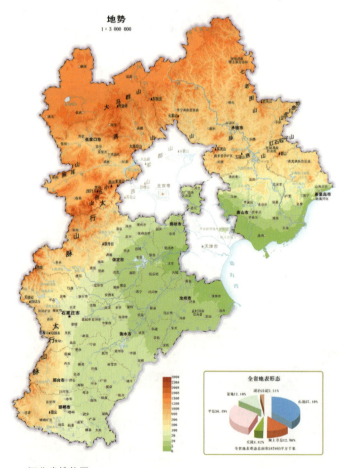

地势

1:3 000 000

河北省地势图

（一）地理位置

河北省位于东经113°27′至119°50′，北纬36°03′至42°37′之间；南北长730千米，东西宽560千米；地处华北地区的腹心地带，东临渤海，西倚太行，北为燕山山地，燕山以北兼跨内蒙古高原，中部为河北平原，面积18.88万平方千米；环绕北京和天津两个直辖市，东南部、南部衔接山东、河南两省，西部与山西省为邻，西北与内蒙古自治区交界，东北部与辽宁省接壤。

（二）行政区划

河北省共设石家庄、唐山、秦皇岛、邯郸、邢台、保定、张家口、承德、沧州、廊坊、衡水11个地级市；172个县级行政区划单位（其中37个市辖区、22个县级市、107个县、6个自治县）；共有1970个乡镇，50201个村民委员会。省会石家庄市，省政府驻石家庄维明南大街46号。

其中：

石家庄市（辖6个市辖区、12个县，代管5个县级市；市政府驻长安区）

长安区（育才街道）、桥东区(中山东路街道)、桥西区（振头街道）、新华区（革新街道）、裕华区（裕兴街道）、井陉矿区（矿市街道）

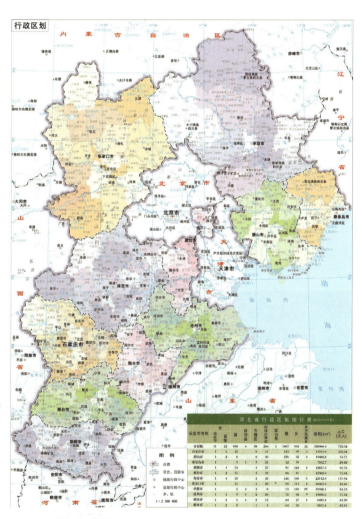

河北省行政区划图

辛集市（辛集镇）、藁城市（廉州镇）、晋州市（晋州镇）、新乐市（长寿街道）、鹿泉市（获鹿镇）、平山县（平山镇）、井陉县（微水镇）、栾城县（栾城镇）、正定县（正定镇）、行唐县（龙州镇）、灵寿县（灵寿镇）、高邑县（高邑镇）、赵县（赵州镇）、赞皇县（赞皇镇）、深泽县（深泽镇）、无极县（无极镇）、元氏县（槐阳镇）

唐山市（辖6个市辖区、6个县，代管2个县级市；市政府驻路北区）

路北区（乔屯街道）、路南区(学院南路街道)、古冶区（京华街道）、开平区（开平街道）、丰南区（胥各庄街道）、丰润区（太平路街道）、曹妃甸区（唐海镇）

遵化市（遵化镇）、迁安市（永顺街道）、迁西县（兴城镇）、滦南县（倴城镇）、玉田县（玉田镇）、乐亭县（乐亭镇）、滦县（滦州镇）

秦皇岛市（辖3个市辖区、3个县、1个自治县；市政府驻海港区）

海港区(建设大街街道)、山海关区（路南街道）、北戴河区（西山街道）

省会石家庄

秦皇岛海滨

昌黎县（昌黎镇）、卢龙县（卢龙镇）、抚宁县（抚宁镇）、青龙满族自治县（青龙镇）

邯郸市（辖4个市辖区、14个县，代管1个县级市；市政府驻丛台区）

丛台区（丛西街道）、复兴区（胜利桥街道）、邯山区（火磨街道）、峰峰矿区（临水镇）

武安市（武安镇）、邯郸县（南堡乡）、永年县（临洺关镇）、曲周县（曲周镇）、馆陶县（馆陶镇）、魏县（魏城镇）、成安县（成安镇）、大名县（大名镇）、涉县（涉城镇）、鸡泽县（鸡泽镇）、邱县（新马头镇）、广平县（广平镇）、肥乡县（肥乡镇）、临漳县（临漳镇）、磁县（磁州镇）

邢台市（辖2个市辖区、15个县，代管2个县级市；市政府驻桥东区）

桥东区（南长街街道）、桥西区（钢铁街道）

南宫市（凤岗街道）、沙河市（褡裢街道）、邢台县(邢台市桥东区)、柏乡县（柏乡镇）、任县（任城镇）、清河县（葛仙庄镇）、宁晋县（凤凰镇）、威县（洺州镇）、隆尧县（隆尧镇）、临城县（临城镇）、广宗县（广宗镇）、临西县（临西镇）、内丘县（内丘镇）、平乡县（丰州镇）、巨鹿县（巨鹿镇）、新河县（新河镇）、南和县（和阳镇）

保定市（辖3个市辖区、18个县，代管4个县级市；市政府驻新市区）

新市区（先锋街道）、南市区（联盟街道）、北市区（五四路街道）

涿州市（双塔街道）、定州市（南城区街道）、安国市（祁州镇）、高碑店市（兴华街道）

满城县（满城镇）、清苑县（清苑镇）、涞水县（涞水镇）、阜平县（阜平镇）、徐水县（安肃镇）、定兴县（定兴镇）、唐县（仁厚镇）、高阳县（高阳镇）、容城县（容城镇）、涞源县（涞源镇）、望都县（望都镇）、安新县（安新镇）、易县（易州镇）、曲阳县（恒州镇）、蠡县（蠡吾镇）、顺平县（蒲阳镇）、博野县（博陵镇）、雄县（雄州镇）

张家口市（辖4个市辖区、13个县；市政府驻桥西区）

桥西区（新华街街道）、桥东区（红旗楼街道）、宣化区（建国街街道）、下花园区（城镇街道）

宣化县（宣化区）、康保县（康保镇）、张北县（张北镇）、阳原县（西城镇）、赤城县（赤城镇）、沽源县（平定堡镇）、怀安县（柴沟堡镇）、怀来县（沙城镇）、崇礼县（西湾子镇）、尚义县（南壕堑镇）、蔚县（蔚州镇）、涿鹿县（涿鹿镇）、万全县（孔家庄镇）

承德市（辖3个市辖区、5个县、3个自治县；市政府驻双桥区）

双桥区（中华路街道）、双滦区（元宝山街道）、鹰手营子矿区（鹰手营子镇）

承德县（下板城镇）、兴隆县（兴隆镇）、隆化县（隆化镇）、平泉县（平泉镇）、滦平县（滦平镇）、丰宁满族自治县（大阁镇）、围场满族蒙古族自治县（围场镇）、宽城满族自治县（宽城镇）

沧州市（辖2个市辖区、9个县、1个自治县，代管4个县级市；市政府驻运河区）

运河区（水月寺街道）、新华区（建设北街街道）

唐山南湖公园

泊头市（解放街道）、任丘市（新华路街道）、黄骅市（骅西街道）、河间市（瀛州镇）、沧县(沧州市新华区)、青县（清州镇）、献县（乐寿镇）、东光县（东光镇）、海兴县（苏基镇）、盐山县（盐山镇）、肃宁县（肃宁镇）、南皮县（南皮镇）、吴桥县（桑园镇）、孟村回族自治县（孟村镇）

廊坊市（辖2个市辖区、5个县、1个自治县，代管2个县级市；市政府驻广阳区）

广阳区（解放道街道）、安次区（银河北路街道）

霸州市（霸州镇）、三河市（沟阳镇）、固安县（固安镇）、永清县（永清镇）、香河县（淑阳镇）、大城县（平舒镇）、文安县（文安镇）、大厂回族自治县（大厂镇）

衡水市（辖1个市辖区、8个县，代管2个县级市；市政府驻桃城区新华路）

桃城区（中华大街街道）

冀州市（冀州镇）、深州市（深州镇）、饶阳县（饶阳镇）、枣强县（枣强镇）、故城县（郑

邯郸社区

口镇）、阜城县（阜城镇）、安平县（安平镇）、武邑县（武邑镇）、景县（景州镇）、武强县
（武强镇）

★2012年7月11日，国务院批准同意撤销唐海县，设立唐山市曹妃甸区。将唐山市丰南区的滨
海镇、滦南县的柳赞镇划归唐山市曹妃甸区管辖。区人民政府驻唐海镇垦丰街道。

（三）人口与民族

河北省截至2010年11月1日零时全国第六次人口普查，常住人口为7190万人，与2000年11月
1日第五次全国人口普查时的6740万人相比，增长6.55%；总人口数位居全国各省、市、自治区的
第六位，年均人口增长速度为0.6%；在常住人口中，共有家庭户2040万户，家庭户人口为6850万
人，平均每个家庭户的人口为3.36人。

河北省是个以汉族为主体，有多个少数民族居住的省份，除汉族外，有满族、回族、蒙族、
壮族、朝鲜族、苗族、土家族等55个少数民族，少数民族人口约占全省人口总数的4%；其中满族

人口最多，约占全省少数民族人口总数的70%，其次是回族，约占全省少数民族人口的20%，珞巴族和乌孜别克族人口最少，分别不足10人；全省少数民族人口增长幅度为2.15%，高于全省人口增长速度。

河北省依据《中华人民共和国宪法》，实行民族区域自治政策，现有丰宁满族自治县、围场满族蒙古族自治县、宽城满族自治县、青龙满族自治县、大厂回族自治县、孟村回族自治县6个少数民族自治县；滦平县、隆化县、平泉县3个民族县；53个民族乡；全省少数民族人口最多的市是承德市，最少的市是衡水市。

（四）地貌特征

河北省地势西北高、东南低，由西北向东南倾斜；西北部为山区、丘陵和高原，其间分布有盆地和谷地，中部和东南部为广阔的平原；海岸线长487公里；地貌复杂多样，高原、山地、丘陵、盆地、湖泊、平原、海洋类型齐全，是中国唯一兼有各种地貌的省份；有坝上高原、燕山和太行山地、河北平原三大地貌单元；坝上高原属内蒙古高原的一部分，地形南高北低，平均海拔

泥河湾

嶂石岩

1200～1500米，占全省总面积的8.5%；燕山和太行山地，其中包括丘陵和盆地，海拔多在2000米以下，占全省总面积的48.1%；河北平原为华北大平原的一部分，海拔多在50米以下，占全省总面积的43.4%。

（五）气候特点

河北省属暖温带、半湿润、半干旱大陆性季风气候，特点是四季分明，冬季寒冷少雪，夏季炎热多雨；春多风沙，秋高气爽。全省年平均气温1℃～15℃，四季平均气温分别为：春季2℃～16℃，夏季16℃～27℃，秋季1℃～15℃，冬季-16℃～2℃；极端最低气温全省从北到南为-40℃～-14℃,极端最高气温为34℃～44℃。全省年平均降水量分布很不均匀，年变率也很大，一般年平均降水量在350～750毫米之间；燕山南麓和太行山东侧迎风坡为两个多雨区，年降水量分别在700毫米和500毫米以上；张北高原偏处内陆，降水一般不足400毫米；冀南平原是一个少雨

燕山山脉

塞罕坝国家自然保护区

中心，保定南部的安国，石家庄东部的新乐、藁城、辛集、赵县和邢台北部，年雨量在475毫米以下；全省春季降水较少，夏季降水常以暴雨形式出现，春旱、夏涝对农业生产威胁较大；全省年日照时数在2150～3050小时之间，全年无霜期120～200天。

（六）自然资源

在河北省的自然资源中，矿产蕴藏、海洋海涂等资源比较丰富，水资源相对不足；耕地总面积651.7万公顷（6.52万平方公里），占地表总面积的34.7%；有林地面积367.38万公顷（3.67万平方公里），森林覆盖率17%。

河北省地质结构复杂，成矿条件较好，矿产资源丰富。已发现各类矿产120多种，探明储量的有70余种，储量居全国前10位的有40余种。这些资源分布广泛，体系比较完整，具有建设大型钢铁、建材、化工等综合工业基地和发展煤化工、盐化工、油化工的有利条件和良好基础。拥有许多优势经济矿种，在全国占有重要地位，能源种类齐全，煤炭资源储量大，质量好，居全国第

开滦煤矿

曹妃甸码头

十二位；石油、天然气资源丰富，主要分布在冀中、大港和冀东油田；水力、地热、风能等资源有不同程度的开发；铁矿、石灰岩、黄金、玻璃石英砂岩、大理石等储量丰富，是全国六大金矿集中分布区之一。

河北省海岸线长，有岛屿107个，濒海资源丰富；渤海是中国最大的内海，海底为大陆架所封闭，坡度平缓，埋藏着丰富的石油和天然气；沿海的生物资源丰富，浅海滩涂是晒制海盐、海水养殖的良好场所；海水化学资源、海底矿产及海洋能源都待开发利用；海洋空间资源包括海港、旅游、储藏、通讯等已在开发利用。

河北省境内河流纵横，河长10千米以上的河流有300多条，自南向北依次形成汇入海河的漳卫南运河及黑龙港水系、子牙河水系、大清河水系、永定河与北三河水系，还有自成一体的滦河水系及独流入海的冀东沿海诸河水系，在冀西北坝上高原，有一些季节性河流，其尾闾形成内陆湖，称为内陆河水系。在与内蒙古、辽宁接壤的地方，有一部分河流为辽河上源，其中老哈河是辽河水系的主源之一。

河北省是资源型缺水的省份，集中表现为地表水资源严重匮乏，大部分河道、湖泊、洼淀除汛期外，长年干涸无水；地下水严重超采，水位持续下降，形成了众多的地下水漏斗；由于工业排放等原因，水资源污染严重；全省年平均水资源总量为200亿立方米，人均占有量300立方米，仅为全国平均值的七分之一，供需矛盾十分突出。对此，有关方面采取措施，积极解决水资源紧缺的问题，一是多方开源，二是倡导全社会节水，三是加强水资源管理；其中开源是根本，节水是关键，管理是保障，即在全面节流、提高水资源利用效率的基础上，积极采取跨流域调水、增大已建工程蓄水量、开发利用非传统水资源等开源措施，加强水资源的统一管理、合理配置和科学调度，这需要全省人民的积极支持和自觉行动。

河北省动植物种类繁多，全省共有植物200余科、940多属、2800多种；其中蕨类植物21科，裸子植物7科，被子植物144科，国家重点保护植物有野大豆、水曲柳、黄檗、紫椴、珊瑚菜等。全省共有陆生脊椎动物530余种，其中以鸟类居多，约420余种；兽类次之，约80余种，两栖类和爬行类分别为8种和23种；有国家重点保护动物91种，其中国家一级保护动物18种（兽类1种，鸟类17种），二级保护动物73种（兽类11种，鸟类62种）；我国特有的珍稀雉类褐马鸡，仅分布于

南大港湿地

河北小五台山及附近山区和山西省吕梁山区。

河北省湿地资源丰富，类型众多，大致分为近海及海岸湿地、河流湿地、湖泊湿地、沼泽和沼泽化草甸及库塘等五大类，为不同生态类型的野生动物提供了适宜的栖息环境，是众多迁徙鸟类途中停息和补充能量的栖息地。

河北省劳动力资源雄厚，全省劳动力总资源达5300多万人，其中从业的社会劳动者达近4000万人，占75%，其余为在校学生和家务劳动者等；随着广开就业门路、农村乡镇企业发展，城乡第三产业日益兴旺，劳动者就业面增宽，为社会创造了大量财富；河北省旅游资源丰富，境内名胜古迹、自然风光遍布，有国家和省级重点文物保护单位300余处，出土文物数量占全国总数的六分之一，大部分旅游景点具有深层开发的潜力。

河北省是中国重要的粮棉产区，大部分地区农作物可一年两熟，粮食播种面积占耕地总面积的80%以上，主要粮食作物有小麦、玉米、高粱、谷子、薯类等；经济作物以棉花为主，是中国重要的产棉基地，邢台、邯郸素有"冀南棉海"之称；油料、麻类、甜菜、烟叶种植面积很广；畜牧业很发达，畜禽养殖发展很快；是中国重要的渔区之一，以沿海渔业为主，唐山为中心；盛产栗、杏、柿、梨等干鲜果品。

二、悠久的历史传承

（一）历史沿革

　　河北省在历史上经历了不同时期的区划归属：远古时代大禹治水，将华夏划分为九州，即徐州、冀州、兖州、青州、扬州、荆州、梁州、雍州和豫州，河北属古冀州，"冀"意为希望，现为河北省的简称；春秋时分属燕、晋、卫、齐诸国；战国时分属燕、赵、中山以及魏、齐等国，其中以燕、赵为主，故有"燕赵"之称；秦统一中国后，在今河北地区设置上谷、渔阳、右北平、代、巨鹿、邯郸、广阳、恒山等八郡；汉朝始划幽、冀等州，作为正式行政区域自此始；隋置幽州总管府；唐属河北道，河北作为正式行政区划始于此；宋分河北为东、西两路；元在今河北地区置大都、永平、兴和、保定、真定、河间、顺德、广平、大名等路，直属中书省，谓之"腹里"；明洪武年间，在今河北地区置北平等处布政使司，永乐年间改北平为京师，置顺天府，各府、州直隶京师，称北直隶；清置直隶省，民国初期仍沿用；1928年改直隶省为河北省至今。

1．"人类祖先的东方故乡"

泥河湾

　　按照传统的说法，河北境内大约于四五十万年前就有人类居住；从旧石器时代起，历经中石器、新石器时代，早期人类的遗址遍布河北各地，河北地区经历了原始人群、母系氏族社会、父系氏族社会的阶段。

　　1978年在张家口阳原泥河湾的重大考古发现，将河北人类居住的时间提前至一百到二百万年前。据考古发掘，这里有第四纪地质学的明显特征，遍布着从旧石器时代到新石器时代大量早期古人类的文化遗存，发现有大批经打制的石器和使用火的痕迹。泥河湾的发现，挑战了远古人类从非洲奥杜维峡谷单一起源的学说，被专家学者称为"人类祖先的东方故乡"，为人类有多个起源地提供了探索的空间。

泥河湾考古发现

河北及北京一带在旧石器时代的文化遗存，典型的是"北京人"和"山顶洞人"。"北京人"已经学会使用天然火，过着群居的生活，组成了人类社会的雏形——原始人群；"山顶洞人"已经懂得人工取火，并按照血统关系组成比较固定的群体，过着氏族社会的生活。

河北新石器时代的文化遗存众多，主要有仰韶文化、龙山文化及细石器文化等类型：仰韶文化是以1921年在河南省渑池县仰韶村首次被发现而命名，主要为母系氏族社会的形态。在河北地区，主要分布于现今磁县、邯郸、武安、永年、邢台、石家庄、平山、蔚县、涿鹿以及正定、曲阳、怀安一带；其中磁县地区的遗存是距今约7000多年的新石器时代遗址，对仰韶文化渊源的研究提供了线索。

龙山文化是以1928年在山东省历城县龙山镇首次被发现而命名，大约距今4000多年前，主要为父系氏族社会的形态。在河北地区，主要分布于磁县、邯郸、武安、永年、邢台、石家庄、平山、蔚县、涿鹿以及涧沟、临城、唐山、崇礼、赤城等地。

细石器文化主要分布于我国北方的草原地带，从东北、内蒙古到宁夏、新疆，当时人们以玛瑙或燧石为原料，制成细长而又锋利的石器，生产方式以渔猎为主，或是农牧结合。在河北地区，主要分布于尚义、丰宁、承德等地。

2. 华夏文明的发祥地之一

传说于5000多年前，我国的黄河及长江流域居住着许多部落，其中较大的有黄帝、炎帝以及蚩尤部落。黄帝和炎帝部落都发起于现今的陕西，黄帝部落起于姬水，后向东迁徙，来到今河北唐山

黄帝

一带。炎帝部落起于姜水，后东迁至山东、河南一带。蚩尤部落原居于长江一带，后扩展至山东、河南及安徽一带。炎帝部落东迁后与蚩尤部落发生冲突，炎帝被打败，投奔到黄帝部落，两大部落联合在张家口的涿鹿与蚩尤展开大战，即著名的"涿鹿与阪泉之战"，获胜后召集各部落及部落联盟举行政治大会盟，推选黄帝为天下共主，确立龙图腾，定都涿鹿。史界将这一发生于河北大地的重大事件视为中华文明史的开端，中国人也自此被称为"黄炎子孙"和"龙的传人"。人们有这样的说法：百年中国看上海，千年中国看北京，两千年中国看西安，五千年中国看涿鹿。

此后进入传说中的尧、舜、禹时期。尧的故乡在保定顺平（一说邢台隆尧），他带领部落发展生产，建设家园，首行禅让制，尧禅位于舜，舜又禅位于禹。尧、舜在位时期经济发展、政治清明、社会稳定，被人们颂扬为"尧天舜日"盛世时代。禹带领民众治理肆虐的洪灾，改堵为疏，使河湖顺畅，人们尽得其利。禹在治水中身先士卒，"三过家门而不入"，成为史上开明君王的楷模。河北则是三位君主及其氏族部落活动的主要区域之一。

3. 燕赵、中山之地（夏、商、西周、春秋战国、秦）

夏朝是我国第一个有国号记载的朝代，开国君主即治水的大禹，活动于河北地区的主要为易氏。商朝又称殷商，汤建国于亳（今河南商丘），第十三代国君祖乙曾迁都于河北邢台，邢台建城自此始；盘庚时才迁都至殷，即安阳，纣王时又将都城扩展到邯郸、邢台一带，其封国在今河北的有：苏（在今邢台西南）、易（在今冀中一带）、孤竹（在今卢龙一带）。西周时分封诸侯，在河北地区封国的主要有：蓟（今北京一带）、燕（今蓟县一带）、邢（今邢台一带）及孤竹；其时，北部居住着少数民族北戎。

春秋时期的大诸侯国有北燕，灭蓟后，以蓟（今北京）为都城，后迁至临易（今雄县西北），最后又迁回蓟。较小的诸侯国有邢、孤竹、令支（今滦县、迁安一带）、无终（今玉田西北）、代（今蔚县东北）、鲜虞（今正定东北）、肥（今藁城西）、鼓（今晋州西）。战国时期群雄竞斗，小国纷纷瓦解，七个大国比肩而立，即齐、楚、燕、韩、赵、魏、秦，被称为"战国七雄"；此时是我国地域文化特色最鲜明、内涵最丰富的时代。河北分属于燕、赵两大诸侯国，此外还有神秘而同样强大的中山国。

燕是西周时的封地，战国时期强盛起来，为七雄之一，疆土包括今河北北部、内蒙古自治区南部、辽宁西南部以及山东西北部，都城在蓟（今北京），燕昭王时建下都于今保定易县，即"燕下都"。在七雄之中，燕国实力相对较弱。公元前226年，秦攻燕，取蓟，燕迁都辽东。公元前222年，秦攻辽东，燕亡。

赵是原晋大夫赵衰之后赵籍联合魏、韩瓜分晋国而来，即"三国分晋"。公元前403年被周威烈王承认为诸侯，建都晋阳（今太原西南），公元前386年迁都至邯郸（今邯郸）。最强盛时期的疆土包括今河北省的中部和南部、山西省的中部和北部、陕西省东北部、山东省的西部以及河南省的北部。赵武灵王时为赵国的鼎盛期，先后打败了北方的胡人，开拓了上千里的疆域。公元前260年，秦国攻打赵国，长平之战后元气大伤。公元前229年至公元前228年，秦大举攻赵，赵亡。

中山是鲜虞人建立的政权。春秋时中国北方活跃着戎和狄等民族，狄又分为长狄、赤狄和白狄，鲜虞人为白狄的一支，于公元前414年在石家庄一带创立了中山国，始建都城于顾（今石家庄晋州东），公元前381年迁都于灵寿（今平山三汲）。拥有疆域"方五百里"，城池百座、车辙千乘，在80多年的时间里经历了五代君主，是"战国七雄"之外一个非常强盛的国家，疆域北界是从安新经徐水向西的燕长城，南到房子和鄗(今河北赞皇、高邑一带)，西至太行山麓，东到衡水。20世纪70年代发现了中山国故城遗址，在中山王墓中出土了大量精美珍贵的文物，有的堪称价值连城。不知是什么原因，有关中山国传承下来的史料不多，许多情况对世人来讲是个未解之谜，有待于进一步发掘和探索。公元前296年中山国被赵国所灭。以后历朝多在其故地置以中山为名的郡或国的区划。

秦于公元前230年至公元前221年先后灭韩、赵、魏、楚、燕、齐六国，群雄割据的局面宣告结束，始建中国历史上第一个封建制国家。秦行郡县制，有八个郡的治所在今河北地区：右北平郡，治无终（今天津蓟县）；渔阳郡，治渔阳（今北京密云西南）；上谷郡，治沮阳（今怀来东南）；代郡，治代县（今蔚县东北）；广阳郡，治蓟县（今北京）；恒山郡，又名常山郡，治东垣（今石家庄东北郊固城）；巨鹿郡，治巨鹿（今鸡泽东北）；邯郸郡，治邯郸（今邯郸）。另外，今迁西、迁安、卢龙、滦县、乐亭、昌黎、抚宁、秦皇岛市一带属辽西郡；涉县以北一带属上党郡；赞皇西北部属太原郡；黄骅、海兴、盐山一带属济北郡。

4. 幽州和冀州（两汉、魏晋南北朝、隋）

我国在秦汉以前有"九州"及"十二州"之说，但那只是传说中的行政区划，并非实际存在，冀州、幽州作为实际上的行政区划是从两汉开始的。西汉时政区设置有司隶部、刺史部、都护府及一些部族分布。今河北地区主要属幽州和冀州刺史部管辖，另有少数地区属并州刺史部和匈奴、乌桓等部族活动范围。

幽州刺史部有五个郡的治所在今河北地区：渔阳郡，治渔阳（今北京密云西南）；上谷郡，治沮阳（今怀来东南）；广阳国，驻蓟县（今北京）；涿郡，治涿县（今涿州）；渤海郡，治浮阳（今沧州东南）。

冀州刺史部有10个郡的治所在今河北地区：中山国，驻卢奴（今定州）；真定国，驻真定（今石家庄东北郊）；常山郡，治元氏（今元氏西北）；河间国，驻乐成（今献县东南）；信都国，驻信都（今冀州）；巨鹿郡，治巨鹿（今平乡西南）；广平国，驻广平（今曲周北）；赵国，驻邯郸（今邯郸）；清河郡，治清阳（今清河东南）；魏郡，治邺县（今磁县南）。

另外，今河北的青龙、宽城、平泉、围场、承德、兴隆、遵化、蓟县、玉田、丰润、唐山市、丰南等属右北平郡，治平刚（今辽宁凌源西南）；迁西、迁安、卢龙、滦县、滦南、乐亭、昌黎、抚宁、秦皇岛市等属辽西郡，治阳乐（今辽宁义县西）；涉县北部一带属并州刺史部上党郡，治长子（今山西长子）；尚义、阳原、蔚县、涞源一带属代郡，治代县（今河北蔚县东北）；康保、沽源一带属乌桓，康保以西属匈奴。

东汉时政区设置有司隶校尉部、刺史部、都护府及一些部族分布，今河北地区仍主要属幽州和冀州刺史部，有部分地区属并州刺史部和鲜卑族。幽州刺史部有五个郡、冀州刺史部有八个郡的治所在今河北地区，基本上都沿袭西汉的设置。另外，秦皇岛市、昌黎、乐亭、卢龙、滦县、迁安、青龙属辽西郡，治阳乐（今辽宁义县西）；故城、清河属清河国，驻甘陵（今山东临清东）；涉县以北属并州上党郡；尚义、承德、张北一带以北属鲜卑族。

三国时现河北地区除承德至张北一线以北属鲜卑外，其余皆属魏国。冀州驻信都（今冀州），有10个郡的治所在今河北。幽州驻蓟县（今北京），有七郡的治所在今河北地区，基本上都承袭东汉的设置。此外，涉县以北属并州上党郡；尚义至张北一线以北属东部鲜卑、拓跋鲜卑、西部鲜卑。

西晋政区设置为19州，现河北地区除承德至张北一线以北属鲜卑外，其余皆属西晋，在19州中，在今河北地区的有冀州、幽州大部，司州、并州各一部。冀州驻信都，有10个郡的治所在今河北。幽州驻所由蓟县迁至涿县（今涿州），有七个郡的治所在今河北。司州驻洛阳（今河南洛阳），有三个郡的治所在河北。此外，涉县以北、元氏以西属并州的乐平国；尚义、张北、康保、丰宁、滦平、围场、隆化、承德、平泉、宽城、青龙、迁安一带居住着鲜卑族，其中宇文部居幽州境外的围场、隆化一带，而段部则从北至南深入到幽州境内的北平郡和辽西郡。

东晋十六国时期，北方各族统治者建立了许多政权，活动于今河北地区的先后有后赵、前燕、前秦、后燕，行政区划基本上沿袭西晋。

南北朝时期今河北地区主要属北朝的北魏、东魏和北齐。北魏为鲜卑族拓跋部所建，攻灭后燕统一黄河流域，在今河北地区设置：平州，驻肥如（今迁安东北）；安州，驻燕乐（今隆化）；幽州，驻蓟（今北京）；燕州，驻广宁（今涿鹿）；瀛州，驻赵都军城（今河间）；定州，驻卢奴（今定州）；冀州，驻信都（今冀州）；相州，驻邺（今临漳西南）。另有北灵丘郡（今蔚县）属桓州，驻平城（今山西大同东北）；阜平、平山以西属肆州；井陉西北、元氏西以及涉县一带属并州；平泉、宽城以东属营州；还有具政区性质的怀荒镇（今张北）、御夷镇（今赤城北）。

东魏今河北地区除围场以东以北属契丹外，其余皆属东魏，都城邺（今临漳西南），在河北地区设八州23郡，基本上沿袭北魏。北齐都城邺，在今河北地区设置12州20郡，基本上沿袭东魏。

隋朝的一级政区为郡，约190多郡，治所在今河北地区的有14个。自隋后，冀州、幽州作为一级政区逐渐消失，管辖区域越来越窄。两汉时，河北的中南部为冀州，北部为幽州。唐朝时，冀州、幽州属于河北道，其管辖区约相当于两汉的郡。宋时，冀州地属河北东路，而旧幽州地属辽。清朝，冀州是直隶省辖下的直隶州。民国初年，冀州改为冀县以至于今（1993年冀县撤县建市，为冀州市）。

5. 设道置路（唐、五代十国、辽、宋、金）

唐朝河北始设道。唐初，改隋郡为州，府、州是一级政区，但其辖区较小；贞观初年始设道作监察，将全国分为10道；开元年间，又分为15道，每道置采访使，监察非法，如汉朝的刺史之职。现河北地区主要属当时的河北道，小部地区属河东道和关内道；河北道的驻所在元城（今邯郸大名东北），有18个州的治所在今河北。

五代十国时期，今河北地区先后分属梁、唐、晋、汉、周以及赵、北平等割据势力；后唐时，今河北除唐山、秦皇岛、卢龙、承德、丰宁、张北一带属契丹辽政权外，其余大部属唐；后晋和后汉时，今河北地区中南部属晋、汉，北部则属契丹；后周时，基本上以保定为界，以北一线属契丹。

辽政权为契丹族所建，耶律德光在位时，后唐的藩属石敬瑭用割地称臣的条件，乞求辽国出兵助他灭后唐，将幽云16州割让给辽国，自此，河北北部属辽。

北宋与辽对峙时期，当时的河北北部属辽的西京道、中京道、南京道；南部属北宋的河北西路、河北东路。

北宋至道年间（995～997年），分辖区为15路，河北路是其中之一，治所在大名府（今大名东），辖境包括今河北易水、雄县、霸州和海河以南，以及山东、河南两省黄河以北的大部；熙宁时（1068～1077年）分为东西两路，东路治所在大名府，西路治所在真定府，辖境约以今白洋淀向南，子牙河、滏阳河为东西分界线。

金为女真族建立的政权，先后灭辽、北宋，河北全部归金管辖。金以中都大兴府（燕京）为政

治中心，今河北地区分属西京、北京、中都、河北西、河北东以及大名府等路。中都路驻宛平（今北京）；河北东路驻河间府（今河间）；河北西路驻真定府（今正定）；大名府路驻元城（今大名东北）；北京路驻大定府（今辽宁宁城西）；西京路驻云中（今山西大同）。

6. 直隶京师（元、明、清）

元、明、清三朝都城都建于北京，元称大都，明、清称北京。在近700年的时间里，河北直隶中央政府管辖，为京畿重地。

元朝为蒙古族所建，世祖忽必烈时正式称元，定大都，建"行省制度"，在中央设中书省，总理全国政务；其他地区设行中书省，共分13个大行政区。今河北地区绝大部分属中书省，仅秦皇岛、宽城、迁西、青龙、平泉属辽阳行省大宁路。中书省辖河北地区的有：大都路（今北京）；永平路，驻卢龙（今卢龙）；兴和路，驻高原（今张北）；保定路，驻清苑（今保定）；真定路（今正定）；河间路（今河间）；顺德路（今邢台）；广平路，驻永年（今永年东南）；大名路，驻元城（今大名南）。另外，今河北的承德、围场、张家口、丰宁、滦平、赤城、崇礼、涿鹿、兴隆、蔚县属上都路，临漳属彰德路，故城以南属高唐州，海兴以东属济南路，蔚县西北属大同路，元氏以西属冀宁路，涉县以北属晋宁路，围场以北属全宁路，临西、馆陶属濮州的飞地。元武宗在张家口张北建元中都，成为元朝继和林、上都、大都的又一政治中心。

明朝初建都于应天府（今南京），废元朝中书省直隶地区，原属中书省直接管辖地区分属河南、山西两行中书省，置北平等处行中书省，改行中书省为承宣布政使。永乐年间迁都顺天府（今北京），

元中都遗址

改北京为京师，京师辖今河北地区的有：顺天府、延庆州、万全都司、保安州、永平府、保定府、真定府、河间府、顺德府、广平府、大名府；河北北部属大宁都司。此外，蔚县、涞源属山西大同府，元氏西部属太原府，涉县北部属辽州，丘县、馆陶属山东东昌府，吴桥属济南府，涉县、武安、磁县、临漳属河南彰德府。

清朝为满族所建，入关定都北京后，沿袭明朝置直隶省，驻保定，设总督；在今河北地区的有11府：顺天、保定、正定、大名、顺德、广平、天津、河间、承德、宣化、永平，还有六个直隶州：遵化、易、冀、赵、深、定。雍正、乾隆后逐渐在今河北的承德、张家口地区，内蒙古等地设置州、县，划属直隶，直隶省辖境日扩。此外，涉县、武安、临漳属河南彰德府；阳原以西属山西大同府；元氏以西属平定州；吴桥属山东济南府；丘县、临西属临清府。

保定直隶总督署

7. 民国时期

民国初年，直隶省行政区划均仍如清制；不久将府、州改为县，唯存顺天府仍属直隶省，各县均直隶于省。分置四观察使（俗称道）：渤海观察使，驻天津，辖原天津、河间、永平、承德、朝阳五府及遵化、赤峰两州，领43县；范阳观察使，驻保定，辖原保定、正定两府及易、定、深三州，计40县；冀南观察使，驻大名，辖原大名、广平、顺德三府及冀、赵两州，计38县（后撤去元城，为37县）；口北观察使，驻宣化，辖原宣化府10县。

1914年，热河特别区从直隶省划出；改渤海观察使为津海道，划出原承德、朝阳两府及赤峰州属15县改隶热河特别区；改范阳观察使为保定道；改冀南观察使为大名道；改口北观察使为口北道，领县同前；

顺天府改为独立区域，为京兆，直属中央；顺天府原领24县，文安、大城、新镇、宁河四县划出，改隶津海道。

1928年2月28日，改直隶为河北省，废道及京兆区，县均直隶于省，共辖139县；同年，将原口北道10县归察哈尔省；1930年增置兴隆县。至此，河北省共辖130县；省会驻地时有变迁，清末省会名义上在保定，而事实上已移置天津，民国初年仍旧；1914年正式定天津为省会；1928年省会移至北平；1930年又迁回天津。

8. 解放区暨新中国建立后的政区设置

1937年11月，晋察冀军区成立。次年1月，晋察冀边区临时行政委员会在阜平成立。同年，在冀中成立了行政主任公署，建立了冀中根据地。开辟冀东根据地，冀热辽军区正式建立。

晋察冀边区所辖市县：冀中行政公署辖49县、七县的部分、四市，其中在今河北的有任丘、河间、献县等35县以及沧县、涿县、定兴、获鹿、正定的一部，还有辛集、胜芳、河间、泊镇等市；冀东行政公署辖26县、10县的一部，其中在今河北的有迁安、卢龙、抚宁等15县；冀晋行政公署辖32县、一县的一部，在今河北的有阜平、顺平、平山等11县以及定县的一部；察哈尔省辖33县、一市，在今河北的有涞源、满城、涞水等19县以及宣化市；热河省辖28县、两市，在今河北的有承德、围场等六县及承德市。

晋冀鲁豫边区抗日民主政权建立于1941年，辖区有：太行行署辖42县、三市，在今河北的有沙河、邢台、临城等12县及邢台市；冀南行署辖44县、一市，在今河北的有故城、馆陶、清河等29县及大名市；此外，今河北漳河以南部分属冀鲁豫行政区，邯郸市为边区直辖市；黄骅、南皮、吴桥等六县属山东渤海区。

1948年5月，中共中央指示，晋察冀和晋冀鲁豫两边区政府合并，成立华北人民政府，下辖北岳、冀中、冀南、太行、太岳、冀鲁豫六个行政公署；次年3月，冀东行政公署从东北行政委员会划入；8月，华北人民政府将辖下的七个行政公署撤销，所辖各县分别划归原河北、河南、山西、山东、察哈尔、热河及平原省。

1949年8月1日，河北省人民政府成立，省会保定，辖保定、石家庄、唐山、秦皇岛四省辖市，保定、邯郸、邢台、石家庄、定县、通县、唐山、天津、沧县、衡水等专区，下辖131县。1952年11月，撤销平原省，武安、涉县、临漳划归河北；撤销察哈尔省，将赤城、怀来、宣化、涿鹿、万全、怀安、阳原、崇礼、张北、沽源、康保、尚义、蔚县、张家口划归河北省，并成立了张家口专署。1956年1月，撤销热河省，将承德、隆化、围场、丰宁、滦平、平泉、青龙、兴隆、承德等划归河北省，昌平县划归北京市，并成立承德专署。

1958年2月，天津市划归河北省，省会由保定市迁往天津市；将顺义、延庆、平谷、通县、房山、密云、怀柔、大兴等县划归北京市。1967年1月，天津市划为中央直辖市，省会由天津迁回保定市；1968年2月，定石家庄市为河北省会。

1973年7月，将蓟县、宝坻、武清、静海、宁河五县划归天津市，天津地区改称廊坊地区，驻地迁至廊坊镇。1978年初，石家庄市和唐山市划为省辖市。1983年5月，秦皇岛市由省直辖。1983年11月15日，邯郸、邢台、保定、沧州、承德、张家口六个市改由省直辖，同时实行市管县。1989年4月，廊坊市（县级）改为省辖市（地级）。1993年，石家庄、沧州、张家口、邯郸、邢台、承德六对地市合并。1994年12月，保定地市合并。1996年，撤销衡水地区，设立地级衡水市。

至此，河北省行政区划的现状是，直辖石家庄、唐山、秦皇岛、邯郸、邢台、保定、沧州、承德、张家口、廊坊、衡水11个地级市、37个市辖区、22个县级市、113个县（含六个自治县）。

河北省省会石家庄市

（二）历史事件

河北省在漫长的历史发展过程中，经历了众多的历史事件，这些事件或为历史的聚焦与点缀，或为历史的辉煌与亮点，它们连接着历史发展的链条，诠释着历史的风云与变幻，有很多在全国乃至世界上都产出过重要的影响。

1. 发现中国猿人头盖骨

1929年，中国的一项重大考古发现震惊了世界，在北京的周口店发现了完整的猿人头盖骨化石，发现及研究人是祖籍河北滦县（今属唐山丰南）的裴文中。1921年这里就被认定为猿人活动遗址，1927年发现了一些零星的古人类牙齿和头骨碎片，定名"中国猿人北京种"，学名叫"北京直立人"，俗称北京猿人或北京人。此次发现的猿人头盖骨既具有人的性质，又保留了古猿的特征，年代大约在57万余年前。随后，裴文中又主持发掘了遗迹现场，发现了大量石器和用火的遗迹。这项考古发现有力地证实了达尔文的人类进化理论，将人类的历史向前推了四五十万年，为研究人类发展史提供了重要的依据。

2. 阪泉与涿鹿之战

5000余年前，兴起于陕西岐山一带的黄帝部落沿洛水南下，东进中原，繁衍生息，发展壮大。据姜水流域发展起来的炎帝部落沿渭水东进，进入中原。双方因利益产生冲突，黄帝安抚四方，修德振兵，与炎帝战于阪泉（今张家口涿鹿东南）之野，击败炎帝，两大部落结盟。兴起于今豫皖地区的蚩尤部落向西与炎帝部落产生矛盾，炎帝抵挡不住进攻，向黄帝求援。黄帝率各部落与蚩尤大战于涿鹿

三祖堂

（今河北涿鹿）之野，擒杀蚩尤。各部落举行政治大会盟，尊黄帝为天下共主，确立龙图腾，建都于涿鹿之阿。此事件标志着华夏文明史的发端和中华民族意识的形成，黄帝、炎帝和蚩尤被尊为中华文明的三大人文始祖。

3. 燕赵中山国建都

城市是人类社会发展的产物，是一个地方乃至国家的标识，在中国古代，城市不仅具有经贸、劳作、居住、休闲、祭祀等功能，同时拥有抵御外部入侵、维护安全的作用。春秋战国时期，中山国、赵国和燕国先后在河北境内建都，对河北、对中国都具有重大的影响。中山国都城几经变迁，当时北方活跃着戎和狄等民族，狄又分为长狄、赤狄和白狄，作为白狄一支的鲜虞人于公元前414年在石家

燕下都遗址

庄一带创立中山国，始建都城于顾（今晋州东），公元前381年迁都灵寿（今平山三汲），城呈不规则三角形，分为宫殿区、手工业作坊区、商业区、居住区、农业区和王陵区，规模宏大，布局合理，反映出当时的繁荣景象。

赵在春秋时为晋国的一支，经韩、赵、魏三国分晋，成为诸侯国。公元前403年定都中牟（具体位置尚有争论）；公元前386年迁都邯郸，成为赵国政治、经济、军事和文化中心。古城址位于现邯郸市区的西南，称"赵王城"，由三个小城组成，似"品"字形，遗存有残高三至八米蜿蜒起伏的夯土城墙，内为布局严整、星罗棋布的建筑基台。赵武灵王在位期间城市规模最大，建有丛台等大型建筑。

燕国是当时北方的强国，最初的都城在"蓟"，即今北京房山琉璃河一带，称上都。为应对中原诸国，燕又在今保定易县建了一座都城，称下都，即"燕下都"。城呈长方形，总面积约40平方公里，中部一条纵贯南北的古河道，为运粮河；城内分为宫殿区、手工业作坊区、市民居住区和墓葬区等几部

分，大型主体建筑武阳台为城市的标志。燕昭王时城市最为繁荣，流传有"千金买马骨"的故事。

4. 燕破东胡

战国时期，燕国在昭王的治理下，成为北方的强国；其东邻为少数民族，称东胡，经常袭扰燕国。为抵御胡人的侵扰，燕昭王命秦开为将军，两次出击东胡，拓展疆域数千余里；同时，燕国修筑长城，设置了上谷、渔阳、右北平、辽西、辽东五郡。燕国拓疆建郡后，带去了中原地区的生产技术和文化，尤其是铁器得到了广泛的使用，在内蒙古赤峰，辽宁朝阳、旅顺等地发现有大量中原地区的铁器。其中农业生产工具占绝大多数，种类齐全，有适于开荒、翻地用的锸、镐，平整土地用的五齿耙，中耕用的锄等。燕、赵、魏等国的铸币，在五郡地区流通，在内蒙古东南部、辽宁等地都发现过燕国货币。此外，还有中原的兵器，包括燕王职铜戈、赵国短剑等。这一过程，促进了中原与辽东地区经济文化交流和民族融合，加速了辽东地区的发展，为秦统一中国打下了基础。

5. 沙丘之变

秦灭亡的起点。位于邢台广宗西北的沙丘是个充满故事且有悲剧色彩的地方。当年商纣王在这里筑苑台，置鸟兽于其中，设酒池肉林，大享其乐，导致民怨沸腾。战国时，赵国在此修宫室，赵武灵王传位给次子赵何，引得长子赵章的不满，皇室出巡至此发生内讧，赵武灵王被围困饿死于宫室。千古一帝秦始皇也是在这里走到了生命的尽头，并发生了皇室的政变。公元前210年，秦始皇出巡，丞相李斯和中车府令赵高、少子胡亥等随行，行至平原津（今山东德州南）时发病，至沙丘宫时病情加重。当时并未立太子，长子扶苏为继承皇位的合适人选，但远在西北监军，秦始皇作诏书，命扶苏"以兵属蒙恬，与丧会咸阳而葬"，即由扶苏即皇帝位，诏书封好后放在赵高处，还没来得及交给使者发出，秦始皇便与世长辞。赵高勾结李斯，矫诏赐死扶苏，并秘不发丧，回到咸阳后立胡亥继位，诛杀大臣与宗室，导致政权分崩离析，三年后灭亡。

6. 钜鹿战役

反秦战争的关键一战。秦末爆发了陈胜、吴广起义，揭开了反秦战争的大幕，原关东六国旧地纷纷响应。秦朝派大将章邯率军镇压，分别击败义军和楚国贵族项梁的军队，将赵王歇和丞相张耳围于钜鹿城（今邢台平乡平乡镇），并调集王离等率领精锐军队增援。赵王歇被困于钜鹿城，派遣使者向楚国求救，楚怀王决定兵分两路：一路由宋义、项羽北上救赵；一路由刘邦西进关中。宋义行至安阳（今山东曹县东南）停留46日不进，欲坐观秦赵胜败之局。项羽假借楚怀王之令，杀死宋义，自称上将军，率兵前进；派英布率两万人渡漳水截断秦军粮道，亲率全军渡河，下令破釜沉舟，规定将士只带三日干粮，以示有进无退的决心；以迅雷不及掩耳之势直奔钜鹿，杀向秦军，以一当十，浴血奋战，大破秦军；秦将苏角被杀、王离被俘、涉间自缢、章邯投降，秦军主力被歼。此战役为以少胜多的著名战役之一，项羽展现出破釜沉舟、以一当十的英雄气概，歼灭了秦军主力，改变了双方力量的对比，为刘邦顺利入关创造了条件。

7. 赵佗开发、建设岭南

赵佗

实现中国统一的重要步骤。秦始皇统一中原六国后，派河北人赵佗（石家庄正定，现长安区东古城）先后随屠睢和任嚣出兵平定岭南，设南海、桂林、象三郡，赵佗任南海郡龙川县令。秦亡，赵佗兼并三郡，自称南越武王。吕后当政，实行经济封锁，赵佗脱离朝廷建南越国，称帝。汉文帝时经贾谊劝说归附朝廷，仍称王。赵佗在岭南实行和辑百越的政策，采用郡县、分封与民族自治三位一体的办法；推广先进的生产技术，特别是铁器的使用，促进当地经济发展；修筑城郭，推广汉字，引进中原的礼仪与度量衡等，传播先进文化；尊重百越的风俗习惯，吸收越人参政，鼓励汉越通婚，促进文化交融。此举使岭南正式并入了中国统一的版图，促进了民族的融合，赵佗被誉为"开发岭南"和"南下干部"第一人。

8. 井陉之战

影响楚汉战争的关键之战。楚汉战争时，汉王刘邦在成皋、广武（今河南荥阳）一带与项羽军对峙。大将军韩信率军攻打赵国，兵微将寡，孤军深入，缺乏后勤保障。赵王歇、成安君陈馀则聚兵20万驻扎于天险井陉口（今石家庄鹿泉土门关），兵力雄厚，地势易守难攻。韩信知己知彼，在距离井陉口30里驻扎，半夜，选择两千轻骑，每人备一面汉军赤帜，埋伏到陈馀的军营周围；同时令主力在绵水（今石家庄井陉微水镇的绵河）沿岸布阵。第二日清晨，韩信下令主力向赵军发动攻击，双方会战良久，汉军佯败，退入河岸阵中。赵军穷追不舍，汉军没有退路，只得拼死力战；而潜伏的汉军冲入赵营，拔去赵帜，换上赤旗。赵军无法战胜汉军主力，想归营见赤旗飘扬，以为失败，军心大乱，争相奔逃，赵将不能禁止，汉军乘势前后夹击，斩陈馀、活捉赵王歇，一举消灭赵国。事后有人问韩信，沿水布阵乃兵家大忌，韩信答：置之死地而后生。韩信在极其困难的情况下，发挥主观能动性，出奇制胜、以少胜多、以弱胜强，成为中国军事史上的典型战例，背水一战、拔旗易帜等成语典故被后人传为美谈。

王莽

9. 王莽改制

建设"理想社会"的失败尝试。汉代分为西汉和东汉，其间有一个暂短的衔接，即王莽的"新朝"。王莽为魏郡元城（今邯郸大名）人，是汉元帝皇后王政君的侄子，经过一番努力掌握了政权，代汉称帝，改元始建国。上台后仿照《周礼》进行改制：屡次改变币制；更

王莽改制的钱币

改官制与官名；土地收归国有，称"王田"，重新分配；将盐、铁、酒、币制、山林川泽等收归国有；废止奴隶制度；建立五均赊贷（贷款制度）、六筦政策；以公权力平衡物价，防止商人剥削，增加国库收入；刑罚、礼仪、车服等都恢复到周礼的模式。由于改制的措施多不符合实情，带有浓厚的理想主义色彩，大部分无法实施，且朝令夕改，使官吏和百姓无所适从，引起社会普遍不满，加之自然灾害频发，爆发了赤眉、绿林起义，新朝灭亡，成为最短命的朝代之一。

10. 黄巾起义

中国历史上第一次有组织、有准备的农民起义。东汉末年，官府腐败，土地兼并严重，社会矛盾尖锐，钜鹿（今邢台平乡）人张角在河北一带创立太平道，进行传播。信徒设36方，大方万余人，小方六七千人，统一指挥，提出"苍天已死，黄天当立；岁在甲子，天下大吉"的口号，计划于甲子年发动起义，不料被叛徒告密，起义提前，义军达数十万，以头裹黄巾为志，人称黄巾起义。朝廷派兵镇压，义军被分割于冀州（今邯郸临漳邺镇）、荆州（今湖南常德）等战场上，各自为战，损失惨重，张角去世，起义归于失败。起义动摇了东汉王朝统治的根基，中国进入三国混战的时代。

北魏冯太后

京杭大运河（永济渠）

11. 北魏孝文帝改革

加速北魏少数民族政权汉化及封建化的进程。北魏是鲜卑族拓跋部建立起来的政权，都平城（今山西大同），第七任帝王拓跋宏（即孝文帝）执政期间，进行了一系列改革：行均田制，使每个农民都获得土地；颁布三长制和租调制，农民成为国家的编户，减轻农民的负担；实行官吏俸禄制，严惩贪污；迁都洛阳，接受汉文化，改官制、着汉服、用汉姓、讲汉话等。改革有力地推动了北魏封建化的进程，加速了汉族与少数民族间的融合，有些改革措施对后世产生了积极的影响。在此期间，冯太后（长乐信都，今衡水冀州人）起了至关重要的作用，她是文成帝的皇后，献文帝时被尊为皇太后，平定乙浑叛乱，任用汉臣，临朝听制，迫献文帝将权力移交给年仅五岁的孝文帝，为北魏实施全面改革打下了良好的基础。

12. 河清改制

南北朝时期一次继往开来的变革。当时，北周与突厥等联合进攻北齐，北齐失地损兵，农民背井离乡，土地荒芜，国家财政日渐拮据。为了挽救危机，河清三年（564年），北齐的第五任皇帝高湛（即武成帝，衡水景县人）颁行均田、租调等律令，称为"河清改制"：规定10家为比邻，50家为闾里，百家为族党，实行三长制度，检括户口、推行均田制；男子18岁以上、65岁以下为丁，授田；土地分作两类，一为露田，不能世代相传，按规定授受和归还；二为永业田，每丁20亩，为栽种桑麻之田；占有均田的人家都要向政府交纳租调。"河清改制"继承了北魏均田、三长制的精髓，并进行了完善，使流落他乡的农民重新获得了土地，安居乐业，同时增加了国家的收入，充实了国力；后来隋朝的均田制度皆遵北齐之制。

13. 开凿永济渠

隋代开凿人工大运河的重要支段。中国地势西高东低，主要河流长江、黄河、淮河等多是东西走向，隋炀帝时为了加强南北方的经济、政治及军事联系，方便漕运及军事运输，开凿了举世闻名的人工大运河。大业四年（608年），征集河北诸郡百余万人开凿了永济渠，自河南武陟经河南诸县至河北魏县，再由魏县经大名、馆陶、清河等县至山东武城，由此折而北流，至山东德州，又经河北吴桥、东光、南皮、沧县、青县等县北至独流口，复西北折，经永清、安次、固安等县到达今北京西南。大运河途经黄河、通济渠、淮河、邗沟，过长江，经江南运河至杭州，是人类历史上的一大壮举，永济渠作为其中的一部分，至今人们仍在享用着其所带来的惠泽。

14. 安史之乱与河北三镇

唐朝由盛而衰的转折点。唐明皇李隆基作为一代英主，开创了"开元之治"盛世，但后期由于荒于政事、信用佞臣、沉湎酒色，导致了历时八年的"安史之乱"。乱后为了安抚安史降将，任李宝臣为成德军（治今河北正定）节度使，辖易、定等州；李怀仙为卢龙（治今北京）节度使，辖幽、莫等州；田承嗣为魏博（治今邯郸大名）节度使，辖魏、洺等州。因三镇属河北道，称河北或河朔三镇。三镇表面上尊奉朝廷，实为独立王国，既占有土地，统治黎民，又拥兵自重，自命将吏，编户不上报，赋税不上缴；节度使一职或自传子侄，或由部下拥立，朝廷无法过问。三镇对朝廷构成巨大威胁，成为唐朝由盛而衰的转折点，史称"唐之弱，以河北之强也；唐之亡，以河北之弱也"。

15. 割让幽蓟16州

拉开中国历史上第二次南北对峙的序幕。史上中原政权的威胁主要来自北方的游牧民族。后唐时石敬瑭在晋阳（今山西太原）反叛，后唐派兵征讨，石敬瑭向契丹乞援，约定事成后双方为父子之邦，割卢龙一道及雁门关以北诸州给契丹。结果契丹耶律德光大败后唐军，石敬瑭称帝建后晋，按照承诺割让幽、蓟等16州（亦称燕云16州），并每年向契丹缴纳帛30万匹。幽蓟16州多处于坝上高原、冀北晋北山地，为华北平原的战略屏障，石敬瑭将其割让，使得中原门户洞开，为日后数百年游牧民族顺利兴兵南下提供了条件，辽灭后晋、金破北宋、蒙古入主中原等，都与丧失幽蓟16州有关。周世宗、宋太宗都曾举兵北伐幽蓟但均未成功，只能派兵防守，徐水至天津的水长城，永清、雄县、霸州的地下栈道，都是当时的防御设施。石敬瑭不顾廉耻甘当"儿皇帝"，让人唾骂。

16. 周世宗改革

奠定统一大业的基础。唐灭亡后，中国经历了五代十国的分裂时期，军阀混战，民不聊生，生产力遭到严重破坏。后周皇帝柴荣（周世宗，邢州龙冈、今邢台市人）锐意改革：整顿吏治，

改革科举；闲田分给农户，奖励耕织；兴修水利，开浚河道；改革税制，毁佛铸钱；整肃军纪，严明赏罚；制定《大周刑统》；扩建开封城，为此后200年的政治中心。周世宗制定出统一的计划，欲先取江北，次取江南，逼迫岭南、巴蜀臣服，最后灭北汉、契丹，重建统一国家。954年，高平之战击败北汉，揭开了统一的序幕；西征夺取后蜀的秦、成、凤、阶四州；三征南唐，夺取江北淮南14州；亲征契丹，连下淤口关等三关和宁、莫、瀛三州，进逼幽州，但因病重班师回京。改革及征讨虽未完成统一大业，但为宋代结束分裂、统一中国奠定了基础。

后周皇帝柴荣

17. 兴建元中都

元朝统治中心的迁移。元朝的统治者原为游牧于北疆的蒙古族，都城最初建于内蒙古草原的正蓝旗，称上都；后迁至现在的北京，称大都；其间还建立过一座都城，即在张家口张北县白城子，称中都，主持修建的是元武宗海山。武宗在张北再建都城，是因为这里为兵家必争的边防重地，是游牧文明与农耕文明的交界地带，这里环境优美，气候凉爽宜人，交通四通八达；同时有皇室内部争斗及武宗性格上的原因。海山下令"建行宫于旺兀察都之地，立宫阙为中都"，组建了指挥建设的行工部，调遣六卫亲军，征集大批工匠、民夫等。都城为从内、中、外依次相套的宫城、皇城和郭城组成，建筑风格与元大都的大明殿基本一致。人称"一座中都城，半部元朝史"，其丰富的人文内涵及很高的考古价值令游人纷纷前往，当地建有元中都博物馆。

18. 紫金山书院

位于邢州（今邢台市）西部紫金山的元代著名书院，是我国数学、天文学、历法学的重要发祥地之一。书院是供人读书、讲学以及藏书的处所，始见于唐代，发展于宋，最初多为民办，著名的有江西庐山的白鹿洞书院、湖南长沙的岳麓书院、河南商丘的应天书院、湖南衡阳的石鼓书院、河南登封的嵩阳书院等，后来逐渐衍化为半民半官的性质。书院多以讲授经学为主，经学原泛指研习诸家学说的学问，汉武帝"独尊儒术"后特指儒学，有五经、七经及十三经之说，宋明时重点讲授理学。紫金山书院则独树一帜，在教授道德、伦理等内容的同时，讲授天文、地理、工程、历法、数学等方面的知识，培养出了刘秉忠、郭守敬、张文谦、王恂等一批在科学及政治领域非常有建树的人才，在我国文化、科学发展史上占有重要的地位。

19. 河北史上的大移民

中国历史上曾发生过四次大的移民，都跟河北有关：一是西晋末年发生永嘉之乱，塞外匈奴、鲜卑等少数民族趁机南下，先后建立了16个大小不等的国家，史称"五胡十六国"，晋朝宗室及河北等中原人大批南迁，到长江中下游一带；二是唐发生安史之乱，中原地区战火连绵，河北、河南、陕西的汉族居民纷纷南下江淮、西入川蜀避难；三是北宋发生靖康之耻，中原居民大规模南迁，金败蒙古人崛起，中原人继续南迁，出现"十室九空"的现象；四是明初从山西洪洞大槐树向河北等地的移民，中原地区遭遇百年战火，旱涝蝗灾不断，经靖难之役河北等地人口严重匮乏，土地荒芜，明成祖朱棣决定从山西移民，如今石家庄正定的许多居民为山西移民的后代。除此之外，还有赵佗征服岭南，中原及西北人向岭南迁徙；明末清初战乱向四川的移民，山东、河北人闯关东等。移民给中国及河北的经济、社会带来了很大的变化，促进了民族融合，加速了中原地区文化的对外传播及地区间文化的交融。

20. 土木之变

明朝由盛转衰的标志，又称土木堡之变。明正统年间，蒙古瓦剌部太师也先以明朝减少赏赐为借口，兵分四路向明朝发动进攻；宦官王振鼓动明英宗朱祁镇御驾亲征，兵部侍郎于谦等"力言六师不宜轻出"，吏部尚书王直率群臣上书劝谏，英宗不听，一意孤行，命皇弟朱祁钰留守，亲率50万大军出居庸关；同行的还有英国公张辅、兵部尚书邝野等100多名文武官员，但不让参与军政事务，由王振独断专行。明军进到大同，也先诱明军深入，主动北撤，王振不知是计，继续北进，闻前方惨败，则惊慌撤退；本欲让英宗途经其家乡蔚州"驾幸其第"，又怕大军损坏当地的庄稼，行军路线屡变，耽误了时间；行至土木堡（今河北怀来东），瓦剌军队追赶上来，把明军团团围住，两军会战，明军全军覆没，王振被部下杀死，明英宗被瓦剌军俘虏。

土木之变

21. 山海关之战

明清更替的关键之战。1644年，李自成率大顺军进逼北京，明廷命辽东总兵吴三桂入关守卫京师。行抵丰润（今属河北），闻京师已破，崇祯皇帝自缢于煤山，遂返回山海关。李自成派明降将唐通领兵赴山海关招降，吴三桂考虑后决意归顺，但赴京途中得知父亲遭义军拷掠，爱妾陈圆圆被夺占，遂改变初衷，向清军发去乞援信，打开城门迎清军入关，即"冲冠一怒为红颜"。当时李自成的军队正与吴三桂的军队激战，入关后的清军发动猛攻，大顺军随之崩溃，清军大获全胜。此役为清入主中原的起点，也是李自成由胜到败的转折点，大顺军不久撤出北京，清军在多尔衮的率领下入主紫禁城，成为新一代霸主。

22. 直隶义和团运动

近代反帝爱国运动，亦称义和拳。京津冀一带民风强悍，素有练拳习武的传统，组成一些与秘密宗教相关连的民间拳社组织，义和拳即为其中之一。中日甲午战争后，西方列强掀起瓜分中国的狂潮，涌入的西方教会对中国传统习俗构成冲击。1898年9月，义和拳师赵三多（邢台威县人）在山东冠县蒋庄（今属威县）聚众起义，举起"扶清灭洋"旗帜，揭开了义和团运动的序幕。1900年，义和团攻入北京，焚烧教堂，打杀教民，与外国使馆卫队发生冲突。清朝廷下令招抚，试图利用义和团与八国联军对抗。由于朝廷妥协，天津、北京相继沦陷；迫于列强的压力，朝廷又下令剿除义和团。在八国联军和官府的联合镇压下，义和团运动失败。义和团运动标志着人民的觉醒，对西方列强进行打击，但由于与清统治集团内部派系斗争相连，参加者良莠不分，行动上笼统排外，带有愚昧迷信色彩，最终以失败告终。

23. 滦州兵谏与滦州起义

历史上有影响的反清事件。1911年10月10日，武昌起义爆发，27日，驻守滦州的新军第二十镇统制张绍曾（直隶大城、今廊坊大城人）联络一批将领，向清朝廷提出在年内召开国会、起草宪法、选举责任内阁等12条政纲，应援南方革命党的行动。朝廷惊慌失措，皇帝下"罪己诏"，颁布《重大信条十九条》。张绍曾等商定首先在滦州举事，吴禄贞等分头响应，会师北京；但吴禄贞遇刺，张绍曾被夺军权，兵谏失败。失败后，同盟会、共和会等组织多次到滦州策划起义，新军第二十镇第七十九标官兵，在第一营管带施从云、天津共和会会长白毓昆等领导下，12月31日发动起义，通电全国，照会各国政府，成立北方革命军政府，推举第二营管带王金铭为大都督。次年1月4日，起义军进逼京津，行至雷庄车站遭清军伏击，王金铭、施从云等牺牲，滦州起义失败。

中国第一台蒸汽机车

第一座机械化矿井

24. 唐山的兴起

中国北方近代工业的摇篮。中国自近代以来，随着新兴工业的出现，逐渐形成了因产业聚集的城镇，唐山市即为其中之一。1879年8月，洋务派的代表人物李鸿章、唐廷枢在滦州开平镇桥头屯凿井采煤，设立矿务局，成为唐山崛起的发端。1881年设立乔屯镇，后改称唐山镇。1925年出现唐山市称谓，1946年正式设市。1880年，这里兴建了中国第一条标准轨距铁路——唐胥铁路，开办了中国最早的铁路工厂——唐胥铁路修理厂，诞生了中国第一台蒸汽机车——龙号机车；1889年，创办了中国第一家水泥工厂——唐山细敏土厂，生产出中国第一桶水泥，后更名为启新洋灰责任有限公司。随后，唐山快速发展，成为涵盖能源、建材、纺织、陶瓷、机械制造、交通运输以及各种服务业、门类齐全的工业重镇，被誉为中国北方民族工业的摇篮。

25. 修建京张铁路

中国第一条依靠自己力量修建的铁路。

张家口是京西北的军事重镇，中国北方以及中俄贸易的重要集散地，清政府决定修筑北京到张家口的铁路。当时，西方列强入侵中国，大肆抢夺采矿、筑路等权利，国人要求保护路权的呼声很高。清政府经过与英、俄等国谈判，决定不用外国的工程师，使用京奉铁路的余利，自己修筑和管理京张铁路。

詹天佑主持修建的中国铁路大桥——滦河铁路大桥

1905年4月，詹天佑受命任会办（后升总办）兼总工程师，面对国内外的怀疑、嘲讽，他顶住了压力。他勘测了三条路线，综合衡量后，选择了经南口、八达岭到张家口的路线。此路段山峦叠嶂、地质情况复杂，特别是南口至岔道城之间，地质坚硬，施工极为困难。在没有开山机、抽水机和通风设备的条件下，他带领工人们用铁锤、钢钎等工具，采用两端对凿和竖井开凿的方法，打通了居庸关和八达岭隧道，首次将炸药爆破应用于隧道开凿，加快了工程进度。青龙桥一带山险坡陡，他创造性地使用"之"字形折返线路，解决了火车爬坡的难题。1909年8月，铁路全线通车，工期提前了两年，节省经费28万两白银。京张铁路的修建振奋了民族精神，促进了经济发展。

26. 直系军阀的兴衰

民国北京政府的控制者。民国北京政府是以北洋军阀为主体建立起来的，袁世凯取得临时大总统一职，在北京就职，逼迫南京临时政府迁往北京，故称为北京政府或北洋政府。袁世凯死后，无人能取代其地位，北洋军阀分裂成为皖系、直系和奉系。直系即以直隶（今河北）为中心的军阀势力，1917年8月，其首领、江苏督军冯国璋（沧州河间人）出任大总统，部下曹锟、李纯、王占元分

布里留法工艺学校旧址

赴法勤工俭学学员合影

任直隶、江苏、湖北等省督军，构成直系的势力范围。冯国璋去世，曹锟、吴佩孚成为直系首领。1920年7月，直系联合奉系取得直皖战争的胜利，势力扩大。1922年4月，夺取第一次直奉战争的胜利，控制北京政府。1923年10月，曹锟任大总统。1924年10月，第二次直奉战争中因冯玉祥发动北京政变，直系失利。直系军阀在一定程度上顺应历史发展和人民的和平愿望，反对袁世凯称帝、维持共和政体、反对皖系武力统一政策、支持五四运动、发展民族经济和教育等，具有积极意义；但其割据称雄、穷兵黩武、横征暴敛、镇压工运等，为其覆亡埋下了伏笔。

27. 创办留法预备学校

中国留法勤工俭学运动的发祥地。1912年，

保定高阳人李石曾等以"输世界文明于国内，造就新社会新国民"为目的，在北京组织留法俭学会。1915年，蔡元培、李石曾等人受法国巴黎豆腐公司"勤以工作，俭以求学"思想的启发，在巴黎成立留法勤工俭学会，1916年成立华法教育会。为给去法国留学的人员进行培训，李石曾等人在保定高阳的布里村创办了留法预备学校（后改称留法工艺学校），主要课程有法语、文化知识、生产实习等。中共创始人蔡和森即毕业于该校并留校任教，刘少奇、李维汉、李富春等先后在此学习。留法勤工俭学培养和造就了一大批中共党政高级人才，如周恩来、邓小平、陈毅、聂荣臻等，以及严济慈、钱三强等科技家。

28. 马克思主义在中国的传播

开创了中国历史的新纪元。西方列强入侵，使中国沦为半殖民地半封建国家，有识之士纷纷向西方学习，探索国家、民族独立和强盛之路。十月革命一声炮响，给中国送来了马克思主义，李大钊（唐山乐亭人）是马克思主义在中国最早的传播者，中国共产党的创始人之一。1918年7月，他发表了《法俄革命之比较观》；11月，发表了《庶民的胜利》，歌颂十月革命；1919年5月，协助《晨报》开辟"马克思研究"专栏，陆续刊载《劳动与资本》的译文等；9月，编辑《新青年》杂志，发表《我的马克思主义观》，系统介绍了唯物史观、政治经济学和科学社会主义的基本原理；

青年时代的李大钊

1920年3月，在北京大学秘密组织马克思学说研究会，翻译马克思著作，以北京大学图书馆主任、教授身份，开设唯物史观研究、史学思想史、社会主义史等课程。李大钊不仅是马克思主义的传播者，而且是中国革命的实践者，他提出"铁肩担道义，妙手著文章"，用马克思主义深深地影响了一大批有志青年，培养了一代马克思主义者，为中国共产党的成立做了理论与组织上的准备，为马克思主义的中国化奠定了基础。

29. 定县平民教育实验

中国近代乡村教育的探索。中国是个农业国，提高农民素质，关系到国家的兴衰，20世纪二三十年代，不少人进行多种形式平民教育探索，晏阳初（四川巴中人）在定县（今保定定州）的乡村平民教育实验是其中的典型。1926年秋，晏阳初选择定县翟城村进行情况调查，摸索方法，提出了"民为邦本，本固邦宁"等搞好平民教育和乡村改造应遵循的九大信条。实验以"除文盲、做新民"为宗旨，以医治"愚、穷、弱、私"四大病症为目标，以四大教育为手段：以文艺教育救愚，开发知识力；以生计教育救穷，开发生产力；以卫生教育救弱，培养健康力；以公民教育救私，发扬团结力。创立三大教育方式：学校式教育以青年为对象，社会式教育以广大农民为对象，家庭式教育针对家庭中的不同成员。以求完成乡村的政治、教育、经济、自卫、卫生和礼俗六大建设，达到民族再造的目的。后来，晏阳初将定县经验推广到湖南、四川等地，又推广到亚非拉美等40多个国家和地区，为世界乡村建设做出了贡献。

30. 长城抗战

长城抗战

中国军队在长城沿线抗击日寇的战斗。九一八事变后，东北沦陷，日寇向关内进逼；1933年3月4日，占领热河，欲越过北京东北一带的长城占领华北。3月6日，国民革命军第二十九军（军长宋哲元）之第三十七师（师长冯治安）、第三十八师（师长张自忠）奉命防守冷口至马兰峪一线的长城，抗击日军。日军于3月9日夺取喜峰口，第三十七师一〇九旅旅长赵登禹所属团长王长海率大刀队夜击日军，夺回喜峰口，战斗进行得异常惨烈，500多人的大刀队仅20余人生还，著名的《大刀进行曲》即出自于此。3月11日，一一三旅旅长佟泽光率大刀队出铁门关，过潘家口，袭日军炮兵阵地。4月11日，冷口失守，喜峰口守军被迫撤退。4月20日至26日，黄杰的第二师等在古北口以南的南天门进行了八个昼夜的防御战，日军伤亡5000余人。因武器装备上的差异及南京政府的妥协政策，长城一线失守；但广义的长城抗战并未结束，冯玉祥、吉鸿昌等爱国将领率领同盟军收复了长城沿线的康保、宝昌、沽源三县，进军多伦，扼守这里战国、秦、汉、金各朝修筑的长城，坚持抗战。但在国民党"攘外必先安内"政策驱使下，冯玉祥被迫辞职，吉鸿昌遇害，长城防线及内蒙古东部被日军控制。

31. 百团大战

抗日战争史上的著名战役。1939年夏，日军集中兵力对华北抗日根据地发动"扫荡"，实行"以铁路为柱，公路为链，据点为锁"的"囚笼政策"。1940年7月，八路军总司令朱德、副总司令彭德怀下达《战役预备命令》，规定以不少于22个团的兵力，大举破击正太铁路沿线日军，同时对同蒲、平汉、石德等铁路以及邯长、沧石、沧保等公路线进行攻击，配合正太线的破击战。8月20日晚，日军在华北所有重要的交通线同时遭到猛烈袭击，参战的有八路军晋察冀军区、一二九师、一二○师共105个团20余万人，故称"百团大战"，战役持续到10月份。百团大战八路军共进行了2100多次战斗，击毙击伤日伪军两万余人，俘虏两万余人，破坏铁路450多公里、公路1500多公里，破坏桥梁、车站258处，缴获了大批武器装备和军用物资，打击了日寇的嚣张气焰，驳斥了国民党所谓八路军"游而不击"的不实之词。

32. 成立晋察冀边区

敌后的模范抗日根据地。九一八事变后，东北沦陷，华北危急，1937年11月，在五台县成立了以聂荣臻为司令员的晋察冀军区，为晋察冀边区的雏形。次年1月，成立了以宋劭文为主任的晋察冀边区临时行政委员会，标志着边区正式成立。11月，

晋冀鲁豫抗日根据地旧址

成立了以彭真为书记的中共北方分局（后改称中共晋察冀分局），统一领导边区的各项工作。边区实行党、政、军三三制的政权模式，领导人民减租减息、发展生产；与日伪军进行战斗，涌现出了平山团、雁翎队、马本斋、狼牙山五壮士、国际主义战士白求恩、子弟兵母亲戎冠秀等优秀人物，创造出地雷战、地道战、破袭战等游击战法。至1945年10月，边区由最初的43个县发展为拥有164个县、27个旗、四个自治区和近4000万人口的根据地，军队由初期的3000余人发展到32万多人，被中共中央誉为"敌后模范的抗日根据地及统一战线的模范区"。

33. 创建晋冀鲁豫抗日根据地

敌后最大的抗日根据地之一。七七事变后，日寇大举进犯华北，八路军为挽救国家危亡，开赴敌后建立抗日根据地。1937年11月，一二九师创立了晋东南根据地及冀南、鲁西、冀鲁豫等根据地。1938年4月，晋东南扩建为晋冀豫根据地。1941年1月，晋冀豫和冀鲁豫及鲁西根据地等合并为晋冀鲁豫边区。1941年7月，成立了以杨秀峰为主席的晋冀鲁豫边区政府。1945年8月，成立了以邓小平为书记的晋冀鲁豫中央局，实行边区的统一领导。根据地东起津浦路，西至同蒲路，北起正太路、石德路，南至黄河，由太行、太岳、冀南、冀鲁豫四个行政区组成，辖190余县、2500万人口，军队由1.4万人发展到30余万人，是敌后七大抗日根据地之一，在抗战中发挥出重要作用，创立了不朽的功勋。

西柏坡七届二中全会旧址

34. 中共中央移驻西柏坡

中共中央最后一个农村指挥所。1947年，国民党撕毁和谈协议，大举进攻延安。中共由毛泽东、周恩来、任弼时等组成中央前委，继续留在陕北与国民党军队周旋，派刘少奇、朱德组成中央工委进驻位于太行山区的西柏坡（属石家庄平山）开展工作。1948年4月，周恩来、任弼时率中央前委移驻西柏坡；5月，毛泽东来到西柏坡。中共中央在西

柏坡期间，召开了全国土地会议，通过了《中国土地法大纲》，领导了解放区的土地改革；召开了华北临时人民代表大会，成立了华北人民政府，成为新中国政权的雏形；指挥了辽沈、淮海、平津三大战役，为解放全中国奠定了坚实的基础；召开了党的七届二中全会，描绘了建设新中国的宏伟蓝图，提出了"两个务必"的伟大号召。1949年3月，毛泽东等领导人率中共中央离开西柏坡"进京赶考"。中共中央在西柏坡，不仅领导党和全国人民取得了新民主主义革命的胜利，而且为实现党工作重心从农村到城市、从战争到和平、从革命到建设的转变，做了思想、理论及组织方面的全面准备，被人们誉为"新中国从这里走来"。

35. 刘青山、张子善案件

建国后惩治腐败的重大案件。刘青山（保定安国人），雇工出身，1931年入党，曾任天津地委书记，被捕前系石家庄市委副书记；张子善（衡水深县人），学生出身，1933年入党，曾任天津地委副书记、天津专区专员，被捕前系天津地委书记。二人在战争年代为党和人民做过很多有益的工作，取得了不小的功绩，担任了党的高级领导职务，但在和平环境

审判刘青山、张子善

下经受不住腐朽思想和生活方式的侵蚀，腐化堕落。1950年至1951年二人在担任天津地区领导期间，贪污地方粮款、防汛水利专款、救灾粮款、干部家属救济款等，数额巨大；勾结奸商骗取银行大额贷款，从事非法经营，谋取暴利，贪污后大肆挥霍，过着极端腐化的生活，刘青山甚至吸食毒品成瘾。1951年11月，中共河北省第三次代表会议揭露了二人的罪行，经中央华北局批准，将二人开除出党。1952年2月举行公审大会，河北省人民法院报请最高人民法院批准，判处刘青山、张子善死刑。此案件影响重大，给各级干部以很大警醒，被称为"新中国第一大案"。

耿长锁的"土地合伙组"

36. 耿长锁的"土地合伙组"

全国农业合作化的典型。1943年，河北中南部地区发生严重旱灾，加之日寇频繁"扫荡"，老百姓苦不堪言。毛泽东发表《组织起来》，衡水饶阳农民耿长锁响应号召，与他所在的五公村三户农民一起，成立了"土地合伙组"，进行合伙经营，由于适应农村的生产条件，合伙组很快增加到17户。耿长锁和五公村成为全国农业合作化的典型，他光荣地加入了中国共产党，被毛泽东誉为"群众所信任的领袖人物"。1951年政务院授予他"全国劳动模范"称号。他先后任村支书、县委副书记、省革委会副主任等职，但始终保持艰苦奋斗、实事求是的作风，面对参观来访者从不说空话、大话、假话。十一届三中全会后，80多岁的他带领村干部走访学习，带头实行联产承包责任制。

37. "三条驴腿闹革命"

全国农村艰苦奋斗的典型。新中国成立后，面对落后的生产力与不良的自然环境，唐山遵化西铺村农民王国藩把村中最穷的23户农民联合起来，办起了初级社。他们靠上山砍柴换来简单的农具，发展生产；社里唯一的一头驴有四分之一的使用权不属于他们，"三条驴腿的穷棒子社"因此得名。但正是依靠这三条驴腿，他们通过艰苦奋斗，第二年发展到了83户，粮食亩产从120多斤增长到了300多斤。毛泽东被他们的创业之举

西铺村

深深感动，说："遵化县的合作化运动中，有一个王国藩合作社，23户贫农只有三条驴腿，被人称为'穷棒子社'。他们用自己的努力，在三年时间内，从山上取来了大批的生产资料，使得有些参观的人感动得流下泪。我看这就是我们整个国家的形象。"1957年，王国藩出席全国农业劳动模范代表大会，被授予全国农业劳动模范金质奖章。闭幕式上，毛泽东将一面鲜艳的奖旗送给他，说："你是劳模，是建设共和国的功臣！这是表彰你们在全国起了率先作用。"

38. 徐水的共产主义试点

大跃进中严重浮夸、冒进的事件。1957年冬至1958年春，保定徐水在兴修农田水利建设中，集中了10余万劳动人口，在县委"行动军事化，作风战斗化"的口号下，按军事编制组成大队、中队，集体吃、住，取得一定成果。其做法得到中央有关领导的认可，中央农工部帮助其总结经验，呈报中央，毛泽东批示"徐水县的经验普遍推广"；《人民日报》给予高度评价："前人不敢想的事，我们现在做到了！白天赶太阳，夜晚追月亮，黑夜当白日，一天当两天，思想不冻地不冻。"徐水的做法开始升级，除了兴修水利，还大搞深翻土地、密植、工具改革和养猪积肥等，并推广公共食堂。1958年8月4日，毛泽东到徐水视察，当地进行了不符合实际的汇报。毛泽东视察后，大寺各庄当晚宣布成立人民公社，树木全部归集体，房屋由公社统一分配，社员实行工资制。中央农工部奉命到徐水召开有省、地、县及乡社负责人参加的座谈会，通报中央要在徐水搞共产主义试点的决定。徐水的做法进一步全面升级，宣布全县人民的生老病死、吃穿用品，甚至洗澡、理发、看戏等全由公社包下来；县成立了"人民总公社"（后改称徐水人民公社），规划共产主义蓝图，要在三年时间内跑步进入共产主义。试点从一开始就严重脱离实际，很快捉襟见肘、入不敷出，仅三个月便不了了之。

39. 邢台地震

1966年3月8日和22日邢台发生6.8级和7.2级地震，这是建国以来在我国人口稠密地区造成人员和财产重大损失的第一次大地震，共有8000余人丧生、3.8万余人受伤，受灾面积2.3万平方公里，

周恩来总理赴邢台地震灾区慰问灾民

在国内外引起强烈反响。党中央、国务院对震区极为关切和重视，周恩来总理三次到灾区，察看灾情，慰问群众，部署救灾工作，向灾区人民发出"自力更生、奋发图强、发展生产、重建家园"的号召，极大地鼓舞了震区人民战胜灾害的信心。人民解放军迅速赶赴震区救灾，兄弟省份和有关部门给予巨大的支持，参加救灾的有100多个单位、3.6万余人，其中解放军官兵2.4万人、医务人员7000余人，汽车800余辆、飞机38架，各种救灾物资不计其数。

40. "特别能战斗"的产业群体

　　唐山的产业工人群体。唐山作为近代工业的摇篮，不仅造就了一批大中型企业，而且培育出一个高素质的产业工人群体，战争年代有邓培、王麟书、节振国等英雄人物，建设时期有众多甘于奉献、勤勉敬业、吃苦耐劳的劳动模范，不少是全国的典型，被誉为"特别能战斗"的群体：唐钢的王益元是20世纪50年代的炼钢能手，在没有专业设备的条件下，创造出"土铁脱硫炼钢法"和"不烘炉炼钢法"，两次当选全国劳动模范。开滦的侯占友被誉为"矿山铁汉"，作为一名起重工，响应国家多出煤的号召，下班后主动到采掘区帮助挖煤，不要加班费和补贴，退休后绿化荒山，把一座秃山改造成景色宜人的北山公园；艾友勤是开滦的采煤工，从业18年除完成生产定额，为国家多产煤11万多吨，14次冒险抢救工友和国家财产，被授予特等劳动模范、全国劳动模范的荣誉称号。开滦的侯振清自学业务知识，先后发明"压柱顶"、"拧柱盘"、"金钩钓鱼"等回柱方法，提高工效近两倍，连续获省、部及全国劳动模范称号；赵国峰是开滦的工人技师，参加工作22年，出满勤，干满点，奉献节假日726天，为国家多出煤炭27.46万吨，创效益3000多万元，被誉为"新时期矿工的楷模"，当选全国劳动模范。

41. 唐山大地震

　　1976年7月28日凌晨3点42分，唐山丰南一带发生了里氏7.8级大地震，瞬间被夷为一片废墟，68万余间民用建筑中有65万余间倒塌或严重损毁，24万余人死亡，16万余人重伤，四万余个儿童成了孤儿，直接经济损失达30亿元人民币以上；地震罹难场面极为惨烈，为世界罕见；唐山附近的北京、天津有强烈震感，并波及到内蒙古、宁夏、东北及长江以北广大地区。唐山人民并没有被此而吓倒，在迅速赶来的中国人民解放军的全力救助下，开始自救和互救，搭建起临时的窝棚（当时称地震棚），伤员被送往全国各地医治；在党中央的关怀和全国人民的热情帮助下，开始了恢复生产、重建家园的努力；在很短的时间内便生产出第一炉钢，发出了第一组电，在地震的废墟上开始建造居民住宅及各种公用设施，当时唐山昼夜施工，成为世界上最大的建筑工地。经过10年的努力，一座崭新的唐山拔地而起，为让人们铭记那场灾难，在市中心建造了抗震纪念碑和纪念广场。1990年11月，市政府因为震后重建而获得了联合国人居奖；唐山人民在震中及重建中焕发出不屈不挠的"抗震精神"，成为这座城市巨大的财富。

唐山抗震纪念广场

（三）历史人物

河北省物华天宝，人杰地灵，在漫漫的历史岁月中，涌现出许多著名的历史人物，他们推动和影响着历史的进程，丰富着历史的内涵，成为河北的标志及形象代言人。他们中大多为河北籍，也有些人籍贯并非河北，但与河北有着很深的渊源，在河北从事过重大的活动并做出过重要的贡献，如秦始皇、刘秀、曹操、康熙等。

1. "开天辟地"的盘古

尊称元始天尊，神话传说中的人物，起源于沧州一带，青县遗存有盘古祠等遗迹。相传太古时期天地不分，混沌一片，英雄盘古在此中酣睡了18000年，醒来后见四周漆黑，手握利斧，将混沌用力劈开，轻而清的物质飘然而升变成天，重而浊的物质坠然下降变成地。盘古怕天地重合，用自己的身体支撑，日长一丈，直至天地分明，即"顶天立地"的典故。盘古因劳累过度而死，临死前用自己的五官、四肢等演化成日月星辰、雷电风云、四极五岳、江河湖泊、花草树木等，开创出一个美丽的世界。

2. 中华文明的开创者黄帝

称轩辕氏、有熊氏，统领部落从陕西岐山东迁至唐山一带，孕育文明。在张家口阪泉、涿鹿与炎帝、蚩尤从征战到融合，开创中华文明史。传说是养蚕、舟车、文字、音律、医学、算数等的发明人，被尊崇为战国黄老学派的始祖。之所以称黄帝，与其所开创的农耕文明有关。涿鹿和阪泉之战后召集各部落举行政治大会盟，被尊为王，确立龙图腾，建都涿鹿。被视为华夏文明史的发端，后人因之被称为"炎黄子孙"和"龙的传人"。

3. "战神"蚩尤

尊称"战神"、"兵主"，华夏三大人文始祖之一。在张家口的阪泉、涿鹿与黄帝、炎帝部落从征战到融合，开创华夏文明史。号称有18个兄弟，兽身人面，铜头铁额，不食五谷，只吃河石，擅长刀枪，武艺高强。与炎帝同为神农氏后裔，后迁移到长江一带，与"九黎"、"三苗"、"南蛮"有着渊源关系，被认为是苗族的祖先。善于征战，形象被画在军旗上，以激励军队勇猛作战。喜爱舞蹈，战争胜利或举行活动表演崇拜图腾的舞蹈，动作高难，称为"蚩尤戏"，被视为我国杂技艺术的发端。

盘古

4. 创制"八卦"的伏羲

又称皇羲、太昊，史称"人皇"。在河北中南部活动，石家庄新乐遗存有伏羲台。远古的三皇指天皇、地皇和人皇，人皇即伏羲，为"三皇之首"。相传其母华胥氏外出，在沃野中看到一个特大的脚印，用脚丈量而感应受孕，怀胎12年后生下伏羲。伏羲根据天地间阴阳的变化，创制出八卦，用八种符号概括天地之间的万事万物，为周易学的渊源；受蜘蛛结网的启发制成网罟，用于捕渔狩猎；发明瑟，创作《驾辨》等曲子。"五帝"之一帝喾巡游至新乐，修伏羲台以祀之。

5. "炼石补天"的女娲

又称娲皇、凤里希，传说中的人物，源于河北中南部，邯郸涉县遗存有娲皇宫。相传远古时代，生物全无，一派苍凉，女娲用黄土造人，炼五色石补天，制服洪水，杀死猛兽，使人民安居乐业；制造乐器，奉为音乐女神；与伏羲结为夫妻，确立婚姻制度，使青年男女婚配，繁衍后代，奉为爱情女神。娲皇宫建筑精美、难度之大令人惊叹，有"吊庙"、"活楼"之称。

伏羲

6. "尧天舜日"之尧帝

又称放勋、唐尧，故里在保定顺平的伊祁山（一说邢台隆尧），是中国父系氏族社会后期部落联盟首领，帝喾之子。《史记》称"其仁如天，其知如神，就之如日，望之如云"。在位期间洪水滔滔，用鲧治理，九年无功而返，启用禹，制服洪水。设置谏言之鼓和诽谤之木，让百姓尽其言。开帝王禅让之先，在位70年，认为儿子丹朱不器，遍访四方诸侯，众人推荐虞舜；微服私访，见舜体阔神敏，将两个女儿娥皇、女英嫁之，观其德；把几名男子安排其周围，观其行；考察合格，禅位予舜。舜不负期望，带领部族耕作、狩猎，安居乐业，后人用"尧天舜日"来形容圣明君主和理想社会。

7. 被历史误解的商纣王

商纣王

又称帝辛，商代的末任君主。将商都向南扩展到朝歌（今河南淇县），向北扩大到邯郸、邢台，在广宗建沙丘宫。"纣"是周人对他的侮辱、蔑视性称谓，指其残忍暴虐，昏庸无度。在沙丘大兴土木，修苑建台，放置各种鸟兽，设立"酒池"、"肉林"，使男女裸体追逐游戏，宠爱、放纵心肠狠毒的爱妃妲己，搞得民怨四起。周武王乘机东伐，商侯纷纷倒戈，纣王败，自焚于鹿台，即"武王伐纣"。其实历史评价有所偏颇，他是位颇有功绩的帝王，是筷子的发明者；平定东夷，将中原文化传播到长江、淮河流域，奠定了中国大一统格局；体恤奴隶，不虐杀俘虏。之所以得此"恶名"，出于周武王攻商前制造的"舆论"。他发动平夷战争摊子铺得过大，后方空虚，周武王寻机而动，他以老弱兵士及俘虏仓促应战，结果归于失败。

8. 西周名相尹吉甫

字伯吉父，河北封矩（沧州南皮）人，西周宰相，葬于南皮县城以东。西周厉王时国力衰败，宣王继位，任用他为宰相，北伐猃狁，征收南淮夷等族的贡赋，使"周室赫然中兴"，百姓安居乐业；作《大雅·庶民》，"吉甫作颂，穆如清风"，对后世影响很大；对宣王疏远贤臣进行劝谏；提出"天生丞民，有物有则"的哲学思想，受孔子和老子推崇，是中国"天人合一"思想的最初起源。后人赞他"文以服众，武以威敌"，"事业文章，炳然千古"。

9. "名家"代表人物公孙龙

又称子秉，哲学家、逻辑学家，战国时赵国（今邯郸）人。燕赵交战时说服燕昭王、赵惠宣王停止战争。原为赵国平原君的门客，反对各诸侯间的兼并战争。在思维逻辑上，提出"别同异"的命题，从区别事物的共性和个性出发，把"同"与"异"的矛盾绝对化；认为思维中的"属性"可以脱离"本质"而存在，提出"离坚白"和"白马非马"的著名逻辑命题，对古代逻辑思维有所贡献。著有《公孙龙子》。

10. "法家"大师慎到

战国时期赵国（今邯郸）人，思想家、社会学家。早年学黄老之术，后分化为法家。主张"民一于君，事断于法"，百姓、百官要听从君主的政令，君主做事必须依法行事；各级官吏要严格遵守法律和执行法律，"以死守法"；百姓则要接受法令的规定，"以力役法"；要"官不私亲，法不遗爱，上下无事，唯法所在"；强调重"势"和"无为而治"，君主必须掌握权势，才能保证法律的施行，"令则行，禁则止"；君臣之道要"臣事事而君无事"，即国君不要忙于具体事务，应在"事断于法"的前提下，尽量让臣下去做，调动臣下的积极性，发挥其才干，使"下之所能不同"，而都能为"上之用"，从而达到"事无不治"的目的。

11. 杰出的军事家孙膑

又称孙宾，孙伯灵，齐国阿鄄之间（今山东阳谷东北）人，著名军事家、军事理论家，大军事家孙武之后，墓地、庙宇、祠堂、石牛等均在沧州吴桥。与挚友庞涓同就学于王诩（绰号鬼谷子）门下，成绩优异，遭庞涓嫉妒，被骗至魏国，虚构其私通齐国的罪名施以膑刑（即割去两腿膝骨），因之称孙膑。遭遇陷害后不自暴自弃，伪装疯癫，齐国使臣到魏秘密求见，使臣将其偷偷用车带回齐国，推荐给大将田忌，齐威王封其为军师。庞涓率八万精兵攻赵，孙膑用"围魏救赵"之策击溃；庞涓又带10万大军攻韩，孙膑再次败之，直袭魏都大梁，庞涓黔驴技穷，自刎而亡。著有《孙膑兵法》（《齐孙子》）。

12. 中华"医圣"扁鹊

扁鹊

齐国渤海郡（今沧州任丘）人，著名医师、医学理论家，葬于邢台内丘，当地建有扁鹊庙。"扁鹊"一词原为古代传说中能为人治病的鸟，因他医术高超被百姓称之，流传下来。总结前人行医经验，创造并奠定了望、闻、问、切的诊断方法；周游列国，深入民间，运用针灸、按摩、汤药等各种方法为百姓解除疾苦。晋国的大夫赵简子五天五夜不省人事，经治疗后苏醒；虢国太子已死半日，经治疗"起死回生"；见齐桓公说其有病，不信，结果不久病故，即"讳疾忌医"；遭到秦国太医李醯的嫉妒被害，死后被人偷偷葬于邢台的内丘。

13. 邺令西门豹

尊称贤大夫，战国魏文侯时任邺令。初到邺城时，看到田地荒芜，百业凋敝，访贫问苦，得知为"河伯娶妇"所致。当时邺一带常遭水患，贪官污吏、土豪劣绅勾结女巫欺骗民众，假借河伯娶妇聚敛钱财，百姓苦不堪言。他巧妙利用为河伯娶妻之机惩治邪恶势力，颁布律令，禁止巫风；率领民众勘测水源，兴修水利，使大片荒地变为旱涝保收的良田，漳河两岸年年丰收；推行"寓兵于农、藏粮于民"，使得邺民富兵强，成为北方的重镇。后人修祠建庙祭之，司马迁在《史记》中评价："故西门豹为邺令，名闻天下，泽流后世，无绝已时，几可谓非贤大夫哉！"

14. 最早的军事改革家赵武灵王

名雍，战国时赵国的君主，中国最早的军事改革家。公元前386年，迁都邯郸，疆域有今山西、陕西、河北的部分地区，攻灭中山国，打败林胡、楼烦，建立云中、雁门、代郡，使赵国成为雄踞中原、疆域广阔、生产力快速发展的强国，"战国七雄"之一。作战中，革除传统习俗，要求将军、大夫、嫡子、代吏穿少数民族服装，方便骑射，军力大增，即"胡服骑射"；有少数民族血统，吸收汉文化，促进游牧民族与农耕民族的交融；为操练军队，修建丛台，即用砖土夯实的墩台，亦称武灵丛台，是邯郸市的标志。

赵武灵王

15. "千金买马骨"的燕昭王

名姬职，战国时燕国的君主。燕王哙之子，哙晚年时禅位于相国子之，引起内讧和齐国入侵，哙和子之被杀。他流亡于韩国，被赵武灵王护送回国，拥立为王，决心振兴国家，夺回失去的土地；求贤若渴，郭隗自荐，他见郭体弱平庸，不以为然。郭隗讲"千金买马骨"的故事：一国君千金欲买千里马，属下却买回了一副马骨，国君看后不高兴，属下说，此举是为了让天下人都知道您真心想出高价钱购买良驹，不久，果然有人送来了多匹千里马。郭隗自嘲就是马骨，昭王礼待之，乐毅、邹衍、剧辛等争相赴燕，燕一时成为"人才高地"。其在位期间为燕国最辉煌的时期。

16. "狭路相逢勇者胜"的赵奢

又称马服君，赵国名将，战国八将之一，中国税务事业的先驱，参与赵武灵王"胡服骑射"

改革。公元前270年，秦军派重兵围困阏与（今山西和顺），赵王问廉颇、乐乘"能救否？"答："道远险狭，难救。"问他，答："其道远险狭，譬之犹两鼠斗于穴中，将勇者胜。"赵王任命他为将，率军解围，取得了胜利。班师回朝，受封马服君，"狭路相逢勇者胜"成为典故。做田部吏，即征收田赋的官，执法无私，被视为中国税务事业的先驱，"奉公守法"令人称道。其子赵括少学兵法，聪明强记，但仅限书本，"纸上谈兵"。他反对命赵括为将，结果被他言中，赵括所率赵军在长平之战中被秦将白起全歼。

17. 集"百家"之大成的大师荀况

又称荀子、孙卿，赵国（都邯郸）人，是春秋战国时期与孔子、墨子、庄子等齐名的大思想家、教育家，"辞赋之祖"。曾在齐国讲学，任兰陵令。提出"天行有常，不为尧存，不为桀亡"，即自然法则不以人的意志为转移，"制天命而用之"；主张"性恶"论，强调后天教育；主张礼法兼治，王霸并用，坚持"正名"，反对世袭制；提出强本节用，开源节流；文学造诣极深，与大文学家屈原齐名，"辞赋"即从屈原的《楚辞》和荀子的《赋篇》各取一字而成。著名学者郭沫若评价："荀子是先秦诸子中最后一位大师，他不仅集了儒家之大成，而且可以说是集了百家的大成的。"著《天论》、《劝学》等。

18. "顾全大局"的蔺相如

赵国的上卿，即丞相。原为宦官缪贤的家臣，有才能。赵惠文王时，秦昭王写信，愿以15个城池换取赵国宝"和氏璧"，实为欺诈。蔺相如危难关头主动请缨，带"和氏璧"到秦国，当廷不畏强暴，据理力争，机智周旋，终于"完璧归赵"；公元前279年，陪同赵王去渑池（今河南渑池西）与秦王会面，大胆地指斥秦王，长赵国人的志气；回国后因功被封为上卿，位居于老将廉颇之上，廉颇不服，经常找机会羞辱；以国家利益为重，回避忍让，对门人说："强秦之所以不敢加兵于赵者，徒以吾两人在也。今两虎相斗，其势不俱生，吾所以为此者，先国家之急而后私仇也。"终于感动廉颇，到府上负荆请罪，二人成为刎颈之交。

19. "老当益壮"的廉颇

负荆请罪

赵国将领，与白起、王翦、李牧并称"战国四大名将"。精通兵法，统领赵军屡败秦军。公元前283年，率赵军伐齐，攻取阳晋（今山东郓城县西），使赵国威望大增；率军征战，守必固，攻必取，百战百胜，威震列国。蔺相如出使秦国，陪赵王赴渑池，被拜为上卿，不服，认识到错误后负荆请罪，与蔺共同报国，"将相和"成为美谈。公元前260年，秦赵长平大战，统率大军筑壁坚守，相持三年，秦军不能取胜。次年，赵王中秦离间计，起用赵括为帅，他告诫赵括："秦军千里奔袭，利在速战，应以守为主。"赵括不听，他盛怒之下交出帅印，结果赵军惨败。

20. "自荐"出使的毛遂

赵国的谋士、说客，居巨鹿（今邯郸鸡泽）。原为平原君门客，三年没有名声。公元前259年秦围攻赵都，赵危在旦夕，赵王派平原君求救于楚，平原君决定选二十名文武兼备的门客同往。自荐愿随同前往，平原君问："先生在门下几年了？"答："三年。"平原君说："世上凡有才能者，好比锥子装进口袋，尖锐都能露出来，先生已来三年，却从没听说过有何本领，此次肩负求援兵救社稷重任，你还是留下吧。"答："可并没有谁把我装进口袋里，否则我早就脱颖而出了！"平原君听后勉强答应他，同行的都嘲笑他自不量力。到楚后进行谈判，楚王犹豫不决，毛遂佩剑上堂，慷慨陈词，直说利害，说服楚王同意出兵，获得"三寸之舌，强于百万之师"的美誉。

21. 谱写"慷慨悲歌"的荆轲

战国时著名侠客，卫国人。自幼喜好读书舞剑，为人慷慨仗义，游历到燕国，侠客田光推荐给太子丹，被拜为上卿。太子丹派他刺杀秦王，欣然受命，为取得信任，带秦国通缉的樊於期的首级及所垂涎的督亢（今涿州一带）地图。太子丹送其到易水河边，告辞，唱道："风萧萧兮易水寒，壮士一去兮不复还。"与秦舞阳到达秦国，宫殿有重兵把守，戒备森严，声称杀人不眨眼的秦舞阳被吓得面色如土。他神态自若，到秦王面前，慢慢地展开地图，露出了藏在其间的匕首，"图穷匕首见"，用力刺向秦王，未中，秦王在躲闪中拔出宝剑将他刺伤，众人一拥而上把其杀死。荆轲义无反顾、大义凛然的精神令世人称道，因而得"燕赵自古多慷慨悲歌之士"之说。

22. "以弱胜强"的乐毅

字永霸，中山国（今石家庄灵寿）人，辅佐燕昭王实现"中兴"，报齐国伐燕之仇。魏国名将乐羊之后，少年聪颖，喜好兵法，燕昭王招贤纳士，放弃在魏国的优厚待遇，奔赴燕国，担任"亚卿"，主持军国大事。公元前284年，燕国欲兴兵伐齐，昭王问计于他，建议"举天下而攻之"；燕联合赵、楚、韩、魏、燕五国之军，封他为上将军；两军在济水相遇，率军猛攻，齐军大败；送别远道参战的各国军队，率燕军直捣临淄，攻克后申明军纪，严禁掳掠，布施德政，六个月攻取70余城。燕昭王封其为昌国君，昭王死，惠王听信齐人的反间计，乐毅被迫出走，卒于赵国。

23. 生于邯郸死于邢台的秦始皇

名嬴政、赵政，被称为"千古一帝"。战国末期国家间为了避免交恶，互换人质，秦异人（名子楚）被送到赵为质，娶赵姬为妻，生下他，名嬴政，也称赵政。回秦后登上王位，攻灭六国，建立中国史上第一个封建制国家，称始皇帝。书同文，车同轨，度同制，行同伦；抗击匈奴，修筑万里长城，设郡县制，为几千年的封建社会奠定基础；多次率部东巡至大海之滨，派人出海寻药，以求长生不老，秦皇岛即以帝号命名。巡视途中死于邢台的沙丘宫（广宗县以北），尸体经位于石家庄井陉县的古驿道（现称"秦皇古道"）运回陕西咸阳，葬于骊山。

秦始皇

24. 率领千童出海的徐福

字君房，方士，最早的中日交流使者。秦始皇为求长生不老药，几次东巡，他上书说海中有蓬莱、方丈、瀛洲三座神山，有仙人居住，请求带童男童女前往求之，秦始皇命其成行。招募童男童女、各种工匠数千，经过集训，携带五谷、工具等驾船出海。经过漫长的飘摇，到日本诸岛，仙药没有找到，将先进的文化传播到东瀛，促进了当地经济、社会发展。当年东渡前招募、集训及始发地在沧州盐山县的饶安，改称"千童镇"，为中国第一侨乡，每年举办"千童信子节"；登陆的日本佐贺地区有"金立神社"，每年春举行为时三天的"徐福大祭"，秋收后以"初稻"奉献予他。

徐福

25. "南下干部第一人"赵佗

秦末、汉初时期的著名将领，祖籍恒山郡东垣，即后来的真定，现石家庄长安区东古城。18岁受命率部出征，作战勇猛，功勋卓著，平定岭南地区；采取"和辑百越"政策，将中原地区的文化传播到岭南，发展生产，耕地掘井，设衙筑城，为南方地区的发展奠定了基础；创建了"东西万余里"的南越国，为中国南方的第一个地方性政权，尊为"南越武王"；其间曾一度脱离朝廷，改称"南越武帝"，后又归附汉朝，岭南正式列入中国统一的版图。毛泽东评价为"开发岭南的第一人"、"南下干部第一人"。在位71年，卒时101岁，为中国史上王中第一长寿者。

26. 用兵如神的韩信

西汉时期的大将军，封淮阴侯，有"兵仙"、"战神"之称，"汉初三杰"之一。少年家境贫寒，一婆婆见他可怜，常给他饭吃，受封楚王后，赠老婆婆一千两黄金，即"一饭千金"。淮阴有个屠夫羞辱他，让他从胯下爬过，他从长计议，忍受屈辱，即"胯下之辱"。初到汉营不受器重，出走，丞相萧何识其才华，星夜兼程追回，即"萧何月下追韩信"。军事才能极高，富有传奇色彩；谙熟兵法，灵活用兵，为后世留下诸多经典战例：如明修栈道、暗渡陈仓，背水为营，拔帜易帜，半渡而击，四面楚歌，十面埋伏等等，是继孙武、白起之后最为卓越的军事将领。

27. 持俭恤民的汉文帝

名刘恒，汉高祖刘邦之子，死后谥孝文皇帝，称帝前受封代王，治所在今张家口蔚县。公元前196年，代郡太守陈豨谋反，刘邦带兵平叛，在诸臣的保举下，被立为代王。高祖死，吕雉擅权，对高祖诸子大开杀戒，他从小性格温和，不事张扬，又远在代郡，幸免于难。吕雉死，在周勃等人的策动下，剪灭诸吕，拥为皇帝。封赏诛吕功臣，任周勃、陈平为左、右丞相，灌婴为太尉，很快稳定局面。继续"无为而治，与民休息"方略，很快扭转吕后乱政状况，经济繁荣，社会安宁，进入良好的发展时期，史界将他和汉景帝在位时期称"文景之治"，是中国历史上的第一个盛世时代。生活简朴，不事奢华，死后墓葬内不陪葬奢侈品，被传为佳话。

刘恒

28. 掌控汉代三朝权力的窦太后

名窦漪房，河北清河观津人，现属河北衡水。吕后时被选入宫，吕后选宫女赏赐诸王，她去了代国，成为代王妃。刘恒很喜欢她，与她先后生了女儿刘嫖、儿子刘启和刘武。刘恒称帝后，原代王后及所生四子先后去世，被封为皇后，长子刘启被立为太子，刘嫖封馆陶公主，幼子刘武封梁孝王，窦氏家族成员都封侯晋爵，逐渐掌控大汉的

窦太后

政权。文帝去世，景帝继位，成为太后。景帝死，武帝即位，被尊为太皇太后，仍然操控朝政，直到公元前135年去世，武帝才开始推行自己的主张。

29. 封建典章的祖师爷董仲舒

亦称"董子"、"董二圣"，汉广川郡（今衡水景县）人，西汉著名的今文经学大师。汉武帝举贤良文学之士，三次应诏对策，提出"罢黜百家，独尊儒术"，被采纳，开领2000余年封建社会以儒学为正统之先河。思想体系的中心是"天人感应"说，认为"天"对统治者的行为用符瑞、灾异表示出希望和谴责，为君权神授制造理论依据；将天道和人事相比附，提出"天不变，道亦不变"；提出"三纲五常"，奠定了封建伦理的基础；助汉武帝实现思想文化的大一统，但并未受到重用，写下了《士不遇赋》，倾诉内心的种种不平和感慨。汉代史学家司马迁、晋代文学家陶渊明相继写下《悲士不遇赋》和《感士不遇赋》。鲁迅评价：董仲舒虽然说的是纯粹儒者的语言，但全篇已经把那种牢骚愁苦郁闷不平之情，表达得很深刻了。

30. 不切实际的"空想家"王莽

字巨君，魏郡元城（今邯郸大名）人，称帝前后的许多活动在河北境内。西汉末年，社会矛盾尖锐，封建统治陷入危机。汉哀帝死，平帝继位，王莽以大司马大将军辅政，初始元年代汉称帝，建新朝，改元"始建国"。推行新政：下令将全国土地改称"王田"，奴婢改称"私属"，"皆不得买卖"；针对豪强富商囤积居奇和高利贷盘剥，实行"五均六筦"，史称"王莽改制"。不符合社会发展实际，带有浓厚的"空想"色彩，根本无法实施，最终归于失败，导致赤眉、绿林起义。义军攻入长安，死于乱军之中，新朝灭亡，是中国史上最短命的朝代之一。

31. 学历最高的皇帝刘秀

东汉王朝的开创者，称帝前在河北聚集力量、征战天下，于邢台柏乡登基加冕。从小历经磨难，九岁时父亡，由叔父拉扯大。爱读书，20岁时到长安入太学，是中国历代帝王中学历最高的。学成后回老家南阳（今湖北枣阳），曾一度进过大狱，出狱后仍回老家种地。新朝末年，起兵反对王莽，昆阳之战，力挽狂澜，使王寻的百万之众土崩瓦解，敲响了王莽政权的丧钟；平王郎、降铜马，奠定中兴之基，统一天下，恢复汉室政权，史称"东汉"。从政以清俭为则，"偃武修文"，兴建太学，提倡儒术，尊崇节义，为一代贤明的君王。

刘秀

32."黄巾军"首领张角

称"大贤良师"，黄巾军起义领袖，钜鹿（今河北平乡）人，义军营寨在距邢台30余公里的灵霄山中段。创立太平道，与其弟张梁、张宝传教，徒众达数十万，提出"苍天已死，黄天当立；岁在甲子，天下大吉"，定于甲子年（184年）在洛阳起义，因叛徒告密被迫提前。义军头缠黄巾，称"黄巾军"，焚烧官府，捕杀官吏，攻打豪强坞垒，没收地主财物，旬日之间，天下响应。朝廷派兵镇压，起义失败。在传道中创太平道乐，曲调悠扬、轻灵，有很高的艺术价值，有《太平十八番》、《朝天子》、《经堂乐》、《玉芙蓉》等。

33."卢氏"先祖卢植

字子干，东汉末名臣，祖籍涿郡涿县（今保定涿州）。少年时与经学家郑玄同师于马融，通古今学问；先后任博士、九江太守、庐江太守、侍中、尚书；校中书《五经》传记，补续《汉纪》；镇压黄巾起义，进攻广宗；因得罪董卓，被罢职。后代人才辈出，家族声名远播，仅从三国到唐，正史记载的卢姓族人达800余位，其中有宰相、尚书、刺史、太守、郡守等百余人；清代道光年间的两广总督卢坤是其后代；韩国两位总统、多位总理为卢氏宗亲。涿州城东建有"卢氏宗祠"，依托其墓地，红墙蓝瓦，绿树掩映，肃穆幽雅，每年吸引众多海内外游客前来祭祖、观光。

34. 高擎"仁义"大旗的刘备

刘备

字玄德，三国时期蜀汉国的皇帝，祖籍保定涿州。汉景帝之弟中山靖王刘胜的后代，早年丧父，母亲以贩履织席为业，15岁师从卢植。东汉末年，与关羽、张飞讨伐黄巾军，先后投靠过公孙瓒、陶谦、曹操、袁绍、刘表等，三顾茅庐得诸葛亮辅佐。联合孙权胜曹操于赤壁，取益州与南中，于成都称帝，建蜀汉国。伐东吴兵败，在白帝城病逝。《三国志》评曰："先主之弘毅宽厚，知人待士，盖有高祖之风，英雄之器焉。及其举国托孤于诸葛亮，而心神无贰，诚君臣之至公，古今之盛轨也。机权干略，不逮魏武，是以基宇亦狭。然折而不挠，终不为下者，抑揆彼之量必不容己，非唯竞利，且以避害云尔。"

35. "一代枭雄"曹操

字孟德，小名阿瞒、吉利，东汉末年著名的军事家、政治家和诗人，曹魏政权的奠基人和缔造者，子曹丕称帝后追尊为魏武帝。在邺城（今邯郸临漳）建立政权，"挟天子以令诸侯"；垦荒屯田，兴修水利；唯才是用，打破世族门第观念；精于兵法，著《孙子略解》、《兵书接要》、《孟德新书》等；雅好文学，在邺城期间招揽文学雅士，形成以三曹（曹操及曹丕、曹植）为核心、包括"七子"（孔融、陈琳、王粲、徐幹、阮瑀、应场、刘桢）和蔡琰在内的邺下文人集团，作品慷慨悲凉，语言刚健爽朗，形成文学史家盛赞不绝的"建安风骨"；在邺城建铜雀台等三台，如今遗址尚存。

36. "一身是胆"的赵云

字子龙，封牙门将军、顺平侯，三国时蜀国大将，蜀政权的重要缔造者和捍卫者，常山真定（今石家庄正定）人。最初从公孙瓒，后投至刘备麾下。刘备兵败向江陵撤退，曹骑兵追赶，在当阳长坂坡遭遇，情势危急，刘备顾不得妻儿带数十骑突围，他冲入曹阵，浴血奋战，救出了刘禅和甘夫人，即"单骑救幼主"；随刘备赴江东与孙家联姻，保卫其安全，让孙权"赔了夫人又折兵"；随诸葛亮吊祭周瑜，威震江东，吴国无人敢轻举妄动；汉水救黄忠，令魏国名将张郃、徐晃心惊胆战，不敢应敌；刘备去世，曹军五路进蜀，把守阳平关，一将当关，万夫莫开；70多岁时仍为蜀军前锋，阵前力斩西凉大将韩德一门五将；英武潇洒，被誉为"一身都是胆"。

37. 吓退曹军五千精骑的张飞

字翼德，封车骑将军，领司隶校尉、西乡侯，蜀国大将，祖籍涿郡（今保定涿州）。原为豪绅，被文学作品描绘为屠夫，与刘备、关羽桃园三结义。性如烈火，嫉恶如仇，曾怒鞭督邮，拔剑欲刺董卓；于长坂坡当阳桥头上一声吼，令河水倒流，吓退了曹操五千精骑；入川时一路凯歌，义释严颜，分定州县，直捣成都；率精兵万余，击败张郃大军。性格直爽且有谋略，敬君子而不恤小人，对部下过于严厉，为夺回荆州，同刘备起兵攻伐东吴，临行前被部将范强、张达所杀。

张飞

38. "披坚执锐"的大将张郃

字儁义，征西车骑将军，曹魏五大良将之一，冀州河间国鄚（今沧州任丘北）人。应招镇压黄巾军，归顺袁绍，官渡之战被曹操收降，任偏将军；攻乌桓，破马超，降张鲁，屡建战功，留守汉中；从夏侯渊于定军山（今陕西勉县南）迎战刘备军，夏侯渊战死，全军面临覆没之际，代帅率部安全撤退；曹丕称帝后，升左将军，封鄚侯，奉命从曹真击平安定（郡治今甘肃泾川北）胡羌，与夏侯尚围攻江陵（今属湖北荆沙）；随曹真西拒诸葛亮，领兵五万于街亭（今甘肃天水东南）大败蜀军；领兵追击蜀军，至木门（今天水南）遇诸葛亮伏兵，中箭亡，谥壮侯。

39. 吴国将领程普

字德谋，称"程公"，荡寇将军，吴国大将，右北平土垠（今唐山丰润东）人。初为州郡吏，随孙坚镇压黄巾起义和讨伐董卓。孙坚死，随孙策平定江东，直落吴、会稽、丹阳、豫章、新都等五郡，封吴郡都尉，治辖钱塘，迁丹阳都尉。孙策军队被围，率骑兵保护突围，拜为荡寇中郎将，改零陵太守。孙策死，辅佐孙权，转战东西，镇压反叛，征讨江夏，平定乐安，戎马倥偬，"人不解甲，马未卸鞍"。孙刘联合拒曹，赤壁（今湖北嘉鱼县西北）之战中与周瑜分别为吴军的右、左都督，利用火攻，击破曹军，奠定了三国鼎立的局面，任江夏太守。周瑜死，任南郡太守，荡寇将军。

40. 学识渊博的西晋大臣张华

字茂先，西晋大臣，范阳方城（今廊坊固安）人。少年孤贫，以放牧为生，勤奋好学，"学业优博，图纬方伎之书，莫不详览"。做过广阳郡守，郡治于现在的北京。三国魏末，被荐为太常博士。晋初，为中书令。力主伐吴，定灭吴之计，被晋武帝采纳只用四个月便灭掉东吴，统一中国。因功升至持节，后都督幽州诸军事，加强对东北地区的管理。惠帝时，历任侍中、中书监、司空。皇太后专权，贾太后秘密指使楚王造反，协助惠帝平息内乱。学识渊博，精于典章制度，擅于填词、做诗、写文章，著有《博物志》。"八王之乱"中被杀害，夷三族，死后家无余资。

41. "闻鸡起舞"的祖逖

字士雅，东晋初有志于恢复中原、致力北伐的名将，范阳遒县（今保定涞水）人。年轻时轻财侠武，曾任司州的主簿，夜半时听到鸡鸣便起身练习武艺，即"枕戈待旦"、"闻鸡起舞"。匈奴刘曜率汉军攻陷洛阳，晋怀帝被俘，上书晋元帝，力请北伐。元帝命他为奋威将军、豫州刺史，但只给千人的粮食和三千匹布，让他自募兵士，自造兵器。他带领私家的军队共100多户渡过长江，在江中敲打着船桨说："我不能清中原而复济者，有如大江！"即"中流击楫"。到淮阴驻扎，冶炼浇铸兵器，招募2000余人，九年内收复黄河以南大部土地。军纪严明，不蓄资财，劝督农桑，发展生产，深得百姓爱戴。因朝廷内讧，北伐未成，死于雍丘，收复的土地又被石勒攻占。

42. "勤于政务"的北燕皇帝冯跋

　　字文起，东晋十六国时期北燕的创立者，长乐信都（今衡水冀州）人，为胡化的汉人。少时恭慎寡言，宽厚大度，勤于农事，深受父母钟爱。后燕慕容宝在位时官至中卫将军；慕容熙继位，密谋除掉他们兄弟，逃往深山野林。冯跋潜入龙城（今辽宁朝阳），杀掉昏庸暴虐的慕容熙，拥立慕容宝之养子高云为燕天王，改元正始，史称北燕，辖地主要为今辽宁西南部和河北东北部，都龙城。冯跋任中卫将军和尚书，实际控制着权力。高云被杀，冯跋

冯跋

自立为帝，勤于政事，整顿吏治，发展农桑，轻徭薄赋，设立太学，与柔然、契丹、东晋交好，营造出比较好的局部环境，保持稳定达22年。

43. 支持北魏孝文帝改革的冯太后

　　北魏文成帝皇后、皇太后，北魏一系列改革的实际操控者，长乐信都（今衡水冀州）人。原为北燕皇族，汉人，14岁时被选为文成皇帝的妃子，后册封为皇后；文成帝死，尊为皇太后，实际操控政权；捕杀谋反的权臣，重用汉族士人，迫使献文帝将权力禅让给儿子孝文帝；两度摄政，革除朝政乱象和贵族圈地行为，行俸禄制、均田制、三长制、租调制；推行"太和改制"，使拓跋人着汉装、讲汉话、行汉制、迁都洛阳，有力地促进了北魏经济、社会的发展，促进民族间的融合。

44. "混世魔王"高洋

　　字子进，南北朝时期北齐的开国皇帝，定都于邺（今邯郸的临漳），祖籍渤海蓨县（衡水景

县东）；信仰佛教，主持开凿位于邯郸峰峰矿区鼓山的响堂山石窟。是东魏权臣高欢的次子，幼时其貌不扬，沉默寡言，实大智若愚，聪慧过人，其父欣赏才干。代东魏建立北齐，采取一系列措施：改革官制，消去州、郡建制，减少官吏数万人；防止北方少数民族进攻，农闲季节抽调民工修筑长城；出兵柔然、契丹、高丽等国，大获全胜，使国力大增；沉湎酒色，肆行淫暴，在邺城修筑三台宫殿，长期动用10万民夫；朝堂上设锅和锯等刑具，动辄杀人，是个暴虐之君。

45.“唯才是举”的周惠达

字怀文，北周、西魏的大臣，廊坊文安人。少年容貌俊美，志向高远，知书达礼，处事得体；初为幕僚，颇得器重，后归顺文帝宇文泰，任秦州司马、大将军司马；征伐东魏的战争中，在后方悉理政务，营造兵器，储屯粮草，济军国之务，擢升为安东将军，拜太子少傅、中书令；后任西魏尚书右仆射和吏部尚书，主持修改典章旧制，删繁就简，增添新规；性谦逊，位显不居功，唯才是举，尤以举荐治国奇才苏绰传为美谈。

46. 大数学家、科学家祖冲之

字文远，南朝宋齐间的科学家，范阳郡逎县（保定涞水）人。祖父掌管土木建筑，父亲在朝中做官，学识渊博。受家庭影响，青年时进入华林学省，从事科学研究，先后任南徐州从事史、公府参军、娄县令、谒者仆射、长水校尉等职。博学多才，在数学、天文历法和机械方面多有贡献：著《缀术》，计算圆周率精确到小数点后第七位；创制《大明历》，最早将岁差引进历法，采用闰月的方法，首次精密测出交点月日数、回归年日数等，发明用

祖冲之

圭表测量冬至前后若干天的正午太阳影长以定冬至时刻的方法；制造出水碓磨、铜制机件传动的指南车、千里船、定时器等；在音律、文学、考据方面也有相当的造诣。

47."桥梁之父"李春

隋代著名的桥梁工匠，建造了举世闻名的赵州桥，有"桥梁之父"之称，邢台临城人。赵州桥是我国现存最早的大型石拱桥，全长50.83米，宽九米，主孔净跨度为37.02米，全部用石块建成，装有精美的石雕栏杆，雄伟壮丽、灵巧精美。它以首创的敞肩拱结构，精美的建筑艺术和施工技巧，在中外桥梁史上令人瞩目，充分代表了中国古代桥梁建造方面的高超技能和智慧。关于大桥有一个美丽的传说，说是鲁班所造，建成后八仙之一的张果老倒骑着毛驴，带着柴荣，兴冲冲地来到桥头，遇鲁班问桥能否经得起他们，鲁班心想骡马大车都能过，两个人算什么？谁知张果老带着装有太

李春

阳、月亮的褡裢，柴荣推着载有"五岳名山"的小车上了桥，桥摇摇欲坠。鲁班情急下跳入水中，用手撑住大桥，如今大桥上下留有鲁班的手印和张果老骑驴留下的蹄印、车道印等。

48.绿林好汉窦建德

隋末绿林军首领，清河漳南（今衡水故城东北）人，主要在河北一带活动，在乐寿（今沧州献县）称王，后迁都洺州，即邯郸永年的广府镇。年轻时豪侠仗义，曾为里长；因支持孙安祖起义，全家被害，投靠起义军首领高士达；涿郡郡守郭绚领兵万余人讨伐，以7000精兵袭杀；高士达死，继为领袖，团结将士，深得拥戴，壮大到10余万人；隋将薛世雄领兵三万讨伐，于河间全歼隋军，乘胜攻下河北大部郡县；称王，选用隋官僚，建立各项制度；唐太宗出击洛阳王世充部，率众支援，在虎牢（今河南荥阳西北）决战中兵败受伤被俘，被杀于长安。

49.一世英主李世民

唐代帝王，高祖李渊之次子，祖籍赵郡隆庆(今邢台隆尧)，从修建于贞观三十年的大唐帝陵

的碑文上可得到佐证，隆尧遗存有李氏家族的先祖冢；做秦王时在邢台沙河一带大战绿林军刘黑闼，为了纪念阵亡兵士，修漆泉寺，相邻的水库命名为"秦王湖"。隋末随父起兵，封为秦王，勇猛刚毅，智谋过人，在平定军阀和绿林势力中摧枯拉朽，所向披靡；发动"玄武门之变"继得帝位，广任贤良，虚怀纳谏，任用房玄龄、杜如晦、魏徵、长孙无忌等一批贤臣；推行均田制，租庸调法，轻徭薄赋，促进经济的发展；实行三省六部制和科举制，加强中央集权；增强与少数民族的联系及对西北等地区的管辖，称"天可汗"；注重文化的整理与传播，创"贞观之治"盛世，为后人推崇。

李世民

50. "大唐名相" 魏徵

字玄成，唐初著名宰相，巨鹿下曲阳（今石家庄晋州，一说是邯郸馆陶）人。少年孤贫，曾出家做道士。隋末参加李密的瓦岗军，归唐，为窦建德俘获，窦死后再入唐。曾为太子李建成幕僚，"玄武门之变"后，太宗爱其才华，擢为谏议大夫，先后任秘书监、侍中。刚正、率直、敢于犯颜直谏，前后陈谏200余事，给后人留下了许多著名的故事和警句，如"兼听则明，偏信则暗"、"百姓如水，君主如舟，水可载舟，亦可覆舟"等。643年病逝，太宗亲临吊唁，痛哭失声，说："夫以铜为镜，可以正衣冠；以古为镜，可以知兴替；以人为镜，可以明得失。我常保此三镜，以防己过。今魏徵殂逝，遂亡一镜矣。"

51. 唐太宗宠爱的曹妃

唐太宗的宠妃。太宗东征高丽，随行，姿容秀丽，能歌善舞；太宗得胜还朝，乘船沿岸而行，欣赏胜景，服侍在太宗身边，赋诗、对弈，太宗十分高兴。不料经一路颠簸，感遇风寒染病，经一个小岛，太宗命停船扶其上岛医治，无奈病情严重，死在岛上。太宗痛失爱妃，下旨在岛上建三层大殿，塑曹妃像，赐名曹妃殿，"殿"与"甸"同音，时间一长叫成曹妃甸。另一种说法是太宗在未做皇帝前率兵追赶叛军，在小岛上搭救了一位被叛军调戏的渔家姑娘，曹姓；由于征战劳顿，太宗病倒在船上，曹姑娘见恩人生病，守护在身边照料，太宗见姑娘长得俊俏，温柔体贴，封她为妃，答应平乱后带她回京都长安；但太宗称帝后竟忘了此事，当地百姓却把她供为皇后，奉为出海的守护神。

52. "心中有佛"的慧能

唐代高僧，俗姓卢，禅学大师，祖籍广东新州，世居范阳（保定涿州）。幼年丧父，靠打柴养活寡母。常路过一禅寺，听僧人诵经有所领悟，投到湖北双凤山禅宗五祖弘忍门下。弘忍传法嗣，要求弟子作偈，神秀说："身是菩提树，心是明镜台；时时勤揩拭，勿使惹尘埃。"他接道："菩提本无树，明镜亦非台；本来无一物，何以惹尘埃。"弘忍大悦，选为嗣法人，授金刚般若经，传予袈裟和饭钵，即"继承衣钵"的由来。当时佛教传嗣争斗激烈，遭到追杀，后到广东韶关曹溪寺弘法，主张"顿悟"、"见性成佛"，被禅宗尊为六祖，著有《六祖坛经》。

慧能

53. "秉公执政"的宋璟

字广平，唐代宰相，邢台南和人。高宗时进第，武后时执政，任御史中丞，睿宗时封为宰相。因事被贬，玄宗时由姚崇推荐再度封相，与姚崇同心协力，采取一系列措施，革奸佞，任贤臣，整纲纪，为"开元之治"奠定良好基础。敢于犯颜直谏，针对后廷擅权、任用亲信等恶习，提出任人"虽资高考深，非才者不取"，罢黜官员数千人。玄宗时坚持"量才任人"，提出百官奏事必有谏官、史官在侧。奉公守法，不徇私情，禁止地方官进献珍奇宝物，肃杀收礼受贿之风。死后葬于邢台沙河，书法家颜真卿为其撰写碑文。称颜鲁公碑，为全国文物保护单位。

54. 酷爱地理的宰相贾耽

字敦诗，唐代宰相，著名政治家、地理学家，沧州南皮人。青少年时期勤奋读书，博闻强记，两次考中进士，历任临清县尉、礼部郎中、汾州刺史，官至鸿胪卿，主持各族往来朝贡事宜。德宗时居相13年，"器重识高，涵泳万顷"。爱好地理学，重视实物考察和收集资料，利用与各族使臣及外国使者接触的机会询问各地及境外的山川河流、风俗人情、城镇物产和地势关隘等情况，积30余年，先后绘制了《陇右山南图》《海内华夷图》，经外国使者验证，准确无误；撰《古今郡国道县四夷述》、《皇华四达记》等。

贾耽

55. 唐初"大儒"孔颖达

字冲远、仲达，唐代著名经学家，冀州衡水（今河北衡水）人。出身官宦，聪敏好学，自幼受儒学教育，精通五经。大业初年，授河内郡博士，隋炀帝召诸郡儒官聚集洛阳，以他为冠。入唐后受聘为秦王府文学馆学士，成为智囊团重要人物，曾助魏徵撰写《隋书》。唐太宗认为儒学师说多门，章句繁杂，命他主持统一经典章句，撰成《五经义赞》，后改为《五经正义》，以"览古人之传记，质近代之异同，存其是而去其非，削其繁而增其简"，采用传统经学训诂、注释、义疏等方法，将汉、魏以来的诸家经说加以系统的整理，对后世产生重大影响。

56. 天文大师僧一行

本名张遂，唐朝高僧，天文学家，祖籍邢州巨鹿（今邢台市），生于魏州昌乐（今河北魏县）。少年在京都居住，勤奋好学，尤喜天文和数学。21岁时，为避武三思拉他做幕僚，出家到河南嵩山。玄宗广召天下贤能之士，应召回到长安，奉命改制新历，两年完成，取名《大衍历》；研造黄道游仪，用以重新测定150余颗恒星和月球的运行，首次发现"恒星自行"的现象；制造浑天铜仪，为现代时钟的雏型；对子午线进行测量，以河南为中心设13个观测点。

57. "诗人草寇"黄巢

称黄王，号"冲天大将军"，出身盐商，唐末农民军头领，根据地设在邢台一带。懿宗以来，皇室奢极苛赋，加上连年灾患，民不聊生，王仙芝率众起事，起兵响应，王仙芝战死，继为头领，号冲天大将军，攻陷长安，登帝位，国号大齐。因未建立稳固的根据地和乘胜追歼朝廷残余势力，政权被剿灭。好读书，喜欢作诗，电影《满城尽带黄金甲》即取于他的诗句："待到秋来九月八，我花开后百花杀。冲天香阵透长安，满城尽带黄金甲。""飒飒西风满院栽，蕊寒香冷蝶难来。他年我若为青帝，报与桃花一处开。"表达出傲世独行、心存高远的志向，由于历史和本人的局限，只能空有一腔热血。

58. 建设美丽"蓉城"的孟知祥

字保胤，五代十国时期后蜀的开国皇帝，祖籍邢州龙冈（今邢台市西南）。后唐太祖李克用的侄婿。后唐灭前蜀，任成都尹、剑南西川节度副使；于成都称帝，国号蜀，史称后蜀。蜀中农民因苦于前蜀的暴政，群起反抗，孟知祥化解矛盾，体恤百姓，社会逐渐稳定，生产力得到了恢复和发展，"蜀中久安，赋役俱省，斗米三钱"；动员百姓在成都遍种芙蓉，美化城市，每当九月花开，全城上下一片锦绣，"蓉城"由此得名。

59. 清廉勤政的后周皇帝郭威

即周太祖，五代时期后周的开创者，邢州尧山（今邢台隆尧）人。出身贫寒，先后在地方势力、后唐、后汉军队中打拼，作战勇猛，战功卓著，由普通士卒成长为将领，取代后汉建立后周。即位后说："我是穷苦中长大，碰到机运当了皇帝，不敢重敛百姓以豪华自己。"减轻赋税，去除峻法，要大臣敢于直谏；留心搜罗人才，任用魏仁浦、李穀、王溥、范质等贤才，使得北方地区的经济、政治好转，只惜英年早逝，没能实现统一全国大业；生活节俭，下诏禁止进奉美食珍宝，让人将宫中珍玩宝器及豪华用具当众打碎，说："凡为帝王，安用此！"临终嘱托墓葬从简，用纸衣装殓，瓦棺作椁，即"瓦棺纸衣"。

郭威

60. 精明强干的柴荣

郭威的内侄和养子，继为后周皇帝，邢州尧山（今邢台隆尧）人。家为当地望族，年轻时随商人在江陵贩茶，对社会积弊有所体验，史载"器貌英奇，善骑射，略通书史黄老，性沉重寡言"。精明强干，志气宏大，对政治、经济、军事加以整顿；政治上严禁贪污，惩治失职官吏；经济上停废敕额（朝廷给予寺名）外的寺院，严禁私度僧尼；收购民间铜器佛像铸钱，增加国库收入；招民开垦逃户荒田，发展农业生产；颁《均田图》，均定河南等地60州租赋，废除曲阜孔氏的免税特权；军事上赏罚分明，严明军纪，募天下壮士；下令扩建京城开封，恢复漕运，兴修水利；修订刑律历法，考正雅乐；纠正科举弊端，四出搜求遗书，雕印古籍等。

赵匡胤

61. "黄袍加身"的赵匡胤

小名香孩儿，北宋的开国皇帝，祖籍涿州（今保定涿州）。称帝前在今邯郸太行山麓营救一女子，演绎"千里送京娘"的动人故事。出身军人家庭，投奔后汉枢密使郭威幕下，屡立战功。郭威称帝，任禁军军官，世宗时官至殿前都点检。世宗死，子宗训继位，只有七岁，以"镇定二州"名义，谎报契丹联合北汉南侵，领兵出征，在陈桥驿发动兵变，"黄袍加身"，代周称帝，建立宋朝。攻灭南平、后蜀、南汉、南唐等割据政权，加强对契丹的防御。减轻徭役，赋税专收，以法治国，兴修水利，澄清吏治，劝奖农桑，移风易俗等，医治近200年的战争创伤，将国家推向繁荣，出现享有盛名的"建隆之治"。

62. "宋代三大书"编撰李昉

字明远，宋代著名学者、出版家，深州饶阳（今衡水饶阳）人。宋太宗、神宗时下令收集、整理历代文学及学术著作，编撰出《太平广记》、《太平御览》、《文苑英华》、《册府元龟》，史称"四大书"，除《册府元龟》，余均为李昉主编。《太平广记》采录了自汉至宋代的小说、禅史、笔记等475种，共500卷；《太平御览》初名《太平总类》，因太宗按日阅览，改称"御览"，是考古界和史学界公认的富有学术价值的类书之一；《文苑英华》辑录了南朝梁末至唐代的诗文共1000卷，使华夏的文化瑰宝得以流传。

63. 严于治军的北宋名将曹彬

字国华，北宋初年著名将领，真定灵寿（今石家庄灵寿）人。曾为后汉、后周将领，宋初为客省使，擢左神武将军兼枢密都承旨。灭后蜀，以不滥杀掠而得太祖褒奖，授宣徽南院使、义成军节度使。灭南唐，约束兵士不得肆意杀掠，使南唐都城江宁府（今江苏南京）免遭破坏，任命为枢密使。太宗时宋分兵三路攻契丹，为东路军主将，率兵自雄州（今保定雄县）北进，连克固安、涿州、新城(今均属河北)，因孤军冒进、兵疲粮乏撤军，至岐沟关（今涿州西南）被契丹军击败，降右骁卫上将军，后复起为侍中、武宁军节度使。仁恕清谨，雅同儒者，不贪财，未尝聚蓄。暮年，归休闭阁，门无杂宾，"保功名，守法度，宋初良将，实以曹彬为第一"。

64. "大事"不糊涂的吕端

字易直，北宋大臣，幽州安次（今廊坊安次区）人。生于官宦家庭，以父官位荫补千牛备身(禁卫官)，任国子主簿、太仆寺丞、秘书郎等职。入宋后历任太常丞、定州通判、成都知府、开封府判官、蔡州知州、开封知县、户部郎中、大理少卿、右谏议大夫至参知政事。太宗欲用其为相，有人说："端为人糊涂。"太宗答："端小事糊涂，大事不糊涂。"任相后，办事持重稳当，公道而廉洁，深得朝野好评。西夏守将李继迁谋反，皇帝亲征逮住其老母，臣属要求杀之，他反对，后李投降了朝廷。太宗临终时王继恩、李昌龄、李继勋等人阴谋另立太子，发觉后软禁了王继恩等人，说服了皇后，使政权平稳过渡。毛泽东评价军队领导人叶剑英，比喻说道："诸葛一生唯谨慎，吕端大事不糊涂。"

65. 辽国宰相韩延徽

字藏明，辽国宰相，幽州安次（今廊坊安次区）人。父曾任蓟、儒、顺三州刺史，少有英才，燕帅刘仁恭召为幽都府文学、平州录事参军，授幽州观察度支使。为后唐节度使刘守光幕僚，奉命出使契丹，被辽太祖耶律阿保机留用，颇受器重。请求修筑城郭，分市里，安置北方的汉人；传授垦艺，对辽地开发起了重要作用。怀念家乡，偷偷逃回中原，后唐主李存勖本想用他，但臣王缄进谗言，怕招来祸患，韩延徽又回到契丹。太祖问为何偷跑，说："忘掉亲人是不孝，抛弃君王是不忠。我虽然逃回去，但心中想着陛下，所以又回来了。"太祖仍让他参与决断朝政。辽穆宗时退休，死后葬于幽州的鲁郭，谥崇文令公。

66. 契丹女政治家萧太后

名绰，小名燕燕，辽国著名女政治家、军事家，辽北院枢密使兼北府宰相萧思温之女。907年，耶律阿保机创契丹国，发祥地在承德平泉的辽河源，地域南抵霸州、雄县一带，与宋对峙，为北方的大国。萧后是辽景宗皇后，圣宗时尊为皇太后，在大臣耶律斜轸和韩德让的辅佐下，总揽政权30年。摄政期间，励精图治，选用汉人，开科取士，消除藩汉不平等待遇，劝课农桑，减轻赋徭，内政修明，军备严整，纲纪确立，上

萧太后

下和睦。在张家口鸡鸣山下的洋河两岸建上、中、下三个花园，下花园为其中之一。与宋签订"澶渊之盟"，使宋、辽之间实现了百余年的和平，为辽朝的鼎盛时期。

67. 周易学家邵雍

字尧夫，北宋哲学家、易学家，范阳（今保定涿州）人。少年有志，发奋读书，无所不涉。为增长见识，游学四方，到过齐、鲁、宋、郑等各地。高人李挺之传授《河图》、《洛书》、《伏羲八卦》等易学秘奥，融会贯通，妙悟自得，成为一代易学大师，与周敦颐、张载、程颢、程颐并称北宋五子。他认为宇宙的本原是太极，生出天地，天生于动，地生于静，动之始生阳，动之极生阴，阴阳交互作用，形成日月星辰；静之始生柔，静之极生刚，刚柔交互作用，形成水火土石；天地从始至终分为元、会、运、世四个周期，宇宙照此周而复始，循环不已；历史是退化的，以尧至宋，由盛而衰，一代不如一代。著有《皇极经世》、《观物内外篇》等。

68. "洞达医术"的刘完素

字守真，金代著名医学家、医学理论家，河间（今沧州河间）人。自幼聪慧，喜爱读书，12岁时父患伤寒无钱医治而死，立志学医，济世救民；拜师陈氏，学成后独立行医，名声渐盛。以《黄帝内经》为指导，提出"六气皆从火化"，认为"风、寒、暑、湿、燥、火"六气都可化生火热病邪，创凉隔散、防风通圣散、天水散、双解散等方剂，至今仍被广泛应用。认为没有一成不变的气运和疾病，处方时必须灵活机变。与张从正、李杲、朱震亨并称"金元四大家"。金帝几次请为官，均拒绝，赐号"高尚先生"。

69. 始建"古莲池"的张柔

字德刚，金末元初中原一带地方武装首领，封汝南王，易州定兴（今保定定兴）人，"少倜傥不羁，读书略通大义，工骑射，尚气节，喜游侠"。蒙古军南下，聚集乡邻亲族结寨自保，形成远近闻名的地方武装。金时任定兴令，中都留守兼知大兴府事，与蒙古军战于狼牙岭败，降于蒙古，任行军千户、保州等处都元帅。在灭金中屡立战功，历任荣禄大夫、河北东西路都元帅、昭毅大将军，封蔡国公。保定城在战火中受损，修建高大城墙，引泉水入城，召江南艺人修建了四座园林，可惜60年后一场大地震三座被毁，仅存一座，经明清历代修葺，规模扩大，即现今的古莲池，为中国十大名园之一。

70. 规划建造北京城的刘秉忠

原名侃，字仲晦，元代名臣，邢州（今邢台市）人。自幼博览群书，早年出家为僧，以"博学多才艺"被推荐给元世祖忽必烈，受到重用，官至太保，参领中书省事（即丞相）。建议将蒙古更名"大元"，被采纳，元朝一名由此得来；提出奖励农桑，兴修水利，设立学校，统一官制，对于医治战争创伤、促进经济和文化的发展做出了贡献；荐举人才，郭守敬、张文谦、张勇、王恂等都是经他推荐入仕；受命规划、建造"元大都"，即后来的北京城，秉承中国历代城市规划理

刘秉忠

念，采用前朝、后市、左祖、右社的规制，布局合理，功能齐备，规模宏大，美观精致，1267年始建，1285年完工，历时18年。意大利人马可·波罗在《马可·波罗游记》中作了详细记述，引起西方人的神往。

71. 主张"攻心为上，力戒杀掠"的史天泽

字润甫，元初的丞相，廊坊永清人，主要活动在河北一带。其时蒙古族崛起，金政权风雨飘摇，率民众数千人投奔成吉思汗，成为元朝的开国功臣。领兵攻河北、山东、山西等地，任兵马都元帅。世祖时任河南等路宣抚使，兼江淮诸翼军马经略使。太宗时，授真定、河间、大名、东平、济南五路万户，参与灭金之战。任中书右丞相，是元代唯一做到丞相的汉族官员。爱护百姓，蒙古军攻占真定时遇抵抗，占领后欲屠城，说服将领，使民众免遭涂炭。忽必烈问治国方

略，答国家要有监察机构，用来监督各路诸侯；皇帝要让老百姓得到好处，去除贪婪、残暴的官员；启用贤能，发放薪金以养廉政，禁止贿赂以防奸细，都被忽必烈采纳。

72. 天文学家、水利学家郭守敬

字若思，元代著名天文学家、数学家、水利专家和仪器制造专家，顺德邢台（今邢台市）人。自幼好学，师从他人学习天文、地理，后学水利，巧思绝人。编制《授时历》，是我国历史上实行时间最长的历法，比欧洲著名的《格里历》早400年。强调天文观测的科学性和仪器的重要性，创造和改建了简仪、仰仪、高表、侯极表、景符、窥几等多种观测仪器，其中简仪比丹麦天文学家第谷的同类仪器早300年。在全国设27个测景所，重新观测28星宿及其他恒星的位置，测定了黄赤交角。晚年致力于河工水利，任都水监一职，提出并完成了大都（北京）至通州的运河（即白浮渠和通惠河）工程，这一工程至今仍发挥着作用。邢台市建有大型"郭守敬纪念馆"。

73. 修筑山海关的大将徐达

字天德，明代开国元勋、大将军，主持修筑了举世闻名的山海关。跟随朱元璋征战天下，战功卓著。明朝建立，封为右丞相，人品端正，朴实刚毅，言简虑精。元朝灭亡，但残余势力仍经常南下骚扰，山海关北依燕山，南临渤海，是华北通往东北的咽喉，徐达以非凡的气度和眼光，在此设关屯兵，发动官兵建筑和修缮了这一带的长城，建筑了山海雄关。山海关一带的长城主次分明，布局合理，构成周密完备的军事防御体系。

徐达

74. 书写"天下第一关"的萧显

明代进士，著名书法家。1472年，明宪宗下旨，在山海关东城门上悬一"天下第一关"横匾。镇守山海关的兵部主事忙派人丈量尺寸，制成长一丈八尺、高五尺的匾额，然后经过一番遴选，选定进士出身、已辞官归隐的萧显题写。萧显受命后不急于提笔，而是手持一根扁担在庭院中比比划划，念念有词。过了数十日，圣旨又到，心急的兵部主事派人抬了大匾赶到萧府，萧显心宁气定，手持齐人高的湖笔饱蘸徽墨，闪转腾挪，纵情运笔，五个雄浑大字跃然匾上。匾额悬挂于城楼之上，人们称赞不已，忽然有人说："下字少了一点。"萧显听后微微一笑，随手拿起一块麻布，蘸满墨汁，向匾额掷去，不偏不倚，正好补上"下"字的一点，墨渍四溅，气韵充沛，成神来之笔。此五个大字堪称书法中的极品，与整个建筑浑然一体。

75. 明代廉吏王翱

字九皋，明代著名廉吏、贤臣，祖籍滦州，生于沧州盐山。成祖时为御史、右检都御史、提督辽东军务、左都御史、吏部尚书。以廉俭自励，做吏部尚书掌管全国官员的选拔、任用，决不拿权力作交易，为拒贿，退朝后常住在官署，很少回家。生活俭朴，经常穿破旧的衣服，出门在外很少有人想到他是朝廷的大官；房子住了30多年，皇帝经人指点后下令为他在盐山修了一所房子，可他仍住旧房。对钱财不贪不占，对家人要求严格，有个孙子想参加科举考试，知其平庸怕主考官通融，不让孙子去考。女

王翱

儿嫁给在京郊做官的女婿，夫人想让他把女婿调到京城，摆了一桌佳肴，他知道后勃然大怒，不欢而散。《畿辅通志》中称其一生"惟公、惟廉、惟勤、惟慎"。

76. 修筑金山岭长城的戚继光

字元敬，号南塘，明代著名将领。早年于闽、浙、粤沿海诸地抗击来犯倭寇，招募农民和矿徒组成新军，严明纪律，配以精良的战船和兵械，创攻防兼宜的"鸳鸯阵"，连战连捷，人称"戚家军"。驻守河北期间，修建了山海关的老龙头，防止蒙古骑兵趁退潮或冬季枯水季节从海

边潜入，石城基础牢固，历经几百年海水冲刷而不毁。率领浙江籍士兵修建的位于金山岭的长城，是他所主持修建的600多公里长城中最精华的一段，士兵们出于对故土的眷恋，借用镇江大小金山岛的名字命名，为明朝长城防御体系的完善及抵制蒙古军入侵，做出了不可磨灭的贡献。

77. 促成蒙汉互市的三娘子

名钟金哈屯，蒙古族部族首领夫人。明代蒙古瓦剌奇喇古特（土尔扈特）部哲恒阿噶之女，土默特部首领俺答汗的妻子。土默特部在俺答汗的统领下，征服瓦剌等部，称雄于蒙古地区，在三娘子的促成下，改变了与明朝敌对的态度，同朝廷达成通贡互市的协议，张家口的来远堡为蒙汉之间进行贸易的场所，异常红火。协助俺答汗扩建库库河屯（今呼和浩特），称"三娘子城"。俺答汗死，仍主持政务，与明朝的互市关系持续了30多年。人们为了怀念她，建有三娘子庙。

78. "誓不降清"的孙承宗

字稚绳，明朝大臣、著名将领，北直隶高阳（今保定高阳）人。天资聪慧，10岁考上秀才，13岁中举。清正廉洁，满腹经纶，始授编修。天启二年（1622年）任兵部尚书，兼东阁大学士。明受后金威胁，自请经略蓟辽，出关巡视，整顿防务。命袁崇焕、祖大寿前往宁远（今兴城）筑城；派兵遣将分赴锦州、大小凌河等战略要地，天启初失地尽数收复。受阉党陷害，被迫解甲归田，清兵破关入犯，崇祯让其官复原职，收复永平、迁安、滦州、通化等地。袁崇焕遭后金离间计被冤杀后，与祖大寿共御清兵，祖大寿降清，再次罢官还乡。清兵进攻高阳城，率家人及全城乡民守城，因寡不敌众，城破被俘自缢而死，誓不降清。

79. 主持修建避暑山庄的康熙皇帝

名爱新觉罗·玄烨，清代的第四任帝王。性格坚毅，处事果敢，主政后剪鳌拜、平"三藩"、征准噶尔、开放海禁，表现出一世英主的才华和气魄，开启"康乾盛世"。重视文化，兴趣广泛，熟稔诗赋文章，喜好挥毫泼墨和音律，甚至还钻研科学技术；亲自在河北承德选址、规划并开始建造避暑山庄，每年夏季朝廷到此处理政务、避暑度假，成为清朝的"第二政治中心"；为迎接归附的少数民族及使者，在避暑山庄周围建筑寺庙和在坝上开辟木兰皇家狩猎场，为后世留下了弥足珍贵的物质文化遗产；组织编辑出版《康熙字典》、《古今图书集成》等。是中国历史上称帝时间最长的帝王。经常巡幸于河北，出张家口大境门亲征噶尔丹，死后葬于唐山遵化的清东陵。

康熙皇帝

80. "一代鸿儒"纪晓岚

名纪昀，清代学者、高级官员，清直隶献县（今沧县崔尔庄）人。从小勤奋好学，天资聪颖，博览群书；随父入京，受业于著名画家董邦达门下。乾隆年间中进士，进入翰林院，开始了官宦生涯。先后任山西、顺天乡试的主考官，曾视学福建。因政治牵连发配乌鲁木齐，两年后重归翰林院，三迁御史，三入礼部，两次执掌兵符，最后以礼部尚书、协办大学士加太子太保管国子监事致仕。经人举荐，任《四库全书》总纂官，完成后分藏于大内（紫禁城）文渊阁、圆明园文源阁、承德避暑山庄文津阁及盛京（沈阳）故宫文溯阁。著有《阅微草堂笔记》，是晚年心灵世界的反映，从一个侧面反映出清代中期纷繁复杂的文化风貌。后人在其家乡建有一座"纪园"。

纪晓岚

81. "颜李学派"创始人颜元

字易直，清代著名学者、教育家，保定博野人。早年怀经世之志，阅史籍，读兵家书，向往上古三代之治。24岁后，笃信陆王心学，后转宗程朱理学，中年，将程朱陆王之学尽行摈弃，力倡周孔之学，崇实致用，习行并重。重视教育的功能，制定"宁粗而实，勿妄而虚"的办学宗旨，提出了"本原之地在学校"，主张以周公的六德、六行、六艺和孔子的四教来教育学生；在开设的讲堂上，置有琴、竽、弓、矢、筹、管，每日带领学生从事礼、乐、射、书、数的习练，探究兵农水火等实用之学。晚年，应聘主讲肥乡章南书院。其高足李塨继承和发展其学说，形成了著名的"颜李学派"。

82. "引枭灭鼠"的总督方观承

字遐谷，直隶总督，任职20余年。家系桐城望族，因陷文字狱被流放。非正途入仕，先后任山东巡抚、浙江巡抚、直隶总督，以"为事周详"深得乾隆皇帝赏识。任直隶总督后，深入调查民情，兴修水利，发展农业，提倡种植棉花，兴建义仓，"为官一任，造福一方"。由于生产发展，仓廪充裕，招来鼠患，使得他焦虑不安，一日，发现总督署飞来一只猫头鹰，投食喂养，竟引来了不少同类，猫头鹰白天在衙署歇息，晚间外出捕鼠为民除害，老百姓感激不尽。时过境迁，至今猫头鹰仍保持每年到直隶总督署栖息的习惯，也是怀念体恤百姓的方总督。

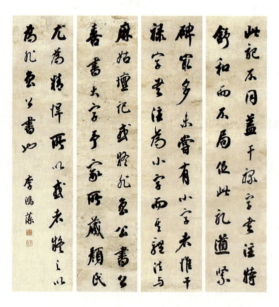

李鸿藻手书

83. 晚清"清流派"大臣李鸿藻

字季云，清末大臣，直隶高阳（今保定高阳）人。咸丰年进士，授编修，典山西乡试，督河南学政。同治年侍讲，因是同治皇帝老师，深受西太后信任，累迁内阁学士、户部左侍郎、都察院左都御史，加太子少保。光绪朝任总理各国事务衙门，有"高阳相国"之称。经历了咸丰、同治、光绪三朝，对清廷大政有重要影响，所处的时代正值西方列强入侵，面对危机，主张抗战，反对屈辱求和，坚持维护祖国领土完整和主权的尊严。以其为代表在朝廷中形成"清流派"，主张严整纲纪，清明政治，以国家与民族的利益为重，史称"持躬俭约，独守正，持大体，所荐多端士"。

84. 训子有方的曾国藩

原名子城，字伯涵，直隶总督。曾为湘军首领，以作战威猛著称，因镇压太平军有功而深得清廷赏识，任两江总督、钦差大臣。与李鸿章、左宗棠创办上海江南制造局、福建马尾船政局等洋务工业，授武英殿大学士，任直隶总督。上任后整顿吏治，清理狱讼，转移风俗，扩充练军，治理河道，赈济灾荒，体恤百姓；有《劝诫浅语十六条》，告诫官吏要勤于政事，清正廉明，"视民事须如家事"。克己唯严，崇尚气节，标榜道德，身体力行。学问文章兼收并蓄，博大精深，是近代儒家的宗师。对子女管教甚严，主张严于管教，而不主张给子女留遗产，曰：子女自立，留遗产无用；子女不立，留遗产何用？曾氏家族人才辈出，被后人传为佳话。

曾国藩

85. 前后做了25年直隶总督的李鸿章

本名章桐，清末洋务派和淮军的首领，先后三次在河北任直隶总督共25年。曾任江苏巡抚和两江总督，任直隶总督兼北洋大臣，权位极重而毁誉参半，晚清所有重大事件都与他有关。早年镇压太平军、捻军，晚期对外主张避战求和，代表清政府与列强签订了《烟台条约》、《马关条约》、《辛丑条约》等；开展洋务运动，创建北洋海军，发展军事和民用工业，开办了江南制造局、轮船招商局、开平煤矿等，为中国近代经济的开端；发展教育，创立上海广方言馆、天津水师学堂、武备学堂等，派遣留学生出国；注重传统文化与教育，主持重修《畿辅通志》（即直隶省的省志），聘请著名学者吴汝纶主持保定莲池书院。著有《李文忠公全集》。

李鸿章

张之洞

86. 洋务派首领张之洞

字孝达，清末重臣，洋务派首领，直隶南皮（沧州南皮）人。13岁中秀才，16岁中顺天乡试第一名（解元），26岁中会试第三名（探花）；进入朝廷以清流派敢谏闻名，号称"牛角"。先后任山西巡抚、两广总督、湖广总督、大学士、军机大臣。在两广期间，中法战争爆发，力主抗战。在广东筹办近代工业。调湖广总督推行"湖北新政"，建立湖北铁路局、枪炮厂、纺织官局等，开办大冶铁矿、内河船运和电讯事业。组建汉冶萍总公司，为东方第一个托拉斯。督办芦汉、粤汉、川汉铁路，为中国地方政府向外国订约借款之先。设立新式学堂，是中国师范教育、幼儿教育、军事教育及各种实业教育的奠基人。大力引进人才，派遣学生出国留学，主张"旧学为体，新学为用"。

87. 清末最后一位状元刘春霖

字润琴，直隶肃宁（沧州肃宁）人。出身贫苦，祖父是农民，父亲略通文墨，先后在济南、保定府当差。考入保定莲池书院，参加殿试，获一甲一名，授翰林院修撰，被派往日本，入东京法政大学深造。回国历任咨政院议员、记名福建提学使、直隶法政学校提调、北洋女子师范学校监督，兼在莲池文学馆讲学。辛亥革命后一度隐居家中，出任袁世凯大总统府内史、中央农事试验场场长，徐世昌、曹锟任大总统期间，授总统府秘书帮办兼代秘书厅厅长、直隶省教育厅厅长、直隶自治筹备处处长等。目睹军阀混战、政治腐败，深感报国无门，愤然辞官，在上海、北京以诗书自慰。善书法，尤以小楷为著，笔力清秀刚劲，深得世人推崇。

88. 民国代总统冯国璋

字华甫，直隶河间（今沧州河间）诗经村人，北洋直系军阀首领，明代开国勋臣冯胜的后代。年幼聪颖，心宽志远，性情豪放。曾就读于保定莲池书院，后进入北洋武备学堂，因学习成绩优异留校任步兵学堂总办兼督练营务处总办。在聂士成军中任幕僚，受重用。1896年协助袁世凯在天津小站训练新军。辛亥革命爆发后，得袁世凯保荐任北洋军第一军总统，率军镇压武昌起义。1913年"二次革命"时，奉命攻下南京，任江苏都督。反对袁世凯称帝。袁世凯死后黎元洪继任大总统，他任副总统。府院之争引发张勋复辟，黎元洪辞职，他任代总统，通电讨伐张勋。1918年被皖系军阀段祺瑞胁迫下台，病逝于北京。

89. "北洋三杰"王士珍

字聘卿，号冠儒，北洋三杰之首，石家庄正定牛家庄村人。出生于医师之家，毕业于北洋武备学堂、日本陆军大学，曾任晚清陆军大臣、民国初期的陆军总长、参谋总长、国务总理等职，荣膺德威上将军称号。与段祺瑞、冯国璋合称"北洋三杰"。因与清廷的渊源较深，张勋复辟后，他退出政坛，又几次复出，颇有"神龙见首不见尾"的意味，较之段祺瑞和冯国璋，对待政治较为淡泊，颇有古人隐居避世、淡泊功名之风。同时以京师治安维持会会长的身份积极协调蒋介石、冯玉祥、阎锡山、张作霖等各派军阀之间的关系，调停直皖战争、直奉战争，使北京社会相对稳定，老百姓少受兵灾之苦。

冯国璋

90. 爱国将领冯玉祥

字焕章，安徽巢县人，寄籍保定，一生操保定口音；国民革命军陆军一级上将，著名爱国将领，蒋介石的结拜兄弟。清末入淮军，后投北洋，升任河南督军及陆军检阅使。反对袁世凯称帝，讨伐张勋复辟。第二次直奉战争中发动"北京政变"，推翻曹锟政府，驱逐清逊帝溥仪出宫。脱离直系军阀，改易国民军，任总司令兼第一军军

冯玉祥

长，电请孙中山北上主持国家大计。迫于奉、皖军阀压力，赴张家口任西北边防督办，任国民军联军总司令，参加北伐。因与蒋介石集团发生冲突，举兵反蒋，爆发蒋冯战争和中原大战。日寇入侵，主张"停止内战，一致抗日"，与吉鸿昌、方振武组织察哈尔民众抗日同盟军，任总司令。抗战胜利后，反对蒋介石独裁，要求组织联合政府。1946年，以"水利考察专使"名义出访美国。1948年，当选中国国民党革命委员会中央常务委员兼政治委员会主席，是年7月应中共邀请回国参加中国人民政治协商会议筹备工作，因所搭乘轮船经黑海时失火不幸遇难。

91. 中共创始人李大钊

中国共产党的主要创始人之一，唐山乐亭人。青年时期入天津北洋法政专门学校，东渡日本留学。回国后任北京《晨钟报》主编，参与编辑《新青年》，先后任北京大学评议会评议员，经济、历史等系教授。十月革命后，先后发表《法俄革命之比较观》、《庶民的胜利》等文章，和陈独秀等创办《每周评论》，领导五四运动，创建共产主义小组。中共一大后任北京地方委员会书记，三大被选为中央执行委员。参加国民党一大，被选为国民党中央执行委员。作为中共代表团首席代表，参加共产国际第五次代表大会。当选四大中央委员，任北方区委书记。组织和领导北方的革命运动，与冯玉祥国民军合作。1927年4月6日，被奉系军阀张作霖派杀害。

92. 中共第一个农村支部的创建者弓仲韬

衡水安平人。出生于农民家庭，自幼发奋读书，30岁考入北京法政大学。在李大钊的影响下加入中国共产党，被派往家乡安平县开展革命工作，着手建立党的农村基层组织。1923年发起成立了中共安平县台城特别支部，受中共北京区委领导，任书记。这是中共历史上的第一个农村支部，对壮大党的力量，深入广大农村，将农民组织起来，开展革命斗争，有着非常重大的意义。到1924年8月，安平县的党支部发展到三个，召集各支部代表召开安平县第一次党员代表大会，选举产生了河北省第一个中共县委——安平县委，他任书记，确定了工作任务及行动纲领。于1964年病故。

93. 著名红军将领赵博生

祖籍沧州黄骅，毕业于保定军校，入冯玉祥的国民革命军任第
二十六路军参谋长。九一八事变后，要求北上抗日，遭蒋介石拒绝。
在中共地下党组织的感召和帮助下，加入了中国共产党，与董振堂在
江西宁都率部起义，任红五军团十四军、十三军军长，军团参谋长、
副总指挥。出生入死，屡建战功，中华苏维埃共和国临时中央政府对
其进行通令嘉奖，授予一级红旗勋章。1933年在第四次反"围剿"战
役中，亲临前线指挥，多次击退敌军的进攻，不幸壮烈牺牲，时年36
岁。叶剑英建国后赋诗："宁都霹雳响天暗，赤旗高擎赵博生。虎穴
坚持神圣业，几人鲜血染红星。"

赵博生

94. "坚决革命的同志"董振堂

邢台新河人，保定陆军军官学校毕业，在冯玉祥的国民革命军中任
第二十六路军第二十五师第七十三旅旅长。九一八事变后，与赵博生率
部在江西宁都起义，加入中国共产党，历任红五军团副总指挥兼第十三
军军长、红五军团总指挥、军团长，中华苏维埃第二届中央执行委员，

董振堂

中革军委委员。率部参加了赣州、漳州、南雄水口等战役和中央苏区第四、第五次反"围剿"作
战，红一、四方面军的长征。被中华苏维埃临时中央政府授予"红旗奖章"。1935年红五军团改
称红五军，继任军长。编入西路军，在甘肃高台与近10倍于己的敌军英勇奋战，壮烈牺牲，毛泽
东出席追悼会，称其为"坚决革命的同志"。

95. 中共早期的女革命家郭隆真

我国北方妇女运动的先驱和工人运动的卓越领导人，邯郸大名人。就读于天津第一女子师范

学校，与邓颖超、刘清扬等发起成立"天津女界爱国同志会"；与周恩来、邓颖超等人成立"觉悟社"，领导学生运动；和周恩来等人赴法勤工俭学，加入中国社会主义青年团，转为中共党员；赴苏联莫斯科东方大学学习；回国后先后在北京、上海、东北等地开展工人、妇女运动，主办进步刊物《妇女之友》；两次被反动当局逮捕，遭受各种严刑拷打，始终坚贞不屈；赴刑场面对敌人的利诱，坚定地说："宁可牺牲，决不屈节！"英勇就义，年仅37岁。

96. 著名农民运动领导人韩永禄

保定顺平人。曾赴广东农民运动讲习所学习，先后任完县（顺平）特别支部书记、完（县）满（城）唐（县）联合县委组织部长、完县县委书记、中共保西特委书记。1930年领导完县西五里岗农民起义，成立了中国红军第二十二军，任军长，收缴地主武装，攻占完县县城，遭受损失后遂隐蔽活动。后被顺直省委派到晋县领导农民起义，因叛徒告密被捕，在狱中受尽酷刑，坚贞不屈，英勇就义，时年26岁。

97. 抗日英雄佟麟阁

直隶高阳（今保定高阳）边家坞人，满族。20岁时投笔从戎，参加过护国讨袁战争，任冯玉祥部陆军第十一师第二十一混成旅旅长，随部参加北伐。历任国民革命军第二集团军第三十五军军长、暂编第十一师师长、第二十九军副军长；1933年率部参加长城抗战，取得喜峰口大捷。同年5月，参加察哈尔抗日同盟军，任第一军军长兼代理察哈尔省主席，跟随冯玉祥驰骋察省，打击日军，收复失地。七七事变时，指挥二十九军浴血抗战，喋血南苑，壮烈殉国，是全面抗战爆发后中国捐躯疆场的第一位高级将领。国民政府追赠陆军二级上将。遗体隐姓埋名寄厝于雍

佟麟阁

和宫附近柏林寺，抗战胜利后北平市政府和各界人士在八宝山忠烈祠为他和其他抗日英烈隆重举行入祠仪式，将西城区的一条街命名为佟麟阁路。中华人民共和国建立后追认为革命烈士。

98. 八路军高级将领左权

字孳麟，号叔仁，曾用名左纪权，湖南醴陵人。入黄埔军校学习，加入中国共产党，赴苏联莫斯科中山大学、伏龙芝军事学院学习。回国后到中央苏区工作，参加历次反"围剿"和长征，任红一军团代理军团长。抗战爆发，担任八路军副总参谋长、八路军前方总部参谋长，兼任八路军第二纵队司令员。作为八路军总指挥朱德、副总指挥彭德怀的主要助手，协助指挥粉碎日伪军"扫荡"，取得百团大战等许多战役、战斗的胜利。1942年5月，日军对太行抗日根据地发动大"扫荡"，指挥部队掩护中共中央北方局和八路军总部等机关突围转移，不幸壮烈殉国，年仅37岁。周恩来称之"足以为党之模范"，朱德赞誉他"中国军事界不可多得的人才"。晋冀鲁豫边区政府决定将辽县改名为左权县，葬于邯郸市晋冀鲁豫烈士陵园。

左权

99. 回族抗日英雄马本斋

名守清，号本斋，直隶献县（今沧州献县）人，回族。毕业于东北陆军讲武堂，曾在东北军中任团长。九一八事变后，因不满蒋介石的不抵抗政策，毅然弃官回乡。抗日战争全面爆发后，组织"回民义勇队"，抗击日本侵略军。1938年率部参加八路军，同年加入中国共产党，历任回民教导总队总队长、冀中回民支队司令员，率部转战于冀中和冀鲁豫平原。1942年6月任八路军冀鲁豫军区第三军分区兼回民支队司令，为晋察冀边区司令员吕正操所辖。1944年，部队奉命转赴延安，在途中带状疱疹发作，又感染肺炎，病逝于山东莘县。

马本斋

戒冠秀

董存瑞

100. 子弟兵的母亲戒冠秀

著名的拥军模范，石家庄平山人。1938年加入中国共产党，战争年代带头送子参军（以后又送三个孙子参军），组织妇女做军鞋、发展生产、支援前线、救护伤员，在晋察冀边区群英会上荣获"北岳区拥军模范——子弟兵的母亲"光荣称号。曾历任村支部委员、妇代会主任、村支部副书记、乡党委委员、县委委员。出席全国第一次政治协商会议，参加开国大典，多次出席全国劳模会议和拥军优属表彰会议，为第一至第五届全国人大代表，全国妇联第三、四届大会代表，全国妇联第四届，省妇联第五、六届执行委员，被评为"双百"人物。现长眠于华北烈士陵园。

101. 战斗英雄董存瑞

张家口怀来人，全国战斗英雄，中国人民解放军东北野战军第十一纵队三十二师九十六团二营六连二排六班班长。小时读过几天书，因家贫辍学。1945年参加八路军，加入中国共产党，先后荣立大功三次、小功四次，荣获勇敢奖章三枚、"毛主席奖章"一枚。1948年5月25日，在解放承德隆化的战斗中，部队受阻于敌军的桥形暗堡，他抱起炸药包冲至桥下，因无处安放炸药包，看到冲上来却纷纷倒下的战友，毅然用左手托起炸药包，贴紧桥堡，从容地拉开了导火索，向着冲锋的解放军队伍高喊："同志们，为了新中国，前进！"用自己19岁的年轻生命开辟了胜利的道路。部队党委决定追认他为战斗英雄、模范共产党员；其生前所在的六班为"董存瑞"班、冀热察行署决定将隆化中学改名为存瑞中学。建国后的全国战斗英雄、劳动模范代表会议上，追认他为全国战斗英雄，朱德为之题词"舍身为国，永垂不朽"。

（四）历史掌故

在河北省的历史发展进程中，发生过许多令人铭记并发人深省的事情，人们用精炼、简短的文字将其记录下来，作为历史的注脚和语言文字的基因。在整个华夏历史文化的掌故当中，涉及河北的占了很大一部分，说明了河北文化底蕴的丰厚和色彩的多样性。

1. 不食周粟

《史记·伯夷列传》："武王已平殷乱，天下宗周，而伯夷、叔齐耻之，义不食周粟，隐于首阳山，采薇而食之。"伯夷、叔齐是商末孤竹国国君的儿子，孤竹国在今唐山卢龙以西（包括今迁安、滦县等地），孤竹国君生前立三子叔齐为继承人，其去世后，叔齐欲将王位让给兄长伯夷而出走；伯夷说这是父命，也逃走了。后来，两人在路上相遇，听说西伯侯姬昌（即周文王）善养老幼，深得人民拥戴，投奔到周国。周文王死，武王继位，拥兵伐纣，叔齐、伯夷认为其父去世不去安葬，却大动干戈，是不孝；诸侯伐君，是不仁，极力劝谏。武王不听，决意灭商。叔

采薇图

齐、伯夷誓死不做周的臣民，不吃周的粮食，隐居在首阳山，以采野果为生。不食周粟形容二人气节高尚，宁死也不与非正义和不讲仁德的人为伍。

2. 老马识途

出自《韩非子·说林上》。管仲、隰朋随齐桓公讨伐孤竹国，春季出征，冬季返回，找不到了回家的路，管仲说："可以利用老马的才智。"于是放开老马前行，大家跟随其后，终于找到了路。走到山里没有水喝，隰朋说："蚂蚁冬天住在山上阳光充足的地方，夏天住在山上阴凉的地方；地上蚁峰有一寸高的话，地下八尺深的地方肯定有水。"照他的办法挖掘，很快得到了水。说明聪明有智慧的人善于通过其他事物找到解决自己所面临问题的办法，举一反三、触类旁通；同时又引申为老的、有经验的人熟悉情况，拥有价值，应当予以尊重，发挥其作用。

3. 邯郸学步

出自《庄子·秋水》。讲一个燕国寿陵人听说邯郸人走路的样子很美，便不辞辛苦地跑到赵国去学邯郸人走路，可他不仅没有学会邯郸人走路，反而将自己原来走路的方法给忘记了，最后只得一步步地爬回了燕国。说明学习要从实际出发，取人之长，补己之短；如果像寿陵人那样盲目崇拜他人，生搬硬套，亦步亦趋，结果必然是人家的东西没学来，自己的东西却丢掉了。对这则成语现在有一种全新的解释，说此人去邯郸学的并不是一般的走路，而是类似芭蕾舞的一种步法，他学得很刻苦，结果脚都给练肿了，疼得走不成路，只得爬着回到了燕国，这种刻苦精神值得褒扬。

4. 黄粱美梦

出自唐代沈既济的《枕中记》，也作"黄粱一梦"。说的是青年卢生，路过邯郸住进一家客栈，见一老者，与之攀谈，诉说自己穷困而不得志的境况。老者从行李中取出一个枕头递给他，说："枕着这个枕头睡，便可以获得荣华富贵。"这时，店主人正在煮黄米饭。卢生枕着枕头不一会儿就睡着了，做起梦来。梦见娶了一位富贵人家的小姐，风姿卓绝，生活阔绰；考中了"进士"，官运亨通；五个儿子都和名门望族结了亲，做了大官；十几个孙子个个聪明出众；他一直活到80多岁才寿终正寝。谁知一觉醒来竟是一场梦，这时店主人煮的黄米饭还没有熟。其实那位老者是仙人吕洞宾，他通过此举想告诉这个年轻人要想获得荣华富贵，必须靠自己去努力，不然只能是白日做梦。

5. 因人成事

　　有关战国时毛遂的故事，"毛遂自荐"、"脱颖而出"、"三寸之舌"等也出自于他。毛遂（薛国人，今山东省枣庄）年轻时到赵国，为赵公子平原君赵胜的门客。秦攻赵，平原君到楚求援，欲带20门客同往。毛遂自荐，平原君说你来此三年，没听说你有何本事，如同将锥子放到口袋里，肯定会露出尖来。毛遂说你并未把我放进口袋，不然我早"脱颖而出"了。平原君勉强带其同往。到楚国后，平原君见到楚王，要楚王与赵国联合抗秦。楚王惧秦，不肯应允，两人从清早谈到中午，毛遂等20门客在殿前阶下等得焦急。其他门客跟毛遂开玩笑："毛先生，上殿去露露锥尖吧！"毛遂听罢提剑进殿，对平原君说："赵楚联合抗秦的利害关系，两句话便可以说清，为何说了这么半天还没结果？"楚王问平原君："这是何人？"平原君说："我的家臣，也是我的随员。"楚王对毛遂呵斥道："快给我下去！我正在同你们君王谈话，你算个什么？"毛遂按剑而前，对楚王说："你仗着楚国是大国，就这样随意呵斥人？要知道，在这十步之内，没有什么大国，你的性命全在我的手里！"楚王不作声了。毛遂接着说："商汤以七十里之地得天下，周文

毛遂

王以百里之地臣服诸侯，难道他兵多吗？只是能发挥他的优势、彰显自己的威力罢了。现在楚国方圆五千里，雄兵百万，这是称霸天下的本钱，像楚国这样盛强，天下各国都不能对抗。白起（秦将领）不过是个小娃娃罢了，带了几万兵来和楚国打仗，一战便夺去了你们的鄢、郢等地；再战则烧掉了夷陵的楚先王墓；三战干脆俘房了大王你的先人，这是百辈的仇恨啊，连赵国都感到耻辱，而大王却不知好歹！军事联盟是为了楚国，而不是为赵国！"楚王羞愧，连连称是，说："确实像先生所说，我愿意参加同盟。"毛遂逼问："联合抗秦的事定了吗？"楚王忙说："定了。"毛遂忙招呼楚王左右抬来牲畜"滴血结盟"，结束后，毛遂端了盛血的铜盘到殿外招呼那19位门客，说："喂！你们在堂下涂血吧，你们这些庸碌无能的老爷，只能依靠别人成事！"毛遂通过自己的表现促成楚、赵合纵，声威大振，获得"三寸之舌，强于百万之师"的美誉。

6. 伤弓之鸟

出自《战国策·楚策四》："伤弓之鸟，落于虚发。"战国时，秦国强大，不断扩张，引起了其他六国的恐惧。有人主张六国结成同盟，联合抗秦，赵国便派使节魏加到楚，与楚相春申君商讨联合抗秦的事，问春申君拟派何人为将，春申君说拟派临武君。魏加认为不妥，他讲了个故事：更嬴是魏国的射箭高手，一天，和魏王看到天上飞着一只大雁，对魏王说："我只张弓不放箭，即可让那只大雁掉下来。"魏王说："真的吗？"更嬴答："对。"过了一会儿，那只大雁又飞过来，更嬴只拉动弓弦大雁便掉了下来。魏王说："你怎么有如此的能力？"更嬴说："这是一只受过伤的雁。"魏王问："何以见得？"更嬴答："它飞得很慢，叫声很悲伤。飞得慢，是因为它的伤口还在疼痛；叫声悲，是因为离开雁群很久了。旧伤未愈且充满惊恐，听到弓弦的声响拼命想逃，结果旧伤迸发，便掉了下来。"魏加对春申君说："临武君曾被秦军打得大败，至今余悸未消，所以不宜做抗秦的主将。"比喻受过惊吓或失败的人，往往缺乏取胜的信心和勇气。

7. 窃符救赵

出自《史记·魏公子列传》。战国时期，秦国强大，欲吞并赵国，在击破赵长平军后，围困赵国都城邯郸。赵求救于魏国，魏王派晋鄙将军带领10万部众援救，因惧怕秦国报复而让军队停留在邺城扎营，持抱观望态度。魏公子信陵君魏无忌的姐姐是赵惠文王弟弟平原君的夫人，他从国家大局、也从与赵国的关系考虑，听从隐士侯嬴献计，说服魏王的宠妾如姬窃得兵符，到晋鄙的军营取得兵权，一举击败秦军、救援了赵国，同时也巩固了魏国当时的地位，保卫了国家的安全。

8. 价值连城

出自《史记·廉颇蔺相如列传》，说的是战国时期赵国的将相廉颇、蔺相如的故事，"完璧归赵"、"负荆请罪"、"纸上谈兵"也出自于二人。赵惠文王时，赵得楚和氏璧，即一块雕刻得非常精美的名贵玉石。秦昭王听说后，派人带信给赵王，说愿以15座城池交换，即"价值连城"。蔺相如自告奋勇带宝玉去秦国交换，见秦王没有诚意，当廷据理力争，并将和氏璧安全地送回了赵国，即"完璧归赵"。蔺相如又陪赵王赴渑池与秦王见面，维护了赵国的尊严。蔺因功被封为上卿，即丞相，老将廉颇不服，经常找机会羞辱蔺，蔺并非软弱，而是从大局出发，每每避让。廉颇知道真情后羞愧不已，上门赔罪，即"负荆请罪"。

蔺相如

赵王用廉颇为将御秦，中秦之反间计，改用空谈兵法但实战无方的赵奢之子赵括，结果被秦军大败。几则成语掌故人们耳熟能详，几为日常用语，"价值连城"形容价值极高的事物，"完璧归赵"形容借了东西完好无损地归还，"负荆请罪"表示有诚意地赔礼，"纸上谈兵"形容华而不实、夸夸其谈。

9. 奇货可居

出自《史记·吕不韦列传》，"吕不韦贾邯郸，见（子楚）而怜之，曰：'此奇货可居！'"说的是阳翟（今河南禹州）大商人吕不韦（卫国濮阳、今河南滑县人），助秦始皇之父子楚（实为名义上的父亲，吕不韦才是其生父）登上王位，秦始皇继位后建统一的封建国家，吕不韦贵为丞相。子楚当初是被秦国送往赵国的人质，吕不韦到赵国经商，从一个商人的角度看到了子楚所蕴含的巨大价值，便在其身上进行投资，结果收到了巨大的政治及经济回报。意为将稀缺、珍贵的货物囤积起来，等待时机出手，以期实现丰厚的价值。

10. 鹬蚌相争

出自《战国策·燕策二》："鹬蚌相争，渔翁得利。"鹬即一种鸟，嘴和腿细长，蚌则是一种贝类。说的是战国时期赵国要攻打燕国，苏代作为说客到赵国游说赵惠文王，说："我今天来，在渡过易水时，看到有一只河蚌张开贝壳在晒太阳，一只鹬鸟飞来，想啄它的肉，成为美餐，结果河蚌迅速闭拢贝壳，夹住了鹬鸟的嘴。鹬说：你快放开我，不然两天不下雨你就会干死的。河蚌说：我不放开你，你两天吃不到食物就会饿死的。两个家伙互不相让，结果被一旁的渔夫看见了，把它们俩都捉走了。"苏代说道："赵国欲攻打燕国，对两国都没好处，实际上高兴的是秦国，我担心秦国将成为那位渔夫，请大王斟酌再三。"赵惠文王想了一下，说："对。"于是取消了攻打燕国的计划。说明许多相互争斗对双方都无益处，往往得益的是第三者。

11. 奉公守法

出自《史记·廉颇蔺相如列传》，说的是战国时赵国名将、税务官赵奢的故事。赵奢作为一代名将，被委任为税务官员，一次，他到平原君家收取租税，平原君的家人不肯缴纳，他依法惩处，杀了九个平原君的家臣。平原君恼羞成怒，要杀赵奢，赵奢道："您贵为赵国的公子，不能让您的家臣奉公守法，不奉行公事，法律就会削弱；法律削弱，国家就会衰弱；国家衰弱，诸侯就会纷乱，赵国就

赵奢

不存在了。您怎么能得到这样的富足呢？凭着您尊贵的地位，应带头奉公守法，怎么能被天下人轻视呢？"平原君被赵奢说服了，知道赵奢是一个正直、贤能的人，对赵王说了此事。赵王任用他管理全国的赋税，通过他的治理，赵国的府库充实，他被誉为中国税务工作的先驱，秉公执法的楷模。

12. 旷日持久

出自《战国策·赵策四》："今得强赵之兵，以杜燕将，旷日持久，数岁，令士大夫余子之力，尽于沟垒。"说的是战国时期燕国派高阳君荣蚠率军攻打赵国。荣蚠很会打仗，赵王听到消息后很害怕，召集大臣们商议，国相赵胜献策，说："齐国的名将田单善勇多谋，我们割三座城池给齐国，作为条件，请来田单带领赵军作战，定能取得胜利。"大将赵奢不同意，说："难道我们赵国就没有能领兵的大将吗？仗还没打，便要先割三座城池给齐国，那怎么行啊！我对燕军的情况熟悉，难道不能派我领兵抗敌吗？"赵奢分析："第一，即使田单肯来指挥赵军，我国也不一定能取胜，那就白请他来了；第二，田单如果确实有本领，他也未必肯为我国出力，因为我国的强大，对他们齐国称霸不利，因此，他不可能为我国的利益去认真地对付燕军。"赵奢接着说："田单来了一定会把我们赵国的军队拖在战场上，'旷日持久'，荒废时间；这样长久下去，几年之后便会把我国的人力、财力、物力消耗掉，后果不堪设想！"但赵孝成王和国相赵胜没有听取赵奢的意见，仍然割让三城，请田单来做赵军的统帅，结果不出所料，赵国投入了一场得不偿失的消耗战，付出了很大的代价，只夺取了燕国的一座小城，没有获得理想的战果。形容拖很长的时间，耗费很大精力。

13. 利令智昏

出自《史记·平原君虞卿列传》："鄙谚曰：'利令智昏。'平原君负冯亭邪说，使赵陷长平四十余万众，邯郸几亡。"战国时期，秦国攻打韩国，占领了野王，断绝了上党的交通。上党城孤立无援，眼看要失守，守将冯亭考虑与其让秦国占领，不如交给赵国，与赵国联合抗秦。当冯亭派人把上党的地图带给赵孝成王时，赵王很犹豫，不知该怎么办，于是召集大臣们商议，大臣赵豹劝赵王不要接受，因为无端接受别人的礼物，往往会带来祸患，韩国之所以把上党献给赵国，是想让秦国把矛头指向赵国，但赵王和国相平原君则认为即使发兵百万，一年半载也不一定能攻下一座城池，现在不费一兵一卒便能得到上党，不应坐失良机。于是派平原君到上党去接受馈赠，封冯亭为华阳君。但没过多久，赵国便大祸降临，秦国看到自己即将到手的土地却为赵国所有，转而攻打赵国，赵国派出只会"纸上谈兵"的赵括应战，结果大败，秦国在长平之战中消灭赵军40多万，差点导致国家灭亡。形容人因贪得利益而丧失理智。

14. 不遗余力

出自《史记·平原君虞卿列传》和《战国策·赵策三》。战国时期，秦在长平一举歼灭40万赵军，秦王趁机派使者要挟赵王，要其割让六座城池作为讲和的条件，否则将灭赵。赵王召集楼昌、虞卿商量对策，说："我们的军队在长平吃了败仗，我准备率全部兵马与秦决一死战，你们意见如何？"楼昌反对，主张派重要使臣去秦国讲和。虞卿则对两种意见都不同意，指出楼昌的意见不切合实际，然后对赵王说："按照大王的看法，秦王能否打败您带去的全部兵马呢？"赵王说："秦之攻我也，不遗余力矣，必以倦而归也。"意思是秦国进攻我们，把所有的力量都用上了，一定要打败我们才肯返回。虞卿说："希望大王能听从我的意见，派使者带着珠宝礼品到楚国和魏国，楚王和魏王会因贪图我们的礼品而很好地接待我们的使者，秦王见此会以为我们要联合抗秦，而不敢贸然进攻我们，我们与秦国讲和才能成为现实。"但赵王没有听从虞卿的意见，结果军队又打了败仗。比喻把全部力量都使出来，没有保留。

15. 南辕北辙

出自《战国策·魏策四》。战国末年，魏王想攻打赵国，已奉命出使邻邦的谋臣季梁听说后，立刻半途而返，风尘仆仆地去见到魏王，说："我在太行山下遇到一赶车人，我问他去哪儿？他说楚国。我说你去楚国怎么向北走呢？他说我的马好；我说你的马虽好，但这不是去楚国的路啊！他又说我的盘缠足。我说你的路费虽多，但这不是去楚国的路啊！他又说我驾车的本领

高。他不知道如果方向错了，即使你各方面的条件再好，离楚国也会越来越远。现在大王动辄就想称霸诸侯，树立自己的威望，仰仗自己国家强大、军队精锐而去攻打赵国，岂不知您这样的行动越多，距离统一天下的目标就越远，正像那个赶车人。"说明无论做什么事情，首先要找准方向，如果方向错了，无论怎样努力都只能起到相反的效果。

16. 围魏救赵

出自《史记·孙子吴起列传》，兵法"三十六计"之一。战国时魏国围攻赵国，由大将庞涓统领，双方战守年余，邯郸几近失守。赵求救于齐，齐派田忌为将、孙膑为军师率八万兵马救赵。孙膑与庞涓原为同窗，受教于兵学大师鬼谷子，先后投奔魏国为将，庞涓嫉恨孙膑的才华，陷害其受膑刑，孙膑装疯逃到齐国。田忌率齐军出征准备直驱邯郸，孙膑说："解开缠绕的绳子，不能强拉硬扯；给人劝架，不能自己也跟着打；我们应引兵赴魏国的都城大梁（今河南开封），占领交通要道，袭击它空虚的地方，庞涓必然舍弃赵国回师自救，赵国则得救。"结果完全如孙膑所料，齐军袭击大梁，庞涓即时回救，齐军埋伏在魏军必经的桂陵，一举击溃魏军，庞涓也落得身败名裂的下场。这一战法为历代军事家所崇拜。

17. 智者千虑

出自《史记·淮阴侯列传》。楚汉相争时期，刘邦派韩信率兵攻打赵国，赵王歇派成安君陈馀聚兵井陉，准备抗敌。赵王的谋臣李左车献计："井陉这地方车不能并行，容不下列队的骑兵，汉军的后勤部队一定跟在后面，让我带兵抄小路截断他们的辎重，不出十天，他们必然败走。"这本是很好的计策，但赵王和陈馀未予采纳。韩信得知后心中大喜，并暗中佩服李左车的才华。韩信大败赵军，赵王被俘，

韩信

陈馀阵亡，李左车被生擒。李左车被押至帐中，韩信忙为他松绑，并十分谦虚地向他请教攻打燕、齐之道。李左车说："我一个吃了败仗的俘虏哪有资格谈论这些？"韩信说："赵军失败的原因是赵王没有听取你的意见，否则成为俘虏的可能就是我了；我诚心地想听听你的高见，请不要推辞。"李左车道："你从关中出兵，灭魏、灭赵，威震天下，这是你目前的优势；但你现在的兵士已相当疲顿，如急于攻燕，不一定能很快取胜，齐国必定做好了充分准备，你的弱点就会暴露出来。善于用兵的人要发挥自己的优势而利用对方的弱点，你不如先在此休整，大造攻燕的声势，同时派有口才的使者带着你的信去见燕王，显示汉军的强大，迫使燕王投降，这样，齐王就好对付了。"李左车说："臣闻智者千虑，必有一失；愚者千虑，必有一得。我的建议未必可取，仅供您参考吧。"韩信按李左车的建议行事，果然获得成功。比喻再聪明的人也有疏漏的时候，再愚钝的人也会萌发好的见解。

18. 舍本逐末

出自《汉书·食货志》："弃本逐末，耕者不能半，奸邪不可禁，原起于钱。"与之相关的还有"安然无恙"。战国时期，齐王派遣使臣到赵国去问候赵威后，以示友好。见面后使臣送上礼物，呈上齐王写的信。赵威后收到信并未马上打开，而是问："岁亦无恙耶？民亦无恙耶？王亦无恙耶？"即掌故"安然无恙"的由来。使臣一听很不高兴，说："我奉国君之命前来问候，您不先问候我们的国君，倒先问起庄稼、百姓，这分明是先贱而后贵，难道治理万民的君王，还比不上庄稼和百姓吗？"赵威后听后并未生气，而是笑着对使臣说："你说的不对，如果没有收成，百姓靠什么生活？如果没有百姓，大王又怎能南面称尊？难道要舍去根本、先去问那些细枝末节的事情吗？"比喻做事要抓住问题的根本，而不要专注于细枝末节。

19. 攻难守易

赵国在长平之战失败后，想通过掠夺燕国的领土，来弥补自己的损失。平原君赵胜找来大将冯忌，问："我要出兵攻打燕国，你看怎么样？"冯忌答："我认为不可取，秦国乘七战七捷的军威，在长平与我们交手，事后又用全部兵力围攻邯郸；而我们只靠征募到的散兵败卒坚守，秦军不但没有破城，反而消耗了他们的锐气，这是什么原因呢？是因为进攻困难而防守容易。"冯忌进而分析："现在我国没有连战连捷的威风，而燕国也没有遭受到像长平之战那样的伤损，拿我们这样的疲惫之师去攻打强大的燕国，不仅占不到便宜，还会让强大的秦国钻了我们的空子，后果是不堪设想的。"平原君听后觉着很有道理，取消了攻打燕国的想法。

20. 犹豫不决

《战国策·赵策三》："平原君犹豫未有所决。"战国时期，秦军围困赵都邯郸，赵孝成王派人向魏安厘王求援。魏将晋鄙屯兵汤阴，派人见平原君，要赵孝成王同意秦王称帝，平原君犹豫不决。齐国谋士鲁仲连求见平原君，让其告诉魏国使者，秦国强大，欲称霸诸侯，若允许其称帝，便有了攻灭各国的理由，所以，必须联合共同抗秦。此掌故最初源于民间传说：汉字是由孔子统一规范，他每写出一个字，便由弟子们传向民间，经过三年零六个月的努力，汉字基本规范完毕。为检验弟子，孔子随手写下了"牛"、"鱼"两字，让弟子辨认，这下竟难住了众弟子们，因为原来孔子都是一个一个字地交给他们，将两个字放在一起，便搞不清读音了。弟子们你传给我，我传给你，谁也拿不定主意，这便是"牛鱼不决"，以后人们逐渐将其衍化为"犹豫不决"。

21. 一狐之腋

出自《史记·赵世家》："吾闻千羊之皮，不如一狐之腋。"春秋时，晋卿赵简子（晋后分为韩、赵、魏三家，赵简子即后来赵国君王的先祖）有位臣子叫周舍，一次，周舍在赵简子的门前站了三天三夜求见，赵简子问："你有何指教？"周舍答："我想做一个正直、敢于直谏的人，能够经常跟随在您左右，看您犯了过错便记下来，提醒您改正，那样一月下来便会有所收获，一年下来成效就更大了。"赵简子听了很高兴，和周舍住在一起，每天都能听到他的指教，但没过多久，周舍去世，赵简子隆重地埋葬了他。数年后，赵简子和大臣们饮酒，赵简子喝着喝着忽然悲伤起来，大臣们以为自己犯了什么错，忙请求惩治，赵简子说："你们并没有什么过错，我听说'千羊之皮不如一狐之腋'，现在大臣们来见，我听到的都是些唯唯诺诺之声，却听不到像周舍那样的谔谔直言，我是为此而郁恼！"赵简子的话使在场的大臣们愕然。

22. 三人成虎

出自《战国策·魏策》。魏国的大臣庞恭要陪太子到邯郸去做人质，临行前对魏王说："大王，如果有人说街市上有老虎，您会相信吗？"魏王答："不信。"庞恭说："如果两个人说呢？"魏王答："那我也不信。"庞恭又说："如果是三个人说，大王会相信吗？"魏王说："那样我就相信了。"庞恭说："街市上其实是不会有老虎的，但是三个人都说有老虎，就像真有老虎了。我奉命出使邯郸，邯郸离大梁（魏国国都），比起朝廷到街市要远得多了。我走后可能有人会诋毁我，一个人说您可能不信，但三个或几个人说您可能就信了，希望您能明察。"魏王说："我知道该怎么办。"庞恭走后很快便有人到魏王那儿去说他的坏话，开始魏王并不信，但后来态度就发生了转变，太子做人质期满庞恭陪同回到魏国，便再得不到魏王的召见了。

23. 前倨后卑

出自《战国策·秦策一》，苏秦曰："嫂何前倨而后卑也。"苏秦是战国时的纵横家，起初，他求父亲给他新皮袍和百两黄金，到秦国去游说他的政治主张，但连续上书十次，都没被采纳，只得回了家。回到家后，父母抱怨他花光了家里的钱，妻子不给他缝衣服，嫂子不给他做饭吃。但他并未灰心，而是闭门苦读，读到困乏时，就用锥子扎自己的大腿。之后，他又去各国游说，说服齐、燕、赵、楚、韩、魏六国接受了他合纵的主张，结为同盟，共同对付秦国，他担任了六国的宰相，让秦国不敢东侵。他再次回乡，父母跑到30里外的路口去迎接他，妻子不敢正视，嫂嫂伏地叩拜。他说："嫂嫂，你为何以前态度那么傲慢，现在又这么谦卑呢？"嫂嫂答道："你现在做了大官，既尊贵又有钱！"苏秦感叹道："哎！贫穷时父母都不把儿子当儿子，富贵时亲友都畏惧你，人生在世，对权势和名利为什么看得这么重呢？"形容那些势利小人。

24. 管窥锥指

出自《庄子·秋水》。战国时，赵国学者公孙龙禀性聪明，学识渊博，以善辩知名，自视很高明，但接触到庄子的学说，深感钦佩，对魏牟（魏国公子）说："原来世界上还有更高明的学者啊！"魏牟笑道：你听过"坎井之蛙"的故事吗？久居井底之蛙，怎知世上还有浩瀚的大海呢？用自己肤浅的知识去理解变化无穷的事物，等于从竹管里观察天，用锥子来探测地。但你也不必全部否定自己去效仿庄子，应当有自己独特的见解，否则将像"邯郸学步"的寿陵人一样，别人的长处没学到，自己的特色却丢掉了。形容见识狭小，一般用作谦词，称自己的见解为"管见"。

公孙龙

25. 以卵击石

出自《荀子·议兵》："经桀作尧，譬之若以卵投石，以指绕沸。"一次，赵国人荀子同楚将临武君谈论军事，临武君说："善用兵者如能'攻夺变诈'，就可以无敌于天下。"荀子不同意，他反对侵夺、欺诈，主张"仁人之兵"，说："如果暴君桀的不义之师，以'攻夺变诈'为战略，去攻击圣王尧的仁人之兵，结果一定失败，好比以卵击石，用手指去搅滚烫的汤。"《墨子·贵义》也说过同样的话：一次，墨子到北方的齐国去，路遇一个算命先生，对他说："今天北方

荀况

忌见黑色，而你的脸色较黑，出行往北，一定不利！"墨子不听，继续北行，结果遇淄水泛滥，只得返回，又遇到算命先生，算命先生不无得意地说："你不听我的劝告，遇到麻烦了吧？"墨子道："淄水泛滥，南北方的行人都受阻隔，行人中有皮肤黑的，也有皮肤白的，怎么都过不去呢？谎言是抵不过真理的，就如同以卵击石。"

26. 赏罚分明

僖负羁是曹国人，曾救过晋文公的命，晋攻下曹国时，晋文公为了报答僖负羁的救命之恩，向军队下令不准侵扰僖负羁的家，如有违犯者处死刑。大将魏平和颠颉没把命令当回事儿，带领军队包围了僖负羁的家，并放火焚屋。此事被晋文公知道了，十分气愤，决定对二人进行处罚。大臣赵衰（赵国君王的先人）向晋文公求情："他们二人为国家立下过汗马功劳，杀了不免可惜，还是让他们戴罪立功吧！"晋文公说："功是一回事，过又是一回事，赏罚必须分明，这样才能使将士们服从命令。"于是下令革去魏平的官职，将颠颉处死，从此晋国上下纪律严明。

27. 市道之交

出自《史记·廉颇蔺相如列传》。廉颇是赵国的将领，英勇善战，赵惠文王时拜其为上将军，其府上经常高朋满座、车水马龙。长平之战，赵孝成王派他率兵迎战秦军，他采用"坚壁持久"之策，拖得秦军人困马乏，但赵王中秦国的离间计，改用"纸上谈兵"的赵括，他被免职回到了邯郸。此时，他府上便极少有人光顾，变得门可罗雀。因赵括指挥失当，赵军战败，40余万人遭秦国坑杀，燕国乘机攻打赵国，赵王又起用廉颇为将，在高地一带把燕兵打得溃不成军，

廉颇

斩杀燕相栗腹，围攻燕国都城。燕提出割五座城作为求和的条件。此役结束，赵王给廉颇封邑进爵，代行相国之职。这时他府上重又热闹起来，那些在他被免职时唯恐避之不及的人重又踏破他的门。他对此很反感，向来人下逐客令，其中一个来客道："廉将军，你得势时，我们追随你；失势时，我们就离去；天下人以利害相交，是很自然的事，你何必那么计较呢？"廉颇无言以对。

28. 难至节见

出自《藏书·名臣传·肥义》。战国时期，赵武灵王初立长子章为太子，他宠爱吴娃，与之生何，乃废章而立何，并值壮年时传位给何，即赵惠文王。封章为安阳君，以肥义为相，自称主父。章平素骄横，心有不服，赵武灵王让田不礼辅之。大臣李兑对肥义说："安阳君身壮志骄，对其弟早有怨恨之心，他党羽众多，得田不礼辅佐，此人刚愎自用，一意孤行，过不多久便要生事。你是主父的旧臣，现为相国，位高权重，二人生事必然首先将矛头对准你，有道是智者防患于未然，为了躲避灾难，你不如从此称病在家，把国事推给他人去办理，这样才能安然无恙，请接受老朋友的忠告！"肥义摇头说："主父曾嘱咐我，对他与惠文王要永远不改忠心，直至老死。主父的话我铭记在心，并表示一定去做，今日，怎能因惧怕安阳君与田不礼可能生事而改变呢？俗言说得好：如果是贞臣，难至而节见，只有国难当头，才能显出贞操；如果是忠臣，累至而行明，只有担承重任时，才能表明品行。"果然，章与田不礼不久起事。当时，主父与惠文王同游至沙丘（今邢台广宗），章与田不礼随行。主父与惠文王各居一宫，章与田不礼串谋谎称主父生病召见惠文王，在途中设伏兵将之杀害，然后篡位。肥义觉得蹊跷，便让惠文王先呆在宫中，自己随"使者"去看个究竟；当肥义走到半路，被章、田二人设置的伏兵杀死，正应了"难至而节见"的话。公子成与李兑率人马赶来，奉惠文王命杀死了章与田不礼。因事有牵连，主父被围困于宫中饿死。

29. 步履蹒跚

出自《史记·平原君虞卿列传》。战国时，赵国的平原君家临街的楼房很高，可以俯瞰附近街区。他的姬妾住在楼上，一天，众姬妾在楼台闲望，看到一个跛腿人到井台打水，姬妾们见他走路的样子忍不住哄笑起来，有的还学他的样子取乐。这个跛腿人听到嬉笑声很恼火，第二天找到平原君，说："听说你喜欢接贤纳士，贤人们之所以能不远千里投奔你，是因为你看重贤士、轻贱美女的缘故；我不幸腿有残疾，你的姬妾看到了竟肆意笑弄我，这是不合礼仪的，我要得到取笑我人的头！"平原君答："好吧。"但等那人走后，平原君冷笑一声对左右说："瞧那个小子，只因嬉笑他便让我杀美人，也太过分了吧！"过了一段时间，住在平原君家中的门客纷纷出走，平原君很奇怪，问："我对各位诚心诚意，没敢失过礼，为何那么多人要走呢？"一门客直率地说："你不杀取笑跛腿人的姬妾，这说明你喜欢女色而看不起士人，所以门客们就走了。"平原君听了很后悔，立刻叫人杀了那些嘲笑跛腿人的姬妾，拿着头亲自到跛腿人家去谢罪，不久，离开平原君家的门客又纷纷回来了。宋代无名氏在《释常谈》中转述这个故事时，将《史记》原文"磐散行汲"说成是"步履蹒跚"，行汲即步行提水，磐散即蹒跚。

女娲

30. 补天浴日

出自《淮南子·览冥训》："于是女娲炼五色石以补苍天"；《山海经·大荒南经》："有羲和之国，有女子名曰羲和，方日浴于甘渊"。上古时代，水神共工与火神祝融大战，共工败，气得撞向西方的不周山，将山撞毁。不周山是撑天的支柱，山体倾倒，顿时天塌地陷，山林起火，洪水横流。女娲神（传说诞生于河北太行山麓，祭祀她的娲皇宫坐落于邯郸涉县）在江河中挑选了许多五彩石子，架起火来将石子炼成熔液，用熔液修补好塌陷的天空，又杀了一只巨大的乌龟，用其四脚作为支柱，将天支起，使灾难平息。太阳女神羲和生有10个儿子，即10个太阳，住在东方的汤谷，她每天要送一个儿子到天空去值班，临行前，她要给儿子在甘渊池内洗得干干净净，然后驾着龙车送往，所以，人们见到的是明媚、清澈的阳光。因女娲和羲和为人类创造出了美好的生存环境，所以人们常引用"女娲补天"和"羲和浴日"来比喻伟大的功业。

31. 天夺之魄

出自《左传·宣公十五年》："原叔必有大咎，天夺之魄矣"；《晋书·温峤传》："天夺其魄，死期将至"。公元前594年，狄人（赤狄）的丞相丰舒执政后杀了国君潞子的夫人，即晋景公的姐姐。晋国派兵征讨，不到一月灭赤狄，丰舒逃亡卫国，卫国人怕殃及自己，将其缚送晋国，晋景公下令将其处死，并派大夫赵同（赵国国君的先人）去向周朝的天子进献俘虏的狄人。赵同依仗晋国强大，对周天子表现得很不恭敬，十分傲慢。周朝的刘康公看了很不高兴，骂道："不及十年，原叔（即赵同）必有大咎，天夺之魄矣！"意思是到不了十年，赵同必遭大祸，因为老天已将他的魂魄夺走了。比喻人死期将近，含有咒骂的意思。

32. 欺世盗名

出自《荀子·不苟》："夫富贵者则类傲之，夫贫贱者则求柔之。是非仁人之情也，是奸人将以盗名于暗世者也，险莫大焉。"春秋时卫国大夫史鱼因劝谏卫灵公不成，嘱咐儿子在自己死后不要入殓，以此劝谏卫灵公重用蘧伯玉，罢免弥予瑕。……战国时齐国的田仲既不肯接受做高官哥哥的帮助，也不愿去做官，宁肯去种菜，他认为史鱼和田仲都是"盗名于暗世者也"，即在动乱之世窃取好名声的人，是危险的人物。

33. 一日千里

出自《史记·刺客列传》："臣闻骐骥盛壮之时，一日而驰千里；至其衰老，驾马先之。"战国时期，燕太子丹在赵国做人质时，与同在该国为质的赵政相处很好；赵政回到秦国称王，改名嬴政。太子丹再到秦国做人质时，嬴政非但没有念及旧情、加以特别照顾，反而格外冷淡、处

处刁难，太子丹找机会逃回了燕国，对嬴政耿耿
于怀。秦出兵攻打齐、楚、韩、魏、赵等国，逼
近燕国，太子丹大为恼火，向老师鞠武求教能够
阻挡秦国侵吞的办法，鞠武说："我有个好朋
友叫田光，他很机智，有谋略，你可跟他商讨
一下。"太子丹请来田光，说明用意，田光听后
拉着太子丹走到门外，指着拴在大树旁的一匹马
说："这是一匹良种马，在壮年时，一日可跑千
里以上，但等到衰老时，劣马都可以跑在它的前
面，您说这是为什么呢？"太子丹答："因为精力
不行了。"田光说："对呀！您听说的都是我壮
年时的事，现在我已老了，精力不行了。"田光

荆轲

又说："当然，对于国家大事，我虽已力不从心，但愿向您推荐一个人，我的好朋友荆轲，他能
够承担此重任。"太子丹结交了荆轲，派他去行刺秦王，但没有成功。

34. 中饱私囊

出自《韩非子·外储说右下》："薄疑谓赵简主曰：'君之国中饱。'简主欣然而喜曰：'何
如焉？'对曰：'府库空虚于上，百姓贫饿于下，然而奸吏富矣。'"春秋末期，晋国的大臣赵简
子（赵国君王的先人）派税官去收赋税，行前，税官问："此次收税的税率是多少？"赵简子答：
"不轻不重最好，税收重了，国家富但老百姓穷；税收轻了，老百姓富但国家穷了。你们如果没有
私心，就可以把这件事做得很好。"这时有个叫薄疑的人对赵简子说："依我看，您的国家实际上
是中饱。"赵简子还以为他是在颂扬朝政，忙高兴地问薄疑此话怎讲。薄疑说："您的国家上面国
库空虚，下面百姓饥饿贫穷，倒是中间那些贪官污吏富了。"赵简子听后惊愕不已。

35. 天经地义

出自《左传·昭公二十五年》："夫礼，天之经也，地之义也，民之行也。"东周时周景王死后按规制应由其正夫人所生的世子敬继位，但景王生前曾与大夫宾孟商议，欲立庶生的朝为世子，于是，周王室便发生了王位之争，史称"王子朝之乱"。晋顷公召集各诸侯国的代表在黑壤商讨如何使王室安宁，参加的有晋国的赵鞅、郑国的游吉、宋国的乐大心等。赵鞅向游吉请教何为"礼"？游吉答："我国的子产大夫在世时曾说过，礼就是天之经，地之义，即老天规定的原则，大地运行的道理！是百姓行动的依据，不能改变，毋庸置疑。"赵鞅对此大加赞赏，提出各诸侯国应按照"礼"的规定全力支持敬，为他提供兵士、粮草，帮助他将王室迁回王城。结果，晋国大夫率领各诸侯国的军队助敬确立了王位，结束了周室的王位之争。

36. 按兵不动

出自《吕氏春秋·恃君览》："赵简子按兵而不动，凡谋者疑也。"春秋末，卫国被迫与晋国结盟，成为晋国的附庸国。卫灵公不满现状，与齐景公缔盟。晋国不容忍卫国的行为，欲攻卫，赵简子派史默去卫国打探情况。原想他一个月回来，结果半年才归，赵简子生气地问："为什么这么久才归？"史墨说："我对卫国情况作了详细了解，所以拖延了时间。如今卫灵公很开明，用贤臣蘧伯玉为相，孔子的弟子子贡在出谋划策，国家治理得很好，我认为现在攻打卫国不是时候，劝您不要轻举妄动。"赵简子听后觉得有道理，便"按兵而不动"，等待时机。原意为静观形势而暂不行动，以等待时机，后也比喻接受命令后迟迟不肯行动。

37. 掩耳盗铃

出自《吕氏春秋·自知》。春秋时期，晋国贵族范氏被其他贵族打败，逃亡到了齐国。小偷趁机跑到范氏的家中去偷东西，看见院内一口大钟，用上等青铜铸成，造型和图案都很精美，他高兴极了，想把大钟背回家，但钟又大又沉，根本搬不动。他思来想去，决定把钟敲碎，然后分块儿搬回家。他找来一把锤子，使劲朝钟砸去，只听铛的一声响，把他吓了一大跳，心想坏了，别人听到钟声不就会知道我在这儿偷钟吗？怎么办呢？他"灵机一动"，用双手捂住了自己的耳朵，"哎，这样不就听不到了嘛！"他找来两个布团塞住耳朵，放手砸起钟来，钟的声响很快引来了很多人，把这个小偷给捉住了。《吕氏春秋》在讲述这个故事时将"掩耳盗钟"说成了"掩耳盗铃"，比喻自欺欺人的行为。

38. 大儒纵盗

出自《吕氏春秋·必已》。春秋时期，上地（今陕西绥德一带）住着一个知识渊博的儒者，叫牛缺，人们都尊称之为大儒。一天，大儒到邯郸去，在渑水（今邢台沙河）碰上了一伙盗贼，盗贼向他索要口袋里的钱财，他痛痛快快地全部掏了出来。盗贼又向他要车马，他也慷慨地给了盗贼。盗贼再向他要衣服和被褥，他还是给了他们。大儒所有的东西被要走后，自己徒步上路了。盗贼们感到很惊异，议论道："这一定是位很杰出的人，我们今天侮辱了他，他一定会向国君诉说我们的所做所为，国君一定会征集力量来讨伐我们，那时我们就难以活命了，还不如现在把他杀死，以绝后患。"于是，盗贼们追了30里路，追上了大儒，将其杀死。文章评论说：大儒之所以被杀，是因为他纵容盗贼的结果。讽喻那些毫无原则纵容、妥协邪恶势力的行为。

孙膑

39. 因势利导

出自《史记·孙子吴起列传》："善战者，因其势而利导之。"战国时，齐人孙膑和魏人庞涓师从鬼谷子学习兵法，学成后二人都到魏国为将，庞涓妒忌孙膑才高而陷害之。孙膑装疯逃回齐国，被任命为军师辅助大将田忌率兵五万攻魏救韩。孙膑出谋让田忌率军对魏都大梁发动进攻，迫庞涓从韩退兵。又对田忌说："魏军向以勇猛凶悍著称，不会把我们齐军放在眼里，善用兵者要懂得因势利导，即要顺着对方的思路加以引导，引诱他们上当。"孙膑命齐军把做饭的灶每天减少一批，造出齐军大量逃亡的假象。庞涓中计，留下步兵，只带精锐部队追击。孙膑在马陵设下埋伏，并在一棵树上写下"庞涓死于此树下"几个大字。庞涓追至马陵，齐军万弩齐发，魏军伤亡惨重，即史上著名的"马陵之战"。庞涓身中六箭，看到树上的字，拔剑自刎。

40. 食不甘味

出自《战国策·楚策一》：楚王曰："寡人卧不安席，食不甘味，心摇摇而悬旌，而无所终薄。今君欲一天下，安诸侯，存危国，寡人谨奉社稷以从。"战国后期，秦国强大，经常侵犯其他国家。一次，秦惠文王派使者去见楚威王，要挟说："如果楚国不服从秦国，秦国就要出兵伐楚。"楚威王听后大怒，下令将使者驱逐出境。楚威王因楚国实力不强而焦虑不安，担心强秦发兵入侵，整天睡不着觉、吃不进饭。恰在此时，说客苏秦（曾任赵国相国、武安侯）前来拜访，劝楚威王与赵、魏等国联合起来抗秦。楚威王听后十分高兴，说："非常感谢你的建议，我正为这事'卧不安席、食不甘味'呢，现在就按你的计谋去做。"

41. 乐极生悲

出自《史记·滑稽列传》："酒极则乱，乐极则悲，万事尽然，言不可极，极之而衰。"战国时期，齐威王很小就继承了王位，不理朝政，整日纵情声色、酗酒无度。一年，楚军来犯，他派淳于髡去赵国求救，淳于髡不负重托，凭借口才从赵国请来了10万援军，吓退了楚军。齐威王十分高兴，摆下酒宴为淳于髡庆功。席间，齐威王问淳于髡："先生要喝多少酒才会醉？"淳于髡看齐威王的架势，知道他又要彻夜狂欢，答道："我喝一斗酒也醉，喝一石酒也醉。"齐威王不解其意，问之。淳于髡说道，人在不同场合、不同情况下酒量会有变化："但我得出结论，酒喝到极点，会因酒醉而乱了礼节；人如果快乐到了极点，就可能会发生悲伤之事；所以，做任何事情如果超过了一定限度，则会走向反面。"齐威王听出了淳于髡话中的意思，懊悔自己的举动，改掉了贪图享乐、过度酗酒的恶习。

42. 燕雀处堂

出自《孔丛子·论势》："燕雀处屋，子母安哺，煦煦焉其相乐也，自以为安矣；灶突炎上，栋宇将焚，燕雀颜色不变，不知祸之将及也。"战国时，秦兵伐赵，赵国近邻魏国的大夫们却没当回事儿，反而觉得局势对自己有利。魏国相子顺问原因，答："如果秦国打败了赵国，我们就同秦国表示和好；如果秦兵被赵国击败，我们就趁其危兵之时出兵，可轻易大获全胜。"子顺笑道："不见得！秦国从孝公上台以来，从未打过败仗，其将领都是经验丰富的优秀人才，此次秦兵必胜，我们根本无'机'可乘！"大夫们又说："就算秦国能战胜赵国，对我们又有何损失？邻国实力削弱，不正对我们有利吗！"子顺说："秦国侵略成性，若亡了赵国，一定不会满足，会继续东进，那时魏国就会遭殃了；就像一群燕雀在屋顶上筑窝，母鸟觅食，小鸟们嗷嗷待哺，其乐融融，殊不知有一天房屋的烟囱坏了，火苗直往上窜，很快烧着了屋梁，但燕雀们却还不知灾难将至。难道我们有些人不像这些燕雀一样吗？"比喻大祸临头自己还不察觉。

43. 天下无双

出自《史记·信陵君列传》："始吾闻夫人弟公子天下无双。"魏公子信陵君魏无忌窃符救赵后，怕哥哥魏王追究，避居赵国。他听说毛公和薛公有才能，去邀请，两人不肯相见，费了一番周折才结识了两人。平原君知道后，说："以前常听说信陵君的为人，今天看来他也不过如此，徒有虚名！"信陵君说："既然平原君耻笑我，那我就该离开这儿了。"平原君知道说错了话，忙向信陵君赔礼。秦国出兵攻魏，魏王派人请信陵君回国，信陵君怕魏王追究其罪，不肯，并告诉下人："谁为魏使者通报，处死！"但毛、薛两人冒死进言："秦灭了魏，公子国破家亡，怎么见天下人？"信陵君醒悟，回到魏国，魏王授其为上将军，他率齐、魏等六国联军大破秦军，威震天下，被誉为"天下无双"。

44. 乌合之众

出自《管子》："乌合之众，初虽有欢，后必相吐，虽善不亲也。"《后汉书·耿弇传》："归发突骑以辚乌合之众，如摧枯折腐耳。"西汉末年，王莽被打败后，刘玄称帝，扶风茂陵（今陕西）人耿弇随其父耿况投奔刘玄。不久，邯郸人王郎自称汉成帝之子刘子，在西汉宗室刘休和富豪李育等支持下，自立为帝，都邯郸。此时，耿弇手下的孙仓、卫包劝耿弇投归刘子（王郎），耿弇听后大怒，按剑道："刘子这个反贼，我和他势不两立！等我到长安请皇上调动渔阳、上谷的兵马，从太原、代郡出击，来回几十天，便能以轻骑兵袭击那些'乌合之众'，势如摧枯拉朽，定能获胜。谁不识大局，去投奔那些反贼，定遭灭族杀身之祸！"意为一些临时拼凑起来、缺乏组织性和战斗力的不良人群。

45. 未可厚非

班固《汉书·王莽传中》："莽怒，免英官。后颇觉悟，曰：'英亦未可厚非'，复以英为长沙连率。"王莽代汉自立，建新朝，改变西汉以来安抚周边的政策，将句町王亡邯诱骗到郡城处死，激起益州郡诸多少数民族的反抗。他先后派冯茂、廉丹和史熊等人率军前去镇压，并向当地强征重税，作为军饷。数年的征战，使新朝的军队伤亡数万，当地百姓被征得财粮一空，而句町人的反抗仍平息不了。新都（古地名）地方官冯英上书王莽，劝他休兵罢战，致力于发展生产，王莽大怒，罢免了冯英的官；但事后醒悟，认为冯英的意见"未可厚非"，又派他到长沙去做官。意为不要过分苛责，其言语虽有不妥，但有可取之处。

王莽

46. 疾风劲草

出自《东观汉记·王霸传》："颍川从我者皆逝，而子独留，始验疾风知劲草。"人们说来都是两句连在一起：疾风知劲草，国乱显忠臣。新朝末年，全国爆发了农民大起义，皇族刘演、刘秀兄弟联合起兵，王霸前来投奔。更始帝刘玄怕刘演兄弟势力强大，借故杀了刘演。刘秀强忍悲痛，不露声色，带兵进军河北，一路上处境艰难，不少人离他而去，但王霸却始终如一地跟随他。刘秀感慨地说："疾风知劲草。"意为只有在狂风中才能看出草是否强劲，在动荡、患难中才能辨别出人的忠诚与奸佞。

47. 推心置腹

出自《后汉书·光武帝纪》："萧王推赤心置人腹中，安得不投死乎！"西汉末年，刘秀起兵征讨王莽，屡立战功，被更始帝刘玄封为"萧王"。再攻打铜马义军，大破之，收编了几十万兵马，他依然保持铜马军原有的编制，由其将领统领。为打消降军的顾虑，他独自一人轻骑巡视各部，与将领们促膝谈心，这使降军将士非常感动，纷纷议论："萧王推己之红心，置他人之腹中，我们还担心什么？还能不为他打天下出力吗？"意为以真心待人，使得对方愿意死心塌地卖力。

汉光武帝

48. 狗尾续貂

出自《晋书·赵王伦传》："奴卒厮役亦加以爵位。每朝会，貂蝉盈坐，时人为之谚曰：'貂不足，狗尾续。'"晋武帝司马炎死后，子司马衷继位，不晓政事，大权旁落于贾后之手。赵王司马伦（司马懿第九子，督邺城守事）与大臣张林密谋，带兵冲入宫禁，杀死贾后，自封为相，又矫诏让惠帝禅位，自称皇帝。为笼络群臣，大封文武百官，甚至连听差的奴役也授以爵位。皇帝身边的侍中、散骑、常侍等一等高官，一般只设四人，可他竟封达近百人，使得官职泛滥成灾！当时官员的帽子都用貂尾做装饰，由于封官太多，致使貂尾短缺，只能用狗尾代替。意为后续的东西与先前的不在一个水平线上，有充数之嫌；多比喻妄续他人之作，有时也用作自谦之词。

49. 怙恶不悛

出自《左传·隐公六年》："长恶不悛，从自及也虽欲救之，其将能乎？"西晋末年，中原大乱，一些少数民族乘机在北方建立政权，史称"五胡十六国"。匈奴人刘曜依仗武力灭刘渊所建的汉国，改国号赵，都长安，史称"前赵"，威震一时。与刘曜同时的羯族人、武将石勒从小做商贩，投奔刘渊，屡立战功，被封为大将。他对刘曜篡权很不满，欲灭掉其而代之，经过多次交战，使刘曜的实力削弱。于是，刘曜对石勒改为收买拉拢的策略，派心腹郭汜为使者，封石勒为太宰，领大将军衔，进爵赵王，领二十部，出入乘金银车，驾云马，冕带十二旒，夫人封王后。石勒接受了封授，为了表达谢意，派王修等人为大使前往刘曜处拜谢。刘曜有个叫曹平的谋士，原为石勒的舍人，对刘曜说："石勒派王修等人前来，表面上是答谢，实际上是要观察各郡的虚实，以便伺机发起攻战。"刘曜听后大怒，待郭汜等回来，将来使王修斩首，并下令撤销了对石勒的封授。石勒闻后怒不可遏，下令灭曹平三族，召集大臣说："我们派出使者本是为了修好，并无他意，但刘曜'长恶不悛'，反而杀害了我们的使者，实在是不可饶恕！所以，我决定据赵地自立为王。"于是，设太医、尚方、御府诸令，修建正阳门，正式称王。318年，杀了刘曜，建立政权，都襄国（今邢台），后迁邺城（今河南安阳），史称"后赵"。意为长期作恶多端且不思悔改的人。

50. 鹿死谁手

出自《晋书·石勒载记下》："朕若逢高皇，当北面而事之，与韩、彭鞭而争先耳；朕遇光武，当并驱于中原，未知鹿死谁手。"东晋十六国时期，石勒建赵，史称后赵，都襄国（今邢台）。一次，他设宴招待宾朋，酒过三巡，问臣子徐光，说："我比得上自古以来的哪位君王？"徐光想了一会儿，答："您非凡的才智超过汉高祖（刘邦），卓越的本领赛过魏太祖（曹操），从三皇五帝以来，没有哪个帝王能比得上您，您是轩辕黄帝第二！"石勒笑道："人怎么能不了解自己呢？你说得太过分了。我如果遇见汉高祖刘邦，一定会俯首称臣，听从他的命令；和韩信、彭越倒可以争个高下；假如碰到汉光武帝刘秀，可以和他在中原一决雌雄，但不知谁是最后的胜利者。"比喻实力相当，不知谁能获胜。

51. 坚壁清野

《三国志·魏书·荀彧传》："今东方皆以收麦，必坚壁清野以待敌军；将军攻之不拔，路之无获，不出十日，则十万之众未战而自固耳。"东汉末年，曹操在镇压黄巾军中占领兖州后，准备再夺徐州。颍川（今河南许昌）人荀彧才华超众，为避董卓之乱迁居冀州，被袁绍待为上宾。他看出袁绍难成大事，投奔到曹操门下，曹操任其为司马，随曹操四处征战，深得信任。194年，徐州牧陶谦病死，死前将徐州让予了刘备，消息传来，曹操欲出兵徐州。荀彧知道了对曹操说："当年汉高祖保住关中，光武帝刘秀据有河内，都拥有稳固的根据地，进足以胜敌，退可以坚守，所以成就了大业。如今将军不顾兖州而去攻打徐州，在兖州的军队留多了，则不足以夺取徐州；留少了，倘若吕布乘虚而入，又不足以守住兖州，最后，会弄得兖州尽失，徐州未取。"又说："眼下正值麦收季节，听说徐州方面已组织人力，抢割城外的麦子运进城去，说明他们已然有了准备，必然会加固防御工事，转移全部的物

曹操

资，准备迎击我们；您的兵马若真的去了，城攻不下，什么东西也得不到手，不出十天，会不战自溃。"曹操听了荀彧的话，觉得有理，先集中兵力打败了吕布，又继之打败了刘备，占据了徐州。

52. 载舟覆舟

出自《荀子·王制》："君者舟也，庶人者水也，水者载舟，水者覆舟。"一次，唐太宗与魏徵议论朝政，太宗说："隋炀帝学识渊博，也懂得尧、舜好，夏桀和殷纣王不好，为什么干出事来那么荒唐。"魏徵说："一位皇帝光靠聪明和学识是不行的，必须虚心听取臣子们的意见。隋炀帝自以为才高，骄傲自信，说的是尧、舜的话，干的却是桀、纣的事，到后来越来越糊涂，所以灭亡。"魏徵劝谏太宗要以隋亡为鉴，并引用了《荀子》"水能载舟，亦能覆舟"的话，说明人民群众既可维护国家的统治，也可颠覆国家的统治，强调尊重民情民意的重要性。

53. 犯颜直谏

出自《韩非子·外储说左下》："犯颜极谏，臣不如东郭牙，请立以为谏臣。"唐太宗继位后，提拔曾为太子李建成谋臣的魏徵做了谏议大夫，魏徵并未因此谨小慎微、畏首畏尾，而是知无不言、言无不尽，有时弄得太宗很没面子。一次，魏徵在朝堂与太宗发生争执，竟当面顶撞太宗，太宗非常生气，回宫后对长孙皇后说："迟早我要杀了这个乡下佬！"长孙皇后是位极明事理、经常给予太宗以忠告的人，问："要杀谁？"太宗说："魏徵竟敢当众说我的不是，使我下不了台，有损帝王的尊严。"长孙皇后听

魏徵

后忙向太宗表示祝贺，太宗问贺从何来。长孙皇后说："君明则臣直，魏徵如此直率，敢于犯颜直谏，正说明你的圣明呀！所以向你祝贺。"意为不怕伤害上司和权贵进行规劝及警示。

54. 无功受禄

出自《旧唐书·隐逸》："无功受禄；灾也。"战国时期，赵国凭借武力不断侵犯楚国。楚国人杜赫拜见楚怀王，说他能游说赵国与楚国修好，怀王很高兴，欲封杜赫为五大夫，然后派他前往赵国。大臣陈轸知道后对怀王说："假如杜赫不能完成跟赵国通好的使命，大王授予他爵位，岂不是无功受禄了吗？"怀王听后觉得有理，问："你认为该怎么办？"陈轸答："大王最好派10辆兵车随杜赫赴赵，等他完成了使命，再封他爵位不迟。"怀王采纳了陈轸的建议，给了杜赫10辆兵车并准备送他去赵国，杜赫见怀王不提封爵的事，很生气，干脆拒绝出使。陈轸见此向楚王说："杜赫不接受出使赵国的使命，正表明他心怀鬼胎，是想骗取爵位，现在见大王不给爵位，他干脆就不去了。"意为未做出贡献或平白无故地得到好处。

55. 当局者迷

《旧唐书·无行冲传》："当局称迷，傍（旁）观见审。"唐朝大臣羹光上书请把唐初名相魏徵整理修订过的《类礼》（即《礼记》）列为经书，作为儒家的经典。唐明皇表示同意，并命元澹等仔细校阅一下，再加上注解。但右丞相张说提出不同看法，说现在的《礼记》是西汉戴圣编纂的本子，用至当今近千年，东汉郑玄已加了注解，成为经书，有何必要改用魏徵修订的本子呢？唐明皇也觉得他说的有道理，便改变了主意。校阅的元澹则坚持认为本子应该换一下，他写了一篇题为《释疑》的文章，用主客对话的形式表明观点。客人问："《礼记》这部经典著作，戴圣编纂、郑玄加注的本子与魏徵修订的本子究竟哪个好？"主人答："戴圣编纂的本子从西汉起至今经许多人的修订、注解，有很多互相矛盾的地方，魏徵正是基于此种考虑而重新整理，谁会想到那些墨守成规的人会反对！"客人听后点头称是："是啊，就像下棋一样，下的人糊涂，旁观者却看得很清楚。"

56. 路不拾遗

出自《旧唐书》。唐朝时，一个买卖人途经武阳（今邯郸大名、馆陶一带），不小心把一件心爱的衣服给弄丢了，他走出了几十里后才发觉，心里很着急，路人告诉他："不要紧，我们武阳民风淳朴，路不拾遗，你回去找吧，一定能找得到。"那人半信半疑，心怀忐忑地回去找，果真找到了他失去的衣服。形容社会风气好，人们道德水准高。

57. 剖腹藏珠

出自《资治通鉴·唐纪》："吾闻西域贾胡得美珠，剖身以藏之，有诸？"与之相关的还有"徙宅忘妻"。一日，唐太宗向侍臣们讲了一则故事：西域有个商人，偶得一颗宝贵的珍珠，非常喜爱，生怕被人盗去，放在哪儿都不放心，剖开自己的肚子将珍珠藏进去，结果珍珠倒是稳妥了，他也气绝身亡了。唐太宗说："这故事是我听来的，你们说会真有这样的人吗？"谏议大夫魏徵说："这样的人确实是有的，昔鲁哀公谓孔子曰：'人有好忘者，徙宅而忘其妻。'孔子曰：'又有甚者，桀、纣乃忘其身。'"即鲁哀公对孔子说，有个健忘的人，搬了家竟忘了妻子；孔子说这还不算稀奇，桀、纣等昏君、暴君连他自身都忘了。意为有些人利欲熏心，贪得无厌，误政亡国，身败名裂。

58. 争先恐后

出自明《屠康僖公集·重建陡门桥记》"匪公帑而乐施者争先恐后"和清张春帆《宦海》"一个个争先恐后的直抢上来"。春秋时期，赵襄子（赵国国君的先人）向驾驭能手王子期学习驾车，学了不久，赵襄子与王子期比赛，结果换了三次马都输了，赵襄子责备道："你教我驾车，为什么不将真本领教给我呢？"王子期说："驾车的技术我都已经教给你了，只是你在运用上有问题，驾车最重要的是协调好驭手、马和车的关系，才能跑得快、跑得远。而你在比赛中将注意力都放在了我的身上，只要是落后就想着超过我，一旦超过又怕我赶上你（争先恐后），其

石雕——二度梅

实在比赛中有时在前，有时落后，是很正常的，你不论领先还是落后始终瞄着我，又怎么可能去专心协调好车和马呢？这是你落后的原因。"多用于努力争先、不甘人后的心态和行为。

59. 梅开二度

源于清代学者惜阴堂主人（宣瘦甘）的小说《二度梅》。唐代肃宗年间，梅良玉的父亲遭奸臣卢杞陷害，得陈日升收留，并与陈的女儿杏元订婚。陈家有棵梅花树，喷香吐艳。谁知好景不长，梅良玉与杏元尚未成婚，北国异族南侵，唐王难以抵挡，决定选美人去北国和番，卢杞在暗中操纵，杏元被选中，梅花凋谢。那时邯郸是边陲重镇，凡去番邦的人，都要登临丛台，与亲人相别，杏元与梅良玉也来到丛台之上；二人泪别后，杏元悲切地上路，一步一回头，途经一悬崖断壁，痛不欲生地跳下去，谁知得一缕阴魂相救，将其送回到陈家，与梅良玉喜结良缘，梅花重又绽放。如今邯郸的丛台上仍有这样八个大字："夫妻南北，兄妹沾襟"。此意为重获幸福，后多引申为好事成双。

三、雄厚的经济基础

（一）历史回顾

1. 古代河北经济

　　远古时期，河北是中国文明的发祥地之一。据考古发现，距今200万年前的张家口阳原泥河湾有人类活动的遗迹，捕捉猎物、采摘野果、打制石器、使用火种，算得上是河北最早的经济活

泥河湾

动。河北农业出现于新石器时代的早期，距今有七八千年的历史，磁山文化遗址被农业史专家誉为中国谷子的故乡。太行山、燕山及滦河流域发现有大量新石器时代的骨质渔具、渔网石坠等，证明了渔猎经济在河北的经济结构中占有一定的比重。制陶和原始纺织等手工业的出现，使河北的经济范畴逐步扩大。仰韶时期河北经济进一步发展，石质农具的打制日益精细，谷物耕种及家畜饲养业、渔猎业的全面发展，使河北成为当时较为发达的地区之一。

商周时期，河北南部是殷商王朝重要的农耕区之一。农田中开始出现灌溉系统，农作物品种增多，产量显著提高。手工业有了很大发展，特别是青铜的冶炼和制造技术颇有成就。石家庄藁城市台西村商代遗址中出土的文物，反映出河北在漆器工艺、麻纺、丝织以及制陶工艺等方面已达到了较高的水平。西周时期，河北中、南部地区的商业活动得到发展，燕国出现了中国早期的城市。

春秋战国时期，随着田地私有化、小农经济形成，河北经济出现繁荣。铁器的广泛使用，耕作与施肥技术的进步，堤防的建筑与水利灌溉设施的发展，极大促进了农业生产的进步。战国晚期，河北已经流行退火柔化技术，为大量提炼铁矿石、制造铁器解决了技术问题，被称为中国冶金技术上的一次革命。冶铁业成为河北重要的行业，赵国邯郸成为重要的冶铁中心。随着手工业和商业的发展，货币的大量铸造与广泛流通，使赵都邯郸和燕都蓟成为闻名天下的工商业都市。

秦汉时期，河北的农业、手工业、商业都较前代有了较快的发展。农业主要体现在耕地面积扩大，改进农具和栽培技术，推广良种，深耕细作，耕牛的广泛使用，大大提高了农业生产率。手工业主要体现在生产部门增多，生产规模扩大和生产技术的提高。在冶铁业方面，河北地区铁官的设置占到全国的八分之一。西汉时期河北已形成相当规模的民族贸易和对外贸易以及官府管理下的边关互市，在河北边境与乌桓、鲜卑等有一批固定的市场。

魏晋南北朝时期，由于战乱频仍，生产遭到破坏，但水利和丝织业仍有发展。曹魏时在清水北端依次开凿平虏渠、宗州渠和新河，在清水南端开凿白沟以及利漕渠、白马渠等，对漕运业和农业的发展起到了促进作用。蚕桑丝织业较为广泛地发展起来，出现了一些颇有声誉的丝织品，如清河的素绢、高邑的丝棉等，还有"钜鹿之缣"、"常山细缣"等细绢。

隋唐时期，隋炀帝诏发河北诸郡100多万人开凿永济渠，引沁水南达黄河，构成了隋朝南北大运河的北段部分，把当时经济、政治、文化发达的区域紧密地连在了一起。唐前期河北道兴修河渠陂塘等农田水利工程近60处，居全国各道前列。丝织业极为发达，丝织品种繁多，定州成为北方丝织业的中心。制瓷业中邢窑（今邢台内丘、临城一带）所产白瓷量大质高。商品流通和物资交流活跃，促进了河北地区一批城市的兴起，魏州城、沧州城、镇州城、定州城、邢州城等一系列城市的相继出现，是当时社会经济发展的反映。

宋辽金时期，河北处于辽、宋对峙的前沿，当时全国经济重心虽然南移，但河北仍为具有自己特色和较为成熟的经济区域。丰富的农产品以及桑蚕养殖业、畜牧业、林果业和渔业，形成了配套的农业生产结构。在工业方面，河北的冶铁、煤炭居全国前列，纺织技术无论质量和数量都为全国第一，酿酒的产量居全国第二。采煤业逐渐兴起，河北境内出现了一批煤矿，官府设有专管采煤的机构，并实行煤炭专卖。在契丹和女真人相继入主中原的过程中，虽对河北经济造成一定的破坏，但由于双边贸易大量增多，客观上促进了民族融合，促进了边疆与中原经济的一体化。

元朝时期，蒙古族统治者定都大都（北京），使河北地区成为畿辅之地，以大都为中心的全国驿路交通网的建立，使河北境内的交通空前便利与发达。河北人郭守敬主持修浚了北京到通州的通惠河，打通了渐趋废滞的京杭大运河航道，使河北东南沿运河地区又出现了舟船相继、商业兴隆的景象。元朝与周边国家商业往来频繁，海外贸易兴起，促进了河北地区经贸的发展，海津镇成为环渤海地区最重要的港口。

明朝时期，中国经济得到较快发展，中叶前是世界上科学技术先进的国家，在江南甚至出现了资本主义萌芽。河北借助有利的条件，在农业方面，治河开渠、洼地排水、旱地引灌，基础条件有了明显改善；生产结构得到调整，麦逐渐代替粟处于主导地位；扩增水稻，实行水旱轮作，尤其是引种棉花并普及推广，是河北取得的历史性成就。由于商品生产和各级市场的大量涌现，经济联系加强，河北孕育出一批经济型城镇，如泊头镇、淮镇等，并形成了像天津、河间这样的区域性的商业中心，加强了河北与全国市场的联系。

清朝时期，河北人口超过了2000万，是近代以前人口的最高峰。劳动人口的增加有利于生产的发展，但也加大了经济的压力，政府在农业方面致力于扩大耕地，提高复种指数，广泛引进玉米、红薯等高产作物。河北的手工业，纺织、制瓷、矿冶、制盐等行业在全国具有优势。由于北京的辐射功能，直隶城镇增多，地位提高，如天津由卫升府，成为全国11大关口之一。明代的一些军事性镇或卫逐渐变为经济重镇，发挥聚拢经济、集散商货的作用，有力地促进了河北与外埠商贸经济的发展。

2. 近代河北经济

鸦片战争以后，中国进入了近代社会。从19世纪70年代起，洋务派开始在河北办工厂、开矿山、修铁路，兴办近代工业和交通运输业；一批官办、商办及官商合办的企业相继出现，促进了全国范围内投资近代工商业的热潮，在中国近代史上具有重要的意义。

开滦国家矿山公园

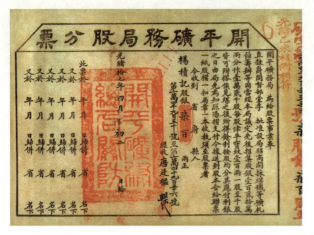

开平矿务局股票

建于光绪年间的百年达道及铭牌

1878年，清政府以"官督商办"形式开办了开平煤矿，1881年出煤，开始了河北近代煤炭工业的历程。由于开平煤矿形成的巨大产业链，带动了唐山近代工业及城市的崛起，使河北成为了北方近代工业和近代交通的摇篮；唐山机车厂、山海关桥梁厂、井陉煤矿、宣化中国果酒公司、永华火柴股份有限公司（后称泊头火柴厂）等一批近代企业相继涌现。

唐山启新洋灰公司是中国第一家生产水泥的企业，1931年年产量达到26万吨，"马牌"水泥质量好、产量高，多次在国际大型博览会上荣获银质奖章。唐山陶瓷厂是中国第一家生产建筑陶瓷的企业，从1914年到1948年，由单一的卫生陶瓷逐步发展到高、低压电瓷，化学瓷，耐酸瓷，铺地瓷等多个品种，产品畅销香港、菲律宾、印度等国家和地区。秦皇岛耀华玻璃股份有限公司创办于1922年，是中国最早生产平板玻璃的厂家，与比利时合作，产品打入国际市场，为中国玻璃工业的兴起发挥了重要作用。

随着近代工业的兴起，交通运输业随之快速发展。1881年，开平矿务局为运输煤炭的需要，修建了唐山至胥各庄的铁路，这是中国历史上的第一条标准轨距的铁路。1905年开工建设的北京至张家口的铁路，是第一条由中国人自行建造完成的铁路。此外，还修建了京山、芦汉、石太、津浦铁路等，使河北成为中国铁路线路最密集省份之一。一些地方手工业，如高阳土布、宣化粗皮、辛集毛皮、固安柳编等得到了恢复和发展。河北近代经济以矿业为主，煤产量占到了全国总产量的20%，居全国第二位。

3. 日伪和国民党统治时期的河北经济

日本侵略者很早就对河北进行经济侵略，并制订了一系列侵略计划。抗战八年，河北大部分地区处于沦陷区，日本利用伪政权，配合日本在河北的殖民机构，对河北资源进行了残酷的掠夺；采取吞并、合并、收买、军管、接收等方式，几年间直接控制了山海关桥梁厂、唐山华新纺织厂、石家庄大兴纺织厂、秦皇岛耀华玻璃厂、井陉煤矿、石家庄焦化厂、石家庄货车修理厂、唐山机车厂、开滦矿务局、龙烟铁矿、峰峰煤矿等；还以直接创办和"中日合办"等形式，先后在河北建立了峰峰电厂、下花园电厂、唐山电厂、唐山制钢厂，并连成平津唐电网，掠走了大量的资源。日本侵略者还通过种种手段，侵占大片土地，掠夺大量棉花、羊皮、兽皮等农副产品。与此同时，日货充斥河北城乡市场，严重打击了民族工商业、手工业和农业的生产。日寇八年殖民性的经济掠夺，给河北经济留下了巨大的灾难，劳动力由于战争而减少，商业环境濒于崩溃，自然和生态环境由于战争受到了严重破坏。

抗战胜利后，河北大部分地区在中国共产党及其武装的控制之下。国民党虽只在部分地区恢复了行政控制权，接收了日本经营的各项产业，但由于其执行以内战军事为主的财政政策，在国民党统治区内，苛捐杂税名目繁多，大批企业入不敷出，生产萧条，濒于停业。农村经济遭到了摧残和破坏，广大农民缺少土地和生产工具，挣扎在死亡线上。到解放战争后期，河北国民党统治区的经济已经走向崩溃，半封建半殖民地经济在河北广大地区宣告终结。

4. 解放区的经济建设

抗日战争和解放战争时期，河北解放区是中国共产党所创建的晋察冀、晋冀鲁豫以及华北等解放区的重要组成部分。同国民党统治区形成鲜明对照，在共产党领导下，解放区的工农业生产呈现生机勃勃的景象。河北各解放区先后建立了民主政权，废除了苛捐杂税，实行减租减息，进行了土地改革，实现了耕者有其田；组成变工互助等组织，发展家庭手工业、副业，组建生产合作社，工农业生产得到恢复和发展。

抗战胜利后，河北各解放区开展了反奸清算、减租减息运动。从1946年夏季开始，普遍开展了废除封建土地制度，实行耕者有其田的土地改革运动。土地改革改变了土地占有关系，农民在经济、政治上翻了身，生产热情大为提高，促进了生产的迅速发展。

为了战争和人民生活的需要，解放区各级人民政府先后在所属地方创办了一些小型工厂，如造纸、制糖、火柴、印刷、电池、榨油等。早在1942年2月，八路军一二九师和晋冀鲁豫边区人民政府，就在涉县的赤岸等地，先后修建了三座小型电站。1947年，晋察冀边区人民政府在平山县修建了一座小型水电站，还在保定曲阳葫芦汪开凿山洞，安装发电机发电。1945年4月，晋冀鲁豫边区人民政府在涉县成立了太行运输总公司，并于1947年10月发动群众建起了一条从武安的磁山至涉县的地方铁路。1947年以后，还建立了冀中运输公司、冀东运输公司、北岳运输大队等，保证了京汉、京大、津浦三大公路干线的及时修复。此外，解放区人民政府还于1948年前后，相继建立了冀中、冀南、太行、冀察等实业公司，创立或恢复了一些工业企业，如泊头火柴厂、辛集化学厂、辛集皮革厂、威县印刷厂、石家庄大兴纺织厂、保定三三烟厂等，有力支援了人民解放军的对敌作战。

在解放战争的进程中，各解放区把没收的官僚资本企业，变为人民管理的企业，对企业内部机制进行改革，采取措施，使企业的生产得到恢复和发展。在这一时期，人民政府积极鼓励和支持民族资本，在税收、价格等方面予以适当照顾，从而大大促进了解放区私营工商企业的恢复和发展。解放区社会生产关系的变化和工农业生产的恢复与发展，为河北全境解放后的社会主义改造和社会主义建设奠定了物质基础。

（二）农村经济

1. 自然和经济条件

河北省复杂多样的地形、土壤和气候，充裕的劳动力资源，以及环绕北京、天津的地理位置，使河北农村产业的发展具有多样性的特点。

河北省的土地资源地貌多样、平原面积大、耕地比重大。土地面积187693平方公里，占全国土地面积的2%，其中耕地9775.9万亩，占全省总面积的34.7%，为全国总耕地面积的6.9%，仅次于黑龙江、山东、河南，居全国第四位。土壤类型较多，全省计有12个土类、43个亚类、100多个土属和200多个土种，主要包括栗钙土、棕壤、褐土和潮土四大类。栗钙土主要分布在坝上高原和冀

北方江南

西北间山盆之中，为草原土壤；棕壤主要分布在冀北山地和太行山脉北段一带，为森林土壤；褐土主要分布于海拔800米以下的低山、丘陵和山前平原，为农耕土壤；潮土分布在中部平原和滨海平原，是较次于褐土的农耕土壤。此外，河北省拥有较长的海岸带、宽阔的滩涂和众多的内陆洼淀，是发展水产业的场所。

河北省拥有丰富的动物、植物和矿物等资源。目前已查明的植物有2845种、166科、800余属，其中栽培植物约450余种，栽培较为普遍的有100多种；野生动物有500多种，约占全国总数的四分之一；良种畜禽有40多种。矿产资源种类多、储量大，目前已探明并列上矿产储备表的矿种有53种，其中保有储量居全国前10名的有25种。另外，沿海一带还具备晒盐的良好条件。

河北省的自然条件和经济条件地区差异较大，在生产布局上具有明显的区域性特点。坝上高原区，包括张北、沽源、康保三县和丰宁、围场县的部分地区，面积1.84万平方公里，占全省土地总面积的9.8%，海拔1400～1700米，土地辽阔，人口稀疏，地势南高北低，气候干寒多风，土壤为砂质壤土，极易风蚀和水土流失，草木植物种类繁多，形成了草原的天然植被，除少数地方宜农宜林外，大部分地区适于发展畜牧业。

太行山脉

    燕山和太行山区，多是中低山、丘陵和盆地，坡度一般为20～40度，总面积9.56平方公里，占全省土地总面积的50.9%。这里气温较高，光照充足，雨量较多，土壤多样，山场广阔，动植物及矿藏资源丰富。除一些山盆地适于农耕以外，大部地区比较适宜林、牧业生产和利用多种自然资源的工副业生产，是河北省林业资源、牧草资源最丰富和集中分布的地区。

    太行山东麓和燕山南麓的山前平原区，面积2.91万平方公里，占全省土地面积的15.5%。这里气温较高，光照充足，土质肥沃，雨量较多，地下水埋藏浅，质量好，是河北省稳产高产的一块宝地，也是中国农业开发较早的地区之一。由于地形复杂多样，形成各种各样的地方小气候和生态环境，适宜农林牧各业发展和山地土特产、干鲜果品等多种经营。

    中部平原区（低平原区），面积3.6万平方公里，占全省土地总面积的19.2%。这里地势平坦，光热条件优越，土层深厚，利于农耕，但是土壤透水性差，瘠薄盐碱较多，雨量较少，地下水不足，而且矿化度高，水旱灾害较严重，是农业生产发展的重大限制因素。经过多年的水利建设，排涝抗旱能力大为提高，盐碱地大部分得到治理，加上地旷人稀，是河北省农业具有潜力的地区。

    渤海沿岸的滨海平原，面积8577平方公里，占全省土地总面积的4.8%，气候湿润，光照充足，降雨量较多，但土地高度盐碱，淡水资源奇缺，除少数地方适于玉米、向日葵、西瓜等耐碱作物外，大部分地区不适宜农耕。有大片草滩、滩涂和广阔的水域以及较丰富的生物、盐业资源，有利于水产业、牧业和盐业的发展。

    在燕山、太行山山前平原区和滨海平原区有北京、天津两大城市，环绕京、津的河北省各市、县，形成了一个横跨山区和平原的独特经济区域——环京、津地区。这个地区共计42个市、县，面积6.73万平方公里，相当于全省土地总面积的28.7%。这些市、县由于毗邻京、津，交通十分便利，物产丰富，历史上与京、津有密切的经济联系。以京、津为主要市场，开展与京、津的经济联合，大力发展农村商品生产，是这个地区得天独厚的优势。

    多样化的自然条件，悠久的农业开发历史，形成了河北省农、林、畜、水各类产业兼备的状况，加上较好的基础工业、发达的交通条件、优越的地理位置和充裕的劳动力，为河北农村发展第二、第三产业提供了信息、技术、原料、劳动力、资金等方面的便利条件。

2. 农业发展状况

河北省农业开发的历史悠久，但由于封建制度统治时间长，发展速度缓慢。新中国建立后，省委、省政府十分重视发展农业，始终把农业放在国民经济的首位。几十年来，特别是十一届三中全会以来，经过艰苦努力，实现了农村经济从半自给生产向市场经济的转化，使农村经济走向全面振兴。

农田水利建设成绩斐然。新中国建立前，河北旱涝灾害十分频繁，据历史记载，从1368～1948年间，共发生洪涝灾害387次。海河河道狭窄，入海口小，水泄不畅，经常泛滥成灾。1963年，毛泽东发出"一定要根治海河"的号召，河北人民积极响应，全面规划，综合治理，和兄弟省市一起，展开根治海河的工程；先后开挖了黑龙港、潮白新河、漳卫新河、永定新河、子牙新河、滏阳新河、大清河等31条骨干河道和210多条支流河道，加固了滹沱河堤防，修筑防洪大堤2700多公里，增辟了新的入海口。海河排洪入海能力由治理前的4620立方米/秒，提高到24600立方米/秒，增加了4.23倍；排沥入海能力从410立方米/秒，提高到2100立方米/秒，增加了4.1倍。除涝排沥为治碱创造了条件，全省碱地面积大为减少，由1963年前的2300万亩减少到800万亩。为了有效地解决旱涝灾害对农业的危害，全省共建成大型水库18座（不包括海委管辖的潘家口、大黑汀及岳城水库）、中型水库39座、小型水库1050座，总库容量超过100万立方米，万亩以上的灌区163处。机电井从无到有，发展迅速，到2011年末，全省已有92万多眼。农田水利设施的大规模兴建，使农业的灌溉条件大为改观。2011年全省有效灌溉面积6891多万亩，比1949年增长5.5倍；有效灌溉面积占耕地面积的比重达65.4%，比1990年提高8.1个百分点，比解放初期提高了54.8个百分点。

农业机械大量使用，现代化水平明显提高。新中国成立初期，河北省几乎没有农业机械，1996年末，全省农业机械总动力达到5137.7万千瓦，比1978年增加4054万千瓦，增长3.74倍；农用排灌动力机械245.8万台，比1978年增加156.7万台，增长1.76倍；各种农用拖拉机104.5万台，比1978年增加92.6万台，增长8.7倍；农用载重汽车8万辆。随着农业机械的不断增加，农机化水平显著提高。2012年，河北省加快推进粮食作物机械化生产进程，耕、播、收综合机械化水平达到

高效温室大棚

69%，农业机械总动力1.1亿千瓦。农村电力化明显提高，全省实现了村村通电，农户通电率达到99.5%，全省农村用电量达到559.2亿度。

农业科技的发展，极大地促进了农业的进步。近年来，河北省全面实施科教兴农战略，推进"两高一优"农业百点示范计划，以丰收计划、"白色革命"（建设塑料薄膜温室大棚）计划、粮田双千工程（亩产千斤、亩产值千元）、吨粮田建设为重点，大力推广先进实用的农业技术，使粮食生产不断登上新台阶。全省每年组织推广的农业新技术、新品种、新成果应用面积在一亿亩以上，先进技术普及率达到75%以上，主要农作物良种覆盖率达到95%以上，畜牧业良种覆盖率，猪达到88%、鸡87%、牛64%，羊52.1%。科技进步在农业增长中的贡献率达到35%。农民科技文化素质不断提高，通过实施"绿色证书"培训和"农技电波入户"等项目，对农民进行多形式的科技培训，提高了农民对科技的接受和运用能力。

畜牧业专业化、商品化水平不断提升。十一届三中全会后，河北省针对过去存在的畜禽结构不合理、商品率低、经济效益差等问题，实行畜牧业的"两个转移"（在稳定猪、鸡生产的同时向节粮型畜牧业转移；在不放松坝上、山区畜牧业生产的同时，向农区畜牧业转移）、"三项开发"（开发草地、农作物秸秆、棉籽饼等资源），实行科学饲养、狠抓商品基地建设，实施菜篮

畜牧业

子工程等措施，使畜牧业生产走上了迅速发展的道路。在市
场和政府的双重引导下，加速了向专业化、商品化转移，逐
步从家庭"副业"的地位中走出来，形成了日益壮大的独
立产业，大批专门从事畜禽生产的专业户脱颖而出。在此基
础上，大力开发建设商品猪、牛、羊、肉鸡、蛋鸡等生产基
地，带动了畜牧业向新的、更高层次的领域发展。2012年，
全省肉类总产量442.9万吨，禽蛋产量342.6万吨，牛奶产量
470.4万吨。

水产业实现新的突破。河北地处渤海西岸，有广阔的
海域和滩涂以及大面积淡水水面，水质好，营养丰富，气候
适宜，发展水产养殖的条件十分优越。1983年，河北省在渔
业生产上确立了从"以捕为主"向"以养为主，养、捕、加
工并举"转移的方针，开始把利用滩涂资源作为一项战略任
务来抓，使海水养殖拉开了帷幕。1985年以后，结合国土资
源的综合整治，多方面筹集资金、物资，开发坑塘洼淀建鱼
塘，淡水养殖也蓬勃发展起来。全省涌现出一批新的淡水鱼
集中产区，水产品在各级市场上越来越丰富。近年来，河北
省在调整大宗产品的同时，突出发展特、优产品，将甲鱼、
冷水鱼养殖两大主导产业继续做大，休闲、渔业多样发展。
2012年，全省完成水产品总产量达116.3万吨。

林果业健康发展。河北省是一个少林的省份，林业基
础十分薄弱。各级政府发布保护林业的条例，采取了一系
列发展林业的措施；根据各地的地势及水文特点，从改良
生态、保护农业生产的大局出发，把林业建设的重点放在

水产

板栗

草莓

葡萄

山区。1981年，在全省范围内开展了以稳定山权林权、划定自留山、确定林业生产责任制的林业"三定"工作，接着又进一步推广荒山造林承包到户、小流域大户承包治理等办法，以及动员全省人民开展义务植树活动，使全省林业建设呈现了健康发展的态势。河北省是全国著名的果树之乡，随着农村产业结构的调整，全省果树面积增长很快，形成了太行山核桃、柿子、大枣基地，燕山板栗、苹果、山楂基地，桑洋河及昌黎葡萄基地，黑龙港流域金丝小枣、冬枣基地，平原沙地梨、杏、桃基地，城镇周围小杂果基地等，2012年全省干鲜果品总产量近2000万吨，果品面积和果品产量均居全国第二位。

林业

农业生产条件的改善，各项强农惠农政策的落实，促使农业综合生产能力明显提高，2012年全省粮食总产量由2008年的581亿斤提高到654.5亿斤，实现了粮食"九连增"，促进农、林、牧、渔业生产全面发展。河北省农业的主要经济指标在全国位次前移，比重上升，目前全省农业总产值在全国各省（市、区）的位次由1990年的第九位上升到第六位。

3. 农村经济改革

十一届三中全会以后，河北省同全国一样，首先在农村进行了经济体制改革。在全省范围内实行了以家庭联产承包为主的生产责任制，取消了农产品统购派购制度，调整放开了大部分农产品价格，使广大农村发生了巨大变化：农产品产量大幅度增加，供求关系由长期短缺变为基本平衡；改革前吃饭始终是困扰河北的大问题，改革后到1984年就基本实现了粮食自给；乡镇企业异军突起，成为全省国民经济的重要组成部分，农民生活水平显著提高，从温饱型向小康型迈进。农业和农村经济的快速发展有力地支持了全省国民经济持续、快速、健康发展。

河北省农村普遍推广家庭联产承包责任制后，虽然极大地调动了广大农民的生产积极性，但是也出现了承包地块过分零碎、经营规模狭小，原人民公社体制打破后，集体经济组织没有及时确立起来，服务跟不上，农民在生产、流通上遇到了许多困难问题。为了解决上述问题，1994年以后，河北省农村经济体制改革的重点转到稳定和完善以家庭联产承包责任制为基础的统分结合的双层经营体制上来。

围绕调整零碎地块、解决人地矛盾、完善土地承包形式等问题，对土地承包制进行了完善。经过1984年、1988年到1991年两次大范围的土地调整，地块零碎的问题基本得到解决，方便了耕作和现代农业技术手段的应用，提高了工效。农村人口变化所造成的增人没增地、减人没减地的矛盾，也结合调整零散地块，从承包地中划出少量机动、定期调整等方式得到了解决。对土地承包形式推行了"两田制"（口粮田、责任田）和"三田制"（口粮田、责任田、商品田），打破了改革初期按人均地的单一模式。在有条件的地方，积极引导适度规模经营。为了保证土地承包合同的发行和规范土地承包制度，到1991年，全省有80%以上的县（区）、乡（镇）建立了土地承包合同管理机构，50%左右的县（区）、乡（镇）开展了合同促裁和调处工作，使农村家庭联产承包责任制得到了巩固。

为了发展壮大农村集体经济实力，为农民提供产前、产中、产后的服务，河北省在搞好农村社会化服务、推进农村联产承包责任制的同时，逐步建立、发展、完善了具有生产服务、管理协调、资产积累职能的乡村合作经济组织。到1991年，全省已有4.89万个村建立了村经济合作社，占总村数的96.8%，积极兴办集体企业，壮大集体经济实力。

近年来，河北省把农村的社会化服务作为深化农村改革的重点，从单一的生产服务扩展到科技、流通、金融、信息等更宽广的领域，一个"以农村合作经济组织的综合服务为主体，以县直有关职能部门和经济技术部门的专业服务为依托，以农民自我服务为补充，上下配套、纵横交错的农业社会化服务体系"已初步形成。目前，全省各级各类服务组织已经超过30万个，为农村经济注入了新的活力。

河北省进一步深化重点领域的改革，增强农村发展活力，加快土地流转的步伐。截至2012年上半年，全省农村土地承包经营权流转总面积达1180万亩，占家庭承包耕地总面积的14.3%。推进农民专业合作社快速规范发展，截至2012年上半年，全省依法在工商行政部门登记的农民专业合作社达27181家，实有入社成员266.9万户，约占全省总农户的17.8%。

4. 新农村建设成就

2005年10月举行的中国共产党十六届五中全会提出，按照"生产发展、生活富裕、乡村文明、村容整洁、管理民主"的要求，扎实推进社会主义新农村建设。河北省认真贯彻中央精神，动员各方面力量，广泛参与到新农村建设活动中去，建设幸福乡村，深化农村改革。经过全省上下共同的努力，河北农村呈现出粮食稳定增产、农民收入持续增加、农村民生显著改善、农村社会和谐稳定、农村基层组织得到加强的好形势。

农业生产水平稳步提高。2012年，全省粮食总产量达到654.5亿斤，畜牧、蔬菜、果品三大优势产业进一步壮大，占到全省农业总产值比重的69.7%。科技支撑作用进一步增强，农业科技进步

新农村建设

贡献率达到56%。农业产业化经营水平明显提升，产业化经营率达到58.6%。

农村新民居建设扎实推进。省委、省政府做出了重大部署，2009年首批启动了1000个示范村，2010年又确定了2000个示范村，目前基本完成了建设与改造的任务。2012年又启动了幸福乡村示范点2240个，其他村庄也立足于现有的基础和发展条件，突出抓好农村的综合整治，积极组织农民群众开展"四清四化"，即清垃圾、清杂物、清残垣断壁和路障、清危房和绿化、美化、亮化、净化，加快改善农村面貌。

农业基础设施建设明显加强。以水、路、气、电、讯为重点的农村基础设施建设加快推进，在实现村村通油路或水泥路的基础上，推进了农村客运网络化建设和线路公交化改造，基本实现了具备通车条件的行政村通客车的目标；实施农村电网改造，农村实现户户通电；50户以上的自然村实现了村村通广播电视；全省新解决了366万农村人口的饮水安全问题；新建农村沼气16万户，累计完成300多万户，总量居全国第四位。

农村社会事业发展成效显著。农村的公共服务水平不断提升，农村教育、文化、卫生等事业取得显著进展。农村义务教育经费保障机制基本建立，农村办学条件和师资力量得到提升；农村医疗卫生条件明显改善，新型农村合作医疗制度实现了全覆盖，农村参合率达到94.5%；新型农村社会养老保险试点进展顺利，农村最低生活保障实现应保尽保；农村文化体育事业、民主法制建设取得新成效。

农村综合改革不断深入。农业支持保护制度得到系统性完善，"三农"投入大幅度增长，农业补贴范围扩大。农村家庭承包经营制度不断完善，农业生产经营组织化程度不断提高。农村集体林权制度改革全面开展，主体改革任务基本完成。土地征用制度和农村金融改革取得新进展，全省统筹城乡发展试点工作顺利开展。财政管理体制改革深入推进。

农民收入与生活水平显著提升。农民人均纯收入由2005年的3482元提高到2012年的8081元。农村消费结构也得到不断改善。

唐山市榆木岭新居

（三）工业经济

1. 工业发展基础

　　河北省虽然是中国现代工业的发祥地之一，但在新中国建立前，工业发展速度缓慢，基础相当薄弱。新中国成立以来，河北工业发展经历了曲折的历程，从小到大，从门类残缺不全到比较齐全，在全省初步形成了布局日趋合理、具有相当雄厚的物质技术基础和一定技术水平的工业体系。

冶金工业

　　从新中国成立到1957年，是河北经济建设发展的重要时期。这一时期，尽管社会主义建设刚刚起步，缺乏经验，但由于执行了正确的政策，采取了一系列有力的措施，使整个国民经济迅速得到恢复和发展。到1952年，经济形势已经根本好转，国民经济全面恢复，主要指标都达到或超过了抗日战争以前的历史最高水平。从1953年起，进入了第一个五年建设时期（简称"一五"），河北省按照社会主义革命与建设并举的方针，一方面按照党在过渡时期总路线的要求，基本完成了对农业、手工业和资本主义工商业的社会主义改造，使全省的经济结构发生了根本性变化，社会主义公有制经济在国民经济中占到统治地位。全省制订和实施了第一个五年计划，立足本省的经济特点，在全国统筹规划下，确定并执行了能源工业先行、加强基础工业建设、有重点地发展消费资料生产的发展战略。全省增强了煤炭、电力、冶金、纺织行业的基本建设投资，新建和扩建了一批骨干企业。前苏联援建我国的156项重点工程中，河北占有八项：即华北制药厂、保定胶片厂、保定化纤厂、604造纸厂、石家庄棉纺厂、邯郸棉纺厂、承德钢铁公司、峰峰马头洗煤厂及峰峰通顺二号立井，这些重点工程的兴建，增强了河北的经济实力，如华北制药厂建成投产后，成为全国最大的抗生素生产基地，结束了中国抗生素依赖进口的历史。三年经

冷轧薄板

济恢复的顺利完成和第一个五年计划的成功实施，使河北的经济建设取得了巨大成就，主要工农业产品产量增加，各项社会事业蓬勃兴起。

从1958年到1976年，河北省经历了"大跃进"、人民公社化、反"右倾"斗争、社会主义教育（即"四清"运动）和"文化大革命"等运动，受"左"的错误影响，经济工作出现了较多失误，经济建设在"一五"时期的基础上曲折前进。尽管如此，工业上的"小三线"建设，"学大庆、赶开滦"运动的掀起，钢铁、汽车、煤炭、化肥、拖拉机等"大会战"的展开，使河北工业在"三五"、"四五"计划期间保持了年均16%以上的发展速度。河北经济在政治动荡中之所以能有一定的发展，一是由于国家投入的增加，二是科技进步、产业更新的驱动，三是由于广大干部群众顾全大局，坚持生产，将"文革"等运动的干扰降到了较小的程度。

从1977年始，河北的经济经过初期两年的徘徊，在十一届三中全会后开始踏上改革开放的道路，成为新中国成立后河北经济发展速度最快、综合效益最好、人民得到实惠最多的时期。1984年上半年，全省各市借鉴农村改革的经验，开始企业经营承包和经济体制改革的试点。同年10月，《中共中央关于经济体制改革的决定》颁布后，河北省城市经济体制改革全面铺开。改革引起了三个方面的突破性变化：一是各种形式经济责任制的推行，触动了"大锅饭"的平均主义分配制度；二是计划体制的部分改革，扩大了企业生产经营自主权，特别是以生产资料市场为代表的生产要素市场开始兴起，打破了单纯指令性计划供应的体制；三是横向经济联合蓬勃兴起，向条块分割和地区封锁的旧体制提出了挑战。

为了适应经济社会发展的新形势，河北省从20世纪90年代初起，实施了"两环"带动战略、"科教兴冀"战略和可持续发展战略。"两环"带动战略，即环京、津、冀都市区域圈战略和环渤海区域经济带战略，这一战略的实施，扩展了河北与周边省、市、区和世界各国的往来通道，使河北在更高的层面让外界所认识和接纳。"科教兴冀"战略通过加速科技成果向现实生产力的转化，围绕结构调整和优化，集中力量促进经济和社会发展技术的推广，加快高新技术及其产业的发展，推动了全省经济迅速增长。可持续发展战略，是在发展中充分考虑资源和环境的承载能力，积极转变经济增长方式，不断加强生态建设和环境保护，合理开发和节约使用各种自然资源，坚持速度与结构、质量与效益相统一，经济社会发展与人口、资源、环境相协调，努力建设低投入、少污染、可循环的国民经济和节约型社会，促进人与自然的和谐，实现可持续发展。"三大战略"的实施，使河北经济走上了快速发展的轨道。

进入新世纪以来，河北省制定了"一线两厢"区域发展战略构想。"一线"是以石家庄市、保定市、廊坊市、唐山市、秦皇岛市为中间一线，建设全省经济发展隆起带；以邯郸市、邢台市、衡水市、沧州市为南厢，加快发展步伐，使其成为全省新的经济增长极；以张家口市、承德市为北厢，加快扶持力度，增强自我发展能力，努力实现经济发展新跨越。"一线两厢"战略的提出，为河北形成新的生产力布局，加快经济发展创造了条件。

2010年起，河北省采取稳步推进的发展战略，大力建设环首都绿色经济圈，并制定出环首都绿色经济圈总体规划。选择毗邻北京、交通便利的14个县（市、区），建设一圈（以新兴产业为主导的环首都绿色经济圈）、四区（在环首都经济圈内建设高层次人才创业园区、科技成果孵化园区、新兴产业示范园区、现代物流园区）、六基地（在环首都经济圈内建设养老基地、健身基地、休闲度假基地、观光农业基地、有机蔬菜基地、宜居生活基地），加快与北京从承载首都功能外延到承接大规模企业外迁的全方位融合对接，加速推进京、津、冀一体化进程。打造沿海经济隆起带，在河北沿海线上，实施11县（市、区）、八区（曹妃甸新区等）、一路（沿海公路）的重点推进计划，逐步把沿海地区建设成为实力雄厚的临港产业带、风光秀美的滨海旅游带、海蓝地绿的海洋生态带、休闲宜居的沿海城市带。加快发展冀中南经济区，推动石家庄、衡水、邢台、邯郸四市整合资源、互动发展，以石家庄为中心，强力推进大西柏坡、正定新区、环城水系、临空港产业园区、东部产业新城建设，做大省会城市；以京珠、大广高速公路沿线为主轴，大力发展特色产业；以邯郸冀南新区、衡水滨湖新区、邢台新兴产业园区为重点，打造区域增长优势。培育一批千亿元级工业（产业）聚集区、开发区和大型企业集团。坚持企业集中、产业集群、资源集约，以优势产业、重点企业为依托，重点建设一批营业收入超千亿元的产业聚集区，加快培育一批营业收入超千亿元的大型企业集团。

邯钢260吨炼钢转炉

2. 冶金工业

　　河北省冶金矿产资源丰富，已探明的铁矿石储量在全国居第三位，钛、钒储量分别居全国第二位和第五位，铜、铅、锌、钴、钨、钼、钯、金、银等有色金属和贵金属都有一定的储量。河北省冶金工业的兴起始于20世纪初，长足发展则是在新中国建立之后，立足于矿产资源丰富、水陆交通便利，在国家的大力支持下，经过长期的努力奋斗，使冶金工业成为发展最快的行业之一，形成矿山采选、烧结、炼铁、炼钢、轧钢、焦化、耐火材料等环节完整、门类齐全的生产体系，2012年全省钢材产量达到20995.2万吨。

　　改革开放以后，河北省冶金工业通过核心骨干企业的资产整合，以联合、兼并、相互持股、参股等形式，组建成具有综合竞争力的大型企业集团，推动产品结构、工艺技术、装备设施的调整和增长方式的转变，促进钢铁工业向有资源优势和区位优势的地区转移。

20世纪90年代，邯郸钢铁集团有限公司在经济转轨的过程中，主动"推墙入海"，走向市场，通过创立并不断深化以"模拟市场核算，实行成本否决"为核心的经营机制，创造了显著的经济和社会效益，成为国有企业实现两个根本性转变的成功典范，被国务院树立为全国学习的榜样，誉为"全国工业战线的一面红旗"；2012年，邯钢问鼎我国质量领域最高奖项——"全国质量奖"，是我国钢铁行业唯一获奖的企业。

进入新世纪以后，河北省冶金行业加快提升传统产业的步伐，形成门类齐全、布局合理、基本配套、装备精良的冶金工业新格局。目前，全省的主要城市都有骨干冶金企业，在有冶金资源的市、县，还有一批小型钢铁、矿山、焦化、耐火、有色等企业。河北钢铁工业的产能已占全国的1/5强，产量连续10年居全国首位，河北正在由钢铁大省向钢铁强省迈进。

3. 煤炭工业

河北省煤炭品种齐全，以稀缺炼焦煤为主，是国家主产煤省之一。河北省煤炭工业创办于19世纪末，是中国最早建立的近代工业之一。新中国建立后，加快了发展步伐，"一五"期间，以老矿区为依托，进行技术改造，积极进行基本建设的准备工作，初步形成了开滦、峰峰、井陉、邯郸、下花园等重点矿区，奠定了进一步发展的基础。

1958年以后，河北煤炭工业虽然经历曲折，但仍保持了较快的发展速度，特别是唐山开滦煤矿，被树为全国工业战线的一面旗帜，当时有"学大庆、赶开滦"的口号。十一届三中全会后，河北省煤炭企业认真贯彻中央精神，进行经济体制改革，落实经济责任制，增强了企业活力，生产形势越来越好。冀中煤炭基地成为国家发改委批准的全国重点建设的13个大型煤炭基地之一。2012年，全省煤炭产量突破两亿吨，实现了历史新跨越。

在新的历史时期，河北省煤炭产业结构得到进一步调整，重点建设"一个中心、三大通道、六大枢纽、九大基地"，即：一个全国性煤炭现货交易中心，冀北、冀中、冀南三大煤炭物流主通道，石家庄、张家口、唐山、秦皇岛、沧州、邯郸六大煤炭物流枢纽，曹妃甸动力煤、京唐港焦煤、黄骅煤炭、邯郸煤炭、井陉煤炭、鹿泉煤炭、元氏煤炭、蔚县煤炭、万全煤炭等九大储配基地。

4. 电力工业

河北省的电力工业始创于20世纪初，1930年，英国人在唐山开滦煤矿建立了第一座小型火力发电厂。新中国建立前，全省仅有11座电厂，年发电量2.5亿度。新中国成立后，河北电力工业掀起了建设高潮，"一五"期间，新建了石家庄热电厂，扩建了下花园、秦皇岛电厂，峰峰、微水扩建的机组相继建成投产；同时对电网进行了大规模技术改造，实现了京、津、唐（山）、张（家口）联网，完成了石家庄、邯（郸）、峰（峰）、安（阳）、秦皇岛等区域性联网。1957年全省发电设备总容量达20.98万千瓦，发电量9.76亿度；"二五"期间，全省新增装机容量41.8万千瓦。

20世纪六七十年代，国家对河北电力工业进行了空前规模的基本建设，一大批高参数、大容量的机组相继建成投产，第一条从山西娘子关至河北井陉常峪220千伏超高压输电线路于1973年12月建成投运，使河北电厂与电网技术提高到一个新的水平。1979年以后，河北电力企业通过改革探索，对部分新建和扩建项目采用国家和地方合资、集资及中外合资等多种方式，筹措建设资金，改变了单纯依赖国家投资办电的做法，实行投资包干和招标投标制，建筑安装企业试行了以承包为中心的经济责任制，发供电单位开展了综合利用、多种经营及经济核算责任制，改革见到了实效。

电力工业

煤炭工业

冀东水泥

5. 建材工业

　　河北的建材工业是省的支柱产业之一，在全国占有重要地位，是一项历史悠久、资源丰富、品种齐全、质量优良、技术雄厚、大有发展前途的产业。

　　河北省建材工业取得稳定、协调、较快的发展，始于1953年开展的大规模社会主义经济建设时期，当时以骨干老企业为基础，进行技术改造和扩建，生产能力迅速提高，基本上满足了国家基本建设对建材产品的需求，水泥、平板玻璃产量均居全国第一位。十一届三中全会以来，河北省坚持调整、改革、开放、搞活的方针，一方面对现有企业，尤其是大型骨干老企业进行技术改造，秦皇岛耀华玻璃厂、唐山陶瓷厂等，经过重大的技术改造，生产能力翻了几番；一方面引进资金和先进技术，新上了一批起到关键作用的大项目，全国最大的现代化水泥企业——唐山冀东水泥厂建成投产，使河北的水泥生产如虎添翼。

　　河北省建材行业形成了研究开发、装备制造、生产加工、销售服务等比较完整的工业体系，总体实力居全国同行业前列。冀东水泥、太行水泥等一批核心企业相继建成水泥熟料新型干法生产线；金牛能源1.5万吨无碱池窑拉直玻璃纤维、冀东海螺八万PVC型材项目的开发，使浮法玻璃、玻璃纤维等新型建材的工艺水平有了很大的提高。

进入新世纪以来，河北建材行业转变增长方式，从追求数量向追求质量效益转变，由原材料制造为主向深加工制品生产为主转变，由粗放型管理向精细化管理转变，加快结构调整步伐，坚持走低投入、低消耗、低排放和高效率、高效益的发展道路，推进科技创新和技术进步，促进行业健康发展，生产销售和经济效益呈现较快的增长趋势。2012年，水泥产量12809.8万吨，居全国第四位；玻璃产量11382万重量箱，居全国第一位；卫生陶瓷产量2546万件，居全国第三位。

6. 纺织工业

河北省是全国主要产棉区之一，纺织业具有良好的物质条件。河北省纺织业起步较早，1919年唐山创办了华新纺织厂，1922年石家庄兴建了大兴纱厂。新中国建立后，按照全国的统一规划，河北省成为重要的纺织工业基地。石家庄于1953年建成四个棉纺厂和一个印染厂，邯郸于

常山纺织

1956年建成三个棉纺厂和一个印染厂。到1958年，全省已拥有纱锭79.2万枚、织机3.4万台，相当于1949年的16倍和41倍。之后，又在石家庄、邯郸、唐山、保定、承德建设和扩建了一批大中型纺织、印染、化纤、丝绸和纺织机械制造企业，使全省纺织业的生产能力有了很大的提高。

近年来，由于受到国内外市场需求紧缩、人工成本不断上升等影响，纺织行业面临沉重的压力与负担。河北省纺织企业坚持科技创新与品牌建设，加快转型升级，从而保证了行业的平稳运行。2012年，河北省的纱、布、绒线、服装和化学纤维等纺织主导产品产量均创下历史新高，实现利润总额118.88亿元，人均利润比全国水平高出1/4。

7. 机械工业

河北省的机械工业于19世纪中叶在天津形成。1866年，清政府创建了天津机器局，生产军火、船只；外国商人和民族资本家在天津先后办起近代机械工厂，形成了河北最早的机械工业。

新中国建立后，河北省将旧企业收归国有，对国营和私营的小厂逐步进行了合并与合营，在不增加国家投资的情况下，通过集中资产提高了生产能力，使产量成倍增长。"一五"期间，先后在唐山、石家庄、保定等地建立了机车车辆、输变电设备、矿山机械、纺织机械等制造企业，使河北机械工业发展壮大，形成了影响至今的产业布局。

近年来，河北机械制造企业加强与国内外大集团、大公司的合作，着力提高重大技术性能、质量和水平，在汽车、船舶、铁路机车等交通运输装备，电力、工程施工等工程装备，冶金、水泥等工业装备的制造方面都取得了很大的发展，形成产品门类比较齐全、具备一定规模和实力的生产体系，其中大型变压器、推土机、冶金轧辊、变速器、制动钳等30多种产品居全国前三名。

8. 电子工业

河北省电子工业作为发展中的新兴工业，起步于20世纪60年代，70年代初形成生产能力，成为独立的工业门类。当时在科研人员及广大职工的努力下，研制、生产出支农70—Z型电测仪、高频种子处理机、电机保护器等适应于工农业生产需要的产品。进入80年代，河北省电子工业走

造船工业

上规划发展、规模经营的路子。"六五"期间，围绕"改革"和"建设"两大任务，抓好企业调整、整顿和管理部门面向全行业、为企业服务，积极稳妥地向社会生产、生活各方面，向国民经济各部门渗入，发挥电子工业在经济建设中的先导作用，推动了行业的技术进步，改善了经营管理，加快了发展速度，提高了经济效益。

进入新世纪以来，河北省电子工业坚持外延发展与内涵改造并重、引进技术与自主创新结合、规模做大与产业做强并重的原则，保持了快速发展的势头，尤其是在专业研发方面形成了明显优势。目前，省内拥有中国电子科技集团公司第五十四所、第十三所、第四十五所、中船重工第七一八所等国家级和一批省级研究院所，技术力量雄厚、科技成果众多，是全国卫星导航、移动通信、半导体照明、电子专用设备等领域的重要支撑。随着产业结构的日益优化，形成了通信设备、广播电视、计算机、仪器仪表、测量、医疗、电力传输保障设备等10大类产品，太阳能光伏、平板显示器件、半导体照明等应用电子产业链日趋完善。

9. 化学工业

河北省化学工业是一个新兴的工业部门。新中国成立前，仅有三个手工作坊式的小型化工企业，只能生产硫化碱、碳酸钙等少数几种产品。新中国成立后，河北省积极利用本省丰富的煤炭、石油、食盐等资源和优越的地理位置，围绕支持农业、轻纺工业、改善人民生活和增加出口创汇的目标，对化学工业进行了持续的较大规模的建设，取得了重大成就。

河北省化学工业经过"一五"时期的准备，从"二五"期间开始，以发展化学肥料、基本化工原料为重点，面向国内和国际市场，对老企业进行扩建、改造，新建了一大批化工企业，化学工业的布局全面展开。为充分发挥沿海盛产食盐的优势，先后在邯郸、石家庄、保定、唐山、沧州和张家口等地，建设了烧碱厂，带动了农药工业和合成树脂的发展。为满足农业生产的需要，全省除个别县外，几乎县县都建起了小化肥厂。到1985年，相继建设了石家庄化肥厂、宣化化肥厂、迁安化肥厂、邯郸化肥厂、沧州化肥厂等大中型化肥骨干企业和保定胶片厂、石家庄电化厂、唐山橡胶厂等基本化工原料和橡胶加工骨干企业，形成了

晶源电子

以大中城市为中心、遍布县（市）乡镇、比较合理的产业布局。

河北省原油加工业是从上世纪70年代开始的。1975年，沧州炼油厂建成投产；为了加工华北油田的原油，1978年动工兴建了石家庄炼油厂，年加工原油350万吨，作为生产汽油、航空煤油、柴油、液化石油气、沥青、丙烯的大型燃料化工企业。目前，河北省化学工业已形成化学矿山、化肥、氯碱、合成树脂和塑料、涂料、感光材料、橡胶加工、化工机械、石油加工、高分子材料等10多个行业、门类基本齐全的产业体系；石家庄炼油厂800万吨扩能改造、华北石化1000万吨油品质量升级、宁晋盐化工、曹妃甸1000万吨炼化基地等重大项目正在加速推进，产业发展充满了后劲。

10. 医药工业

河北省是中国传统的医药大省，化学原料和中药加工具有较强的优势。1958年，"一五"期间国家重点建设的亚洲最大的抗生素厂华北制药厂的建成投产，不但结束了中国抗生素依赖进口的历史，同时也带动了河北省化学医药工业的发展，使河北省的医药工业跃入全国前列。

十一届三中全会后，河北省医药工业驶入了快车道，各中西药厂、医疗器械厂，向着机械化、系列化、多品种、高质量的方向迈进，企业的素质普遍提高。通过结构调整，实施技术创新、体制创新和管理创新，提高总体竞争力，在巩固原料药优势地位的基础上，积极推进化学原料药的深加工，大力发展中药产业，加强器械与信息技术、生物技术的结合，积极培育生物制药产业，构建起现代化的医药物流平台，形成了以医药物流为龙头、原料加工和药物制剂为主体、现代中药和器械为两翼的产业格局，建立起华北制药有限责任公司、石家庄制药集团有限公司、神威药业有限公司、石家庄以岭药业股份有限公司等一批大型的龙头企业，实现了从医药大省向医药强省的转变。2012年，全省化学原料药产量达59.4万吨，占全国总量的一半；化学原料药和医药中间体出口量占全国总量的32.6%，居全国第一位；中成药总产量48649.4万吨。

（四）交通运输邮电通信

1. 铁路建设

河北省的现代交通始于19世纪末。新中国建立前，河北省境内的国家铁路共有1340公里，主要有京山、京汉、津浦、石德、石太、京包等线路。新中国成立后，河北省在积极改造原有线路的同时，相继新建了丰沙、京通、京原、邯长、京秦等铁路干线和石家庄、山海关两大铁路编组站，使河北省境内的国家铁路有了很大的发展。到1978年底，河北省境内的国家铁路营运里程达到2012.6公里，正式延展里程达到3504.2公里。

十一届三中全会后，河北境内的国家铁路加快了电气化和铁路复线的建设，相继开通了邯长、京通、石德铁路复线、石太铁路电气化、京包复线电气化及京原、京承、京山线的改造，新建和改造了石家庄车站电气化枢纽及新客站、邯郸南站、秦皇岛新站、唐山新站等。于1993年初动工修建的全长2536公里京九铁路，1995年全线通车，其中河北境内干线长280公里，为河北经济相对落后的沿线地区打开了对外经济发展的运输通道。全国铁路重点工程之一的大秦铁路，经过八年建设，于1992年12月全线通车，这是中国第一条开行重载列车的双线电气化铁路，从山西大同至秦皇岛，全长653公里，是中国西煤东运的主要通道之一；2010年，完成年运量四亿吨，为原设计能力的四倍。西起山西神池、东至沧州黄骅港口货场的朔黄铁路，于1997年开工建设，2002年全线建成，远期设计年运输能力一亿吨，是我国西煤东运的第二条大通道。

根据中国综合交通体系建设的需要，中国高速铁路以"四纵四横"为重点，构建快速客运网的主要框架。在"四纵四横"中，有"三纵"即北京—上海高速铁路、北京—武汉—广州—深圳（香港）高速铁路、北京—沈阳—哈尔滨（大连）高速铁路，"一横"为青岛—石家庄—太原高速铁路，穿越河北省境内。经过紧张施工，2011年6月，运行速度为每小时300公里的北京—上海高速铁路正式通车；2012年底，北京—武汉—广州—深圳（香港）高速铁路正式运营，由北京至省会石家庄耗时仅为一小时左右。而随着2014年天津—秦皇岛高速铁路的通车，及石家庄—济南

铁路机车

高速铁路、北京—沈阳—哈尔滨（大连）高速铁路、北京—张家口城际铁路的开工，河北省将实现市市通高铁，大部分市纳入首都一小时经济圈。

2. 公路建设

河北省第一条汽车营运公路，是于1917年至1918年修筑的张家口至库伦（今蒙古人民共和国首都乌兰巴托）的公路；其后，北京到承德、南宫至德州、天津至保定、邯郸至大名等公路，也陆续在清代官马大道的基础上经过整修通行了汽车。新中国建立前，河北省有公路5310多公里，大部分为土路。

新中国建立后，河北省公路建设经历了抢修恢复、普及发展、逐步改善、重点提高的历程，在公路建设和布局上发生了巨大变化，到1978年底，全省公路通车里程达到38517公里。十一届三中全会后，河北省公路交通建设获得突飞猛进的发展，在加强主干道建设的同时，加快了县乡地

公路建设

方道路的建设，到2012年底，改建农村公路总里程达到14.1万公里，全省各市、县、乡镇全部通了汽车，所有村庄都修通了公路或简易公路，城镇农村基本形成了四通八达的公路网络。

河北省的高速公路从1987年修建石家庄至北京的高速公路起，始终以加速度的态势发展，先后建成了北京—石家庄、石家庄—太原、石家庄—安阳、唐山—天津、保定—天津、石家庄—黄骅、宣化—大同等若干条高速公路，呈现出"五纵六横七条线"的路网格局。2012年底，随着张石高速公路、承秦高速公路、张涿高速公路张家口段、大广高速公路白洋淀支线的建成通车，省高速公路通车里程突破5000公里，位居全国第三位；高速公路的密度达到每百平方公里3.6公里，超越了法国、日本等发达国家。国家"7918"高速公路网（即由七条首都放射线、九条南北纵向线和18条东西横向线组成"终极"中国高速公路骨架布局），在河北省境内的"七射两纵三横"

已经建成3011公里，占全部规划里程的86.8%。全省各设区市之间、设区市与京津及周边省市之间、各重要城市与港口之间都有高速公路贯通，全省95%的县（市）均可在半小时之内驶上高速公路。高速公路的快速发展，极大地改善了河北省的发展环境。

3. 民用航空

河北省的民用航空事业起步较晚，1958年，出于除治农业病虫害的需要，购置了10架安—2型飞机；之后，建立了隶属省交通厅的河北省民航管理局，开始进行客、货运输；建起了张家口、邯郸等机场，整修了承德机场，并在天津张贵庄机场增建了部分设施；开通了天津至邯郸、天津至承德、天津至长治的正式航线。1960年以后，由于管理体制的改变，河北省民航管理局划归民航北京管理局和空军领导，省内地方航线停航。

十一届三中全会后，为了改变河北省没有航空交通的被动局面，1984年经国务院批准，重新组建民航河北省管理局。1995年，建成大型现代化民用机场石家庄正定机场，距市中心约32公里；2007年进行了改扩建工程，是河北省第一个4E级干线机场、首都机场的备降机场和分流机场，是河北省重要的空中交通门户和对外开放的窗口，现已成为中国北方重要的国际航空货运中转基地。2012年全省民航旅客吞吐量达到534.4万人次。"十一五"以来，河北省民航事业实现了历史性突破，机场建设全面展开，目前有民用机场四个，在建或筹建机场三个。

为了实现民航事业的跨越式发展，河北省将在"十二五"期间进一步完善现有机场的基础设施建设，重点打造石家庄枢纽机场，加快支线机场建设，形成全省"布局合理、功能完善、规模适度、航线通达、绿色环保"的"一干多支"的机场体系，构建与全国航线网络融为一体、干支结合、省内成网的航线网络。

4. 水运事业

新中国建立前，河北省的沿海运输只有少数的私营木帆船，活动范围很小。1952年成立了北洋区民船运输公司，使私营木帆船进行有组织的运输。1954年成立了河北省海港管理处，开始出现国营沿海运输业。1956年在对沿海私营航运业的社会主义改造中，组建了河北省沿海小港公私合营航运公司。随着船舶质量的逐步改善和数量的增加，以及经营管理的加强，到1958年后年货运量增至20万吨左右。1970年购入第一艘万吨级废旧船，自己动手整修；接着又先后购入多艘轮船，在大载量和远运程上迈出了重要的一步，货运量和货物周转量都有了大幅度的提高。1980年，河北省海运上了新的台阶，木帆船和机帆船全部被淘汰，秦皇岛至上海运煤航线及渤海湾内拖驳船运输进一步巩固发展；成立了中国远洋运输总公司河北分公司，第一艘远洋货轮"兴隆号"从秦皇岛首航香港。航运学校正式开办，使海运事业呈现出协调发展的新局面。

水运事业

1985年末，河北远洋船队已经开辟了通往香港、日本、朝鲜、泰国等国家和地区的多条航线，除承担杂货、木材、水泥、化肥、钢材等出口运输外，还开展了集装箱运输。目前，河北远洋公司的运力已达到150艘船舶、1500万载重吨，管理的船队规模居全国航运企业的第三位，运力居全国地方运输企业的第一位。河北省现有两个亿吨大港，其中百年老港——秦皇岛港年吞吐量超过两亿吨，唐山港跻身亿吨大港行列，在建的曹妃甸港是渤海湾内最好的天然深水良港，2010年，集煤炭、散货、综合运输于一体的黄骅综合大港顺利开航。2010年，全省港口吞吐量达到300万人次，比2005年增长了六倍。目前，每年通过秦皇岛港、唐山港和黄骅港转运下水的煤炭占全国主要港口煤炭转运总量的70%以上。2012年，港口吞吐量达7.6亿吨，港口集装箱吞吐量90万标准箱。

5. 邮政电信

河北省的邮电创办于清朝末叶，1879年，天津架设了第一条电报线路，1881年，从天津架到上海，并成立了北洋电报局，这是河北电信的开端。新中国建立后，人民政府接管了国民党政府统辖区内的邮电设施，邮电事业开始正规发展。

新中国成立之初，河北省邮电军用、民用、地方、国营并存，管理不统一。1951年底，邮电部河北省邮电管理局成立。针对当时邮电通路少而不畅，尤其是农村通信十分困难的情况，加强农村通信工作，增加邮政设施，建立健全邮政网络，调整农村邮路和投送班期，整顿乡村代办所；扩大邮政业务，办理报刊发行，组织发行机构，管理全省报刊发行工作。至1957年底，邮路总长度126751公里，长途线路总长24225万对公里。

1958年以后，河北省省会曾三次搬迁，每次搬迁都使邮电的业务量发生很大变化，造成一定时间内、局部的通信紧张。河北省邮电管理部门及时投入人力、物力，迅速调整了邮政通信网络，保证了邮路畅通，同时使邮政业务量不断增长，到1965年底，全省邮路总长度达57811公里（不含农村邮路），邮电业务总量达5382.9万元，比1957年增长了92.57%。"文化大革命"期间，邮政通信受到影响，发展缓慢。十一届三中全会后，河北省邮政通信进入快速发展时期，业务量

邮政

光缆传输

大增。在邮政通信网络建设上，"七五"期间先后开通了省会石家庄至郑州、太原、西安、武汉的省际间大吨位干线汽车邮路和石家庄到衡水、沧州、保定、邢台等省内大吨位干线汽车邮路，初步形成了省际之间、省市之间、市县之间和县与县之间的多级邮运网络。1980年，石家庄、秦皇岛率先开办了国际特快专递业务，1984年又开办了国内特快专递业务；1987年，全省11个城市都开办了邮政快件，1988年扩展到全省所有市、县邮局。1986年，开始恢复停办了35年的邮政储蓄。1982年开辟了集邮业务，既丰富了人民的文化生活，又使邮电部门增加了收入。电信业经过多次体制改革和技术创新，新技术、新业务层出不穷，相继建立了若干个长途电话枢纽和市内电话中心，引进了先进设备，扩建了电信网络，城市农村电话数量大量增加。进入90年代，陆续开通了光缆传输，发展了移动电话和寻呼机，电报业务开发了传真电报和数据通信，基本形成了容量较大、技术先进的光缆骨干传输网和包括数字微波、卫星通信、程控电话交换、移动通信、可视会议电话等多种手段，联通全国乃至世界的现代化通信网。到2012年末，全省固定电话用户1207.7万户，移动电话交换机总容量达1757万门，互联网宽带接入用户达963.9万户。发达的通信条件，把河北与世界紧密联系在一起。

（五）对外经济

1. 对外贸易不断发展

对外经济是国民经济发展的重要组成部分。从新中国成立初到改革开放前，中国的对外经济以出口贸易为主，总量很小。当时，国家实施贸易统制，河北实行调拨出口。1974年以前，河北省只是作为货源区为天津口岸提供出口货源，直到1975年，才正式开辟口岸开始自营出口业务，结束了与天津口岸20多年的收购调拨关系。1978年，中国实行对外开放政策，河北省的对外贸易获得快速发展。"十一五"以来，不断取得新突破，成为中国10大对外贸易省份之一，为全省社会经济的持续、健康、快速发展做出了积极贡献。

进出口贸易快速发展，规模不断扩大。改革开放之初的1978年，全省进出口总值仅3.0亿美元。进入21世纪以来，河北省的对外贸易进入快速增长期，"十五"期间，全省累计完成进出口总值509.8亿美元，比"九五"时期增长1.3倍；"十一五"期间，随着更深地融入全球经济发展，对外贸易快速增长，2010年进出口规模创历史新高,总值突破400亿大关。

廊坊国际会展中心

出口商品结构调整优化，机电产品和高新技术产品成为主要增长点。改革开放初期，出口商品主要是畜产品、土产品和粮油食品，也有部分纺织品、轻工业品、服装、五金矿产品，出口商品以低附加值的初级产品为主。随着经济的发展、外贸经营能力的增强，出口商品的结构趋于优

曹妃甸

化，于1992年实现了由初级产品为主向工业制品为主的转变。"十五"以来，代表较高附加值和技术含量的机电产品和高新技术产品出口呈现良好的态势；2008年，高新技术产品出口跃居全省第三大出口商品；2010年，机电、高新技术产品出口所占比重由"十五"末的20.4%和2.1%，提高到37.0%和15.8%，目前已形成"长城汽车"、"英利光伏产品"、"华北制药"、"惠达陶瓷"等几十个知名的出口自主品牌。

出口格局发生历史性变革，贸易主体呈多元化趋势 。随着外贸体制改革的深入和大经贸战略的实施，国家放开了民营企业的出口经营权，实行了鼓励民营企业出口的政策，"十五"期间，全省非国有企业出口占全省出口总值的比重迅速提高，由"九五"末期的37.1%升至"十五"末期的66.2%；从2003年起，非国有企业出口比重超过国有企业，国有企业一统天下的出口格局得到了根本改变。2004年，随着新《外贸法》的颁布实施，外贸经营权彻底放开，民营企业出口得到更快发展，外商投资企业较快增长，私营企业迅速崛起，个体企业增势良好，出口贸易主体进一步呈现多元化。外商投资企业和私营企业分别于2006年和2007年成为第一和第二出口主体。2010年，全省出口企业达到6777家，出口超千万美元的企业达356家，出口超亿美元的企业达到23家。

国际市场日益扩大，贸易伙伴大量增多。1978年，与河北建立出口贸易关系的国家和地区有73个。随着出口市场多元化战略的深入实施，新兴市场不断开拓，在巩固欧盟、美国、韩国、日本等传统出口市场的同时，加大了对东盟、俄罗斯、拉美、非洲及大洋洲等新兴市场的开拓力度，新兴市场不断涌现，在一定程度上降低了出口风险。目前，河北省出口贸易伙伴已遍及世界上200多个国家和地区。

2. 利用外资不断增加

改革开放以后，河北省利用外资从零起步，呈现加速发展态势。30多年来，全省累计批准外商投资项目13291个，累计合同利用外资及实际利用外资金额分别达到284.5亿美元和292.1亿美元，年均分别增长27.4%和31.1% 。在外资构成上，从最初顺应加快基础设施建设需要，更多地使用对外借款，现已发展为以外商直接投资为主，其他方式成为有益的补充。随着改革开放的深入，外商投资主体在法律上得到确认，加快了外商直接投资的步伐。自1992年超过对外借款以来，外商直接投资的比重2001年首次超过80%，2008年再次超过90%。此外，外商其他投资也随着我国资本市场政策法律的完善，由原来单纯的"三来一补"，又增加了对外发行证券等海外融资模式，极大地拓展了利用外资的渠道。

投资领域不断拓展，行业结构调整优化。在投资领域的选择上，最初外资主要集中于制造、电力和交通运输等基础产业，现已形成了以第二产业为主，积极向一、三产业拓展的良好态势。2001~2008年间，外商直接投资在一、二、三产业的分布为2.0：85.6：12.4；其中"十五"期间，其分布为2.4：83.6：14.0，与"九五"时期相比，第二产业所占比重缩小了3.3个百分点，第三产业比重提高1.8个百分点；在第二产业中，七大重点行业连续增长，2008年增长65.4%，比上年加快63.1个百分点，所占比重为71.7%，同比提高10.3个百分点。高新技术产业呈现连续快速增长，2008年增长97.6%，比上年提高了75.2个百分点，所占比重为27.8%，同比提高7.9个百分点，其中通信及电子设备制造业成为重要的增长点；在第三产业中，除占半数投资的房地产业外，其他服务业也都有外资进入，批发零售、餐饮、娱乐等成为外商投资的重点，有力地促进了第三产业的发展。

带动作用明显，为经济发展注入新活力。外资促进了基础设施建设与完善，在电力、交通运输等基础设施建设中发挥了重要作用，一度成为全省固定资产投资的主要来源之一；其中，已建成的铁路干线、高速公路、发电站等重大基础设施项目，如三河电厂、朔黄铁路、上安电厂、河北邯峰发电责任有限公司以及河北冀星高速公路有限公司投资建设的高速公路项目等，大大缓解了经济发展的"瓶颈"，为全省经济的持续发展增强了后劲。

促进了产业结构调整。工业作为最早开放的领域，一直是河北省吸引外资和外商投资的重点。第二产业外商直接投资的比重在80%以上，其中制造业是投资最多的领域，钢铁、食品、化工、医药、纺织等是外商投资增长最快的行业。外资的进入，在为这些行业带来资金和技术的同时，也推动了整个结构的调整和产品的升级换代，并涌现出了一批技术含量高、竞争力强的产品，在一定程度上弥补了我方在技术上的缺口，能够利用后发的优势，用有限的资金引入急需的技术，减少了投入，节约了成本，加快了工业化进程。

3. 对外合作投资增加

1981年，全省对外经济技术合作开始起步。随着全球经济一体化的发展进程，合作领域不断扩大，合作的国家和地区逐步增多，显现出广阔的发展前景。对外经济合作促进了对外开放的进一步发展，对优化资源配置和产业结构调整，带动设备、技术、劳务和产品出口，缓解就业压力，促进经济增长发挥了重要的作用。2008年，对外承包工程新签合同金额39.4亿美元，比1990年增长1203倍，年均增长43.3%；完成营业额15.6亿美元，比1990年增长265倍，年均增长31.1%；对外劳务合作新签合同金额0.2亿美元，比1990年增长

码头

2.9倍，年均增长10.4%；完成营业额0.1亿美元，比1990年增长24.6倍，年均增长15.8%。

近年来，河北省通过"引进来，走出去"开放战略的实施，对外直接投资得到快速发展。2008年，全省共有30家企业与世界20个国家开展投资合作、跨国经营，主要投向自然资源开发、汽车和零配件销售及售后服务、房地产开发、承包工程施工、商业经营、畜禽养殖、农业开发等领域。全年非贸易类对外直接投资总额达1.5亿美元，比上年增长1.4倍，其中中方投资额1.0亿美元，比上年增长84.3%。中方投资额在500万美元以上的项目有七个，比上年增加五个；投资总额为6532.5万美元，占中方投资额的63.3%。

（六）目标展望

1. 指导思想和目标要求

从2011年起，河北省开始实施第十二个五年规划。"十二五"时期河北省经济社会发展的指导思想是：高举中国特色社会主义伟大旗帜，以邓小平理论和"三个代表"重要思想为指导，深入贯彻落实科学发展观，以科学发展为主题，以加快转变经济发展方式为主线，围绕加快发展和加速转型双重任务，构筑环首都经济圈，壮大沿海经济隆起带，打造冀中南经济区，培育一批千亿元级工业（产业）聚集区、开发区和大型企业集团，着力调整经济结构，着力推进新型工业化、新型城镇化和农业现代化，着力保障和改善民生，着力改善生态环境，着力提高创新能力，着力深化改革开放，保持经济平稳较快发展，加快科学发展、富民强省进程，努力实现从经济大

风力发电

省向经济强省跨越、从文化资源大省向文化强省跨越。

"十二五"时期河北省经济社会发展的主要目标是：到2015年，生产总值预期突破30000亿元，年均增长8.5%左右，人均生产总值比2000年翻两番;全部财政收入、地方一般预算收入年均分别可比增长 11%，财政收入占生产总值的比重提高 1~2个百分点；城镇居民人均可支配收入、农民人均纯收入年均分别增长8.5%，经济增长速度和效益高于全国平均水平。这些目标涵盖经济发展、结构调整、科技创新、社会建设、生态环境、基础设施、人民生活等方面，并坚持定性与定量相结合，体现了转型升级、科学发展的要求，体现了保位赶先、跨越发展的要求，体现了惠及民生、和谐发展的要求，是积极的、也是可行的。所谓积极的，就是从应对新一轮区域经济竞争、加快发展、扩大就业、增加收入、改善民生、维护稳定的需要出发，必须保持一定的增长速度；所谓可行的，就是从经济增长的潜力、内外发展的环境看，能够确保目标实现，并留有一定的余地。这样安排，符合科学发展观的要求，既为调结构、转方式提供了空间，又有利于把经济工作的着力点引导到加快转变发展方式和调整优化经济结构上来。

2. 经济发展的主要任务

以科学发展为主题，保持经济平稳较快发展。坚持把扩大内需作为促进经济发展的根本途径和内在要求，加快形成消费、投资、出口协调拉动经济增长的新格局。积极促进城乡消费。把扩大消费需求作为扩大内需的战略重点，引导城乡居民增强消费意识，改善消费预期；完善消费政策，增强消费能力，营造便利、安全、放心的消费环境；培育消费热点，积极引导汽车、住房等大宗消费，大力发展旅游、文化、健身、养老、信用、网络等新型消费，努力把居民储蓄转化为现实消费需求，力争"十二五"末社会消费品零售总额达到15400亿元以上、年均增长18%。保持投资合理增长。充分发挥政府投资的导向作用，优化投资结构，促进民间投资快速增长，引导投资向改造传统产业、战略性新兴产业、现代服务业、基础设施、农业农村、民生和社会事业、生态环保等领域倾斜，力争"十二五"末全社会固定资产投资达到30000亿元、年均增长15%以上。扩大进出口规模。推进市场多元化，加快出口结构转型升级，力争"十二五"期间进出口总值年均增长11%以上。

以加快转变经济发展方式为主线，推动产业结构优化升级。促进产业转型升级，推动三次产业协调发展。做强一产。坚持完善落实强农惠农政策，大力发展现代农业，实施粮食增产计划，确保"十二五"期间粮食综合生产能力稳步提高；加快蔬菜基地建设，力争蔬菜面积达到2500万亩、设施菜比重达到60%以上、京津市场占有率达到50%以上；壮大畜牧、果品等优势产业，畜牧业占农业总产值的比重达到48%、果品标准化生产率达到95%以上；推进农副产品深加工和农业产业化经营，力争产业化经营率达到65%；加强农田水利等基础设施建设，完善农业科技创新和技术服务体系，增强农业综合生产能力、抗风险能力和市场竞争能力。做优二产。坚持走新型工业化道路，推动传统产业升级，用新技术、新工艺、新装备改造钢铁、装备制造、石化等产业，促其由重转优、由粗转精、由低转高，力争"十二五"末省内规模前10位的钢铁企业占全省总产能的比重达到75%以上，装备制造、石油化工业增加值占规模以上工业的比重分别达到25%和15%左右，主要技术经济指标达到国内先进水平；加快战略性新兴产业发展，促进新能源、新材料、生物医药、新一代信息、高端装备制造、节能环保、海洋经济快速增长，到"十二五"末新兴产业增加值占全省生产总值的比重达到10%；强力推进节能减排，坚定有序地淘汰钢铁、煤炭、水泥、玻璃、造纸、制革等行业的落后产能，大力发展循环经济，单位生产总值能耗和二氧化碳排放量降低、主要污染物排放量减少等指标完成国家下达的目标要求。做大三产。优先发展生产性服务业，加快发展生活性服务业，大力发展高端服务业，积极发展面向农村和社区的服务业，着重抓好旅游、文化、商贸物流、金融保险、服务外包、会展等现代服务业，力争"十二五"末，金融业增加值占全省生产总值的比重达到4%左右，服务业增加值占全省生产总值的比重达到38%。

以实施"四个一"战略重点为关键，推动区域经济协调发展。支持优势地区率先发展，努力打造新的经济增长极。建设环首都经济圈。在积极为京津搞好服务、全方位深化京津冀合作的同时，在承德、张家口、廊坊、保定四市选择毗邻北京、交通便利的14个县（市、区）重点突破，建设一圈（以新兴产业为主体的环首都经济圈）、四区（高层次人才创业、科技成果孵化、新兴产业示范、现代物流园区）、六基地（养老、健身、休闲度假、观光农业、有机蔬菜、宜居生活基地），聚集产业和人才，带动周围区域经济发展，逐步把环首都地区打造成为经济发达的新兴产业圈、绿色有机的现代农业圈、独具魅力的休闲度假圈、环境优美的生态环保圈、舒适怡人的宜居生活圈。打造沿海经济隆起带。结合实施秦、唐、沧沿海地区发展规划，选择秦皇岛、唐山、沧州三市近海临港、区位优越的县（市、区），实施11县（市、区）、八功能区、一路（滨海公路）、一带（沿海经济带）的重点推进计划，带动周边地区加快发展，逐步把沿海地区建设成实力雄厚的临港产业带、风光秀美的滨海旅游带、海蓝地绿的海洋生态带、休闲宜居的海滨城市带。加快发展冀中南经济区。推动石、衡、邢、邯四市整合资源、互动发展，建设"一中心、两轴、三基地"，以石家庄为中心，强力推进大西柏坡、正定新区、环城水系、临空港产业园区、东部产业新城建设，做大省会城市；以京广（京珠）、京九（大广）沿线为主轴，大力发展特色产业；以邯郸冀南新区、衡水滨湖新区、邢台新兴产业园区为重点，打造区域增长新优势。

唐山机车车辆厂车间

建设中的冀东油田

培育一批千亿元级工业（产业）聚集区、开发区和大型企业集团。坚持企业集中、产业集群、资源集约，以优势产业、重点企业为依托，重点建设一批营业收入超千亿元的产业聚集区，加快培育一批营业收入超千亿元的大型企业集团。

以强化基础设施和环境条件为保障，构建持续发展的支撑体系。构建现代综合立体交通支撑体系。加快航空业发展，做大做强河北航空公司，改造扩建石家庄机场，打造成区域型枢纽机场、北京主要分流机场和备降机场，推进邯郸机场改扩建和秦皇岛、张家口、承德新机场建设，谋划建设沧州、邢台等机场，积极发展通用航空业，力争"十二五"末航空客货运输能力分别达到2000万人次和20万吨以上；加快铁路建设，以高速铁路、城际铁路、疏港铁路为重点，完善铁路网络布局，力争"十二五"末通车里程达到8000公里，其中高铁通车里程达到1500公里，实现所有设区市通高铁，形成环北京的"一小时交通圈"、以石家庄为中心的"两小时交通圈"；加快公路建设，"十二五"末实现所有县（市、区）和主要经济区、主要旅游景点通高速公路；加快港口建设，提升秦皇岛港、唐山港、黄骅港三大港口功能，力争"十二五"末吞吐能力达到八亿吨，形成方便快捷、立体高效的现代交通大格局。构建重点项目支撑体系。按照国家产业政策，围绕调结构、转方式，谋划建设一批附加值高、市场潜力大、发展前景广、带动能力强的重点项目，特别是投资超50亿元、超100亿元的重大产业项目、重大基础设施项目、重大公共服务项目。"十二五"期间，省级项目库重点项目保持在10000个以上，各设区市一般在1000个以上，各县（市、区）一般在500个以上，为经济社会发展提供有力支撑。构建政策环境支撑体系。进一步解放思想，在土地、财税、金融、环保、技术、人才、审批等方面，实行更加优惠的政策，做到低门槛、零注册、轻税赋、少检查，最大限度地打造政策、环境梯度差，使河北真正成为海内外关注的投资热土，成为各方面人士向往的环境宝地、生活佳地和创业福地。

以统筹城乡发展为路径，深入推进城镇化和新农村建设。推动城市建设上水平。坚持科学性、长远性，对标国际国内先进城市，按照精心、精细、精美的要求，在更高的起点上提升城市规划、建设、管理水平。加快人流、物流、资金流、技术流、信息流向城市汇集，每个设区市建成2～3个高端产业聚集区，推动城市聚集能力上水平；加快实施园林绿化和生态保护工程，努力建设资源节约、环境友好型城市，全年城市和县城空气质量稳定达到国家二级标准、好于一级标准天数明显增加，推动城市环境质量上水平；加快城市综合交通体系建设，完善供水、供电、供气、供热、污水处理、垃圾处理、通讯、商贸等基础设施和公共服务设施，市、县市政设施完好率分别达到90%、80%以上，推动城市承载功能上水平；加快保障性住房建设，大力发展公共租赁住房，力争到2015年中等偏下收入住房困难居民住有所居，推动城市居住条件上水平；加快城市景观整治和建筑美化，每个市打造3～5个、每个县打造2～3个标志性建筑、标志性街区、标志性景观，推动城市风貌特色上水平；加快城市规划、城市管理和住房保障数字化、信息化，深入开展文明城市创建活动，推动城市管理服务上水平，努力建设繁荣舒适的现代化城市，力争2015年

邯郸市区

全省城镇化率达到54%。推动新民居建设有序开展。坚持群众自愿、规划先行、类型多样、培育产业、政策规范的原则，积极稳妥地推进农村新民居建设，到"十二五"末力争完成10000个以上行政村的新民居建设任务，规范落实好土地增减挂钩、占补平衡的政策，探索走出一条既增加农民收入、改变农村面貌，又集约节约土地的新农村建设好路子。推动城乡一体化发展。着眼实现城乡规划、管理体制、产业发展、市场体系、基础设施、公共服务一体化，抓好石家庄、唐山两市城乡一体化试点，抓好环首都14县(市)统筹城乡发展先行区建设，抓好冀州、任丘、巨鹿、涉县等12个县（市）统筹城乡发展示范县建设，大力发展县域经济，力争"十二五"末县域生产总值突破20000亿元。

四、发展的科技教育

（一）科技的历史与现状

1. 古代科技

河北自古以来就是中国经济繁荣、文化发达、科技昌明的省区之一。从泥河湾、北京猿人、山顶洞人、徐水南庄头中国最早的农业文化遗存、太行山的史前村落遗址与磁山文化，特别是先秦以燕赵闻名的文化形成以来，河北的经济、文化、科技发展的历史一直绵延至今，几无中断。成就十分突出，不仅在中国、甚至在世界上都产生过影响。

河北是中国畜牧业开展最早的地区之一。在武安、磁山新石器文化遗址发现有猪、狗、鸡等原始畜禽。仰韶文化和龙山文化时期形成了马、牛、羊、鸡、犬、豕六畜俱全的畜牧业。商周突破了单纯放牧的方式，实现了放牧和圈养相结合。春秋战国牛、马、驴等大牲畜饲养增加。秦汉畜禽良种选育有了很大进步。隋唐牲畜饲养、繁殖技术有了很大提高。辽、元、明、清各朝为畿辅之地，盛养马匹，繁育技术有较大发展，同时推广了苜蓿等栽培技术。

河北渔业历史悠久。春秋战国时期燕国即与齐、楚、越称为"海王之国"。白洋淀有一种始创的"出罧"捕鱼法。中国自秦汉奉行重农轻渔政策，渔业"无甚兴革可言"。清代推行渔业改良政策，设置渔业机构——渔行，光绪年间河北改设渔业公司，管理渔业征税和渔船保障等。宣统年间成立了直隶水产讲习所，是国内最早的高等水产学校。

河北"兴水利、除水害"起步很早。战国初邺地（今邯郸临漳）利用漳河水兴修了西门豹12渠，战国末修有督亢水利区（房涞涿灌区）。西汉初修有"太白渠"（今石家庄平山至辛集）。隋朝开凿了南北大运河，元代完成了运河通航。明代在永定河筑石堤，清朝在上游房山县改建了金门闸。从汉代始，凿井汲水、放淤造田、引泉灌溉等多有记载。

河北的冶金业水平很高。石家庄藁城台西商代遗址出土的兵器——铁刃铜钺，是用陨石铁锻打成薄刃后，浇铸于青铜钺器身而成，对铁、铜、锡的性质已有所认识，锻打和青铜冶铸技术达到一定水平。春秋战国时已广泛地锻铸铁制的农具或武器。从汉到宋朝，铜、铁的冶铸技术有了大的发展，承德寿王坟的汉代炼铜遗址和武安固镇矿山、磁山的汉代炼铁遗址以及铸造于后周的沧州铁狮子、武安矿山村的宋代炼铁炉、铸造

铁刃铜钺

邢窑

于北宋年间的东光铁菩萨等，标志着有色和黑色金属冶铸技术达到很高水平。

河北的化工科技颇有建树。早在公元前1400年，就用粮食发酵法酿酒。金代，秦皇岛青龙人制造了简单的蒸馏设备——半球形槽锅，并带有冷却回流装置。明朝，沧州沿海居民利用海水生产海盐，并制造出简单的蒸发器——牢盘，发明了用莲籽或鸡蛋测定卤水浓度的方法。明清时期，张家口万全居民掌握了溶解、澄清、过滤、蒸发浓缩、冷却结晶等化工工艺过程，用天然碱矿生产口碱。

河北的陶瓷技术处于领先地位。著名的邢窑、定窑、磁州窑等在中国陶瓷史上影响很大。北朝后期，邢台内丘和邯郸磁县已开始烧造青瓷。隋末唐初，邢窑成功地烧造出胎质坚细、釉色洁白的精美白瓷，结束了自商周以来青瓷一统天下的局面，有"南青北白"之说。北宋位于保定曲阳的定窑异军突起，在继承的基础上发展自己的工艺技术，以丰富多彩的装饰自成风格，成为宋代官、哥、定、汝、钧五大名窑之一。著名的民间磁州窑将陶瓷的烧造和装饰发展到一个新阶段：由刻划花到铁锈花、由单色到多色、由釉下到釉上，在陶瓷史上影响深远，为元代青花瓷的出现奠定了基础。

河北的中医药科技源远流长。战国时扁鹊首创脉学四诊合参，著《扁鹊内经》、《扁鹊外经》等。西汉时已有金银医针、灌药银壶、医工盆等医用器具。北魏、北齐、隋唐时期，相继出现了养生、本草、针灸、方术、伤寒论等方面的著作。宋代医学进一步发展，出现了内、儿科专著，对咽

喉病能进行手术治疗，并能施行全身麻醉。金、元时期出现了河间、易水学派，首创"火热论"、"阴证学说"，发展了脏腑辨证理论，并涉及温病学说研究。明、清时期，对经典注解、内科、方术、儿科、妇科研究日多，温病、医案医话、喉科、法医专著纷纷问世。民国时期，在西医学影响下，张锡纯著《医学衷中参西录》30卷，全面阐述中西医会通思想，影响很大。

　　河北的基础理论研究底蕴深厚。数学研究方面，南北朝祖冲之推算圆周率精确到小数点后七位。隋代的刘焯与唐代张遂在编制《皇极历》和《大衍历》时，首次使用了不等间距二次内插公式，张遂还对子午线进行了世界上第一次实测。北宋的刘益著有《议古根源》200问，使数学二次方程的解法取得进一步发展。金元的李冶著有《测圆海镜》和《益古演段》，是古代重要的数学著作。元代的王恂和郭守敬在编制《授时历》中，用招差术计算太阳在黄道上逐日速度和经度时，应用了三次差的招差公式，在求赤经与赤纬时，应用了与球面三角学相当的计算方法。朱世杰著有《算学启蒙》、《四元玉鉴》，归除歌诀与后世珠算所用歌诀完全相同，高次方程组的消元解法是世界上最早的解法。明代的王文素撰写《直通证古今算学宝鉴》，为实现珠算四则运算的全部口诀化做出了贡献。化学研究方面，在陶瓷、冶金、染色、制盐、酿造、火药等方面都有突出的成就。当时炼丹术盛行，晋代葛洪曾隐居保定唐县杨家峪山中修道炼丹，所著"抱朴子内篇"、"金丹"、"黄白"等论述了用矿物炼丹术及炼金银术。天文学研究，魏晋南北朝的高允、祖冲之、祖暅、张子信，隋唐的刘焯、刘炫、一行、傅奕、刘孝孙、张孟宾，元朝的郭守敬、刘秉忠、王恂、瞻思，

郭守敬

明朝的邢云璐等都做出很大贡献。地理学研究，郦道元的《水经注》、李吉甫的《元和郡县图志》、贾耽的《海内华夷图》、《古今郡国道四夷图》等著称于世。生物学研究，清朝王清任撰《医林改错》，绘制人体内脏解剖图，纠正了古代医书中记载脏腑结构和功能上的某些错误。

2. 近现代科技

中国封建社会后期，科技发展延缓甚至停滞。当时，一些有识之士认识到中西方的差距，开展了"师夷长技以自强"的洋务运动，对中国科技的发展起到了促进作用。五四运动后，中国科技界在蹒跚中前行，在某些方面取得了一些进步。由于临海以及拱卫京、津，河北成为了西学东渐的前哨阵地，处于中西科技文化碰撞交流的中心，为河北科技的发展提供了有利条件。

1867年，清政府在天津开办了天津机械局，从西方引进了较先进的机器设备。与此同时，兴办了一批民用工矿企业，如开平矿务局、天津电报局等；修建了唐山至胥各庄铁路，制造了首台蒸汽机车，并在此基础上建成了京沈路；在唐山、山海关分别开办了机车制造厂和桥梁厂等。与此同时，现代自然科学开始传入中国。1905年，清政府建立了新学制，学校开始学习西方科学知识。1909年，张相文在天津（时属直隶）创办了中国最早的自然科学专门学会——中国地学会，出版了中国最早的自然科学期刊《地学杂志》。建立了测绘机构，测绘了京兆尹（北京附近）及保定府的地形图。1902年在保定建立了"直隶农事试验场"，分蚕桑、森林、园艺、工艺四科，是中国农业科学研究和普及的雏形。

民国到新中国建立前夕，河北的科技水平和科普能力处在缓慢发展中。新中国成立前全省自然科学技术人员仅有5024人，且技术手段不高，设备落后。在农业科技方面，河北相继建立了太行山农场、辛集农场、曲阳农场、西陵农场、冀南太行农场等，从事农业技术的引进和推广，但科技人员只有100多人。其他如酿酒、陶瓷、皮毛、手工艺品等项生产技术，多沿用老旧的设备、工艺，规模小，水平低。

在农林畜牧渔业科技方面，1939年，日本人在石家庄设立了华北农事试验场石门支场，1945年改建为北平农业试验场石家庄工作站。1947年石家庄解放，先后改建为晋察冀边区农场、华北农事试验场、河北省农业试验场、河北省农业科学研究所。各专区也在农场的基础上成立了农科所。1948年，冀中行署成立了造林队，后改为冀中林畜场。同期，华北人民政府农业部在河北建立了冀西沙荒造林局，后成立了省林牧局。

为培养畜牧兽医专门人才，清光绪三十年（1904年），清北洋练兵处在保定创立北洋马医学堂，是中国最早的新式兽医学校，后改名为陆军兽医学校，1919年迁至北京。1935年成立的察哈尔张北畜牧学校及河北农学院等，为河北培养了大批畜牧兽医人才。

在电力科技方面，河北是中国电力工业发展较早的省份之一。清光绪二十年（1894年），英国人开办的开平矿务局北宁铁路工厂（现唐山机车车辆厂）装置一台40千瓦蒸汽直流发电机。光绪二十四年（1898年），清廷官员纽秉臣与比利时人马眉开办的临城矿务局发电所装设以蒸汽为动力的42千瓦和20千瓦发电机。光绪二十九年（1903年），英国人建成开滦发电厂，装设一台1040千瓦汽轮发电机。开平矿务局相继建成林西、马家沟等发电厂。河北各地先后建成张家口北菜园、下花园，石家庄正东街、北道岔和凤山，承德双塔山、保定、沧州、邢台、秦皇岛、邯郸、峰峰等电厂。1943年，八路军一二九师和边区人民在涉县西北的漳河上建了一座10千瓦木质水轮发电机组的发电站。同年，日本人建成唐山发电所，装设1万和1.5万千瓦中温中压汽轮发电机组各一台，并建成77千伏电压的平（北平）津（天津）唐（唐山）电网，同时建成微水发电厂。1948年，晋察冀边区军民在平山县沕沕水建成194千伏安的水电站，供军工生产和党中央所在地西柏坡用电。

在冶金科技方面，早在20世纪初就开始了耐火材料、焦炭的生产，从1910年中德合办唐山马家沟缸砖窑算起，已有百余年的历史，此后相继建立了石家庄炼焦厂、宣化钢铁公司（宣钢）、唐山钢铁公司（唐钢），都是中国近代重要冶金工业企业。

在机械科技方面，1922年唐山启新洋灰股份有限公司试制出中国第一台水泥机械烘干设备——烤煤罐，1925年，用电弧炼钢炉冶炼出我国第一炉锰合金钢水，结束了铸钢配件全部依赖进口的历史。1936年，由实业家刘泽生开办的久大铁工厂，开始从事小型农机具生产。晋察冀边区行政委员会先后颁布鼓励科学技术发展、奖励科学技术发明的政策，涌现出冀中模范工人丁吉占研制成功畜力纺纱机、钢锯和自动吸水泵；高阳县助民农具研究所研制成功磨（面）机、耕地犁和割麦机等。同时，热河铁工厂、察南农具制造厂、久大铁工厂由专门从事维修、制造手榴弹、枪械、大炮等军械生产，逐步转向民品维修和制造。

在化工科技方面，上世纪30年代相继出现了一些小型化工厂。1932年，高阳人李秉成在汉沽兴办的化学制造公司，生产芒硝、硫化碱；日军侵华期间，在宣化建龙烟三分厂，生产硝铵炸药和导火索等；在下花园建起了"东亚蒙疆电气化学工厂"，生产电石。上世纪40年代，晋察冀边区政府成立了工矿管理局，相继在保定阜平建立了染料研究所，生产硫化碱；在唐县建立了硫酸厂，生产硫酸、浓硝酸、无烟火药等。辛集水华火碱厂采用苛化法生产火碱。唐山人古国臣、岳久功等建起了轻质碳酸钙生产厂。

沕沕水电站

唐山启新洋灰第一条水泥生产线

在临床医学科技方面，清咸丰八年（1858年），法国传教士在正定城内开设诊疗所，河北从此有了西医。同治六年（1867年），献县张庄天主教堂设"仁慈堂"，生产金鸡纳霜、一扫光等药品，并行医治病，后改为右瑟医院。光绪二年（1876年），基督教公理会美籍牧师贝以撒在保定唐家胡同建立医院施诊。光绪十二年（1886年），天主教在顺德府（今邢台市）北门里建立眼科门诊所（今邢台眼科医院前身），治疗眼疾。光绪十三年（1887年），教会在张家口开办济民医院，诊治内外科常见病。光绪十六年（1890年），英籍医生墨海在唐山开办华人医院，翌年改为中华医院（今开滦医院）。光绪二十二年（1896年），英国传教士到沧州传教施诊，在沧州南关口运河西购地建教堂医院。传教士在河北开设的医院还有：英国基督教会在河间建立的圣公会医院、美国基督教会创办的昌黎广济医院（今秦皇岛市第二医院）、美国基督教长老会在顺德府南关西大街建福音医院。上世纪20年代，开滦医院已能实施脾切除、胃大部分切除、胆总管切开

开滦医院

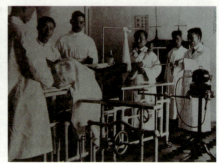

开滦医院手术室

取蛔虫等手术，30年代能够实行胆道手术、肺叶切除术、肾切除术、开颅术等大型手术，40年代青霉素在唐山等地应用，继而链霉素、氯霉素等抗生素不断用于临床，绝大多数传染病和感染得到有效控制。

在基础理论研究方面，清光绪三十二年（1906年），北洋女师（今河北师范大学前身）设立了算学科。宣统元年（1909年），河北相继创办了直隶省第一师范学堂（定县师范前身）、第二师范学堂（保定师范前身）、第三师范学堂（滦县师范前身）、第四师范学堂（大名师范前身），这些学校均设有数学科，为河北培养了大批数学师资和数学工作者。1921年，天津工商学院（河北大学前身）设立了数学科。1936年，保定清苑木匠出身的于振善在地亩丈量与计算中，使用"称地图"的方法，解决了全县土地面积的计算，并进一步发明了"尺算法"，著有《于振善尺算法》。1943年，梁绍礼发表了《神奇矩形阵的积分解》和《厄米特矩阵的某些性质》的论文，为河北研究现代数学较早的成果。1940年，马振玉（河北医学院教授）的论文《单晶铝线的制备及其热电效应》发表于《科学》杂志，获当时中国科学院所设何玉杰物理奖。清光绪三十年（1904年），河北各种学堂始设化学课。1930年，定县职业学校设立化学制造科，是河北最早的化学制造专业。

3. 当代科技

新中国成立后，河北科学技术事业有了较快发展。1958年6月，省委发出关于加强科学技术工作的决定：充实和加强省科学工作委员会，建立各专区和县、市科学技术工作委员会；建立各级科学研究机构；建立中国科学院河北省分院、省农业科学院和省医学科学院；加强各科学团体的工作；大力培养科学技术后备力量。

1959年1月，河北省科联、科普联合召开省科学技术第一次代表大会，两个群众团体组织合并成立省科学技术协会。省科学工作委员会正式改为省科学技术委员会。这一时期，科技工作开展得比较活跃。

三年经济困难时期，省科学技术事业规模有所减缩，但科技工作者凭借工作热情，围绕解决生产和人民生活问题，积极开展科学研究、技术考察、技术协作，普及科学知识，在厂矿企业和农村社队建立起三结合的科学实验小组，结合生产开展了以科学实验为中心的技术推广和科学普及活动，对国民经济发展起到了促进作用。1966年开始的"文化大革命"使科技事业受到了严重摧残，科研机构被取消，科研工作基本停顿，一大批科技工作者受到迫害和折磨。

"文化大革命"结束后，随着科教兴国战略的确立，省科学技术事业得到恢复和发展，科技工作出现了蓬勃发展的新局面。坚持科技立省，不断加大科技投入，壮大科技队伍，取得了令人

秦皇岛高新技术开发区

瞩目的成果。2011年，全省投入科技研究资金73024.8万元，占GDP的0.82%，获得发明专利2579件，发表科技论文42142篇，出版科技专著933部，有力地促进了河北省"又好又快"的发展。

全省在"十一五"期间，自主创新能力持续提升。在光伏、风电、半导体照明、生物制药、农业优种选育等重点领域突破了一批共性关键技术，取得了钙调素、杂交谷子、50米口径天线、丁苯酞等一批标志性重大自主创新成果，50项获得国家科学技术奖励，1397项获得省级科学技术奖励。创新型人才队伍不断壮大，发明专利申请及授权大量增多。

科技进步水平不断提高，科技支撑作用明显增强。围绕省重点产业发展需求，实施了350km/h高速动车组系统集成、特高压输电技术装备、新一代可循环钢铁流程工艺技术、生物制药关键技术及免疫抑制剂产品等一批重大科技项目，攻克了一批共性关键技术，形成了一批具有竞争力

张北国家风光储输示范基地

的自主创新产品，壮大了一批高新技术企业。围绕钢铁、水泥等传统产业，风电、光电、生物医药等战略性新兴产业，编制了一批产业技术路线图，为推进产业技术升级奠定了基础。省高新技术企业、高新技术产业增加值所占全省生产总值的比重显著增加，科技创新在支撑省重点产业振兴、促进经济结构调整升级中发挥了重要作用。

创新创业平台逐步完善。到"十一五"末，建成省级以上重点实验室和工程技术研究中心187个、省级以上企业技术中心250个，其中国家重点实验室、国家工程技术研究中心、国家企业技术中心分别达到六个、四个和27个，省部共建国家重点实验室培育基地三个。建成了25个省级以上科技企业孵化器、10个省级以上成果转化基地、23个国家级产业基地和"863"计划成果产业化基地、55个省级区域特色产业基地。组建了国家抗生素产业技术创新战略联盟、国家维生素产业技术创新战略联盟和半导体照明等一批省级产业技术创新战略联盟。

科技创新环境不断优化。出台了《省人民政府关于实施科技发展"十一五"规划的若干政策指导意见》、《省贯彻落实〈国家知识产权战略纲要〉的实施意见》、《省人民政府关于发挥科技支撑引领作用推动经济平稳较快发展的若干意见》、《省企业研发费用税前加计扣除项目鉴定办法》等一批政策法规和实施细则，科技体制改革不断深化，企业技术创新主体地位得到加强，产学研结合更加紧密，全社会关注科技、参与创新的意识普遍增强，创新创业环境明显改善。

2011年，全省有292项科技成果获省科技奖励，15项科技成果获国家科技奖励，其中河北医科大学"法医检验技术"项目获国家科技进步一等奖，全年专利申请量达16680件，技术交易额突破150亿元，高新技术产业增加值增长25%。

在科研强有力的助推下，省壮大了煤炭、纺织、冶金、建材、医药等一批传统产业，发展了新能源、电子信息、生物工程、新材料等一批有基础、有优势、有潜力的战略性新兴产业。纺织工业中的纱、布产量居全国第四位和第五位，印染、服装产量居全国第六位；建材工业中的卫生陶瓷、平板玻璃产量居全国第一位和第二位；能源工业中的洗精煤、原煤、原油产量和发电量分别居全国第一、第六、第七和第四位；冶金工业中的钢和生铁产量居全国第五位和第三位；化学、医药工业在全国占有明显的优势地位。

4. 未来发展

在省"十二五"及长期发展中，科技发展的原则：聚焦战略重点。紧紧围绕构筑环首都绿色经济圈、壮大沿海经济隆起带、打造冀中南经济区、培育一批千亿元级产业聚集区和大型企业集团，保障和改善民生，优化配置创新资源，突破技术瓶颈，引领和支撑全省经济社会又好又快发展。聚集创新资源。充分发挥环首都和环渤海的区位优势，以环首都绿色经济圈为重点区域，以产业转型升级为主要目标，加快科技成果转化和产业化，加强国内外特别是与京津的科技合作，聚集高层次创新资源，带动省创新资源的优化和区域创新能力的快速提升。聚合创新主体。进一步完善以企业为主体、产学研紧密结合的创新体系，建立形成以载体和平台为纽带的创新机制，推动创新主体创新模式有效融合、协同攻关。聚成创新合力。把政府引导和市场配置资源的基础性作用结合起来，强化政府引导、制度创新和政策助推，充分发挥市场配置资源的基础性作用，调动各级各部门的积极性，形成全社会积极参与科技创新的合力。

科技发展的目标：增加投入力度。社会研究开发经费投入占GDP比重力争达到全国平均水平；省级一般预算安排的科技经费增长幅度高于当年财政经常性收入增长幅度两个百分点以上；设区市、县（市、区）财政科技经费支出占财政预算支出的比重高于两个百分点以上；国有及国有控股企业研究开发经费达到当年销售收入的1.5%以上，拥有国家级和省级技术中心、工程（技术研究）中心的大中型企业和科技型中小企业达到3%以上，高新技术企业达到5%以上。构筑创新平台。省级以上重点实验室和工程技术研究中心分别达到90个和210个，省级以上企业技术中心达到350个，产业技术创新联盟达到60个，省级以上高新技术产业开发区达到20个以上，国家级高新技术产业化基地达到30个，区域高新技术特色产业基地达到60个，建成10个工业技术研究院。提高技术水平。突破一批产业发展重大关键技术，销售收入超千亿的大型企业集团整体技术水平进入国内领先行列，部分企业成为国家创新型企业。千亿元级重点园区技术创新能力显著增强，培育一批掌握自主知识产权的高新技术龙头企业和产业集群。高新技术产业增加值年均增长25%以上，占GDP的比重达到10%。主要农作物良种覆盖率稳定达到98%以上。增强创新能力。具有自主知识产权的产品比重大幅度增加，全省发明专利年均增长15%。应用基础研究取得重大进展，科学研究与高等教育、科研机构有机结合的知识创新体系不断完善，取得一批重大基础性、公益性科学研究成果。培养创业人才。科技活动人员达到25万人以上，研究开发人员达到八万人，高层次创新人才不断涌现，形成与我省经济社会发展相适应、结构合理、规模宏大的科技人才队伍。深化体制改革。建立以企业为主体、以市场为导向、产学研相结合、创新要素向企业集聚的科技创新体制机制。科技项目管理、科技经费管理、科技成果评价奖励等制度和激励自主创新的政策体系更加完善。

科技发展的总体部署：实施12个科技重大专项、建设八大科技创新工程、推进八大科技行动，即"1288战略部署"。实施12个重大专项。针对省战略性新兴产业发展、传统优势产业升级、现代农业发展、民生改善等重点领域对科技的需求，确定新能源关键技术研发与产业化、新一代信息技术研发与产业化、重大新药创制与生物医药研发、新材料关键技术研发与产业化等12个科技重大专项，集中科技资源，开展重点攻关，争取在"十二五"期间突破一批具有全局性影响、带动性强的重大核心关键技术。建设八大科技创新工程。紧扣全省经济发展的战略重点，突出产业创新能力建设和示范推广，确定环首都绿色经济圈科技成果孵化园区建设、沿海产业带技术服务体系建设、工业技术研究院建设等八大科技创新工程，加快建设一批创新创业载体，示范应用一批新技术、新成果。推进八项科技行动。围绕加快发展方式转变，加强全社会科技创新的组织推动，着力实施应用基础研究能力提升、重大专利创制与产业化、科技创新创业平台建设等八项科技行动，加强科技基础条件建设、创新资源配置和创新主体培育，促进科技资源和创新要素向高端产业和民生领域聚集。加快发展高新技术开发区等各类创新园区，加快建设重点实验室、工程技术研究中心等技术创新平台，组织实施重大科学技术攻关，突破一批制约产业发展的关键技术，突破一批社会发展和民生改善领域的关键技术，突破一批资源环境领域的关键技术，力争"十二五"期间全省万人发明专利拥有量年均增长14%左右，高新技术产业增加值占全省生产总值的比重达到10%以上。

（二）重要科研机构

1. 河北省科学院

创建于1978年，是河北省最大的综合性自然科学技术研究开发机构。有各类专业人员460余名，其中高级职称人员120余名，中级职称人员150余名，享受政府津贴专家11名。下设八个科研机构：地理所、数学所、激光所、自动化所、生物所、微生物所、能源所和省机电一体化中试基地。国家微生物肥料研究推广中心以及省地理学会、省国土经济学研究会、省计算机学会、省自动化学会、省CAD学会等五个全省性自然科学学会挂靠。主办《河北省科学院学报》、《微生物研究与应用》和中文核心期刊《地理与地理信息科学》。

该院紧紧围绕省经济和社会发展目标以及经济建设技术需求，进行科学研究和技术攻关，积极承接国家重点科技攻关项目，为省经济、社会的可持续发展提供科学技术支撑。共完成国家、省部属课题、科研开发项目1300多项，其中获得省级以上奖励240项，其他奖励418项。申请到国家专利42项。成果转化、推广应用率超过70%。累计发表科技论文论著总数1900余篇（部）。

该院创造了多个国内、省内第一。其中，地理所积累了国内关于华北平原的地理信息最权威的资料库；微生物所第一个将拥有自主知识产权的生物钾肥技术

全省科技工作会议

通过开办国际培训班的形式推向世界30个国家和地区；激光所第一个申请到省内新材料领域的国家863项目——金刚石镀膜设备的研制；数学所第一个开发出了拥有自主知识产权的网络安全技术。

2. 河北省社会科学院

省级社会科学综合研究机构、理论宣讲机构和社团机构。前身为始建于1963年的省哲学社会科学研究所，2009年省委、省政府决定将省委讲师团、省社会科学界联合会并入该院。全院现有编制380人，设管理机构九个、社团工作机构五个、教学科研机构15个、科研辅助机构四个。

该院坚持"为省委省政府决策服务、为全省经济社会发展服务、为基层服务"的办院方针，构建"三位一体"的工作格局，落实"出成果、出人才、出效益"的总体要求，推进学科体系、学术观点、科研方法创新，围绕服务全省经济社会又好又快发展和繁荣哲学社会科学事业，努力建设中国特色社会主义新智库，实现"省级一流、国内知名"的奋斗目标。

该院致力于邓小平理论、"三个代表"重要思想和科学发展观理论与实践问题研究，省经济社会发展重大理论与实际问题研究，有河北特色和区域优势的历史文化研究，推进研究成果的转化和应用，在省科学发展、富民强省进程中提供理论支撑和咨询服务。

该院不断深化和拓展党的理论武装工作，积极开展理论教育、理论宣传，组织实施在职干部马克思主义理论和形势政策教育、培训等重大宣讲活动，为各级党委中心组提供学习服务，指导和管理各市委讲师团的业务工作。

该院发挥省委、省政府联系全省社会科学工作者的桥梁和纽带作用，指导、组织、管理、协调全省社科联所属团体会员和全省民办社会科学研究机构的工作；组织学术活动与交流，普及社会科学知识，发布管理"省社会科学发展研究课题"；依照省政府授权，负责省级社会科学成果奖励和管理工作；评选社会科学优秀青年专家。

该院注重学科体系和人才队伍建设。区域经济学、中国特色社会主义理论体系研究、农村经济学、河北地方史与传统历史文化研究为重点学科，当代文化（文学）与河北文化发展研究、人口社会学、马克思主义哲学与现代化、服务经济为重点扶持学科。现有10名享受国务院特殊津贴

长城汽车

风力发电设备

专家，三名省管优秀专家，15名省有突出贡献中青年专家，11名省社会科学优秀青年专家，12名省新世纪"三三三人才工程"人选，10名省宣传文化系统"四个一批"人才，15名省中青年社科专家"50人工程"人选。

该院主办《河北学刊》《经济论坛》和《社会科学论坛》等刊物；主办《河北社会科学》《决策参考》，与省委宣传部联合主办《党委中心组理论学习通讯》、《理论信息》等内部刊物；主办"河北省社会科学院网"、"理论教育网"和"河北社会科学网"。积极开展国际学术交流与合作，与日、俄、美、加、英、法、意、韩等国家的科研、教学机构建立了长期稳定的学术交流关系。

3. 河北省农林科学院

省级综合性农业科研机构，成立于1958年。主要开展以作物优良品种选育和高产高效耕作栽培技术体系为主的应用研究，以区域开发、试区建设和新产品研制为主的应用研究，以抗逆生理、生物技术为重点的应用基础研究和高新技术研究，以畜牧业研究和农产品加工为发展方向，开发推广科研成果和实用技术，着力解决全省农业生产中的重大科技问题。现辖12个专业研究所、三个院控股企业，建有八个国家作物改良中心（分中心）、四个农业部重点实验室、七个野外观测科学试验站、七个省级重点实验室和11个院级综合试验站。共取得国家奖八项，省科技突出贡献奖四项，省部级一等奖21项、二等奖56项和其他奖280项，成果的转化推广有力地支撑了省农业和农村经济的发展，每年为全省创造社会经济效益10多亿元。被省委、省政府评为"推进社会主义新农村建设"先进单位，全院有五个单位连续多年获省级文明单位称号。2012年，被省全民科学素质工作领导小组授予"省公民科技素质教育示范单位"。

该院现有事业在职在编职工877人，具有高级技术职务的405人，硕士以上学位人员303人，有131人次获国家和省级专家称号。其中，省院士后备人选二人、省管优秀专家九人、国务院特殊津贴专家16人、省突出贡献专家47人。在国家农业产业技术创新体系中，拥有功能实验室主任三名、岗位科学家14名、试验站站长19名，在全国农业科研单位中名列前茅。围绕"建一流班子、带一流队伍、创一流业绩"的目标，为全省农业生态文明建设、主要农产品有效供给、资源环境安全、转变农业发展方式、创新农业生产经营主体提供强有力的科技支撑，强化科技创新和科技服务，努力建成总体水平全国一流、部分领域世界先进的农林科学研究机构。

4. 河北省电力研究院

原为河北省电力试验研究所，始建于1958年，2003年11月更名为河北省电力研究院。下设电气技术研究所、热动技术研究所、锅检技术研究所、热控技术研究所、化环技术研究所、电力计

"张杂谷"实验基地

英利集团生产车间

量研究所、电力信息研究所等七个专业研究所和院务工作部、电网部、发电部等11个职能管理部门。省电力公司电网规划研究中心挂靠。拥有重点实验室和检测中心30个，所属90个实验室，其中77个达到国内领先水平。专业门类齐全、测试手段先进、技术力量密集，业务范围基本覆盖电力生产各个领域，担负着河北电网绝缘、电测、金属、能耗、振动、热工、化学、环保、继电保护、电能质量、励磁11项技术监督任务。

　　该院是国家电力公司命名的全国一流科研院，通过了ISO9001质量体系认证，具有国家火电工程类和送变电工程类甲级调试资质、国家电监会颁发的电力设施一级承试资质、省发改委授权的技术监督和检测机构资质，实验室通过了国家实验室认可。荣获"国家电力公司双文明单位"、"省文明单位"和"省先进集体"称号。

　　该院注重发挥人才优势，努力推进科技进步，每年为电网提供技术监督和技术服务项目上千项。近年获国网公司和中国电力科技进步奖四项、网省公司科技进步奖70余项。

　　该院承担主网架、大机组的基建调试任务，精湛的技术、踏实的作风、优质的服务，为该院赢得了多项荣誉：负责调试的500kV保南（清苑）变电所工程、辛廉500kV输变电工程、清沧500kV输电线路工程被评定为"2005年度中国电力优质工程"；参与调试的华北电网与华中电网实现顺利连接，形成了跨越14省市、堪称世界电网第一巨人的全长4600余公里的电力走廊；负责总调试的邯

太阳能生产车间

国内最大的软胶囊生产线

峰发电厂2×660 MW机组荣获2003年度中国建筑工程最高奖——鲁班奖；负责调试的国华定州电厂2×600 MW机组被评定为2006年度"中国电力优质工程"，并获国家优质工程银质奖。

5. 河北省轻工业科学研究院

省级重点科研院所之一，轻工行业的综合科研单位，成立于1958年。专业涵盖面广，技术力量雄厚。内部设有食品发酵、精细化工、制浆造纸、家用电器、塑料与轻工机械专业，轻工研究院技术开发公司等三个科技型企业，食品发酵、制浆造纸、家用电器三个省级质量检测站。有高级工程师28名，工程师27名。先后获国家科技进步奖一项、国家星火科技三等奖一项，省部级科技进步奖10余项。

下属石家庄开发区省轻工研究院技术开发公司，是该院对外开放的窗口，其抗静电液晶包装材料的抗静电性能已经摩托罗拉（天津）公司严格检验认可，作为其包装物供应国内和出口。公司的模具专业有相当的实力，在吸塑模具方面有较高的声誉和市场占有率，模具结构设计和加工精益求精，赢得广大用户赞誉。公司正在开展工业自动化控制的设计、安装、维修等工作，为邯郸钢铁公司、上安电厂、热力公司等单位进行了多项工控系统的维护修理工作，取得了可观的经济效益。

6. 河北省建筑科学研究院

省建设系统唯一的技术实力雄厚的专业科研机构，成立于1958年。省建筑工程质量检测中心、省土木学会质量控制与检测技术学术委员会、省司法鉴定中心、省建筑情报站等设在该院。

该院以强大的科技创新能力为依托，于1992年成立了河北建研科技股份有限公司。企业资质等级：地基与基础工程专业承包一级资质、防腐保温工程承包一级资质、特种专业工程（结构补强）专业承包资质、建筑防水工程专业承包二级资质、预应力和钢结构工程专业承包二级资质。

该公司学术力量雄厚，技术装备完善，员工多次参加全省重点工程及重大工程的工程质量检测，检测经验丰富，提供的数据准确可靠、科学公正。

河北省科技表彰大会

　　该公司所属特种结构研究所负责建筑结构、建筑构件及构筑物的质量检测，重大工程质量事故的仲裁检测，建筑结构安全性、建筑使用功能的技术鉴定。进行了百余项砌体结构、钢筋混凝土结构、钢结构、网架结构、木结构及水塔、烟囱等构筑物的工程质量检测，同时开展了桥梁、道路、装修工程、防水工程和既有建筑物的检测鉴定。

7. 河北省化学工业研究院

　　隶属于冀中能源集团有限公司。依托冀中能源集团的资金、项目和管理方面的优势，引入现代化管理体制和经营模式，加大技术研发力度，加快产业转型和技术转型，发展和扩大优势产品项目规模，由传统化工经营模式逐步发展成为以煤化工、石油化工为主导，农药、精细化工、食品添加剂等多种经营的新型科研单位。

该院设有煤化工研究所、精细化工研究所、农药研究所，省化工产品质量监督检验中心站、省石油化工环保检测站、省精细化工中试基地、省石油化工技术情报中心站设在该院，编辑出版《河北化工》杂志。

8. 河北省纺织科学研究所

省纺织、印染等领域的专门研究机构，成立于1978年，主管部门为省政府国有资产监督管理委员会。现有在职职工40余人，其中教授级高工一名，副高级工程师14名，工程师五名，高级技师一名，技师六名。技术力量雄厚，科研开发能力强，在省纺织行业的科研开发中发挥着重要作用。

该所立足于市场需求，致力于特种防护织物、粘合衬涂层、复合设备系列的开发及相关产品的加工、生产、宽幅土工布生产，印染粘合助剂及滤纸胶的开发生产。在新产品开发、研制等方面取得了一系列科技成果，承担和完成省部级项目41项，获省科技进步奖18项，项目成果推广率达90%，并发展成为单位产业化项目。

（三）教育的历史与现状

1. 古代教育

河北是中华文明发祥地之一，地处古中原文化和北方古文化两大文化区的交会地带，为河北教育的发展提供了良好的条件。夏、商、西周时期文化教育的特点是学在官府，河北地区也不例外。春秋时私学兴起，战国时出现百家争鸣的盛况，推动了文化教育的发展。战国末期，随着赵国的强盛，出现了慎到、荀况等著名学者，荀况在中国教育史上有很大影响。

董仲舒

秦代书同文、行同伦等文教政策为汉代统一思想奠定了基础。两汉时期，地方学校制度逐渐完备，除官学外，境内私学日盛。西汉初，广川（今衡水景县）人董仲舒倡独尊儒术，始开封建社会以儒学为正统的先河，其兴太学、重选士之议为汉武帝采纳，促进了中国古代太学的产生和选士制度的确立。东汉初，著名学者伏恭任常山（治所在今石家庄元氏）太守期间，"敦修学校，教授不辍"，凡士子为官多重兴学。东汉末，涿郡(今保定涿州)人卢植，早年师从马融，学成后成为经学名望，回乡教授古今文经学，刘备曾受教于他，晚年隐居上谷，仍在军都山（今北京昌平境内）设榻讲学。

魏晋时代，内争外战，官学私学均受影响，儒生生计无着，经学几乎停滞。曹魏青龙五年（237年），诏广平学者刘劭作《都官考课法》72条。十六国时期，赵、魏等地经学复兴，后赵王羯人石勒建都襄国（今邢台市），重视儒学教育，立太学，设小学，选将佐子弟入学，置博士教授"五经"，目的在于加速羯族汉化。北魏时，经学在河北地区发展，赵、魏、幽、蓟各地均有名儒长期侨居讲学。学者张吾贵（中山人）、刘兰（武邑人）在定州等地设馆授经，生徒上千人。东魏、北齐亦提倡经学，燕赵"横经受业之侣，遍于乡邑"。

隋代结束了长期的分裂局面，河北盛行私人办学。衡水武强人刘智海，藏书甚丰，刘焯（今衡水冀州人）、刘炫（今沧州沧县人）等投其门下，苦读十载，成为著名经学家。随即广收门徒，传授经学。此外，马光（邯郸武安人）、房晖远（今石家庄正定人）等均以教授经学为业，生徒至千人。河北地区所办私学数量多，成效卓著。隋大业二年（606年）设进士科取士，为中国科举取士制度之始。唐初，经隋末农民起义的扫荡，政府官吏十分缺乏，唐完善科举制度，开创了中国古代选士制度的新纪

卢植

孔颖达

中溪书院

河间毛公书院

双峰书院

元。实行"重振儒术"的文教政策，为鞭策士子习儒，太宗命刘焯的得意门生孔颖达（经学家、衡水人）撰定《五经正义》，为科举考试的依据和学校的主要教材。为增加科举考生来源，玄宗令全国"各州县每乡设一学校，择师教授经学"。河北各州县乡广设官学，设县学最早的为东安(今廊坊)和唐县（今保定）。五代时期河北境内已有书院出现。

宋元时代，河北文化教育为汉族和其他民族所共建。北宋时，辽在上京(今承德平泉一带)设国子监。各地兴办了府州县学。宋统治者鉴于唐代战乱的历史教训，认为安邦治国的关键在于重文治、崇儒术。各州县普遍设学，宋真宗亲作《劝学诗》，鼓励士子勤勉读书，专攻举业。此时，受官府奖励以讲学为主的书院得以发展，制度日趋完善。河北境内著名的有封龙书院（又称龙山书院）、西溪书院、中溪书院（又称中峰书院）等，均设于石家庄封龙山，这些书院属私学性质。南宋时，程朱理学发展，书院逐渐成为学派活动的基地。

元代仿唐、宋教育制度，河北各路府州县皆设学。因官府提倡，各地兴复新建书院。为广纳学子，著名数学家李冶（今石家庄栾城人)"买田封龙山下"，重修封龙中溪书院。河北书院增至近20所，其中有全国著名的河间毛公书院、景州（今衡水景县）董子书院等五所。当时，一般书院院长由官府委派，开始官学化，唯封龙书院、紫金山书院（今邢台西部）独具特色。李冶主持的封龙书院将教授与研究结合起来，创天元术代数，比欧洲代数早出现约300年，英国著名学者李约瑟给予了高度评价。同为紫金山书院师友的刘秉忠、张文谦、张易、王恂、郭守敬等在天文、数学、水利工程、土木建筑等方面取得重大成就，形成一个科研群体，史称邢州学派（亦称顺德

封龙山书院

莲池书院

北洋师范学堂

学派）。此五人均为朝廷重臣，帮助忽必烈以汉法治天下，对元代的发展做出了重要贡献。

明初力兴官学，重视地方教育。河北除各府州县设学外，乡间增建社学，"延师儒以教民间子弟"，始设于唐、宋的书院基本沿袭下来。随陆王"心学"的兴起，讲学之风日盛，书院有所发展。明代河北共有书院78所，明末，除少数书院由学者主持自由讲学外，多为官学化，成为科举预备场所。明末清初，著名学者、教育家孙奇逢（保定容城人）先后在易州、定兴、容城等地讲学，河北士子多出其门。其在易州双峰的讲学处，被弟子辟为双峰书院。清初，为防书院聚徒反清，开始重官学、抑书院。河北设府学11所，直隶州学六所，散州及县学136所。后随清朝政局稳定，书院得以恢复，至清末河北设书院172所。此时书院已与官学无异，生徒为科举而穷八股，空疏无用之学风盛行。设于邯郸肥乡境内的漳南书院于康熙三十五年（1696年）聘颜元主持，其反对八股制艺，注重实学，对漳南书院进行改造。弟子李塨（保定蠡县人）少从其门下，学成后在家乡自办私塾，办学思想与颜元一致，史称颜李学派。创办于雍正年间的保定莲池书院，由章学诚、黄彭年、吴汝纶等著名学者主讲，开办西学，收教外国留学生，在中国教育史上占有重要地位。

2. 近代教育

晚清时期，政治腐败，闭关锁国，教育落后，严重阻碍了经济和社会的发展。鸦片战争后，统治阶层中的有识之士目睹西方先进、中国落后的现实，提出"师夷长技以制夷"的主张。历经洋务运动、维新变法和清末新政，终于废除科举，施行新学制，近代教育开始在中国建立和发展，而河北的教育则走在全国前列。

直隶省将"师夷"付诸实践的首推洋务派。时任直隶总督兼北洋大臣的李鸿章基于"洋务运动"对各类人才的需要，从光绪六年（1880年）起在天津首创北洋电报学堂、北洋水师学堂和管轮学堂、北洋武备学堂、北洋医学堂等新式学堂。光绪二十一年（1895年），天津海关道盛宣怀创办北洋西学学堂（翌年更名为北洋大学堂），其办学模式虽仿照美国，但学科设置适应直隶和北方地区民族经济发展的需要，长盛不衰，成为早期培养近代高科技文化人才之发轫。李鸿章兴办的新式学堂虽未形成新型学制系统，且以"中体西用"为本，却给直隶省教育的进一步发展提供了经验教训。后成为著名教育家的张伯苓即出自北洋水师学堂。在洋务运动期间，直隶成为北方洋务教育的中心。

《马关条约》的签订，使中国进一步半殖民地化，民族危机加深，激起爱国志士的义愤。郭好苏（邢台广宗人）等37名直隶赴京应试举人参加康有为发起的"公车上书"，揭开了维新变法运动的序幕。维新派主张兴学堂、废八股、反对科举制，对直隶学界影响甚大。虽昙花一现，但在很大程度上推动了教育事业的发展，兴学堂、废八股不久即在清末新政中得以实现。

光绪二十七年（1901年），清政府颁布兴学诏书，提出兴学育才为急需之务。由张之洞（沧州南皮人）起草的《奏定学堂章程》（即癸卯学制）为第一个在全国推行的学制。清政府明令"立停科举，以广学校"，成立学部，提出"忠君、尊孔、尚公、尚武、尚实"的教育宗旨。

依照清政府诏令，时任直隶总督兼北洋大臣的袁世凯推动兴学进程。首先改革教育行政机构，在省城保定设学校司，聘著名教育家严修（天津人）为督办。各类新式学堂应运而生：直隶农务学堂（今河北农业大学前身）为全国第一所农业高等学校；直隶高等学堂始为北洋大学预备学校，后并入北洋大学；工业、路矿、法政、师范、商业等各类学堂分别建于保定、天津、唐山等地；女子学堂开始出现，有北洋女子师范学堂、天津高等女学堂等；蒙养院（幼稚园）、艺徒学堂等于天津、保定等地创办；著名的天津敬业中学（南开中学）、保定育德中学开办；直隶巡警学堂为全国第一所警校；北洋速成武备学堂（保定军校的前身）为中国早期的军事学堂，蒋介

北洋大学堂　　　　　　　　　保定军校　　　　　　　　　保定留法勤工俭学纪念馆

石、张群等皆从此校赴日留学。至光绪三十三年（1907年），直隶各类学堂总数为4519所，学生总数为8.8万余人。在新式教育建立之初，直隶即选派士绅赴日考察，回国后派充学校司官员及各地劝学所长，同时向日本及欧美等国派出留学生。

在兴办新式学堂的同时，教育研究也在起步。光绪三十年（1904年），严修在天津、保定创办教育研究所，然后深县、蔚县、威县等部分州县也相继建立了教育研究机构。

民国时期，直隶省针对清末新式教育发展存在科类设置重叠、教育结构失衡等问题，分别采取调整、改革和发展的方针。对专门以上教育以调整为主，将保定、天津两地法政、商经等科类相同或相近的学校进行裁并。除北洋大学外，其他以"北洋"冠名的学堂一律改称"直隶"。1919年私立南开大学成立，为直隶省第二所有影响的大学，全国著名的四所私立大学之一。对普通中等教育，公立中学以提高教学质量为主，控制数量发展。允许私人办学，天津圣功，保定同仁、志存，昌黎汇文，临榆田氏等中学均创办于此时，提高了小学毕业生的升学率。

发展职业教育。民国初，在保定、天津两地创办三所工商类职业学校，毕业生颇受欢迎，天津裕元纱厂从保定甲种工业学校招聘一批染织科毕业生，取代原有的日籍技术人员，后来这批人成为天津纺织界的骨干。注重社会教育。天津图书馆附设通俗图书馆，全省有条件的县设立通俗图书馆78所、民众学校1601处。调整和加强师范教育。规定女子师范学校除培养小学教师外，也要承担蒙养园（幼稚园）教师的培养任务，直隶共有高等师范一所、男子师范五所、女子师范两所。随着师范教育的发展，逐渐结束了普通教育聘请外籍教师的局面。

为解决清末新式教育中存在"头重脚轻"的问题，直隶省注重发展小学教育，学校不断增加，学生数量逐年上升。民国初，直隶省学校数、学生数仅次于四川为全国第二，到1915年，学校数则超过四川位居全国第一。

1919年春，美国教育家杜威、英国哲学家罗素先后到保定等地讲学，传播西方教育理念。当时许多有志青年渴望到国外探求文明，直隶兴起留法勤工俭学热潮。1917年，李石曾（高阳县人）在保定、高阳两地创办留法勤工俭学预备学校（班），对准备出国的学生进行法文及其他方面的培训，蔡和森、刘少奇、李维汉、李富春、聂荣臻等曾在此就读，毕业生有近200人赴法留学。民国初，借庚款留学之机，直隶省教育厅选派53人赴欧美和日本等国留学，八人去香港大学读书。1924年赴苏联留学者骤增，广州中央选拔委员会曾到直隶选拔留苏学生。

1919年，五四运动爆发，对直隶教育界震动很大。全省各地大中学校学生纷纷以各种形式投入反帝爱国的浪潮中。直隶省学联在天津成立，周恩来、马骏、邓颖超、郭隆真（邯郸大名人）等成立觉悟社，发表《觉悟宣言》。五四运动的领导者之一、北京大学教师李大钊（唐山乐亭人）在传播马克思主义中提出教育的庶民方向，主张"一般劳作的人也有均等机会去读书"。在五四运动的启迪下，许多年轻知识分子通过在长辛店等地举办工人文化补习学校，走上与工农劳苦群众相结合的道路。

平民教育课本

1928年，北洋军阀统治结束，直隶易名河北。在此期间，教育事业取得一定发展。全省乡村小学逐步增加，除偏僻县份外，每乡均有一校，也有一乡两校或两校以上的，到1933年，小学数达到29149所。中学教育处于稳定状态，有省属公立中学26所，私立中学43所。颁布师范学校规程，一律按所在地名更改校名，有省立师范14所、女校五所。为培养义务教育师资，全省130个县所设的简易、乡村师范学校不

晏阳初

下150所。职业教育发展明显，有省立职业学校六所，其中专科以上学校附属两所、独立四所、县级及私立职业学校15所，大多为染织、机械、亦有农、商等科。高等教育中一些专科学校升格为学院，省立工业专门学校升格为工业学院，省立法商专门学校升格为省立法商学院，在第一女子师范学校校址设立省立女子师范学院。1931年，河北大学奉命撤销，医科改组成河北医学院，农科改组成河北农学院，此后长期没有省属综合大学设置。在社会教育方面，除各县广设民众教育馆，以各种形式进行民众教育外，以晏阳初为总干事的中华平民教育促进会（简称平教会），从1927年至1936年在保定定县举办平民教育实验，引起社会广泛关注，在民众教育的组织、教育形式及教材的编写等方面取得了宝贵的经验，在扫除文盲方面成绩显著。在教育研究方面，省、县相继建立了教育研究机构，南开大学成立了经济研究所、应用化学研究所，全省创办各种教育报刊80余种。

3. 抗战时期的教育

七七事变后，河北全境沦陷。在持续八年的抗日战争期间，河北境内存在着两种不同性质的教育，即日伪推行的殖民地奴化教育和抗日根据地即游击区进行的抗日民主教育。

在日伪统治地区，除在城镇办了一些日语学校外，还复建了一些小学和中学，但小学数量始终未达到战前的一半；中等教育，除保留少数普通中学外，均改设职业学校。至1945年，伪省教育厅共辖中等学校65所，其中农科等职校44所，师范10所，普通中学只有11所。高等教育，原有

城南庄的华北联大

白求恩卫生学校

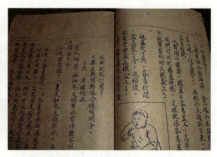

晋察冀边区课本

的省属高等学校在战火中基本被毁而关闭，河北农学院、工学院、女师学院等均被日军作为军营或医院占用。日伪统治期间，仅设省立师范专科学校（校址在保定）和省立农业专科学校（校址在北京通县）两所高等专科学校。伪教育厅多次选派学生官费留学日本，每年选派50名，为维护殖民统治培养人才。

1938年1月，中共领导的第一个敌后抗日民主政权——晋察冀边区行政委员会在保定阜平成立，设教育处。规定了教育工作的基本方针和任务：教育为抗日战争中的一条重要战线，要面向群众，普及义务教育，培养干部和专门技术人才等。边区各地着手恢复因战火而停办的小学，建立新校，对原有的学校教育进行改造；组织编订抗日教材，改革教学内容和方法；检定培训小学教师；筹措教育经费；筹建中学和各类干部学校；开展社会（主要是农民）教育；建立健全各专区、县教育科和区教育助理员设置。随着各项工作的逐步开展，边区教育日见起色。

1940年6月，边区文教会议进一步明确制定小学、中学、师范学校的课程设置标准及学制等，根据毛泽东关于新民主主义的教育思想和边区面临的形势，提出了教育的总方针，即以民族的、民主的、大众的、科学的精神教育边区人民，粉碎敌伪的奴化教育政策，肃清一切迷信的落后的复古的与买办性的反动教育，树立全国新教育的模范，使教育为抗战、建国服务。随后，边区《施政纲领》（双十纲领）提出了各类教育的发展目标和具体要求。通过发展干部教育、社会教育和儿童教育逐步建立适合抗战需要的新教育体系。

边区教育在教育战线广大干部、教师的不懈努力下得到发展，为抗日战争和边区建设做出可贵的贡献。初等教育实行免费的义务教育，教学内容符合实际需要（应用文、写信、开路条、记账、生产知识与技能等），办学形式灵活，方便群众，废除体罚，采取说服教育的方法，深受群众欢迎。到1938年底，边区各地小学基本已恢复开学；到1940年底，小学校数和学生数不仅恢复到七七事变前的水平，而且大大地发展了。据晋察冀边区48个县的统计，1938年有小学4898所，学生220460人；1940年增加到7697所，学生469416人，学龄儿童入学率达到57%，其中冀中区达到75%，个别较好的县达到90%以上，女生入学人数显著增加。

中等教育从无到有。1939年边区创办中学八所，后发展到10所，其间随环境的变化作出合并

华北联大

抗大二分校

和调整。1944年，冀东区在环境最残酷的条件下创办两所中学，翌年冀中区增办四所中学。师范教育最初在中学附设师范班，后随形势发展始设师范学校，至1945年日本投降前，境内各根据地共有师范学校（班）18所，另外还设有职业学校（班）。当时的中学既有普通班，也有各种干部培训班。由于敌人封锁和自然灾害，各校都组织各项生产，学生开展勤工俭学，八年间，边区各地中等学校共培养输送两万多名各类人才。

为适应抗战和根据地建设的需要，边区政府坚持"干部教育第一"的方针，先后办起许多高、中级干部学校，培养出大批革命干部和建设人才。1938年初，冀南、冀中两区在衡水深县联合创办了河北抗战学院，杨秀峰任院长，谌厚慈任教育长，学员来自河北各地（部分来自平津），共办两期，培养各类干部2700名。全国闻名的华北联合大学（华北联大），1939年7月创于延安，同年秋迁到晋察冀边区政府所在地保定阜平城南庄。10月中旬正式开学。成仿吾任校长兼党团（组）书记，江隆基任教务长，开办初期全校设社会科学、文艺、工人和青年四个部。1941年2月扩大招生，改设法政、教育、文艺学院和群众工作、中学两个部，全校教职员、学生发展到4000余人，汇集了当代许多著名学者、专家，成为很有影响的一所革命大学。从1939年至1945年间，共培养8000多名政治、经济、教育、艺术、外语等专业人才，为抗日战争和根据地建设做出了重要贡献。此外，河北境内各根据地还先后创办了边区抗战建国学院、群众干部学校、定襄学院、培养少数民族工作干部的蒙藏学校、冀中"五一"建国学院和冀南抗战建国学院（1941年改称冀南政治干部学院）。

基于军队建设的需要，边区非常重视军事院校建设。1937年12月，在阜平创办了军政干部学校，孙毅任校长。学员为新参加革命的青年学生和部队中的初级干部、优秀战士，共办三期，培养了近900名干部。1939年初，中国人民抗日军政大学（简称抗大）二分校，从延安迁到石家庄灵寿陈庄，校长陈伯钧（后孙毅继任）、副校长邵式平，共办四期，培训干部1.1万余人，于1943年2月返回陕北。抗日军政大学（总校）于1940年10月从太行武乡迁至邢台县浆水，代理校长滕代远，教育长何长工。该校系1939年6月从延安迁出到达太行前线的，于1943年1月由邢台迁回陕北，此间培训干部达1.3万余人。白求恩卫生学校，原为晋察冀军区卫生学校，成立于1939年，因纪念白求恩而改名，曾辗转于河北唐县、行唐、阜平等地，坚持"学一点、会一点、用一点"、培养"白求恩式的医务工作者"的方针，共培养各类医务人员928名。此外，1938年8月，国民党省政府主席鹿钟麟率部返冀后，责成教育厅长王承增创办"抗战建国学校"于冀县城外，招收学员600多人。

4. 解放战争时期的教育

抗战胜利后，国民党发动全面内战，边区政府不得不继续实行战时教育体制，使教育为解放战争服务，为土地改革等新民主主义革命服务。1947年11月，石家庄解放后，纵贯河北境内的晋察冀和晋冀鲁豫两大解放区连成一片。边区政府开始从教育战线广大干部、教师的思想认识上，从各类教育的法规上，做好从战时教育体制向教育正规化方向过渡的准备。

从抗战胜利，到1949年8月河北省人民政府成立前，河北解放区的教育事业取得明显发展。初等教育在为解放战争服务，配合土改、支前、扩军等中心工作过程中，得到快速发展。中等教育到1946年11月，仅原晋察冀边区的中等学校就增加到56所，还接管了新收复地区的中等学校，在接管的同时，对原有的教育方针、内容、方法以及教师队伍和管理体制进行了改造。

干部教育在解放战争期间继续占有重要地位，担负着为革命事业培训大批干部的任务。华

华北大学

北洋工学院

北联大继续在河北境内办学，1948年8月，在正定与1945年在邢台成立的北方大学合并，改称华北大学，成为一所综合性的培养各类高级人才的干部大学。校长吴玉章，副校长范文澜、成仿吾，教务长钱俊瑞。此外，还有白求恩医科大学以及冀南建设学院、冀中"五一"学院（后改为建国学院）、晋察冀边区行政干部学校、冀东建国学院等，其中冀东建国学院影响较大。在解放战争时期，晋察冀边区的华北联大、医科大学、工业交通学院以及各中学共培养出一万多名干部。

1948年8月召开华北中等教育会议，河北解放区教育战线广大干部在认识和实践上为实现历史性转变、迎接新中国的诞生，做了较为充分的准备。1948年底，河北全境基本解放，原属国民党统治区的各类学校陆续被军管会接管。同年8月1日，河北省人民政府在保定成立，省政府教育厅负责统一管理全省教育事业。至此，河北境内彻底结束了半殖民地半封建的教育，开始了全面推行新民主主义教育的新纪元。

5. 当代教育

1949年10月1日，中华人民共和国成立，设教育部。省人民政府遵照中央的指示，接收了由原冀东、冀中、冀南和平、津两市军管会先后接管的省属学校，并对各类学校进行初步改造。取消了原国民党政府规定的训导制度及"党义"等课程，统一了全省中等以上学校的名称，明确了隶属关系。

贯彻政务院1951年10月颁布的《关于改革学制的决定》中强调"教育为国家建设服务"、

"学校向工农开门"的方针，改革了学制年限与制度，确立了各种形式的干部学校、业余学校在学制系统中的地位，整顿发展了中等技术教育和师范教育，对高等学校进行了院系调整，初步建立了新的教育体制，以适应大规模培养各类建设人才的需要。

重视教师队伍建设。省人民政府主席杨秀峰教授亲自兼任河北师范学院院长，并责成常务副院长李继之从京、津等地广招人才，为扩展新科类、发展省师范教育聚集了雄厚的师资。省教育厅对克服重重困难从海外归来参加祖国建设的专家学者予以了妥善安排，1950年来自美、法等国的滕大椿、葛以德等人均被聘为河北师范学院教授。 为解决中学教师奇缺的问题，省教育厅于1950年在天津创办一年制的大专班（附设于河北师范学院），招收省内外知识青年，毕业后分配到全省各中学任教，先后共办三期，每期100多人。1951年省政府还将河北北京高中改建为河北师范专科学校，以加速中学师资培养。

重视扫除文盲工作。这是解放区的优良传统，省人民政府一经成立，便将在解放区行之有效的冬学运动推向全省农村。在城镇兴办居民识字班和干部、工人文化业余补习学校，大力扫除文盲。1952年，全国推行速成识字法，河北被中央确定为试点省。7月，省委作出《关于在全省范围内开展扫除文盲运动的决定》，省人民政府主席杨秀峰、副主席薛迅发布了《关于在全省范围内推行速成识字法开展扫除文盲运动的命令》，成立省扫除文盲委员会，省委书记林铁任主任委员，杨秀峰等任副主任委员，领导和推动全省扫盲工作。

中小学教育获得较快发展。小学采取国办与民办相结合的办法，在全省消灭了无学校的白点村；县县建起了中学。1954年省教育厅设立了中小学教学研究室。1955年，省人

扫盲运动

民委员会指示各级教育行政部门建立小学教学研究视导室。省教育厅颁发了《河北省中学教育视导暂行办法》，要求各市、专区设专职视导员，视导中学教育。从1955年起，全省实行了高中、师范、中等技术学校统一招生，促进了中小学教育质量的提高。1956年暑期报考高等学校的升学率，保定市达到75%（全国当时为50%）。此时的中学毕业生不少人后来成为优秀的专家学者，如著名数学家张广厚，即毕业于省开滦二中。

高等教育进行院系调整，稳定了学校布局，扩大了办学规模，增设了科系专业，贴近了经济建设。1951年，河北工学院与北洋大学合并成立天津大学；次年河北农学院森林系并入北京林学院，畜牧兽医系并入内蒙古畜牧兽医学院；河北师范学院先后增设了历史、地理、数学、物理、化学、外语、政教系，加上教育、中文、音乐、美术和体育系，共有12个系、13个专业，是全国科类最多的综合性师范院校之一。

至1956年底，随着社会主义改造基本完成，省教育事业初具规模。全省幼儿园由1949年的15所发展到974所，入园幼儿达4.2万余人；小学校达4.46万所，比1949年增加88%，适龄儿童入学率达78%；中学和初中班发展到了1000所，在校生人数分别相当于1949年的10倍和八倍；职业中学从零开始发展到53所；中等技术和中等师范学校发展到96所；劳动部门和各大企业还创办了一批技工学校；高等师范院校由1949年的一所发展到三所；还新建了四所民族中学和24个初中民族班、六个高中民族班。1956年1月，全省扫盲工作会议在总结经验的基础上，制订了五年内扫除青壮年文盲的规划，到年底全省参加业余学习的职工达23.8万人，农民达661万人，有1.2万余名干部通过文化补习达到初中毕业程度。

从1957年至1966年，由于受全国性"左"的影响，河北省教育工作出现了较多失误。1957年至1958年开展的反右派斗争，以教育战线为重点，各级各类学校有一批干部、教师、职员（甚至高校高年级学生）被错划为右派分子。1958年，在学校中开展了"拔白旗、插红旗"和"红专辩论"等活动，使相当数量懂得教育规律、熟悉教学业务的干部、教师受到伤害。在全国片面追求高速度"大跃进"的浪潮中，教育也盲目冒进。1958年6月，省委作出《关于全党全民大办教育事业的决定》，提出争取在两年内基本扫除全省青壮年文盲，一年内普及小学，五年内普及初中，七八年内普及高中，15年内普及高等教育等不切实际的目标。各地不顾客观条件"大上"、"大办"，各类学校数量猛增。又因经济建设的摊子铺得很大，师生要大量地参加生产劳动等活动，正常的教学秩序得不到保障，教学质量急剧下降，学生流失严重。

1960年底至1961年初，根据中央的部署，省调整了学校布局和比例，稳定了高校的专业设置，确定了重点学校，教育质量得到提高。1960年，新的河北大学由天津师范大学改建成立，结束了原河北大学停办后河北省近30年没有综合大学的历史。中等教育结构趋向合理，半工（农）半读教育发展较快，部分高等学校也推行了半工（农）半读试点。在少数农村创办了一种队校合一、耕读结合的新的教育形式。全省推广了阳原县普及小学教育的经验、遵化一中面向农村生产实际进行教育改革的经验和沧县实行勤工俭学的经验，在教育为经济建设和社会发展服务的道路上进行了积极探索。到1965年底，全省各级各类学校在校人数已达763万，在每万人口中，有普通高校在校生8.41人，普通中学在校生103.34人，中等技术学校在校生8.9人，中等师范学校在校生3.08人，小学在校生1683人，出现了前所未有的好局面。

1966年6月爆发"文化大革命"，教育事业遭受浩劫。北京大学第一张大字报在中央人民广播电台播发的次日，省个别高校便出现了要求"停课闹革命"的大字报。在此后长达10年的动乱中，学校成为重灾区，学校的教师和领导干部成为被反复批斗的对象，正常的教学秩序荡然无存。"打、砸、抢、抄、抓"等无政府主义行为使许多学校的校舍、图书、仪器设备损坏惨重。"开门办学"、大批判成为主要的教学形式，学校被称作"无产阶级专政的工具"，培养目标被歪曲为"头上长角，身上长刺"的"闯将"，教育事业出现了空前的大倒退。

高等教育首当其冲。停止招生达五年之久，直到1970年末1971年初，部分高校才陆续以"群众推荐、领导批准和学校复审相结合"的办法招收"工农兵学员"，学制改为两至三年，文化课大大削减。几年间，在"备战"、"学朝农"、省会搬迁的影响下，省几所重点高校反复搬迁，损失校舍43万平方米，仪器设备价值4000多万元，直接经济损失达两亿元，因人才外流造成的教师队伍的损失更是难以计数。

中等教育结构受到严重破坏。为实现"上小学不出队，上初中不出片，上高中不出社"的口号，许多小学改为中学或附设中学班，原有的农中、职中和半工（农）半读技术学校，全部改为普通中学，学制改为二二分段的四年制。中等专业学校撤并过半。到1977年，全省普通中学膨胀到18791所，是1965年的20倍。

小学教育受到严重干扰。复课后改四二分段的六年制为五年一贯制。1968年11月，《人民日报》刊登山东省两名小学教师"建议所有（农村）公办小学下放到大队来办"的来信。12月，省革命委员会即指示各地将农村小学一律下放到生产大队办，国办教师一律改为民办。到次年春，全省有11万名国办教师被强行下放，既加重了农民负担，又降低了教师的生活水平，引起了很大混乱。

工农教育盲目办学。从1974年开始，农村多由县办中学改建五七大学、共产主义劳动大学，工厂则普遍成立了721大学。到1976年底，全省的五七大学和业余农民大学多达1597所，721工人大学和业余工人大学多达2500余所。这些学校多数徒有虚名，不具备起码的办学条件。

从1968年下半年始，省各地城镇派遣工人毛泽东思想宣传队进驻大中学校，领导学校的"斗、批、改"、"清理阶级队伍"和"一打三反"运动；在农村，相继实行贫下中农管理学校。1974年2月，国务院科教组向全国转发了河北省威县辛店大队贫下中农管理学校委员会的"经验材料"，省革委立即将此件印发全省各个公社、中小学，产生了极坏的影响，使一度有所稳定的学校局面又起风波。

1972年，教育形势稍有好转。部分学校的"工宣队"、"贫管会"曾一度撤出，被下放的农村国办教师也开始逐步恢复工资待遇和商品粮户口，一些专家、教授重新走上讲台，各级学校开始抓课堂教学。同年10月，《人民日报》以《分清路线是非，狠抓教学质量》为题刊登了张家口怀来县沙城中学教学改革经验的文章，反映出省教育界对"文化大革命"的厌倦和对恢复正常教学秩序的期盼。但不久又刮起"批林批孔"、"反回潮"风。1975年，邓小平复出并主持国务院日常工作，开始对包括教育在内的各项事业进行整顿，不料"四人帮"搞起"批邓"、"反击右倾翻案风"，开展所谓的"教育革命大辩论"，致使整顿夭折。这一系列的事件，使省教育事业雪上加霜。

1976年10月，十一届三中全会召开，省教育工作逐步进入了健康发展的新时期。1978年6月，省革命委员会召开全省教育工作会议，决定为阳原县和辛集中学两个在"文化大革命"中被

阳原被命名为"普及教育模范县"

恢复高考的新闻报道

诬为"黑典型"的先进单位彻底平反；彻底否定"辛店贫下中农管理学校经验"，肃清其影响；将在"文化大革命"中被强行下放的国办小学教师全部转回国办；落实知识分子政策，平反冤、假、错案。9月，省革委在石家庄召开大会，正式命名阳原县为"普及教育模范县"，为阳原普及教育做出卓越贡献的李彩等人分别晋升为特级教师，授予模范教师、模范教育工作者称号。

在落实知识分子政策的同时，各级各类学校的教学秩序逐步恢复。1977年恢复高考招生制度。1978年，省教育局决定进一步办好重点中小学。1979年1月，召开重点中学会议，提出重新执行《全日制中学暂行工作条例》和省制定的《全日制中学管理办法》，建立以教学为主的正常学校秩序。4月，全省高等教育工作会议召开，贯彻调整、改革、整顿、提高的方针，转移工作重点。下半年，省高教局召开全省大专院校基础课教学经验交流会，加强对高校基础理论课的教学研究和管理工作。1978年成立了省教育科学研究所。1979年9月，省高教局和教育局联合召开教育科研工作会议，讨论修订了教育科研规划，成立了省教育学会和省教育学研究会等学术团体。

为改变中等教育结构单一的状况，1979年上半年，省教育局草拟了《关于农村中等教育结构改革的试行方案》，提出了积极发展农业高中或农业技术学校。1980年，省教育局又拟订了《河北省城市中等教育结构改革方案（征求意见稿）》，省政府成立了中等教育结构改革领导小组，改革在全省铺开。

为完成中共中央、国务院要求全国在80年代基本实现普及小学教育的历史任务，1981年4月，省政府召开全省教育工作会议，确定了今后教育工作的指导思想以普及小学教育为重点，

积极稳步地发展教育事业。1986年4月《中华人民共和国义务教育法》颁布实施。5月，省人大通过了《河北省普及义务教育条例》，根据全省情况，规定1990年前基本普及小学教育，2000年前基本普及初中教育。1989年1月，省委省政府以1号文件形式发出《关于进一步加强普通教育的通知》。全省开展了捐资助教、改造中小学危房、改善中小学办学条件的活动。同年，按照原教育部规定的标准，省通过了普及小学教育的验收。

1985年5月，《中共中央关于教育体制改革的决定》公布，指出教育必须为社会主义建设服务，社会主义建设必须依靠教育。8月，省委发出《关于贯彻落实〈中共中央关于教育体制改革的决定〉的通知》，要求像抓经济那样抓好教育，有步骤地实行九年义务教育，继续调整中等教育结构，加速发展职业技术教育，改善高等教育以适应经济和社会发展的需要，加强师资队伍建设。

1984年3月，省委省政府批转了省委科教部、省教育厅党组《关于多渠道办学的几点意见》，以突破旧体制对教育事业发展的束缚。在此前后，省职业技术教育获得长足发展，职业高中大量涌现，各县都建起了一所农业高中，为解决师资问题，还建起了全国第一所高等农业技术师范学院；各行业和企业相继创办了一批技工学校和普通中学附设的技工班；职业大学也开始出现，职业教育延伸到高等层次。1985年，河北省在全国第一个颁布了《发展职业技术教育条例》，为发展职业技术教育提供了法律保证。成人教育如春潮涌动，继1979年河北广播电视大学正式成立招生后，1984年，高等教育自学考试首次开考；各高等院校的函授教育、业余教育纷纷开办，出现了职工中专、农民中专（或农民技校）、农业广播学校、管理干部学院和省地（市）县三级教育学院（教师进修学校）等中高等层次的学历教育成人学校。社会力量办学崭露头角，1984年，出现了"文化大革命"后第一所私立学校。多渠道办学的局面在全省形成。

河北省高等教育长期落后于兄弟省市，此时开始出现转机。河北省先后制定了《关于改革普通高等学校管理制度的意见》和《关于扩大高等学校办学自主权的通知》，促进了高等教育管理体制进一步向民主化、科学化、制度化迈进。1985年至1986年，省委科教部、省教委为促进高等学校的改革，确定了重点学校和重点专业，压缩了不适应经济发展的部分长线专业，增设了一批经济建设急需的短线专业，长期被忽视的法律、商业等专业重新开设。河北大学1981年新建了法律系，河北商业专科学校于1984年创办，部分高校增设了研究生班。本科和专科的比例进行了调整，增加了专科生数额，教学计划和课程

河北广播电视大学

河北农业大学

高校毕业生

结构得到调整，拓宽了专业口径，减少了必修课，加强了自学和选修课。河北师范大学、河北农业大学等还进行了学分制的试点。各高校逐步完善了教学、科研、生产三结合的体制，省属五所高校建立了五个科研中心：河北大学理化分析研究中心、河北工学院材料研究中心、河北农业大学作物种质研究中心、河北医学院基础医学研究所、河北师范大学电教技术研究中心。1984年，国务院批准河北大学漆侠教授为博士生导师，河北省开始有了博士生教育。

从1981年开始，河北农业大学承担了国家科委下达的"河北省太行山区开发研究"的任务，组织大批教师、科研人员深入太行山区开展试验、示范和推广科学技术，在全省94个县（市）建立了科技开发联系点。到1985年获经济效益三亿多元，使25个山区县年人均收入由75元提高到300元，有26项科研成果通过国家鉴定，探索了一条教育为经济建设服务的路子，被国家科委誉为"太行山道路"。

1987年2月，国家教委和省政府在阳原县、完县、青龙满族自治县建立农村教育综合改革实验区，探索农村教育与经济建设紧密结合、协调发展的路子。次年，实验区扩大为12个县，实行基础教育、职业技术教育、成人教育"三教统筹"，高教介入，为农村培养适用人才；农业（经济）部门、科技部门和教育部门相互配合，建立农村科技服务体系。实验区工作取得了令人满意的进展，推动了农村教育事业的发展，为农民致富做出了贡献。1988年底，省教委颁发《关于组织实施"燎原计划"的试行方案》，确定在52个县、259个乡实施"燎原计划"，推广农村教育综合改革实验区的经验。

到2011年，全省共有普通高校112所，在校生1153941人，研究生34085人，其中博士生2064人、硕士生32021人；普通中学 3132所，在校生338.35万人；中等技术学校235所，在校生533603

人；小学13274所，在校生541.09万人。

6. 未来发展（2010～2020年）

河北省教育发展的总体目标：到2015年，教育发展主要指标超过全国平均水平，向教育强省迈进。2020年，教育发展主要指标达到全国先进水平，现代国民教育体系更加完善,基本实现教育现代化，基本建成学习型社会，进入人力资源强省行列。

普及教育水平全面提高。2020年，基本普及学前教育，学前三年毛入园率达到75%；高质量普及九年义务教育，巩固率达到96%；普及高中阶段教育，毛入学率达到92%；高等教育大众化水平进一步提高，毛入学率达到42%。新增劳动力平均受教育年限和主要劳动年龄人口平均受教育年限分别提高到13.5年和11.2年，达到全国平均水平。主要劳动年龄人口中受过高等教育的比例达到20%以上，具有高等教育文化程度的人数比2009年翻一番。

公平教育惠及全民。坚持教育的公益性和普惠性，保障公民依法享有接受良好教育的机会。建成覆盖城乡的基本公共教育服务体系，逐步实现基本公共教育服务均等化，缩小地区差距、城乡差距，教育公平程度进一步提高。努力办好每一所学校，教好每一个学生。家庭经济困难学生资助体系更加健全，资助力度明显加大。进城务工人员子女平等接受义务教育。残疾人受教育权利得到充分保障。

优质教育更加丰富。优质教育资源总量不断扩大，教育现代化水平明显提高，更好地满足了人民群众接受高质量、多样化的教育需求。义务教育均衡发展，职业教育服务功能全面增强，高等教育综合实力明显提高，素质教育深入推进。教育质量整体提升，学生思想道德素质、科学文化素质和健康素质明显提高。各类人才服务国家、服务人民和参与国际竞争能力显著增强，教育对经济社会发展的人才支撑能力、知识贡献能力、科技创新能力和文化引领能力明显提高。

教育体系更加完备。不断优化教育结构，逐步完善更加符合教育规律和人才成长规律的现代国民教育体系。覆盖全省城乡的继续教育网络初步建成，继续教育参与率大幅提升，基本满足广大社会成员多样化的学习需求。学历教育和非学历教育协调发展，职业教育和普通教育相互融通，职前教育和职后教育有效衔接，全社会教育资源得到充分开发和利用。终身学习、终身教育理念广泛确立，终身教育体系基本形成。

河北省教育发展的基本任务：推进义务教育均衡发展。完善义务教育均衡发展的保障机制。力争在2012年实现区域内义务教育初步均衡，到2020年基本实现区域内义务教育均衡，积极推进标准化学校建设，到2015年全省义务教育标准化学校比例达到70%以上，2020年达到85%以上。建立县级教育行政部门、学区中心校和学校三级管理的县域教育管理体制。2012年，全省所有县（市、区）完成学区建设，按新体制运行。通过兼并校、建分校、新建校等模式，彻底转化改造薄弱学校，扩大优质教育资源覆盖面，逐步消除择校现象。

提高高中阶段教育水平。逐步提高高中阶段教育普及水平，目标是2015年，高中阶段毛入学率达到90%，2020年达到92%，逐步实现普通高中办学条件标准化。到2015年，全省所有普通高中达到基本办学标准。扩大优质普通高中教育资源，到2020年，省级示范性普通高中增加到300所，70%以上的高中生在省级示范性高中就读。鼓励普通高中发挥传统优势，创建特色学校，在全省形成一批外语、艺术、体育、科技等特色高中。

大力发展职业教育。大力改善办学条件，提升职业教育基础能力。到2020年，累计培养高素质技能型人才500万人。城乡新增劳动力普遍得到培训，年均规模超过600万人次。加强对职业教育的评估与督导，健全职业教育质量保障体系。广泛面向农村地区开展职业教育。统筹农村教育内部资源，在优化资源配置和综合利用的基础上，健全县域职业教育与培训网络，重点加强县级职教中心建设。

实施学历证书和职业资格证书"双证书"制度，提高技能型人才的社会地位和待遇，建立职业学校优秀学生激励机制，对在各类技能比赛获奖的学生给予奖励，对自主创业的职业学校毕业生给予政策支持。鼓励企业设立"首席工人"、"首席技师"。推行技师聘任制度，落实技师津贴。实行拔尖高技能人才特殊津贴制度。

努力建设高等教育强省。到2020年，全省高等教育整体实力和办学水平显著提高，人才培养、科学研究和社会服务能力全面提升，建成二至三所国内知名的高水平大学，向高等教育强省迈进。

加快高水平大学和强势特色学科建设。抓好"211工程"建设和省部共建高校工作，加强其他省属重点骨干大学建设，加强国家、省示范性高等职业院校建设。实施重点学科建设对标升级行动计划，强势特色学科达到全国一流水平，重点学科和重点发展学科达到国内同类院校一流水平。

加快发展继续教育。大力发展非学历继续教育，稳步发展学历继续教育。坚持"学以致用"原则，开展以新理论、新知识、新技术为内容的教育培训，提高各类专业人员的创新能力和竞争能力；开展灵活多样的社会生活、休闲娱乐、文化体育、医疗保健等各种教育活动，丰富人民群众精神文化生活。努力构建全民学习、终身学习的学习型社会。到2020年，全省从业人员继续教育年参与率达60%以上。

探索实行公民终身学习卡制度，建立公民学分积累、转换与认证制度。建立人事、劳资、培训三位一体的人才开发管理机制，把公民终身学习情况作为岗位聘任、职称晋升、转岗择业、职业注册等的重要依据。

加强教育信息化基础设施建设。到2020年建成覆盖城乡各级各类学校的教育网络体系和数字化教育服务体系。制定教育信息化建设标准，强化对教育信息化工作的督导评估。加大教育信息化投入。以加强农村学校信息化基础建设为重点，为农村中小学班级配备多媒体远程教学设备，缩小城乡数字化差距。

河北省教育发展的重大项目：幼儿园建设工程，包括加强城市幼儿园建设，支持办好现有乡镇中心幼儿园，每个乡镇至少建有一所达到三级标准的中心幼儿园。义务教育学校建设工程，包括继续实施中小学校舍安全工程，加快改造薄弱学校，尽快使全部义务教育学校在校园、校舍、教学设备、图书和体育活动设施等方面达到国家基本标准。普通高中达标工程，包括重点加强城市薄弱高中和农村普通高中建设，不断改善办学条件，使校园校舍、专用教室、仪器设备和图书配备尽快达到国家和省定标准。每个县（市）重点改造一至两所高中。

中等职业教育基础能力建设工程。重点建设150所示范性中等职业学校。开展中等职业学校规范化建设，使全省90%以上中等职业学校达到国家规定的办学标准。

高水平大学和强势特色学科建设工程。加强省属重点骨干大学建设。认真抓好"211工程"三期建设，深入推进省部共建高校工作。实施重点学科建设对标升级行动计划，力争新增三至五个国家重点学科。新建30个省级重点学科和60个省级重点发展学科。加强示范性高等职业院校建设，新建成国家示范性高职院校四所。重点建设100个以品牌特色专业为核心的本科教育创新高地。

教育信息化和教育装备现代化工程。加强信息基础设施建设，全省中小学校全部实现"校校通"、"班班通"。推进中小学标准化实验室建设，重点建设省级示范性高中新课程配套实验室。

（四）重点大学

1. 河北工业大学

以工科为主、多学科协调发展的国家"211工程"重点建设的省属骨干大学。坐落于天津市，在廊坊市设有分校。前身为创办于1903年的北洋工艺学堂，1904年改称直隶高等工业学堂，1929年改称河北省立工业学院，1950年改名为河北工学院，1995年更名为河北工业大学。1996年首批进入国家"211工程"建设序列，前后三次通过国家"211工程"建设项目验收。

河北工业大学百年校庆文艺演出

在百余年的办学实践中，形成了"勤奋、严谨、求实、进取"的优良校风和学风，是中国最早培养工业技术人才的地方高等院校之一，创办了中国高校最早的校办工厂，具有"工学并举"的办学传统和鲜明特色，先后培养了近20万名毕业生，在政府机构、大型企业及学术研究等领域为中国经济与社会发展做出了重要贡献，原中共中央政治局常委、全国政协主席贾庆林是其中的杰出代表。

河北工业大学

校园占地4000余亩，建筑面积84万余平方米。教学科研仪器设备总值2.69亿元，藏书180万册。新校区已有近40万平方米建筑竣工投入使用，两万余名学生在此学习、生活。学校建有62个本科专业，设有16个学院（部）、一个直属教学部和两个教学管理学院，拥有两个国家重点学科、四个省强势特色学科、17个省级重点学科；具有七个一级学科博士学位授权点、35个二级学科博士学位授权点，22个一级学科硕士学位授权点、130个硕士学位授权点或专业学位授权领域（种类），是全国地方工科院校中最早开展工商管理教育、也是省内唯一开展工商管理教育的高校；拥有九个博士后科研流动站，其中材料科学与工程博士后科研流动站为全国优秀博士后科研流动站。

学校坚持本科教学中心地位，强化质量生命线意识，不断深化教育教学改革，人才培养质量不断提高。获国家级精品课程、教学团队和教学名师等"质量工程"和"本科教学工程"项目19项，省级102项；先后获国家级教学成果二等奖四项、省级教学成果奖30余项。

学校坚持以服务冀津及环渤海区域经济建设为主，积极辐射全国，为建设经济强省、和谐河北及区域经济与社会发展提供人才支持和智力支撑。学校建有一个国家级工程技术研究中心和省部共建国家重点实验室培育基地、教育部工程研究中心（重点实验室）等14个省部级科研机构，成立了"河北工业大学国防科技研究院"和"京津冀发展研究中心"。与省内11个市签署了全面合作协议，与唐山联合成立了"河北工业大学曹妃甸工业区循环经济与新能源发展研究院"，与沧州渤海新区签署"区域——大学协同创新战略合作协议"，与唐钢、保定天威等80多个省内外大型企业集团建立了稳定的合作关系，近1500项科技成果在全国数百家企事业单位应用或产业化，创经济效益过百亿元。

学校注重国际间的交流与合作，建有国际教育学院，与法、美、德、俄、意、澳、英等国的60所高校签订了合作办学协议，正在实施20余个项目，合作培养覆盖专科到博士各层次。主办、承办国际国内学术会议30余次，参加国际、国内学术会议1700余人次，派出百余名教师到国内外知名高校和科研机构进行学习和工作，邀请数百名国内外知名专家教授到校讲学和进行学术交流。

2. 燕山大学

源于哈尔滨工业大学，始建于1920年。1958年哈尔滨工业大学重型机械系及相关专业成建制迁至工业重镇齐齐哈尔市富拉尔基区，组建了哈尔滨工业大学重型机械学院。1960年独立办学，定名为东北重型机械学院。1978年确定为全国重点高校。1985年至1997年学校整体南迁至秦皇岛市。1997年1月经原国家教委批准，更名为燕山大学。1998年，由原机械工业部划归到省，实行中央与地方共建，以省管理为主。2006年，国防科工委和省共建。2009年，工信部、国家国防科工局和省共建。

校园占地面积4000亩，建筑面积100万平方米。现有教职工3000人，其中专职教师2000人，教授367人（含博士生导师171人），副教授509人。现有普通高等教育在校生39000人。学校设有11个博士后流动站，11个博士学位授权一级学科，27个硕士学位授权一级学科，18个工程硕士专业学位授权领域和工商管理硕士、公共管理硕士、旅游管理硕士、工程管理硕士、翻译硕士、应用统计硕士等学位授予权；有62个本科专业，呈现出以工为主，文、理、经、管、法、教等多学科共同发展的学科格局。

学校设有研究生院和机械工程、材料科学与工程、电气工程、信息科学与工程、软件、经济管理等20个学院。拥有五个国家重点学科、四个国防重点学科和13省级重点学科；建有"亚稳材料制备技术与科学"国家重点实验室、"冷轧板带装备及工艺"国家工程技术研究中心、"先

燕山大学

进制造成型技术及装备"国家地方联合工程研究中心等科研机构；设有燕山大学出版社。

学校在重型机械成套设备研制、亚稳材料科学与技术、并联机器人理论及技术、流体传动及电液伺服控制技术、工业自动化控制理论与技术、精密塑性成型技术、大型锻件锻造工艺及热处理技术、极端条件下机械结构与材料科学等研究领域具有国际先进水平。获国家科技奖励20项，承担"973"、"863"、国家自然科学基金和国家社会科学基金项目500余项。1999年，在秦皇岛经济技术开发区建燕山大学科技园，2003年，被科技部、教育部批准为国家大学科技园，成为当时全国34家国家大学科技园之一。

学校积极开展国际间的学术交流合作，先后与英、美、加、德、俄、乌克兰、爱尔兰、韩、日等国的多所大学和研究机构建立了友好合作关系，双方互派访问学者，进行联合研究。

3. 河北大学

河北省唯一一所由省政府和教育部共同建设的综合性大学，前身为1921年法国耶稣会士创办的天津工商大学，后历经天津工商学院、津沽大学、天津师范学院、天津师范大学等时期，1960年改建为综合性大学并定名河北大学，1970年由天津迁至保定。

上世纪三四十年代，学校享有"煌煌北国望学府，巍巍工商独称尊"的美誉。50年代，成功研制出我国第一台模拟电子计算机和400万伏静电加速器。侯仁之、吴玉如、顾随、马沣等众多著

河北大学

河北大学校门

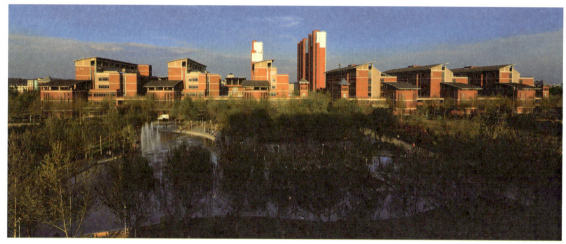

河北大学

名学者曾在校任教。前国家领导人姚依林、国际著名物理学家袁家骝、人民大会堂的总设计师张镈等是学生中的杰出代表。

改革开放以来，学校审时度势，深化改革，办学空间、综合实力、人才培养质量、社会服务能力不断提高。1981年获得国内首批硕士学位授予权；1984年培养出省第一位博士生导师，创立了河北省第一个博士学位授权点；1996年为河北省引进第一位中科院院士；1999年培养出河北省第一位中科院院士。

学校认真贯彻省委省政府关于加快高等教育发展，建设"国内一流大学"的决定，2001年，启动新校区建设，拓展了学校的办学空间。创建了河北省第一所独立学院——河北大学工商学院。2005年，河北省职工医学院及其附属医院并入，丰富了学校的学科门类，提升了学校的综合实力。目前，学校拥有校本部、新校区和医学部等六个校区，占地2880亩。设有29个二级学院（含独立学院），各类在籍学生七万余人。学校教职员工近8000人，其中拥有博士学位的教师占专任教师总数的四分之一。学科齐全，分布于哲学、经济学、法学、教育学、文学、历史学、理学、工学、农学、医学、管理学、艺术学等除军事学之外的全部12大门类。现有87个本科专业；190个硕士学位授权点、19个硕士专业学位授权点；37个博士学位授权点和七个博士后科研流动站。拥有一个国家重点（培育）学科和四个省强势特色学科、18个省重点学科；一个教育部省属高校人文社会科学重点研究基地、一个教育部重点实验室、九个省重点实验室（基地）。建有两个国家级实验教学示范中心、六个国家特色专业。是国家大学生文化素质教育基地、全国高校首个延安精神教育基地等。

学校坚持以人才培养为中心，以科学研究为支撑，以服务社会为使命，着力培养功底深、后劲足，具有创新精神和实践能力的高素质人才。先后两次接受教育部本科教学工作水平评估，均取得"优秀"成绩。与五大洲100多所高校建立了合作交流关系，为50多个国家培养博士、硕士、学士及短期留学生3000余名。先后选派数百名教师和管理干部赴加、英、日、马等国高校研修或攻读博士学位。承办高规格的国际学术会议和邀请高水平专家来校讲学，成为国际学术舞台上的重要成员之一。

4. 河北师范大学

具有百年历史和光荣传统的省属重点大学。起源于1902年创建于北京的顺天府学堂和1906年创建于天津的北洋女子师范学堂。1996年6月，原河北师范大学、河北师范学院与创建于1952年的河北教育学院、创建于1984年的河北职业技术师范学院合并，组建成新的河北师范大学。校友中有老一代革命家邓颖超、刘清扬、郭隆真、杨秀峰、康士恩、荣高棠等，有学界名人梁漱溟、张申府、汤用彤等，有中科院院士严陆光、郝柏林等，也有许绍发、蔡振华等一批体育界精英。新中国成立以来，学校共为国家培养了20余万名各种专业人才。

学校新校区占地1829亩，馆藏图书336.5万册。现有在职教职工2902名，其中专任教师1563人，教授391人，副教授994人，中国科学院院士一人，省级以上各类优秀专家106人，博士生导师143人，硕士生导师788人。在校本、专科生34694人，研究生4061人，成人教育学生16820人。

学校设21个专业学院，一个独立学院（汇华学院）。有本科专业90个；博士学位授权一级学科八个，可招生的专业50余个；硕士学位授权一级学科26个，可招生的专业130余个。学科专业覆盖哲学、法学、经济学、文学、历史学、教育学、管理学、理学、工学等九大门类。现有国家重

河北师范大学科技园

点学科一个，博士后科研流动站八个，省高校强势特色学科四个，省级重点学科11个、省级重点实验室七个。设有省职业教育研究所、教育科学研究所、学科教育研究所、古籍整理研究所等科研机构。还设有全国中小学骨干教师培训基地、全国重点建设职业教育师资培训基地、教育部高校辅导员培训和研修基地、省中小学教师继续教育中心、省高等学校师资培训中心、省现代教育技术中心、中国教育科研网省主节点等机构。

学校不断深化教育改革，教学质量不断提高。拥有国家级人才培养模式创新实验区一个、教学团队一个、特色专业建设点六个、专业综合改革试点项目四项、大学生创新创业训练计划项目八项，精品课程三门、精品视频公开课一门、实验教学示范中心两个，国家教学名师一人；还有一大批省级项目。

学校构建了基础教育、职业教育和高等教育师资培养"三教并举"、培养培训一体化的教师教育完整体系。从2006年始，系统开展了顶岗实习支教工程，并以此为基础，逐步形成了"3.5+0.5"的人才培养新模式。在强化教师教育特色的同时，积极发展非师范教育，为经济社会发展培养急需人才。2009年，学校荣获国家教学改革成果二等奖；2010年，学校进入了"百篇优博"院校行列，人才培养质量不断提高。

学校广泛开展国际交流与合作，与美、俄、乌、比等国家的40余所大学、学院建有校际交流关系。经原国家教委批准，具有招收外籍留学生和港澳台学生的资格，现有来自日、韩、意、英、美、加、印尼、泰国等国家的长、短期语言及学位留学生300余人。

5.河北科技大学

省重点建设的多学科骨干大学，坐落于省会石家庄。1996年由河北轻化工学院、河北机电学院和河北省纺织职工大学合并组建而成。占地面积2617亩，建筑面积85.3万平方米，固定资产总值

河北科技大学

河北科技大学公共教学楼

河北科技大学校门

9亿元，其中教学科研仪器设备两亿元，图书馆藏书191万册，主办有《河北科技大学学报》自然科学版和社会科学版。现有教职工2400余人，其中教学科研人员1332人，副高级以上职称的教师684人，博士生导师16人，硕士生导师380人。全日制本科生、研究生、留学生共17118人，成人教育学生11383人。

学科专业齐全，涉及工、理、文、经、管、法、医、教育、艺术等九大门类，基本覆盖了省传统优势产业和高新技术产业。设有18个学院，63个本科专业，其中30个为省名校热门专业，通信工程、机械设计制造及其自动化、电气工程及其自动化、电子信息工程、金属材料工程、自动化、化学工程与工艺等13个专业为本科一批招生专业；有17个硕士学位授权一级学科，涵盖93个硕士学位授权二级学科，三个专业硕士学位授权类别，16个工程硕士专业学位授权领域，具有在职人员以同等学力申请硕士学位的授予权；有六个国家级特色专业建设点，14个省级品牌特色专业，七个本科教育创新高地，六个重点学科，两个重点发展学科。

学校拥有省部共建国家重点实验室培育基地——省药用分子化学重点实验室和石家庄国家生物产业基地生物制造公共实验中心，是科技部主持的抗生素产业技术创新战略联盟和维生素产业技术创新战略联盟盟员单位；建有八个省部级重点实验室和工程技术研究中心，另有十几个省级学会设在该校。

学校紧密结合地方经济建设需要，加强产学研合作，积极组织多学科联合攻关，逐步形成了以应用研究和开发研究为主，兼有基础研究的科研工作格局。承担国家"973"、"863"、自然科学基金、社科基金等国家级课题70多项和其他纵横向课题2000项；获省部级奖励81项，取得鉴定成果513项；获得具有自主知识产权的专利成果266项，专利申请量和授权量名列省内高校前茅，是省知识产权培训基地和省知识产权优势培育单位。

学校实施对外开放办学方针，先后与省内外29个地方政府签定了科技教育全面合作协议；与36家企业共建了产学研合作基地；与美、英、加、德、日、韩、澳等国家的65所大学和科研机构在人才培养、教师培训、科学研究、学术交流等方面开展了实质性合作。

6.河北农业大学

创建于1902年（清光绪二十八年），是中国最早实施高等农业教育的院校，河北省建立最早的高等院校，国家农业部与省政府共建院校，省重点骨干大学，教育部本科教学工作水平评估优秀学校。

学校先后经历了直隶农务学堂、直隶高等农业学堂、河北省立农学院、河北农业大学等历史时期。上世纪50年代院校调整，森林系整建制调整到北京，参与组建了北京林学院（现北京林业大学）；畜牧兽医系整建制调整到内蒙古，参与组建了内蒙古农牧学院（现内蒙古农业大学）；水利系整

河北农业大学校门

河北农业大学西校区

建制调整到武汉，参与组建了武汉水电学院（武汉水利电力大学的前身，现已并入武汉大学）。

学校有五个校区（保定东、西校区，秦皇岛校区，定州校区，渤海校区），校园占地320万平方米，建筑面积近127万平方米；图书馆藏书200余万册；仪器设备价值2.6亿元；附属实验农场330余公顷、林场2700余公顷；全日制在校生42000余人。在职教职工3000余人，教授及相应职称的375人，副教授及相应职称的615人，博士生导师140人，硕士生导师568人。设有27个学院，六个博士后科研流动站、八个一级学科博士点，34个二级学科博士点，20个一级学科硕士点，77个二级学科硕士点，85个本科专业；具备全部类别的学生培养体系。有一个国家重点（培育）学科，两个部级重点学科，四个省强势特色学科，13个省级重点学科，涵盖了"农、工、管、理、经、文、法、艺术"八大门类，形成了以农业学科为优势，多学科协调发展的格局。

学校有省属高校唯一一个国家级工程技术研究中心——国家北方山区农业工程技术研究中心。25个省部级重点实验室（工程中心、基地、试验站）。承担国家和省部级重大科技项目600多项，鉴定科技成果400多项，获省部级二等以上科技奖励98项，其他230项，审定新品种48个，专利130多项，科技著作300多部，三大索引论文1000多篇。连续多年进入全国高校百强。主办《河北农业大学学报》等学术期刊。

学校致力于培养具有创新创业精神和实践能力的现代农业人才，全面实施"311"人才培养模式和完全学分制，建成国家级质量工程建设项目16个，省级97个。获国家级优秀教学成果奖七项、省级69项。本专科毕业生就业率连年位居省属高校前列。

学校秉承"农业教育非实习不能得真谛，非试验不能探精微"的办学原则，开创了享誉全国的"太行山道路"，凝结成"艰苦奋斗、甘于奉献、求真务实、爱国为民"的"太行山精神"，形成了"崇德、务实、求是"的校训，受到党和国家的肯定与表彰。先后建立校级教学、科研、生产三结合基地50多个，与长城汽车股份有限公司等大型企业集团进行合作办学和校企合作，积极深化和拓展"太行山道路"，参与地方经济发展。

学校先后与18所国外高校建立了学术交流和校际合作关系，招收外国博士留学生。通过"援外技术培训班"，先后培训发展中国家学员300余名。先后获党的建设和思想政治工作先进普通高校、全国先进基层党组织、全国文明单位、全国大学生社会实践工作先进单位等称号。

7. 河北经贸大学

省重点建设的骨干大学，以经济学、管理学、法学为主，兼有文学、理学和工学的多学科财经类大学。始于1953年创办的省供销合作社石家庄合作学校，1995年由河北财经学院、河北经贸学院、河北商业高等专科学校合并组建而成。位于滹沱河畔，地处石家庄市西部生态区滨水景观带，环境优美，总面积3400余亩，绿化面积达40%以上，被誉为"花园式"校园。分北、南、东、西四个校区，北校区为校本部。学校实行二级管理，现有15个本科学院、三个教学部和研究生学院、继续教育学院、经济管理学院（独立学院）及国际教育学院。有57个本科专业、九个硕士学位授权一级学科、51个硕士学位授权学科专业，有法律、工商管理、会计、金融、保险、公共管理、国际商务、资产评估、应用统计、税务等10个硕士专业学位授予点。有七个省级重点学科、两个重点发展学科，其中产业经济学为省优秀重点学科。

学校面向23个省（市、自治区）招生，现有全日制本科生、硕士生三万余名，继续教育学员1.3万余名。有教职工2100余人，专任教师近1100人，其中副高级以上职称的680余人，博士和在读博士280余人，享受国务院政府特殊津贴专家、教育部"新世纪优秀人才支持计划"入选者、省管优秀专家、省有突出贡献的中青年专家、省社科优秀青年专家等百余人。

学校坚持以育人为本，以教学为中心，全面推进素质教育。深化学分制改革，实施弹性学

河北经贸大学

河北医科大学

制、双学位制和主辅修制，全面实施分层培养模式和模块化课程体系，增强学生的社会责任感、创新精神和实践能力，着力培养经世致用的高素质应用型人才。学校建有实验教学示范中心、特色专业建设点、教学团队、双语教学示范课程等国家级教学改革与教学质量工程项目10余项，省级80余项，促进优质教学资源的开发与共享。

学校重视国际交流与合作，与美、英、法、俄、新、韩、日、尼泊尔等26个国家的教育机构和高校长期保持合作与交流关系，常年聘有外籍教师担任教学工作，每年选派教师出国访问、进修和参加学术交流活动。国外合作办学进展顺利，已与加德满都大学、赞比亚大学和加纳大学共同创办了三所"孔子学院"。

8. 河北医科大学

省重点建设的集西医、中医、药学等学科于一体的综合性医科大学，位于省会石家庄市。前身为清政府1894年批准建立的北洋医学堂，后为创立于保定的直隶公立医学专门学校，再并入河北大学为医科，河北大学停办后，成立独立的省立医学院。1995年由原河北医学院、河北中医学院、石家庄医学高等专科学校合并组建。学校下设16个学院，普通高等教育本、专科专业19个，其中临床医学专业招收七年制本硕连读学生。现有全日制普通本、专科在校生11918名，研究生3417名，韩、日等14个国家及港、澳、台的留学生300多名。

学校建有基础医学、临床医学、中西医结合、生物学四个博士后科研流动站，42个学科具有博士学位授予权，68个学科具有硕士学位授予权，具备培养学士、硕士、博士及博士后的完整医学教育体系。全校共有教职工8300余人，正高职专业技术人员992人，副高职专业技术人员1600人；博士生导师92人，硕士生导师千余名。专任教师中具有博士、硕士学位的724人，其中包括中国工程院院士两名，燕赵学者两名，享受国务院特殊津贴的专家125名，省管优秀专家18名，有突出贡献的省级中青年专家94名，国家和省级优秀教师29名，有20余人担任国家级专业学会的常务理事和理事。

学校具备完善的办学条件。校园占地80.3万平方米，建筑面积73万平方米，仪器设备总值2.5亿元，图书馆藏书128.6万册，电子图书94.5万册；省第一医院、第二医院、第三医院、第四医院、中医院、口腔医院等六所省级医院为校直属附属医院，共开设病床8100多张。省人民医院、唐山工人医院等22所医院为非直属附属医院。此外，学校有60余所教学医院和实习基地。2009年10月，经省政府批准，原石家庄卫生学校正式并入该校，成为第四个校区——西山校区。

该校不仅是省医学教育、医疗救治中心，也是省医学研究中心。学校设有国家级一个重点学科、一个重点培育学科；省级四个强势特色学科、14个重点学科；一个教育部重点实验室、一个省部共建重点实验室、一个国家中医药管理局重点实验室、13个省级重点实验室和八个研究所，年承担科研课题300余项。承办国家及省级学术刊物九种。

该校重视对外学术交流与合作，先后与日、韩、美、比、法等多个国家的15所医学院校和科研机构建立了密切的协作关系，聘请40余名外国专家担任学校的名誉职务，并派出600多名专家教授出国讲学和参加国际学术会议，有近百名青年教师出国攻读博士学位。

9. 石家庄铁道大学

前身为中国人民解放军铁道兵工程学院，创建于1950年，当时系全军重点院校；1979年被列为全国重点高校；1984年转属铁道部，更名为石家庄铁道学院；2000年划转到省，实行中央与地方共建，为省重点骨干大学；2010年3月更名为石家庄铁道大学。

学校面向全国招生，第一批录取。设有18个学院（系、部）以及国防交通、大型结构监测、

石家庄铁道大学　　　　　　　　　　　　　　河北工程大学

交通安全工程等25个研究所。现有47个本科专业，10个硕士学位授权一级学科，44个硕士学位授权点，一个联合培养博士点，两个硕士专业学位授权种类（其中工程硕士有10个授权领域）。具有同等学力硕士学位授予权。建有一个国家重点实验室培育基地，四个省部级重点实验室(工程技术研究中心)，五个省级重点学科，一个重点发展学科。

学校现有教职工1740余人，专职教学科研人员近1000人，正高职人员200余人，副高职人员400余人，博士、硕士生导师353人，在校学生25900人，其中研究生近2200人。有两个国家级教学团队，一个教育部创新团队，一个省首批"巨人计划"高层次创新团队；长江学者奖励计划特聘教授、973首席科学家、国家杰出青年科学基金获得者、全国杰出专业技术人才、国家级教学名师和"国家百千万人才工程"人选近10人；燕赵学者2人，省院士后备人选两人，"全国优秀教师"和"全国师德先进个人"10余人，享受国务院政府特殊津贴和省部级有突出贡献的中青年专家近60人。另外，聘请了120余位两院院士、知名学者作为兼职教授。学校设备总值2.2亿元，图书馆藏书100万册。

学校坚持"质量第一、内涵发展、特色取胜、追求卓越"的办学理念，致力于融知识教育、能力教育、素质教育为一体的教学改革，获国家级教学成果一等奖一项、二等奖三项，省部级优秀教学成果奖52项。建有一个国家人才培养模式创新实验区，一个国家级实验教学示范中心，五个特色专业建设点，两门精品课程。教育部本科教学工作水平评估中为优秀。

学校坚持服务国家及地方重大工程需要，瞄准科技前沿，集中力量开展多学科联合攻关，承担完成了一批在国内外有重大影响的课题，取得了具有国内领先水平的标志性成果。在隧道施工新技术及环境控制、国防交通应急工程、地质超前预报、大型结构健康诊断、TBM掘进技术、交通环境与安全工程、虚拟现实技术等研究方向独具特色。主持承担国家"973"、"863"、国家科技支撑、国家杰出青年科学基金、国家自然科学基金、国家社会科学基金、国家空间探测工程等各级各类项目800多项；获国家、军队和省部级科技成果奖180余项，其中，国家科技进步特等奖一项、一等奖两项、二等奖五项，国家自然科学二等奖一项，中国卓越研究奖一项，省部级自然科学、科技进步、社会科学一等奖33项。

学校积极推进国际交流与合作，设有国际交流中心。与美、英、俄、加、西等10多个国家和地区的20余所大学和研究机构建立了交流合作关系，在教学、科研、合作培养、交流交换等领域广泛开展合作，并招收培养外国留学生。

10. 河北工程大学

省重点骨干大学，省政府和水利部共建高校。坐落于邯郸市，占地2340亩，建筑面积90.8万平方米。有39个教学用综合实验室，仪器设备总值近两亿元。馆藏图书218万册、中外文期刊2149种。学校附属医院为三级甲等综合医院，附属建筑设计院为甲级资质设计院。学校现有教职工2685人，副高职以上人员1007人。全日制本专科学生32212人（其中科信学院9525人），全日制硕士研究生1191人。

学校工科特色突出，有工学、理学、管理学、农学、医学、文学、经济学、法学、艺术学等九大学科门类。设有15个学院、一个独立学院（科信学院）、两个教学部和64个本科专业。现拥有地质资源与地质工程等10个硕士学位授权一级学科，拥有工商管理、工程硕士、农业推广三个硕士专业学位授权门类，项目管理等11个工程硕士授权领域，农业资源利用等15个农业推广硕士授权领域。具有在职人员以同等学力申请硕士学位授予权以及推荐优秀应届本科毕业生免试攻读硕士学位研究生资格。

学校拥有三个省级重点学科，四个省级重点发展学科，三个省级医学重点发展学科。资源勘测研究实验室为省级重点实验室。设有四个省级工程技术研究中心。煤矿综合信息化工程实验室为省工程实验室，煤炭资源开发与建设应用技术研发中心为省高校应用技术研发中心。拥有四个省级实验教学示范中心，四个国家级特色专业，四个省级本科教育创新高地，八个省级品牌特色专业。

学校坚持以教学为中心，大力实施"质量工程"，着力培养"善学善行"的复合型应用人才，毕业生就业率始终列省高校前茅。学校以"优秀"成绩通过了教育部本科教学工作水平评估。近年来，学生在全国"挑战杯"竞赛、中国科技创业计划大赛、亚太大学生机器人大赛、全国大学生"飞思卡尔"杯智能汽车竞赛等竞赛中获国家级奖励281项。校男子篮球队在历届全国大学生篮球联赛（CUBA）上成绩突出，曾获第五届东北赛区冠军，校体育代表团曾获第七届全国大学生运动会第四名。

学校加强应用技术研究、开发研究以及基础理论研究，积极服务于地方经济社会发展和煤炭、水利、建筑等行业发展。承担省部级以上科研项目425项，作为合作单位获国家科技进步二等奖一项，获省部级科技奖励68项，省部级教学成果奖励25项，出版学术著作141部，发表学术论文9727篇，其中被三大检索收录2354篇。主办《河北工程大学学报》自然科学版和社会科学版。

学校积极开展对外交流与合作，已与美、英、德、加、爱尔兰、澳大利亚等多个国家的高校建立了长期稳定的学术交流与合作关系。

（五）重点中学

1. 衡水中学

创建于1951年，省首批示范高中，位于衡水市。占地200亩，有7000名在校生，400名教职工。多年来获得全国五一劳动奖状、全国精神文明建设先进单位、全国未成年人思想道德建设先进单位、全国体育传统项目学校等各种荣誉。

学校先后有数十位教师应邀到全国各地讲学，200余位教师先后获国家、省、市级荣誉称号。

衡水中学

在高素质的教师队伍引领下，学生的综合素质和创新能力不断提升。自2005年始，有300余名学生在国际机器人奥林匹克竞赛、全国青少年科技创新大赛、中国智能机器人大赛等各级各类比赛中摘金夺银。学校高考成绩连续九年位居全省第一。自2006年，学校高三毕业生连续三年摘取省文理科高考状元桂冠。近四年来，有172名学生升入清华大学、北京大学，八名学生考入中国科学技术大学少年班，5000余名学生升入全国重点大学。

《中国教育报》《中国教师报》《人民教育》等20余家中国知名媒体多次介绍学校办学经验，引起中国基础教育界的广泛关注。全国30余个省、市、自治区的15万余名教育界人士先后到学校考察参观，人们纷纷赞誉学校创造了一个"教育的神话"，"撑起了中国基础教育的一片蓝天"，"是全国基础教育的一面旗帜"。

2. 石家庄市一中

具有悠久历史和光荣传统的中学。1947年11月24日，党和政府在刚解放的石门建立的第一所中学石门联中，即石家庄一中的前身，翌年3月，石门联中更名为市立中学，并分出部分师生组建师范学校和女中。9月市立中学更名为石家庄市第一中学，并分出部分师生组建石家庄市第二中学，1953年被省政府命名为省重点中学。

自建校以来，以严格的校风校纪、优异的教学质量和厚重的文化氛围享誉社会。经过半个多世纪的建设和发展，共培养出4万多名毕业生，在历年高考中都取得优异成绩，1985年以来有15名学生获省文理科高考状元。有1000余名优秀毕业生获得博士学位，彰显出一中"文理并重，突出特长"的教育传统和辉煌业绩，石家庄一中毕业生已遍布祖国各地和世界50多个国家和地区。他们中有中国首批南极考察队的学者，有卫星、导弹发射的专家，有参与"神舟五号飞船"设计的工程技术人员，有中国科学院和中国工程院的院士，有各级政府领导，有国际科技领域卓有建树的专家，有国际知名大学的教授，还有国家的驻外使节，等等。

3. 石家庄市二中

亦称河北省实验中学，创建于1948年9月，是省首批办好的重点中学、省对外开放窗口学校、省体育传统项目学校。先后荣获全国教育系统先进集体、全国德育先进校、全国群众体育先进集体、全国精神文明建设工作先进单位、省文明单位等称号。学校办学经验作为优质教育品牌入选"清华大学校长职业研修中心"优秀案例。

学校每年为高等院校输送大批高素质毕业生，多年高考升学率保持在100%，高考高分数段人数连年在全省领先，取得保送生资格人数、保送生人数、保送清华北大人数以及升入清华北大人数保持全省第一；学生在全国学科奥林匹克竞赛中连续摘取省级桂冠及获国家级金银牌奖励，并闯入国际赛场；校男、女篮球队均在全国名列前茅；作文竞赛在全国屡屡获奖。学校设立了省理科试验班、省国际实验班、省奥林匹克学科竞赛培训基地；实行学分制，免会考；成为清华大学、北京大学、复旦大学、吉林大学、上海交通大学、中国科技大学、北京航空航天大学、国防科技大学、北京邮电大学等名牌高校的生源基地学校；组建了河北省首家教育集团——石家庄二中教育集团。

石家庄一中

学校重视加强国内外交流，与日本长野柳町中学、新加坡华侨中学和南洋女子中学等结为友好学校，每年选派优秀学生公费到新加坡留学，同澳大利亚森林湖学院、韩国草芝高级中学合作办学，与全国重点高校及88所重点中学建立了友好合作关系。先后选派60余名骨干教师出国考察进修，每年选派优秀学生出访日、韩、新、澳等国，并接待了美、日、德、法、加、新西兰、新加坡、泰国、马来西亚等20多个国家的友人来校参观访问。

石家庄二中

唐山一中

保定一中

辛集中学

正定中学

4. 唐山一中

省首批重点中学。始建于1902年，前身系直隶永平府中学堂和华英书院，迄今已有近百年的历史，是中国近代最早的中等学校之一。以师生素质高、教学质量高、高考升学率高在省内外闻名，多次受国家教委和省市部门的表彰。

校园占地100余亩，建筑面积4.5万平方米，有教学楼三座，办公楼一座，科学馆、图书馆、体育馆各一座，标准400米运动场一座。有教学班45个，均为三年制高中，在校生2300多人。为"全国重点高中教育科学研究联合体河北分部理事长学校"、"全国素质教育理论与实践实验基地"、"全国现代教育技术实验学校"、"全国劳动技术实验学校"、"省文明单位"、"省德育工作示范学校"等。

注重学生多方面素质的培养，在全国青少年科技创新大赛中获五项省一等奖，占省获奖总数的1/3，其中两项全国银奖，作品在中国科技馆展出。在全国第四届推广普通话大赛中获得银奖。中央电视台《异想天开》栏目连续播出该校学生的七项发明设计。1993年以来，在各类奥林匹克学科竞赛中，省级和国家级获奖人数均位居省同类学校前列；两次获得国际生物奥林匹克竞赛银牌，填补了全省空白。1995年以来，高考成绩接连创历史最好水平。2004年，学生鬲融在雅典获得国际信息学奥林匹克竞赛金牌，是省首枚国际奥赛金牌。2007年，学生任一恒获得全国计算机奥林匹克金牌，保送到清华大学，并入选国家集训队。

5. 保定一中

创建于1906年，1954年被确定为全国重点中学，1978年，被命名为省首批办好的24所重点中学之一，2000年被市政府授予"窗口学校"。世界著名生物学家牛满江、冶金专家王之玺、地质学家谭锡畴、物化专家张玉奎四位院士，国家女足主力队员王丽萍、演艺家村里等均出自该校。现有教学班67个，在校学生4500余人，教职员工310人。

该校是保定市最早一所经省教育厅认定、拥有赴新加坡留学项目的学校，已有130多名学生赴新加坡国立大学、南洋理工大学全额免费留学。近年来开发欧美留学项目，多名学生到欧美著名学府深造。先后获"全国文明单位"、"全国青少年科技活动先进集体"、"全国中学教育科研联合体理事学校"、"全国招飞工作先进单位"、"全国中小学信息技术创新与实践活动先进单位"、"国家级语言文字规范化示范校"、"全国贯彻《学校体育工作条例》优秀学校"及"省教育系统先进单位"、"省新课改示范学校"、"省教育科研先导型实验学校"、"省艺术教育示范学校"、"省示范家长学校"等称号。

6. 辛集中学

始建于1945年8月7日，1954年定名为河北辛集中学。1960年高考升学率在全省率先达到100%，光荣出席"全国文教、体育、卫生群英大会"。1962年被确定为省重点中学。1978年被确定为全国重点中学。

学校数、理、化竞赛成绩在全省名列前茅，有18名学生以省前三名的成绩代表省参加全国决赛，获得五个全国一等奖；1994年一名学生获数学奥赛全国第一名，为省填补了空白；1997年两名同学以第四、第七名的成绩进入全国10强，这在全国属于首次。2000年以来，高考本科上线率高达100%，本科一批（重点）上线率达到70%左右。该校已为国家培养了三万多名优秀人才。

7. 正定中学

省重点中学，坐落于石家庄正定原恒阳书院旧址。创建于1902年（清光绪二十八年），始名

莘莘学子

　　正定府中学堂，后曾更名为直隶省立第七中学、河北省第七中学、河北省立正定中学、晋察冀边区正定联合中学、晋察冀边区第四中学、河北正定第一中学，1979年定名为河北正定中学。

　　该校是石家庄地区中共党组织的发祥地和革命摇篮。1924年，受李大钊派遣，中共党员张兆丰、郝久亭在该校发展五名学生加入中国共产党，并建立了石家庄地区第一个党支部。学校本部占地160亩，东校区占地300亩，有教学班90个，在校生6000余名。

　　1997年以来，连续11年高考成绩夺得石家庄市重点中学第一名，本科一批升学率达60%，本科二批升学率达90%，培养出多名省市文理科状元。先后荣获"中国百强名校"、"全国规范化管理先进单位"、"全国中小学班级管理创新先进单位"、"省先进企事业单位"、"省教育系统先进集体"、全国"中华民族传统美德教育优秀实验学校"等称号。

五、绮丽的风光名胜

河北省是中华文明的发祥地之一，名胜古迹众多，文物资源丰富，拥有国家级重点文物保护单位168处，名列全国第三位；省级文物保护单位930处，居全国前列；拥有长城、避暑山庄及周围寺庙、清东陵和清西陵三项五处世界物质文化遗产，有邯郸、保定、承德、正定、山海关五座国家级历史文化名城和18个省级历史文化名镇（村）；现有各类博物馆、纪念馆92座，各类文物藏品90余万件，三级以上珍贵文物近八万件，其中一级文物8880件（套）。

河北省地貌多样，气候宜人，自然风光秀美，有各级各类风景区景点600余个，其中中国优秀旅游城市10座，国家级风景名胜区七处，国家5A级旅游景区五家，国家级森林公园27个，世界地质公园二处；无论是数量规模，还是价值品位，都堪称中国的旅游资源大省。

（一）考古发现

1. 小长梁遗址

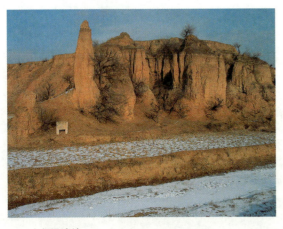

小长梁遗址

位于张家口阳原桑干河右岸官厅村西北500米处，是我国最古老的一处文化遗址。1978年，我国古人类工作者对小长梁遗址进行了考察，获得了石核、石片等石器800多件和打击骨片、刻痕骨片以及丢弃的三趾马、马、羚羊、牛、鹿、犀、虎、象的残渣剩骨。所有的文化遗存都出自一层厚半米左右的黑黄色条带状的砂层中，与文化遗物共存的哺乳动物化石有鬣狗、三趾马、三门马、腔齿犀、古棱齿象、羚羊等。小长梁遗址出土的石器多为刮削器，材料绝大部分是红、橙、黄、棕、黑各种颜色的燧石。小长梁是一处旧石器时代早期文化遗址，其时代为早更新世，距今约100万年左右。

泥河湾

2. 侯家窑遗址

位于张家口阳原东井集镇侯家窑村西南约1500米处的梨益沟西岸的断崖上，是一处旧石器时代中期的重要遗址。1976年和1977年在这里发掘出土了大量动物化石和石器，特别是珍贵的人类化石，是旧石器时代中期考古的一项重大发现。这些文化遗物和化石，集中埋藏于距地表深八米以下的灰褐色砂质粘土中或黄绿色的砂结核层里。这里出土的石器数量大，种类多，有石核、石片、刮削器、尖状器、雕刻器和石钻，还有为数众多的石球。制作原料为脉石英和石英岩等。与石器一起出土的动物化石种类繁多，其中以野马、披毛犀和羚羊的化石最多。发掘该遗址最重要的收获，是发现了人类化石，有顶骨10块（其中有完整的顶骨两块）、枕骨两块、臼齿两颗、右下颌骨后半部一块、附着四颗牙齿的小孩上颌骨一块。据鉴定，这些化石代表着幼儿、青少年、壮年和老年等14个人的个体。这些人类化石的显著特征是头盖骨各部分脑壳厚达一厘米以上，远比现代人要厚，牙齿粗大，冠面沟纹和"北京人"有相似之处，说明它还保留着原始特征。但另一方面，它又具有明显比"北京人"即中国猿人进步的特征，如头骨最大宽度的位置比"北京人"往上，头骨的拱形较高，枕骨也比"北京人"宽。因此，它属于"北京人"的后裔。侯家窑遗址的地质年代确定为晚更新世，属于旧石器时代中期，距今大约10万年。

3. 于家沟遗址

位于张家口阳原东城镇虎头梁村西南约500米处的于家沟西侧，是泥河湾盆地虎头梁旧石器时代晚期遗址群中的一处重要地点。1995年至1998年，省文物研究所和北京大学考古系在这里进行发掘，面积120平方米，出土打制和磨制的石制品、陶片、骨制品、装饰品、烧骨等文化遗物和动物化石3万余件。遗址文化遗物埋藏在桑干河支流的第二级阶地堆积中，剖面保留完整，内涵丰富，总厚度约七米，分为六个文化层，最上部为新石器时期文化层，距今约5000～8000年，出土文化遗物主要有石核、尖状器、石斧、石磨和一些陶片；下为细石器文化层，距今约8000～14000年以前，出土大量以楔形石核技术为代表的细石器制品，有楔形石核、细石叶、端刮器、尖状器、雕刻器、锛状器等，代表了史前人类石器打制技术的最高水平；其中发现有两片陶片，一件是夹砂灰陶，另一件为夹砂夹云母片的黄褐陶，表面饰有刻划纹，经测定年代在距今11700年左右；出土的装饰品有几十件，多用贝壳、螺、鸵鸟蛋皮及鸟骨等材料，经打磨钻孔制成。于家沟

侯家窑遗址

爪村遗址

遗址的发现，找到了华北地区极为难得的更新世末至全新世中期的地层剖面和文化剖面，为这一地区旧石器时代向新石器时代过渡的考古学文化研究提供了科学可靠的地层证据和文化序列证据，对旧石器时代向新石器时代过渡、农业起源、制陶业起源等重大学术课题的研究，具有重要意义，入选"1998年度全国十大考古新发现"。

4. 爪村遗址

位于唐山迁安野鸡坨镇爪村附近，滦河南岸，历史年代为旧石器时代晚期的末段，遗址四面是圆形低山，中间呈较低平盆地。自1958年发现至1989年其间，先后进行过四次发掘，总面积约267万平方米，出土了大量的古脊椎动物化石，有毛犀、野驴、野马、赤鹿、转角羊、纳马象等哺乳动物化石近百件，其中最重要的发现是两具长3.96米的纳玛象牙门齿化石。遗址中虽未发现人类化石，却发现了人类使用的工具，足以证明人类已在这里生活，同时有大量的打制石器，有砍砸器、刮削器、尖状器和锤击、砸击、石核、石片等石器。并出土了珍稀的骨器，有带孔的骨针和刻有平行短线纹的骨锥，这在旧石器时代既是实用器，也是杰出的艺术品；这种缝纫工具在全国旧石器遗址中仅发现三枚，意义重大。2006年爪村遗址被国务院公布为国家级重点文物保护单位。

5. 南庄头遗址

位于保定徐水南庄头村北约四公里处，泥河湾、周口店、山顶洞等古文化遗址环绕着它，是中国北方地区年代最早的新石器时代的遗址，距今10500～9700年，属全国重点文物保护单位。在遗址发掘中，出土了较多的兽骨、禽骨、鹿角、蚌、螺壳、木炭、种子等，还发现了石磨盘、石磨棒及骨、角器等；尤为可贵的是发现了十余片陶片，由这些陶片的质地推测，我国应当有更为久远的陶器发展史。南庄头遗址是我国重要的新石器时代早期文化遗存，填补了我国旧石器时代晚期文化至磁山、裴李岗新石器时代早期文化之间的一段空白，具有重要的学术研究价值。

6. 西寨遗址

位于唐山迁西二拨子乡西寨村，滦河北岸台地上，为新石器时代遗址，年代距今6000余年，属全国重点文物保护单位。遗址平面呈椭圆形，除耕土层及扰土层外，下分为两个时期的文化层。第一期文化遗存年代稍晚于兴隆洼文化，而与上宅中期早段及新乐下层文化大体相当；第二期遗存年代与赵宝沟文化大致相同。遗址发掘发现有祭祀地、房址、器物堆积群等重要遗迹现象，出土完整或可复原的遗物近5000件。西寨遗址是一处集祭祀、居住、制陶、制石、渔猎于一体的大型史前遗存，反映了滦河中下游新石器时代文化特征及演化序列。祭祀地点和太阳纹刻石的发现，对研究古代宗教和艺术的产生与发展具有重要意义。西寨遗址考古还展示了当时极其发达的捕鱼业。

7. 磁山遗址

位于邯郸武安磁山村。因最初在这里发现一种新的新石器时代文化遗存，距今约7300年左右，所以定名为磁山文化。1976年至1978年在这里进行了发掘，发掘面积为2579平方米，主要遗迹有房址两座，灰坑474个，出土遗物有陶器、石器、骨角器等近2000件。遗物中以陶支架（座）和石磨盘最具特点。石磨盘、石磨棒和陶盂、陶支架（座）等成组器物出土点有45处。经研究认为，组合器物中的石磨盘、石磨棒是粮食加工工具，石斧、石铲等可能是修整场地的工具，而陶盂和陶支架（座）等器物，应是生活器皿。因此，组合

磁山遗址出土文物

器物的出土点，可能是粮食加工的场所。在发掘的300多个灰坑中，发现80个窖穴（灰坑）内有粮食堆积，数量之多是惊人的，经研究，认为其中有粟。遗址内农业生产工具和粮食加工工具的使用及粮食堆积的大量发现，证明当时已经有了比较发达的农业，并种植粟类作物；农业的发展，为饲养家畜提供了物质条件，在发现的动物骨骼中，经鉴定有鸡的骨骼，这是迄今发现的我国最早的家鸡；据有关资料记载，世界各地饲养家鸡的年代，原以印度为早，约始于公元前2000年；磁山遗址家鸡骨骼的发现，可以把我国饲养家鸡的最早时间推移到公元前5300年左右。磁山遗址文化遗存是我国中原地区新石器时代文化的一个新的类型，是我国考古工作的一项重要发现。

8. 北福地遗址

位于保定易县境内易水河北岸的台地上，地处太行山东麓丘陵与山前平原过渡地带，是河北最重要的史前遗址之一，对研究北方地区史前文化具有特别重要的意义。遗址发现有三个阶段的新石器时代遗存，其中北福地一期遗存是此次发掘最重要的发现，其年代与磁山文化、兴隆洼文化的年代大体相当（公元前6000～5000年），在地域上填补了此两支文化之间的空白，被评为"2004年度全国十大考古新发现"。一期发现的遗迹主要是灰坑和房址，出土的陶器主要是直腹罐与支脚；另发现了大量刻陶面具作品的残片，其中完整和复原完整的面具有 10 余件，是目前所见年代最早、保存最完整的史前面具作品，为研究原始宗教或巫术提供了重要新资料。祭祀场所的发现是此次发掘的重要收获，祭祀场平面近长方形，场内祭祀遗迹的构成内容主要是中小型直腹盆、各种磨制石器、绿松石饰、玉器、小石雕、水晶等 90 多件物品的分组堆积，其祭祀形式与磁山遗址发现的所谓"组合物"遗迹，有一定相似之处，可能是祭天地祈年福的宗教仪式场所。

9. 东先贤遗址

位于邢台县南石门镇东先贤村北和村南，是仅次于郑州、偃师和安阳殷墟等商代都邑的重要商代遗址。其中东先贤村南文化堆积层丰富区面积八万平方米，村北文化堆积层丰富区面积10万平方米。遗址区除局部为少量战汉堆积外，主要为商代堆积，文化层厚一米；遗迹发现有房址、陶窑、灰坑和墓葬等。出土遗物极为丰富，有石器、骨器、陶器和铜器；该遗址一期晚于郑州白家庄期，早于殷墟一期，与商王祖乙迁邢的时段相吻合，为证明祖乙所迁之邢即为今日之邢台，提供了重要的考古依据，在"夏商周断代工程"中属一重要环节。东先贤商代遗址的发现、发掘，大大丰富了商文化考古资料，对研究商代文明具有重要意义。

10. 台西商代遗址

位于石家庄藁城台西村东北一带，面积约10万平方米。1973年至1974年，发掘了1800平方米，发现有房屋遗迹14座、祭祀坑两座、灰坑133座、墓葬112座（其中有奴隶殉葬墓10座）、水井两眼，出土了大量珍贵文物，有青铜器、金器、玉器、石器、骨角器、蚌器、陶器，以及卜用甲骨等3100多件。特别要提及的是发现了白陶器、釉陶器、漆器、丝麻织物、药用植物种仁、"砭镰"、刻划在陶器上的文字等极为珍贵的文化遗存，为研究商代政治、经济、文化提供了重要的资料。

11. 北庄子墓地

位于保定定州北庄子村。1991年因定州市政府筹建铁路货场，文物部门对货场占地范围进行配合性考古勘探和发掘工作，发掘商代墓葬42座，出土文物数百件，为河北省商周时期考古首次，被评为"1991年度全国十大考古新发现"。墓葬均为土坑竖穴墓，南北向，相当一部分是口小底大的覆斗式；普遍有熟土二层台，分东西两区，埋葬和布局规整有序，随葬品以具有明显地方特点的青铜礼器、兵器为主，有独特的徽号式铭文，是商王朝北方地区难得的出土资料。北庄子墓葬时代约相当于商代晚期至西周初期，其发现丰富了人们在商墓葬制、葬俗、随葬品种类、造型等方面的认识，将推动商代晚期历史、商王朝与北部方国文化研究的进一步发展。

12, 南小汪遗址

位于邢台市区西北部的南小汪村附近，周代遗址。1991年6月至9月，省文物研究所与邢台市文物管理处联合对遗址进行了发掘，发掘面积750平方米。遗址包含西周、春秋和战国三个历史时期的文化遗存，其中西周时期遗存最为丰富，发现有灰坑、水井、陶窑和墓葬，出土遗物以陶片为主，器形有鬲、罐、豆、盆等，此外还出土有石斧、骨簪等。在一座灰坑中，还出土了一块有字卜骨，系牛胛骨制成，打磨光滑平整，此骨出土时已残，缺骨臼及相近之上部和骨扇部分之下部，残存为肩胛骨的中段部分；卜骨正面现存两组卜辞，共11字，字体小而纤细，与周原等地出土的西周甲骨文刻辞风格完全相同。这是河北首次发现西周时期的有字卜骨。南小汪遗址是冀南地区重要的周代遗址之一，对研究周代文化及西周邢国历史具有重要意义。

13. 赵邯郸故城

位于今邯郸市区西南，是战国时期赵国都城遗址，属全国重点文物保护单位。全城由宫城和郭城两部分组成，宫城由东城、西城和北城三部分组成，平面近似品字形，总面积为512万平方米；城址周围至今仍保留着高三至八米的夯土城墙，状如岗峦，蔚为壮观。据记载，赵敬侯元年（前386年）把国都从中牟迁到邯郸，历经八王，共158年，至赵王迁八年（前228年）为秦所占。公元前209年，秦将章邯攻赵王歇，下令"夷其城廓"，赵王城从此毁坏。郭城一般称"大北城"，在赵王城的东北，是赵邯郸故城的商业、手工业作坊和居民区，城址已湮没于今邯郸市区地面以下5～7米深处，它约兴起于春秋时期，战国和汉代发展到繁荣阶段，汉以后渐趋衰落。赵邯郸故城当时是名都之一，不仅留存有众多名胜古迹，而且还有很多富有意义的历史故事留传下来，如完璧归赵、将相和、胡服骑射等，脍炙人口。

赵邯郸故城

14. 中山灵寿故城遗址

位于石家庄平山三汲乡境内，东距灵寿县城约10公里，为全国重点文物保护单位。城址南北长约4.5公里，东西宽约4公里，城墙地上已无存，从地下的夯土城基来看，西城墙最宽处为35米，城内隔墙最宽处为25米；城内有宫殿建筑基址、居住址和制陶器、铸铜器、制铁器、制骨器和制石玉器的遗址。中山国虽并非战国"七雄"，但历史地位十分重要，是仅次于"七雄"的大国。故城先后经历过五代国君，共86年。这是中山国历史上的鼎盛时期，不仅国土疆域扩大，而且农牧业尤其是手工业高度发达，创造出了辉煌灿烂的中山国文化。中山灵寿故城由七道城垣围成，中部一条南北向隔墙将其分成东西两城，东城北部为宫殿建筑区，南部为手工业作坊区和居住区，西城北部为中山王陵区，南部为商业区、居住区和农业区。城址内已发现的大型夯土建筑遗址共计六处，较大的居住遗址迄今发现两处，出土大量珍贵文物。中山灵寿故城的发现，不仅确定了其确切的位置，而且反映了中山国的建筑水平和手工业发展规模，对于研究中山国的历史和文化具有不可估量的价值。

15. 燕下都遗址

位于保定易县县城东南，是东周时期燕国的都城之一。城址在北易水和中易水之间的一个南北宽6～11公里、东西长约30公里的狭长地带的中部，城址中间有一条南北纵贯的河渠（传称"运粮河"）将全城分成东西两部分。西城平面不规整，北垣及南垣东端与河渠的西岸相连，仅发现西门和一条与其相连的道路，城内文化遗存较少，且又不筑东垣，显然具有防护东城的性质，故西城应是东城的郭城。东城平面略呈横"凸"字形，城垣大部分已湮没于地下，已发现城门和城堞各三个。东城的文化遗存异常丰富，为人们活动的中心，亦是燕下都城市规划设计的重点，分为宫殿区、手工业作坊区、市民居住区和陵墓区。根据文献记载，燕下都最早是在燕桓公（前697～前691年）时徙都于此，当时称临易，亦称易，到燕襄公时迁都于蓟，临易作为燕的都城约40年；至燕文公（前554～前549年）由蓟徙易，并改易为燕下都，再不徙都；直到燕王喜二十九

中山国遗址

年（前226年）秦击败燕代联军，燕下都被毁；在长达300余年中一直是燕国的都城所在，成为燕国的政治、军事、经济、文化的中心。燕下都遗址内丰富的物质文化遗存，是我们研究燕国政治、经济、军事和文化的实物宝库，30余年来，在燕下都遗址进行了大量的清理和发掘工作，出土了大批珍贵文物。

16. 平山中山王墓

位于石家庄平山三汲乡境内，战国晚期中山国王陵，年代属公元前4世纪末。目前共发现两处，分布在当年国都灵寿的城址内外，一处在城西两公里的西灵山下，东西并列两座大墓，西侧的1号墓已经发掘，可以确认是中山王墓。另一处在城内西北部，南北错列四座大墓，已发掘的6号墓在最南端，墓主人未能确定。1号墓和6号墓的上部都有夯筑的高大封土，其上再建"享堂"，1号墓的封土和享堂保存较好，封土东西宽92米，南北长110米，高约15米，自下而上成三级台阶状，两墓附近还有陪葬墓和车马坑。根据两处墓地的布局，结合1号墓椁室出土的中山王陵兆域图铜版及辉县固围村魏国墓地的资料，可以对战国时期王陵的形制和规模有较多的了解。中山王墓出土了大批精美绝伦的珍贵文物，仅中山王1号和6号墓出土文物就达19000余件，并以大量孤品、珍品的出土震惊中外。其中 1号墓出土的铁足大鼎、方壶和圆壶三器，共有铭文1099字，不仅确切地表明墓主为中山王，而且记明中山王的世系及有关史实，是研究中山国历史的重要史料。两墓发现的巨大山字形铜器，下部銎内都存有木质，大约置于悬挂旗类的杆柱顶端，以作为王权的象征，是前所未见的仪仗性器物；铜错金银龙凤方案、十五连盏灯、银首人俑灯、虎噬鹿器座、牛器座、犀牛器座、双翼铜神兽以及带有压划纹的磨光黑陶鼎、石制六博棋盘、鹰柱大盆，大量的玉龙、玉虎、玉人等，以精巧的做工、独特的造型反映出中山国手工业在铸造冶炼及工艺加工等方面的高超技术，为研究中山王世系和中山国的政治、军事及文字书法提供了极其珍贵的史料。这些精美的器物，除银首人俑铜灯出自6号墓外，其余均出于1号墓。

17. 赵王陵

位于邯郸县与永年县西北交界处，紫山东麓的丘陵地带，在距邯郸市区20公里的三陵乡境内。现存陵墓分踞五座山丘之上，五座陵台西南起自邯郸县周窑村，东北至永年县温窑村分布排列，蜿蜒7.5公里，气势恢宏；其中在邯郸县境内共有三大墓丘,从东至西编号分别为1、2、3号；

赵王陵

满城汉墓

另两座在永年县，编号为4、5号，是我国战国时期七雄之一赵国的帝王陵寝，称为赵王陵，属国家级重点文物保护单位，是河北乃至全国历史最悠久的王陵。陵墓虽经2300多年的风雨侵蚀和社会人为损坏，地面建筑只存遗址和碎砖烂瓦，但整个陵台、陵墓封土、墓台、神道等保存十分完整，陵台遗存大量建筑基址，陪葬坑排列井然。在这五座陵台上，2号陵台和4号陵台均有两个封土墓冢，即五座陵台有七个封土墓冢，周围文化遗存十分丰富。

18. 满城汉墓

位于保定满城城西南约1.5公里处的陵山上，是西汉中山靖王刘胜及其妻窦绾的墓葬，也是中国目前保存最完整、规模最大的山洞宫殿。两座陵墓坐西朝东，刘胜墓居中，窦绾墓在其北侧，都是以山为陵，墓室是开凿的山洞，结构和布局完全模仿地面上的宫殿建筑，规模宏伟，宛如地下宫殿。刘胜墓全长51.7米，最宽处为37.5米，最高处为6.8米，由墓道、南北耳室、前堂和后室组成，窦绾墓与刘胜墓基本相同。墓内除华丽的陈设和棺椁外，发掘中还出土了各类文物一万多种，其中仅金银器、玉石器、铜器、铁器等精品就有4000多件，各类铜灯19件，尤以长信宫灯、错金博山炉、朱雀衔环杯、错金银鸟篆文铜壶、鎏金银盘龙纹壶等最为珍贵。刘胜和窦绾都身穿金缕玉衣下葬，刘胜的玉衣形体肥大，窦绾的玉衣较小，两件玉衣的结构相似，但制作方法略有不同；刘胜和窦绾的金缕玉衣，是我国第一次发现的完整的金缕玉衣，是十分珍贵的历史文物。满城汉墓出土的文物数量多，品级高，文物科技价值和工艺价值高，在一定程度上反映出当时社会财富的积累和生产力的发展水平，是研究我国汉代冶炼、铸造、漆器、纺织等手工业和工艺美术发展情况的重要资料。

19. 八角廊汉墓

位于保定定州城西南四公里八角廊村西南部。1973年进行了发掘，出土了金缕玉衣、马蹄金、麟趾金和竹简等大批珍贵文物，特别是大批竹简的出土，在河北是第一次。据推测，墓主人应为五凤三年去世的中山靖王刘胜之后怀王刘修。墓四周原有城垣，南北长145米，东西宽127

米，墙基厚达11米左右；原封土直径约90米，高约16米，夯筑而成；墓室南向，平面呈"凸"字形，由墓道、前室和后室构成，通长约61米，圹壁夯筑，圹内用方木垒筑成前室和后室；早年曾被盗掘和火焚。墓主人身着金缕玉衣一件，保存完好，玉衣由头罩、脸盖、上衣前片和后片、左右袖筒、左右手套、左右裤筒和左右脚套组成。共用玉片1203片，金丝约2567克，系分片连缀而成。在后东室的出土物中，有一件炭化的竹简，内有铁削一件，长方形板砚三块和大批竹简；竹简已被扰乱，并炭化成块，简上的字迹很难辨识；从残坏的竹简中整理出《论语》、《儒家者言》、《太公》、《文子》、《六安王朝五凤二年正月起居记》、《哀公问五义》、《保傅传》、《日书·占卜》等古籍，但已残缺不全，其中《论语》简文约有传本文字的一半，虽然由于竹简残碎严重，无法恢复《论语》的篇目次序，但是保存这样多文字的《论语》简文，还是第一次发现；这些简文不仅是时代最早、保存文字最多的古本《论语》，而且还是鲁论、齐论、古论三论并行时的一个本子，对研究三论流传、演变的情况，以及校勘传本《论语》都是极为重要的依据。

20. 望都汉代壁画墓

位于保定望都所药村东，两座东汉大墓坐北朝南，东西对峙，相距约30米。两墓早年被盗，出土遗物不多，但壁画尚存，并附墨书榜题。1号墓保存较好，封土南北长约46.7米，东西最宽处32.7米，高11米。墓室用砖砌筑，由前室及东、西耳室，中室及东、西侧室，后室和北小龛组成；墓壁画分两层，上层为官吏图，绘人物25人，下层为祥瑞图；甬道顶部有云气、仙禽异兽构成的图案；墓门两侧，东绘"寺门卒"，持杖而立；西绘佩剑"门亭长"，拱手躬腰，作迎送状；2号墓壁画损坏严重，内容与1号墓相近。墓壁画以地方官吏为题材，人物比

汉代壁画墓

例准确，线条流畅，堪称东汉壁画中的杰作。所绘人物衣纹采用渲染技法，以色彩的浓淡变化来表现形体的起伏和光线的明暗，在我国绘画史上是一个很大的进步，对研究我国绘画史有着重要的价值。

21. 安平东汉壁画墓

位于衡水安平城东南约5华里的逯家庄村，1971年发掘，东汉多室墓。在后室顶部有白粉书写的"惟熹平五年"（176年）隶书题记，为墓的确切年代提供了可靠的依据。在中室及其南耳室和前室南耳室内，均发现彩绘壁画，是发掘的重要收获。壁画内容丰富，场面很大，仅中室四壁的"出行图"就绘有车马60多辆。壁画线条简练流畅，颜色鲜艳，是研究东汉政治、经济、文化以及车马制度、建筑等的宝贵资料。

22. 献县汉墓群

位于沧州献县境内，西距市区70公里，是汉代河间王及其子孙、乐成侯、中水侯等葬于献县境内墓葬的总称，现存37座墓，是国家重点文物保护单位。献县自西汉建立河间国，直至南北朝，一直是王封之地。1937年以前，献县辖境面积较大，境内号称有大小72冢，从现存古墓来看，多集中在河城街和十五级乡。墓葬群规模大、级别高、数量多、层次全、时间跨度大，贯穿于汉代的始终，就其规格和数量而言，在全国的汉墓中名列前茅，在省的汉墓中独一无二，是汉代通史的地下陈列馆和博物馆，对研究汉代的政治、经济、文化都具有重要的考古价值和历史价值。1996年11月，国务院公布为全国重点文物保护单位。

23. 邺城遗址

位于邯郸临漳西南20公里香菜营乡、习文乡一带，是三国至南北朝时期著名的都城，分邺北城和邺南城，是我国历史上著名的古城。北邺城是建安九年（204年）曹操封魏王后营建的国都，曹丕代汉移都洛阳后，以此为北都。后赵、东魏、北齐相继都邺，承光元年（577年）北齐亡，此城衰落。南邺城为东魏元象元年（538年）依北邺城南墙而建，毁于隋代。随着历史的变迁，特别是漳河的泛滥，洪水冲毁，邺城城垣和宫殿等建筑早已无存。经考古勘探实测，邺北城东西2400米，南北1700米，在现漳河北岸，探知于地面两米以下有城墙夯土基址长600多米。邺北城的地上遗存，仅有建于西城墙上的金凤台和铜雀台基址，和已不复存在的冰井台合为曹魏时著名的三台。

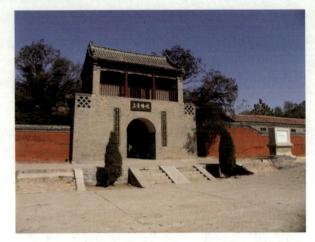

邺城旧址

邺南城东西六里，南北八里，比邺北城增加了东市和西市，扩大了商业区，城门也增多，方便交通，地上遗迹无存，大都湮没于地下。邺城作为魏晋、南北朝的六朝古都，在我国城市建筑史上占有辉煌地位，堪称中国城市建筑的典范。全城强调中轴安排，王宫、街道整齐对称，结构严谨，分区明显，这种城市布局方式，在我国都城建筑史上，承前启后，影响深远，后代的都城建筑，莫不大略如是。对后来的长安、洛阳、北京城的兴建乃至日本的宫廷建筑，都有着很大借鉴和参考价值。

24. 湾漳北朝壁画墓

位于邯郸磁县西南2.5公里湾漳村，是全国重点文物保护单位磁县北朝墓群中的一座。1987年至1989年发掘，因没有墓志，难以断定墓主人的具体身份，被认为是北齐文宣帝高洋的皇陵。出土陶俑1800多件，其中有文吏、军卒、鼓乐手、乐舞人、仆人俑等，有立姿、坐姿和骑马姿等，形象逼真，制作精致，其中大门吏俑高达1.42米，堪称北朝陶俑中的精品。墓道壁画保存有320平方米，东西两壁分别绘画53人组成的仪仗队列，壁画的人物与真人大小相当，显示了帝王葬仪的威严与隆重，是我国现存最大型的北朝时期墓葬壁画。甬道、墓室原亦绘有壁画，但保存状况很差，甬道南段挡土墙面上绘制的大朱雀，高达5米，两侧有神兽、羽兔、莲花，气势恢宏，墓室顶部绘天河、星宿组成的天象图。与同时代墓葬相比，湾漳墓的壁画气势最为恢宏，艺术水平也最高，整个墓葬壁画挥洒自如，毫无矫饰，众多人物、神灵、禽兽形象，彼此呼应，浑然一体，代表了北朝宫廷绘画艺术的成就。

25. 封氏墓群

位于衡水景县前村乡后屯村北一带，为北朝大族墓群，又名封家坟，俗称"十八乱冢"，埋葬着东晋南北朝以来封氏家族的诸多显贵。现墓群保存有封土的尚有15座，最大者高约七米，墓群占地面积约2000余亩；1961年由国务院公布为全国重点文物保护单位。景县封氏是南北朝时期北方名门望族之一，极盛时期在北魏，上可追溯至后汉及魏晋，下延续到北齐、隋和唐，据记载，见于史传的、有官位者就有六七十人之多。民国37年（1948年），附近村民挖开四个墓室和一个墓道，取出大批文物，后经北京文物界专家和当地政府派员征集考察，共得到300多件，包括铜器11件、瓷器35件、陶器31件、陶俑195件、玻璃碗两个、玛瑙珠48粒、铜印三方、墓志五合和志盖一方，其中四件青瓷仰覆莲花尊、两件四耳青瓷瓶、一件四耳青瓷罐等35件瓷器均为国家一级文物。根据墓志铭所载，墓主人分别为封魔奴、封延之及其妻崔夫人、封子绘及其妻王氏、魏故郡君祖氏。封氏墓群出土文物是研究北魏至隋政治、经济、文化的重要实物资料，其中的墓志铭对于考证史书记载，研究北朝史和隋史有重要价值。

26. 高氏墓群

位于衡水景县城南约15公里处的野林庄乡与北屯乡一带，全国重点文物保护单位。当地群众称之为"高氏祖坟"或"皇姑陵"，是北魏至隋代的渤海高氏族墓。墓群

湾漳北朝壁画墓

封氏墓群出土文物

邢窑文物　　　　　　　井陉窑文物　　　　　　　元中都遗址文物

相传原有墓冢近百座，历经沧桑，封土流失，多数泯没，现存有封土墓10座。1973年4月，省博物馆、文管处获悉当地村民在耕地时发现隋高六奇墓后，立即派人调查，收集到前几年出土文物多件（有墓志两方），证实了这一批墓葬确系南北朝时期渤海高氏族墓，便将有封土的墓葬作了统一编号，加以保护，并有计划地发掘了三座墓。三座墓是南向砖室墓，砌法基本相同，形状大小不一，葬式不同，有的较为罕见。一为天平四年（537年）高雅夫妇子女合葬墓，由主室、后室和东室构成。该墓出土器物最多，也最珍贵，共有115件，制作精细，造型优美，而且排列有序，组合清楚；二为武定五年（547年）高长命墓，分前后两室，平面呈葫芦形，破坏严重，器物仅存陶瓷两种，没有一件完整的。棺木劈成碎块，尸骨全无，墓志砸碎，仅存两个半字；三为隋开皇三年（583年）高谭夫妇墓，形式较为罕见，墓室下部呈正方形，高达1.25米，四壁壁面以弧线形状向外伸张，连砌五层砖后，口部成圆形，然后攒尖至穹窿顶。顶部20世纪40年代曾被掘开，室内四角各立一圆柱，高80厘米，上置陶灯，出土金、铜、陶瓷器等随葬品141件。

27. 邢窑遗址

位于邢台内丘、临城两县境内和邢台市区，是一处北朝后期至金元时期的瓷窑遗址，全国重点文物保护单位。始烧于北朝，盛于隋唐，衰于五代，终于元代，烧造时间大约为900多年。以烧制白瓷而闻名，隋代时技术水平达到了顶峰，烧制出具有高透影性能的细白瓷，胎质坚细、釉色洁白、光润晶莹、气孔率低，影透性强，开创了北方白瓷瓷系的先河，从而改变了中国一向以青瓷为主的局面，与南方的越窑平分秋色，形成了"南青北白"的两大体系，当时有"南越北邢"之说。遗址发现于1980年，主要分布在太行山东麓的丘陵和平原接壤地带，共20余处，主要有灰坑、井、瓷窑、陶窑和作坊，出土的窑具和瓷器残片数以万计。邢窑遗址的发现，不但解决了邢窑白瓷的产地问题，而且对邢窑的历史、品种、窑口分布，以及自隋代以来青白瓷两大系统并存的说法提供了可靠的实物资料。

28. 井陉窑遗址

位于石家庄井陉中北部和井陉矿区中部，是一处分布面广、烧造时间长、文化内涵丰富的古窑址群，全国重点文物保护单位。发现于1989年，包括隋唐五代、宋金元、明清几个时期的遗存，历时700年，烧瓷时间始于唐终于元，宋、金为兴盛时期。在烧造历史中，均以烧制白瓷为主，绛釉、黑褐釉、黑釉瓷次之，也有少量的天目釉、绿釉、黄釉器；品种以盘碗为主，另也有瓷枕、罐等20多个品种；装饰手法以印花、刻划花、绘花、剔花、点彩、镂空为主。出土有点彩戳模及大量用这种工具制作的点彩碗类，证实久已失闻的戳印点彩工艺历史上确曾存在，显示了井窑印花的精湛艺术，图案表现的内容丰富，技法多样；器形以各式的碗盘为主，其次为钵、盂、瓶、壶、尊、罐、盒、盆、炉、灯、枕、建筑构件及人物、动物小塑玩具等。所见瓷枕最具特色，装饰有划花、印花、剔花等，以戳印加划花之奔鹿、奔牛、卧鹿、立鹿、对鹿及宫女图枕等为代表性产品。井陉窑遗址的发掘填补了中国北方陶瓷分布的空白，对于白瓷的形成与发展、冀晋窑口的关系等，提供了详实的历史资料，在中国北方陶瓷发展史上非常重要，具有历史研究和艺术欣赏的双重价值。

29. 元中都遗址

位于张家口张北馒头营乡，是继和林、上都、大都后元朝兴建的第四个都城，始建于元大德十一年（1307年），建造者为元世祖忽必烈的孙子元武宗海山。从1998年开始，文物部门对这一

元中都遗址

遗址进行勘探发掘、科学认定。出土了大量珍贵文物，并探明了主要建筑遗址的形状。出土文物中最引人注目的是一个汉白玉角部螭（传说中龙的一种）首和九个台沿螭首，雕刻细腻，造型完美，是元代雕刻中不可多得的珍品。遗址发现被评为"1999年中国十大考古新发现"之一。由宫城、皇城、郭城呈回字形相套，是中国传统都城"三重城"建制。宫城在皇城中部偏北，皇城在外城中部偏北；外城为南北向长方形，周长11800米，用夯土制成；皇城为南北向长方形，周长3400余米，用黄土夯筑。宫城为南北向长方形，砖石砌筑，东西宽607米，南北长548米，东西南北各开一门。南门为两阙三观三门道式建筑，宫城四周建三出阙角楼，无瓮城。宫城附近建有排水涵洞，中都城西北山上筑烽火台。宫室建筑按中轴线布局设计，以1号基址为中心的主体宫殿群位于内城的中北部。作为正殿的1号宫殿基址居于内城的中心位置，平面呈"工"字形，有排列整齐的柱础石，地表有琉璃瓦当、滴水和花砖等建筑构件。元中都遗址保存完好，布局清晰，为研究中国封建时代晚期都城提供了极为重要的实物依据。为研究中国元代都城形制，提供了新的实例，对探讨元中都的兴废及蒙元四都比较研究都具有重大学术价值。

30. 海丰镇遗址

位于沧州黄骅市东25公里的海滨地区，分布在今羊二庄乡海丰镇村南至杨庄村之间，1986年黄骅县博物馆进行全县文物普查时首次发现，是一处保存较好的古文化遗址，为第六批全国重点文物保护单位。遗址共进行了三次考古勘探和发掘工作，清理出的遗迹有灰坑、灰沟、建筑基址、水井、灶、道路、砖筑等。出土的遗物完整和可复原的较多，其中以瓷器为最多，器形有碗、盘、盆、盏、壶、盒、罐、缸、虎形枕、彩绘人俑以及低温彩枕、文字枕等，此外还有部分绞胎器。除瓷器外，其他各类器有陶盆、罐、壶、瓶、砚，石盘、盆、臼、球，骨簪、牌、管型饰物、砂锅、铁铲、铜镜等多种。陶质建筑构件除砖瓦以外，还有体积较大的龙形纹、以兽面纹、龙衔鱼纹为主的圆形瓦当等。海丰镇在《金史·地理志》《天工开物》《盐山县志》《盐山新志》《海兴县志》等文献中多有记载，《金史·地理志》记为盐山四镇之首。专家认定，今海丰镇遗址就是金代海丰镇的遗迹，是金代集水陆交通为一体的贸易集散地，是以瓷器为主的贸易集散地，是近年来发现和发掘的一处重要滨海遗址，是我国金元时期重要的考古发掘项目，为寻找北方海港遗址、研究中世纪瓷器外销提供了重要的资料。

31. 定窑遗址

位于保定曲阳涧磁村和东、西燕川村一带。曲阳在唐、宋时属定州管辖，所以被称为定窑。定窑是我国北宋时期五大名窑（官窑、哥窑、汝窑、均窑和定窑）之一，以生产优质白瓷著称于世。其中规模最大、最集中的窑场在涧磁村北一带，至今瓷片、窑具、炉渣、瓷土等堆积仍然很多，有13处高大堆积，最高的达15米。从遗址地层叠压的关系看，分晚唐、五代和北宋三个时期：晚唐定窑白瓷与宋代定窑白瓷相比，瓷胎显粗，釉色也不如宋代的洁白；到五代时，定窑生产水平较晚唐时有了提高，白瓷比重显著增大，器物造型渐趋多样化，处于承上启下的过渡阶

海丰镇遗址文物

定窑遗址文物

磁州窑文物

段；北宋是定窑发展的鼎盛时期，大量采用覆烧方法，器物造型和装饰艺术都有了很大的发展和创新，在北宋地层出土的刻有"尚食局"款的龙凤盘十分珍贵，说明在北宋初年已为宫廷烧制瓷器。定窑的产品以白瓷为主，也烧制其他品种，如绿釉的称绿定，黑釉的称黑定，芝麻酱色釉的称紫定等。北宋定瓷有碗、盘、盆、罐、瓶、炉、器座以及玩具等，白瓷的胎质洁白、细腻、坚硬、轻薄，釉色纯白、匀净；装饰题材丰富多彩，手法多种多样，刻花和划花以各种萱草、牡丹、莲荷、双鱼、水禽的题材为多；印花以各种变形的缠枝牡丹图案最多，还有莲、梅、石榴、菊花、犀牛望月、海水双鲤、莲荷游鸭、婴儿戏花、龙、凤等。北宋定窑在我国瓷器发展史上占有重要的地位，所生产的瓷器在社会上有很大的影响，南北仿造者众多，因而出现了各种不同的名称，如土定、新定、北定、南定及粉定等，北定即北宋定窑生产的瓷器，在金、元时继续生产。定窑的制瓷技术，对于促进我国制瓷业的发展起了重要作用。

32. 观台磁州窑遗址

磁州窑是我国古代北方著名的民间瓷窑，位于今磁县观台和邯郸峰峰矿区彭城一带。因古代属磁州，故称磁州窑。观台窑是磁州窑系重要的窑场之一，面积20余万平方米，1958年发掘了2万平方米，出土文物1万余件。主要遗存有窑场、水沟、作坊和碾槽等，时当宋代早、晚期和金、元。以观台为中心，还有许多窑，如冶子瓷窑址（冶子村）和东艾口瓷窑址（东艾口村）等，都属于磁州窑系。磁州窑瓷器装饰以黑白对比为主要特色，白地黑花，对比鲜明，有铁锈花、刻划花、红绿彩以及黄、褐、绿、蓝、窑变黑釉等；题材内容多取材于民间生活，缠枝牡丹、飞禽走兽、花鸟虫鱼、婴戏、历史故事、民间传说、诗文词曲、吉祥图案、几何纹样，丰富多彩；其装饰艺术独具风格，博得了人们的喜爱。磁州窑有着悠久的历史，早在隋代已开始生产青瓷，到宋代制瓷业有了更大的发展，无论从技术还是生产规模上，都达到了前所未有的水平。磁州窑制瓷业影响深远，传播广泛，遍及河北、河南、山东、山西、陕西和南方各地，还传到了国外，被誉为"磁州窑型"或"磁州窑系"。

33. 宣化辽金壁画墓群

位于张家口市宣化区下八里村北。墓群以张氏家族墓地为主，占地20余亩，已发掘清理墓葬10座，唯8号墓仅存墓圹，即建墓未用。韩氏家族墓地在村北的西部，仅发掘清理了韩世训墓一座。从墓葬结构来看，包括墓道、竖穴式天井、墓门门楼、前室和后室等几部分；门楼均为砖筑仿木结构，并都施有彩绘；各墓葬制基本相同，实行火葬，以真人偶像实以骨灰埋葬，反映了辽国西京（大同）归化州（宣化）一带民间笃信佛教，实行火葬的情况。已发掘的墓穴中的壁画总面积达320余平方米，内容丰富，包括不同形式的彩绘星图、墓主人出行图、散乐图、茶道图、童嬉图、三老对弈图、妇女挑灯图、妇人掩门图、儿童跳绳图、判官小鬼图、山石花鸟图、山石花虫图、仙鹤水草图、仙鹤图以及桌子、经桌、文房四宝等。壁画

宣化辽金壁画墓

中出现男、女人物达160个，有汉人装束，亦有契丹人装束，反映了辽代中期民族融合的情况。壁画中发现的茶道图，是宣化辽金壁画墓考古发掘的重大收获之一，共有四座墓的壁画中绘有与饮茶有关的壁画，但表现手法各不相同，是研究古代茶道文化的第一手资料。在已发掘的墓葬中，墓室顶部都有彩绘星图，彩绘星图有三种表现方式：一是受西方巴比伦黄道十二宫影响，融中国三垣二十八宿为一体，表现出中国化了的中西合璧的彩绘星图；二是把中国的十二生肖像加在上述星图的周围；三是只绘单一的中国二十八宿。这对于辽代天文历象以及如何借鉴西方天文学成果等方面的研究都是不可多得的宝贵资料。

梳妆楼

34. 梳妆楼元代墓群

位于张家口沽源城东五公里，平定堡镇南沟娄底自然村西150米处。为一座坐南朝北的全砖建筑，底座面为正方形，顶部为圆拱形，四面砖砌墙体，表卧砌白灰砖，未灌灰浆，墙厚70厘米，四面均辟门，全楼未用一点木料。相传辽代风流帝后萧绰曾在楼内梳妆，因而得名。1999年9月，省文物研究所会同当地文物部门对其进行考古勘察，证实此处实为一处元代墓群，梳妆楼实际上是一座贵族墓上的享堂建筑，确定墓主身份为元代蒙古贵族元世祖忽必烈的外孙阔里吉思。早先楼内有壁画，顶上原有琉璃瓦镶嵌，金碧辉煌，十分壮观。在享堂坍塌堆积中，发现有大量黄绿琉璃构件，应是顶部的饰物。楼内是一座古墓，在地下两米左右，发现一长体竖穴砖石墓，墓内并列三具棺木，为一男二女，男即为阔里吉思，二女即阔里吉思的两个妻子，身份均是公主。死者服饰华丽、考究，着元代蒙古族特色的质孙服和织金绵，并具有等级很高的龙纹鎏金银带装饰，还发现有朱梵文咒语及其图案；同时还出土宝剑、古钱币、铜印等若干珍贵文物。梳妆楼古墓群的考古发掘，为研究元代葬俗、礼制、服饰以及建筑提供了极其重要的资料，对充实完善元代文物和历史研究具有极其重要的意义。

35. 静志寺塔基和净众院塔基

位于保定定州城内。塔的地上建筑（塔身）部分早已无存，只剩地下部分，一般称做塔基地宫。对两座塔基地宫的清理发掘，一是发现有明确纪年的北宋壁画，二是发现了大量精美的定瓷。静志寺塔基：地宫砖筑，为仿木结构的"舍利阁"，彩绘斗拱，全高2.34米，墙高1.1米；根据墨书题字，这座塔建于北宋太平兴国二年（977年）。地宫四壁绘有彩色壁画，还写满了施舍人姓名和施舍的器物名称及年月。地宫出土了大量金银器、玉石器、瓷器、铁器、木雕、串饰、丝织品和货币等，其中瓷器115件，几乎全是北宋早期的定窑产品，胎质平薄细腻，造形端雅优美，釉色柔和洁净，器物种类众多。净众院塔基：建于北宋至道元年（995年），地宫砖筑，方形，圆顶，南壁设门，其他三壁均绘有彩色壁画，画面上的释迦牟尼和戎装乐队，大小与真人一般，绘画技法熟练，技巧高超，袈裟衣纹和飘带的线条，自然流畅，刚劲飘逸，爽利洒脱，堪称北宋壁画中的佼佼者。地宫内出土文物有银器、瓷器、石刻等，其中瓷器55件，系北宋定窑早期产品，有件刻花龙头白瓷净瓶，全高60.7厘米，造型优美，制作精巧，釉色莹润，在定瓷中是罕见的大件瓷器，为定瓷中的瑰宝。

36. 保定窖藏元瓷

1964年，在保定永华南路一圆形窖穴中，发现了11件元代瓷器，有青花釉里红开光镂花大罐（一对）、青花海水龙纹带盖八棱瓶（一对）、青花狮子滚绣球八棱玉壶春瓶、青花八棱执壶、白釉龙纹菱花口瓷盘、白釉莲瓣式酒杯、宝石蓝釉金彩瓷匜、宝石蓝釉金彩酒杯和宝石蓝釉金彩盘。这批瓷器部分是第一次发现，十分珍贵。青花瓷器解放前出土很少，这次同出六件，器形完

保定窖藏元瓷

整，制作精致，造型美观，特别是青花釉里红开光镂花大罐和青花海水龙纹带盖八棱瓶成双成对出土，实属难得，堪称国宝。这些青花瓷器的出土，丰富了对元代青花瓷器的研究资料。

（二）文物珍品

1. 陶盂

1973年于邯郸武安新石器时代磁山文化遗址出土，原始炊具，夹砂红褐陶，距今约七八千年，烧造技术原始，胎体厚薄不匀，烧成温度较低。陶盂口径14厘米，圆口、直腹、大平底，口沿下两侧各堆贴一鋬，环上腹贴饰叠山式条纹。支架高15厘米，形状类似倒置的靴子，下部为圆形圈足。筒形盂与靴形支架是磁山文化代表性器物，现藏于省文物研究所。

2. 压光黑陶虎纹鼎

1977年于石家庄平山三汲村战国中山王 墓出土，冥器。通高41.2厘米，细泥黑陶，仿青铜鼎造型，圆鼓顶盖，盖的坡面上等距离斜立有三个长条形纽，纽下部均有圆孔，敛口圆腹，底部有三个蹄形足。鼎盖装饰由卷云纹、菱形纹内填波折纹，三角纹内填波折纹组成，上腹饰一组变形虎纹，下面是一条凸起的粗弦纹，下部及三足均磨光。纹饰采用独特的压磨技法，即用尖细滑硬的工具在陶胎上反复压磨而成，艺术效果独特，现藏于省文物研究所。

陶盂

压光黑陶虎纹鼎

彩绘守门武士浮雕

3. 彩绘守门武士浮雕

1994年于保定曲阳王处直墓出土。高113.5厘米，原镶嵌于墓甬道两侧，汉白玉石浮雕敷彩。两尊浮雕一为盘龙踏鹿武士，肩头盘卧昂扬矫健的青龙，脚下踩踏蜷卧、衔莲的麋鹿。一为栖凤踏牛武士，肩头栖立姿态优雅的凤鸟，脚下踩踏神牛。武士头戴金盔，身披战袍，束带衣甲，手握利剑，刚猛威武，神气完足。其刻工精细，红绿金彩艳丽如初。现藏中国国家博物馆。

4. 彩绘散乐图浮雕

1995年于曲阳县王处直墓出土。长136厘米，浮雕为一幅女乐图，图中有人物15人，人物面朝墓内，采取面右方站姿，分前后两列。最前者为一男装司仪，乐伎均着长裙，有披帛，面部相似，丰腴圆润，仍存唐杨妃美人之余韵。浮雕制作精湛，人物姿态生动，有似簪花仕女图神貌，具有颇高的艺术水平。墓

彩绘散乐图浮雕

中类似的石雕有两块，大小相同，另一幅为彩绘捧物侍女图，为面朝左方站立。墓后室的汉白玉石浮雕，为罕见的五代石雕艺术珍品，具有较高艺术价值。现藏省文物研究所。

5. 棉花图刻石

清乾隆直隶总督方观承曾命人编绘的一套反映棉花栽培和纺织的图谱，原名《棉花图》，于乾隆三十年（1765年）进献给皇帝，乾隆皇帝倍加赞许并为《棉花图》题诗。同年，方观承将经过乾隆御题的《棉花图》正式定名为《御题棉花图》，镌刻于珍贵的端石之上。全图共16幅，依次题名为：布种、灌溉、耘畦、摘尖、采棉、拣晒、收贩、轧核、弹花、拘节、纺线、挽经、布浆、上机、织布、练染，每图均有简要文字说明，具有很高的科学价值和艺术价值。现藏省博物馆。

金缕玉衣

6. 金缕玉衣

1968年于保定满城陵山中山靖王刘胜墓出土。长约188厘米，全套玉衣由各式长方形、梯形、多边形、方形玉片组成，玉片四角有孔，用金丝加以编缀。玉衣分为头部、上衣、裤筒、手套和鞋五个部分，形式与人体结构比例相同，是中国出土年代最早、等级最高、最完整的玉衣。与玉衣同时出土的有镶玉鎏金铜枕、玉眼盖、玉鼻塞、玉口琀、玉耳塞、生殖器罩、肛门塞，组成一套完整的葬玉。刘胜墓出土的玉衣共用玉片2498片，所用金丝总重1100克；其妻窦绾墓出土的玉衣整体结构与刘胜玉衣大致相同，共用玉片2160片，金丝700克。现藏省博物馆。

7. 白玉双龙纹高纽谷纹璧

1968年于保定满城陵山中山靖王刘胜墓出土。汉代礼器，高25.9厘米，和田白玉琢制。玉璧的整体由圆形璧身和雕有双龙的高纽两部分组成，纽上透雕一对矫健威严的双龙，昂首曲身，丰腴健壮，极富力度。顶端有透雕的云纹，中间有一圆孔，可供佩系。璧身两面琢刻谷纹，缘周起棱。玉璧构思巧妙，造型奇特，纹饰优美，刻工精细，精美绝伦，是汉代玉器中的珍品。现藏省博物馆。

8. 铁刃铜钺

1972年于石家庄藁城台西商代遗址出土。长10.8厘米，外刃部断失，残存刃部包入铜内约一厘米，据化验，该刃为陨铁锻造而成，是我国目前所见最早的熟铁制品。铁刃铜钺的出土，说明早在公元前14世纪，我国人民就已经认识了铁并掌握了铁的热加工性能。现藏省文物研究所。

9. 错金鸟篆铭铜戈

1994年于邢台葛家庄春秋大墓出土。兵器，通长25厘米，狭援阔内，援部两面有错金鸟篆文铭共八字："玄（金谬）赤炉之用戈辟"，每面四字。胡较长，上有三个长方形穿。此器制作精湛，对研究古代兵器和古文字学有重要价值。现藏省文物研究所。

白玉双龙纹高纽谷纹璧

10. 战国立凤蟠龙纹兽面铜铺首

1966年于保定易县燕下都遗址出土。燕国宫门构件，为兽面衔环形，纵74.5厘米，横36.8厘米，重21.5千克。全身共雕塑八只禽兽，造型采取了浮雕相透雕相结合的铸造工艺，龙、凤、蛇项首均突出于器面之上，造型生动，形神兼备，通身饰细密的羽纹和卷云纹。此件造铜铺首型巨大，纹饰精美，整体布局错落有致，结构严谨，为罕见的艺术珍品。现藏省文物研究所。

山字形器

11. 山字形器

1978年于石家庄平山三汲村战国中山王䇐墓出土。仪仗礼器，一套五件，高119厘米，宽74厘米，厚1.2厘米，重56.6公斤。器体上部呈山字形，两侧向下部内转成镂空回字纹，下部中间有圆筒状銎，可插在立柱上。这种礼器为中山国所特有，造型庄重，立于木柱之上排列在帐前，象征着中山国王的权威。现藏省文物研究所。

中山王䇐铁足大鼎

12. 中山王䇐铁足大鼎

1978年于石家庄平山三汲村战国中山王䇐墓出土。礼器，是战国

中山王𪪿夔龙饰方壶

错金银四龙四凤铜方案

十五连盏灯

中山国王墓出土九鼎中的首鼎，高51.1厘米，腹径65.8厘米，重达60公斤，铜身铁足。鼎的外壁刻有77行469字铭文，是中国发现的战国青铜器铭文中最长的一件，记载了中山国讨伐燕国、开疆辟土的事件，具有重要的历史价值。现藏河北省文物研究所。

13. 中山王𪪿夔龙饰方壶

1978年于石家庄平山三汲村战国中山王𪪿墓出土。礼器，高63厘米，方体，小口，斜肩，腹两侧有一对环耳。壶盖上有四个抽象的龙形钮，壶肩四棱上各雕塑有一条小龙，龙头冲上，独角大耳，颈背生鬃，长尾。壶腹外壁刻篆体铭文450字，记录了壶的制作时间（中山王𪪿十四年）、用料（择燕吉金）、动机等，歌颂了相邦司马赒伐燕的功绩，讲述了安国立邦的道理。通过这个方壶和著名的铁足大鼎的铭文，结合史籍资料，能让人们撩开中山国的神秘面纱，极富史料价值。现藏河北省文物研究所。

14. 中山王𪪿圆壶

1977年于石家庄平山三汲村战国中山王𪪿墓出土。盛酒器，短颈鼓腹，两侧有二铺首，圈足，有盖，盖饰三纽，通高44.9厘米，腹径32厘米。圈足刻有铭文22字，说明壶的制造时间、单位、制作人及其重量。腹部刻有铭文182字，是嗣王追颂先王中山王𪪿的一篇悼词，除歌颂先王的贤明外，还大加赞扬相邦司马赒的内外功劳。现藏河北省文物研究所。

15. 十五连盏灯

1977年于石家庄平山三汲村战国中山王𪪿墓出土。高82.9厘米，重

13.85公斤，是目前所见战国时期最高的灯具。灯形似茂盛的大树，树干四周伸出七节树枝，托起15盏灯盘，高低有序，错落有致。每节树枝均可拆卸，榫口形状各不相同，便于安装，并可根据需要增减灯盏数目。树枝上装饰着夔龙、鸟、猴等小动物，底座上刻有铭文两处24字。连盏灯设计精致，制作工艺考究，人、猴、鸟、龙共处一体，构思奇特，妙趣横生，整个构图注意对称，十五支灯盏穿插布置，千姿百态，是灯具中的佳品。现藏省文物研究所。

16. 错金银四龙四凤铜方案

1977年于石家庄平山三汲村战国中山王𩵥墓出土。高36.2厘米，长47.5厘米，宽47厘米，重18.6千克。方案案面原为漆板，已腐朽不存，仅留铜案座。造型内收而外敞，动静结合，疏密得当，一幅龙飞凤舞图跃然眼前，突破了商、周以来青铜器动物造型以浮雕或圆雕为主的传统手法。另外，四只龙头上各有一个斗拱，第一次以实物面貌生动再现出战国时期的斗拱造型，充分显示了中山国高度发达的手工工艺。现藏省文物研究所。

17. 错金银屏风座

1977年于石家庄平山三汲村战国中山王𩵥墓出土。一套三件，分别是虎噬鹿、牛和犀牛的形象。虎噬鹿底座位于中间，通高21.9厘米，重18.6千克，虎身右曲，使虎背上的前后两榫口形成84°角，安上屏扇恰为曲尺形。整体造型为一只猛虎三足着地，一足腾起，正将捕捉的小鹿送入口中。牛和犀牛底座用于屏风两端，同样错金镶银，动物腹下刻有铭文，说明制作时间及工匠姓名。现藏省文物研究所。

18. 错银双翼神兽

1977年于石家庄平山三汲村战国中山王𩵥墓出土。镇器，长40厘米。形象似狮非狮，四肢弓曲，利爪怒张，两肋生翼，凶猛有力，前胸宽阔而低伏，圆颈挺立，昂首向左作咆哮状。

错银双翼神兽

通身错银，身躯云纹千变万化，兽翼有长羽纹，底部铸有铭文，说明制作时间、工匠和监造官吏。现藏省文物研究所。

19. 错金银兆域图版

1977年于石家庄平山三汲村战国中山王䶮墓出土。长94厘米，宽48厘米，厚0.9厘米，呈长方形，背面两侧中腰各有一兽面衔环铺首。正面是用金银片镶错而成的王陵平面布局图，标明了所在的兆域之内地面上各建筑物的平面形状、大小和所处位置。图向为上南下北，中心部分是用金片嵌成五个方形堂的轮廓线，王堂居中，对称排列有哀后堂、王后堂和两个夫人堂。堂外以银丝或银片镶嵌出"丘"（墓的封土底边）、"内宫垣"、"中宫垣"图线，沿"内宫垣"北线外，由东向西等距离分布着"诏宗宫"、"正奎宫"、"执帛宫"和"大将宫"，于两道宫垣南面正中开有门阙，王堂之上部铸有国王的诏书三行42字。此器为已知世界上发现的最早的有比例的铜版建筑规划图，是研究我国古代兆域形式和建筑图学的重要资料。现藏省文物研究所。

20. 鎏金银蟠龙纹铜壶

1968年于保定满城陵山中山靖王刘胜墓出土。盛酒器，高59.5厘米，通体用鎏金、鎏银工艺装饰。腹部盘绕四条独首双身的金龙，间缀金色卷云纹，盖竖三鎏银云形纽，盖面饰三只鎏金夔凤，壶内壁髹朱漆一层，壶底刻有铭文18字。此壶器形硕大，工艺精湛，金碧辉煌，雍容华贵。现藏省博物馆。

21. 错金银鸟篆文壶

1968年于保定满城陵山中山靖王刘胜墓出土。盛酒器，通高44.2厘米，腹径28.5厘米，壶口略外侈，鼓腹，高圈足，双铺首衔环。器通体饰鸟篆文吉祥语和动物纹带，文字和图案均有纤细的金银丝双勾错出。壶盖错铭文"有言三，甫金，为荃盖，错书之"11个字，颈部有铭文"盖圜四缀，仪尊成壶"八字，上腹错铭文"盛兄盛味，於心佳都，于"9字，下腹部有铭文"口味，充润血肤，延寿却病，万年有余"14字。铭文连读是一章四言韵文，字体纤细流畅，做工精美。现藏省博物馆。

鎏金银蟠龙纹铜壶

22. 鎏金凤鸟纹椭圆形套杯

1968年于保定满城陵山中山靖王刘胜墓出土。量器或水器，一套五件，大小递减，形状相同。椭圆形杯体，环形耳，器口、底边、环耳及花纹隔离带鎏金，外壁和底部在云雷纹地上饰方格图案花纹。套杯制作精美，花纹纤细流畅，密而不乱。现藏省博物馆。

23. 错金博山炉

1968年于保定满城陵山中山靖王刘胜墓出土。熏炉，通高26厘米，因炉盖铸成山峦状，象征海中仙境"博山"，故称之为"博山炉"。炉座饰卷云纹，座把透雕三条欲腾出海面的蛟龙，龙头承托着炉盘，炉盘上是挺拔峻峭、山峦起伏的博山，山间神兽出没，虎豹奔走，顽皮的猴子在戏耍，猎人在追逐逃窜的野猪，小树把山色点缀得生意盎然，海中仙境的美好景象表现得酣畅淋漓。现藏省博物馆。

错金博山炉

24. 长信宫灯

1968年于保定满城陵山中山靖王刘胜墓妻窦绾墓出土。通高48厘米，造型为跪地执灯的年轻宫女，灯上刻有"长信尚浴"等铭文共65字，故名"长信宫灯"。通体鎏金，宫女左手执灯盘，右臂袖口下垂形成灯罩，灯盘附短柄可转动，盘上有两片能够开合、供调节灯光亮度和照射方向的弧形屏板。宫女右臂为烟道，将烟排入体内。灯的各部分都可拆开，便于除尘清理。长信宫灯造型优美，构造精巧，为

长信宫灯

汉代灯具中的杰作，体现了古代工匠的创造才能以及当时的科学技术水平，是世界闻名的文物珍品。现藏省博物馆。

25. 朱雀衔环杯

1968年于保定满城陵山中山靖王刘胜墓妻窦绾墓出土。通高11.2厘米，宽9.5厘米，通体错金，镶嵌有30颗翠绿色的松石，朱雀衔环矗立于两高足杯之间的兽背上，展翅翘尾，神采飞扬，嘴部衔一能自由转动的白玉环。小兽匍匐，四足分踏在两高足杯底座上。出土时杯内尚存少许朱砂，由此推断，可能是窦绾生前存放化妆品使用的。器物造型丰满别致，制作精美，朱雀衔环可摆动，为汉代出土文物中不可多得的艺术珍品。现藏省博物馆。

26. 邢窑白釉双鱼形穿带壶

1964年于石家庄井陉出土。盛酒器，高21厘米，口径4.9厘米，底径9.5厘米，通体施白釉，胎质洁白细腻而致密，口缘及足部露胎，釉色白中闪青，造型呈双鱼跃起状，鱼头为瓶的口、颈、肩部，身为瓶身，尾为瓶之圈足。瓶口外侈，腹部扁圆，圈足外撇，瓶身饰满鱼鳞纹，两侧堆塑

朱雀衔环杯

邢窑白釉双鱼形穿带壶

青花开光镂雕红蓝釉花卉大罐

双排鱼鳍纹，上下均有环形系，圈足置孔，便于穿系提携。邢窑是中国唐代著名瓷窑，盛产白瓷，此件双鱼瓶造型上具有典型唐代风格，是邢瓷中的精品。现藏省博物馆。

定窑白釉龙首大净瓶

27. 青花开光镂雕红蓝釉花卉大罐

1964年于保定市永华南路小学元代窖藏出土。高42.3厘米，口径15.3厘米，底径18.7厘米，直口，短颈，溜肩，鼓腹下收，平底，覆盆式盖，盖顶堆塑坐狮钮。盖面绘青花莲瓣纹、卷草纹和回纹，颈部绘青花卷草纹和牡丹纹，肩部饰如意形垂云，上有青花绘制的水波纹，用留白手法托出白莲数朵，腹部双勾菱花形串珠开光，内镂雕四季园景，以青花渲染枝叶，釉里红涂绘山石和花朵，色泽浓艳夺目。大罐胎坚硬致密，器表施白釉,釉色细腻润泽，集绘画、镂雕、浮雕、贴塑、青花、釉里红等多种装饰技法于一身，代表了元瓷烧造的最高成就。现藏省博物馆。

磁州窑白釉黑彩童子蹴鞠枕

28. 定窑白釉海波纹海螺

1969年于保定定州城内净众院塔基地宫出土。高19.8厘米，口径8厘米，定窑是烧制白瓷的著名窑场，宋代定窑白瓷最为出名。此件瓷器烧制于北宋前期，手工制作，通体以划花、堆塑手法装饰，壳为螺旋状，饰以重叠的海浪纹和曲线纹，螺口不规则，有三条凸弦纹，螺尾有一吹孔，口边亦有一圆孔，以调节音量节奏。胎质洁白细腻，釉色莹润，是定窑精美的艺术佳品。现藏定州市博物馆。

北齐文宣帝高洋墓墓道壁画

29. 定窑白釉龙首大净瓶

1969年于保定定州城内净众院塔基地宫出土。高60.5厘米，瓶细长颈，鼓腹，卧足，龙首短流。颈上部为仰覆莲瓣纹，中部为覆莲纹相轮圆盘，下部为竹节纹；肩部刻覆莲纹三重，上腹有缠枝花一周，下腹刻仰莲四重；肩塑龙首流，龙前额突耸、怒目、张口露齿，下颌饰一绺龙须；龙头高昂，颈短粗。瓷胎细白、坚硬，釉色莹润、乳白泛灰，略有垂釉痕。器形修长秀雅，纹饰精细流畅，集定窑特点于一身，体形特大，为定窑净瓶之最，是宋初定窑瓷器的代表作。现藏定州市博物馆。

30. 磁州窑白釉黑彩童子蹴鞠枕

1954年于邢台县出土。长30厘米，宽18.5厘米，高10.8厘米。磁州窑是中国古代北方著名民间瓷窑，以生产日常生活用品为主，尤以瓷枕最为著名。枕面为长八角形，周边出檐，两端翘起，中间下凹，周壁直立，底部平整；胎质浅灰，釉色乳白，黑花绘于釉下；枕面纹饰在粗细两道边框内，突出一幅孩儿蹴鞠图，枕壁绘缠枝花卉。蹴鞠图生动逼真，缠枝花卉漫卷自如，说明当时民间制瓷艺人熟悉生活、再现生活的高超技艺。瓷枕底部有横读阳文"张家造"印款。现藏省博物馆。

31. 北齐文宣帝高洋墓墓道壁画

1989年于邯郸磁县湾漳村高洋墓出土。长37米，最深处8米。墓道呈斜坡状，在墓道两侧和底部地面都彩绘图案，面积约320平方米。地面绘莲花和缠枝花卉组成的装饰图案，东西两壁绘制106个真人大小的仪仗人物和41个祥禽瑞兽。内容丰富，技艺高超，是我国现存最大型的北朝时期墓葬壁画，代表了北朝时期绘画艺术的最高水平。

（三）世界文化遗产

世界文化遗产全称为"世界文化和自然遗产"，是由联合国教科文组织确认的具有科学、审美、文化价值的自然景观与人类历史遗存。截至2012年7月1日，中国已有43处世界遗产，其中文化遗产27项，我省有3处被列入《世界文化遗产名录》。

1. 长城

长城是古代中国在不同时期为抵御塞北游牧部落联盟侵袭而修筑的规模浩大的军事工程的统称，是中国也是世界上修建时间最长、工程量最大的一项古代防御工程。始建于2000多年前的春

长城

老龙头

秋战国时期，秦朝统一后，将秦、赵、燕北部边境的长城连接起来，形成东起辽东、西至临洮绵延万余华里的长城，故称"万里长城"。此后，汉、晋、北魏、东魏、西魏、北齐、北周、隋、唐、宋、辽、金、元、明、清等10多个朝代，都不同规模地修筑过长城。据统计，目前我国的长城遗存总长度达10万华里之多。今天我们所看到的长城，绝大部分是建于14世纪的明长城，它东起鸭绿江，西至嘉峪关，是历朝历代中修筑时间最长、规模最大、质量最高、建筑也最为精美的长城。1987年12月，长城被列入《世界文化遗产名录》。

自古以来河北就是长城修建的重要地区，有两条长城绵亘于冀北和冀西的山峦之中：一条自东向西，从渤海边的山海关老龙头，经秦皇岛、唐山、承德、天津、北京、张家口与山西的长城相接，横贯河北北部；另一条自北向南，从北京的慕田峪起始，经北京、张家口、保定、石家庄、邢台至邯郸，纵贯冀西山区。战国至金代，河北境内修筑的长城累计在3000公里以上，现在地表尚存遗迹1200余公里。明朝时期，河北是明王朝的京畿之地，成为边防的重中之重，长城的修建受到极大的重视，因此，境内的明长城建筑水平最高，无论是建筑材料还是建筑形制，几乎囊括了明代长城所能见到的所有类型，是明代长城的精华所在。河北境内明长城的直线距离长约1600公里，如加上复线及两边（外长城之内修筑的间断城墙），总长度约2000公里。

（1）老龙头

万里长城宛如一条巨龙，跨过浩瀚的沙漠，穿过茫茫的草原，翻过巍巍的群山，随之引颈入海。这入海的部分便是河北明长城的东部起点——老龙头。

老龙头位于山海关城南五公里处，是万里长城的重要组成部分，与城北的角山长城、城东的威远城形成犄角之势，拱卫着山海关城。明朝初年，大将徐达修建山海关时，就选中了在老龙头这地方修筑入海长城。明万历七年（1579年），蓟镇总兵、抗倭名将戚继光为防止蒙古骑兵趁退潮或冬季枯水季节从海边潜入，修起了一道入海23米的石城。石城里修有河北长城第一道关口南海口关，第一座敌台靖卤台，后来又在城垣上建起了一座高达10米的澄海楼。这座海上石城的基础非常牢固，历经海水几百年的冲刷而不毁。1900年八国联军入侵山海关，老龙头被毁；1984年，山海关人民重修了入海石城、澄海楼、靖卤一号敌台、南海口关、宁海城等建筑，使老龙头重现了当年雄姿。

老龙头不仅是伸入大海、建造十分机巧的军事设施，而且是万里长城中惟一兼有关、山、海、色等诸多景观的绝佳之处。最为著名的建筑当属有"长城连海水连天，人上飞楼百尺巅"之称的澄海楼；澄海楼高14.5米，面宽15.68米，进深12米，楼分两层，砖木结构，歇山重檐瓦顶；楼上有一块匾额："雄襟万里"，为明代大学士孙承宗所题，另外一块匾额"元气混茫"和一副楹联"日光月华从太始，天容海色本澄清"，为清代乾隆皇帝御笔亲题；澄海楼两侧的墙壁上还镶着多块石碑，上面镌刻着几位帝王和众多文人学士登楼时所吟诵的诗词。

（2）山海关

山海关位于秦皇岛市东北15公里，是河北明代长城的东端，也是明代蓟镇长城的重要关隘；因其北依燕山，南临渤海，山海相济，地势天成，故称山海关。山海关紧锁华北通往东北的咽喉，战略地位十分重要，历来为兵家必争之地，素有"两京锁钥无双地，万里长城第一关"之称。

山海关地势险要，自古以来就是军事要塞，为兵家必争之地。明朝初年，大将军徐达在修长城时，见这里"枕山襟海，实辽蓟咽喉，乃移关于此"，建关设卫。山海关是一座威武雄壮的大关，关城呈方形，周长四公里多，城墙为土筑砖包，高12米，厚六米，坚固异常。山海关城有东、西、南、北四门，分别为"镇东门"、"迎恩门"、"望洋门"和"威远门"。城墙外围绕着一条宽约15米、深约七米的护城河；山海关城东门和西门外，还分别筑有罗城，南门和北门外分别筑有翼城。关城周围，烽火墩台星罗棋布，整个建筑主次分明，布局合理，彼此呼应，构成一道十分周密完备的军事防御体系，是万里长城关城建筑的典范和精华。

山海关城最负盛名的是雄踞于东门之上的镇东楼，即"天下第一关"城楼，是山海关的标志性建筑，建于明洪武年间。山海关东门高12米，中为巨大的砖砌拱门，"天下第一关"城楼为两层重檐九脊布瓦顶，高13米，宽20米，进深11米；城楼西面下层中间辟门，其余三面设有箭窗68个；城楼四周是宽敞的城台，布满垛口，整体建筑十分雄伟壮观；楼西面上层檐下，悬有"天下第一关"巨幅匾额，匾长5.8米，宽1.55米，用上好木材制成，白底黑字，分外显眼；"天下第一关"五个大字字体凝重苍劲、神韵庄重，与城楼建筑风格浑然一体，使这座雄关更加增色；据文献记载，此匾额为明宪宗成化八年（1472年）进士萧显所书，原书匾额现珍藏在楼内。

（3）喜峰口与潘家口

唐山迁西县西北50公里，有一处万里长城的绝景——水下长城，昔日雄关喜峰口、潘家口已没入一泓碧波之中，悠悠长城蜿蜒曲折，伸向水底，又从对岸挺身扬起，山影倒映，云水相交，山、水、城美妙组合，北国的雄奇与江南的秀美浑然一体。

喜峰口在《水经注》中称兰陉，宋、辽、金时称松亭关；相传，有燕人从军戍边日久不归，其父四方访寻，正好于此与子相会，父子相拥喜极而亡，遂葬于此，故得名喜逢口；明永乐年间，改称喜峰口至今。喜峰口雄踞在滦河河谷与长城相交之地，关口两侧山险谷深，层峦叠嶂，构成天然之险，自古为兵家必争之地。明朝景泰三年（1452年）在关门上建了一座13米高的城楼——镇远楼，楼门两边尽筑城墙，并与万里长城相连，营垒相望，烟墩相接，蔚为壮观。喜峰口关建筑结构十分独特，关有三重，三道关门之间由坚固的石基砖墙连结成一体，城墙的六个接触点均有空心敌楼驻兵戍守，西城墙与万里长城主体相连。喜峰口一带的长城是中华民族抗击侵略者的阵地；1933年，侵华日军欲从喜峰口入关，国民党二十九军将士在此抵抗，杀敌寇千余人；《大刀进行曲》即是据大刀队英雄事迹而创作，一直传唱至今；1948年，东北野战军挺进华北、解放平津亦由此入关。

长城由喜峰口向西，盘山而过潘家口关门，跃上挺拔险峻的高山。潘家口历来与喜峰口互为唇齿，被历代统治者所重视。明末，清兵入关前，曾由喜峰口毁边墙而入，袭破潘家口诸关，进袭明朝京师，令朝野震动。潘家口古称卢龙塞，东汉曹操北征乌桓曾从此出塞；唐代诗人戎昱《塞上曲》最后两句为"铁衣霜露重，战马岁年深。自有卢龙塞，烟尘飞至今。"说明军队长期驻守于此，战事不息；宋朝以后，据说有一潘姓将军携眷驻守，故改名潘家口。潘家口新关建于明嘉靖年间，滦河从此流进口内，两岸危岩耸立，形势险要；附近城墙形态多变，沿山脊蜿蜒而上，峰上10余座敌楼透迤相望，傲视苍穹。1976年，国家为引滦入津工程建潘家口水库，水库注水横切长城，潘家口、喜峰口及其周围长城淹没于水库之中，造就了独特的"水下长城"景观；

山海关

喜峰口长城

金山岭长城

古老的长城在山峦碧波之间时隐时现，孤寂的敌楼、烽火台耸立于群峰之巅，两岸青山峰峦叠嶂，堪称北国三峡，燕塞漓江。

（4）金山岭

金山岭长城坐落于承德市滦平县与北京密云县交界之处的大金山与小金山上，东起望京楼，西止龙峪口，全长10.5公里。金山岭长城一带，是进出塞内外的咽喉要道，也是历代兵家必争之地，早在北齐时就曾设置过关塞。明中叶后，北方蒙古鞑靼、朵颜部对明王朝造成严重威胁；为加强北方防务，隆庆二年（1568年），明穆宗把抗倭名将谭纶、戚继光从南方调到北方，负责京师最前沿的蓟、辽等处军务；戚继光任蓟镇总兵后，对蓟镇所辖长城进行全线改建和修复。

金山岭长城是戚继光在任16年中所修建的600多公里长城中最精华的一段。在10.5公里的沿线上，建有千姿百态的敌楼67座，大小关隘五处，烽火台两座，还有别处长城不多见的障墙、文字砖、麒麟影壁、万里长城唯一的一间房等；由于建筑时间稍晚，修造者吸取了以前的经验，使其在军事防御体系的设置以及城墙的建筑结构、建筑艺术上都成为整个明长城的典范。"敌楼"是金山岭长城的一个突出特点，有砖木结构的，也有砖石结构的；有单层的，也有双层的；有平顶、穹窿顶、船篷顶的，也有四角和八角攒尖顶的，可谓一楼一式，一楼一样，式样繁多，各具特色；这样丰富多彩的建筑形式，实为长城其他地段所不及；而建筑工程之艰巨，建筑规格之严，质量之高，建筑艺术之精，堪称万里长城之最。

（5）大境门

张家口市区北端，有一座闻名遐迩的长城关隘——大境门。位于高耸入云的东、西太平山之间，据长城之要隘，扼边关之锁钥，形势险要，历来为兵家必争之地。始建于清顺治元年（1644年），至今已有350多年；门以条石为基，青砖为体，高12米；顶部有一宽大平台，可供游人登临观赏。大境门向西的砖砌长城约百米，城墙的顶部有三米多宽的马道，直抵西太平山，顺山势攀援，

大境门

可参观保存较好的毛石长城。毛石长城是由就地开采的毛石垒砌，并用白灰勾缝，非常坚固。沿大境门东西依次蜿蜒展开、首尾相接的长城为明代所筑的外长城。明王朝建立后，为防御鞑靼、瓦剌的侵扰，从永乐初年至成化末年的80多年内，将秦、北魏、北齐旧长城修缮利用，又新筑若干段，形成坚固完备、雄伟壮观的外长城；其与八达岭一带的内长城一起成为拱卫京师的重要屏障。大境门长城内侧，每隔二三百米，有一个气势雄浑的烽火台，让人联想起古代烽烟滚滚的战斗情景。

康熙三十六年（1697年）二月，康熙帝第三次亲征噶尔丹，就是由大境门向北进发的；当清军大获全胜的消息传来时，张家口的百姓请读书人张自忠挥毫写下"内外一统"四个大字，并请工匠刻于大境门外一处平坦的石崖上；但康熙帝凯旋时并没有走镌刻"内外一统"的正沟，而是夜间轻车简从由西沟来到大境门下。此时大境门已闭关，传说康熙帝被拒入城，只得夜宿关外，后建"卧龙亭"纪之。与大境门外"内外一统"摩崖石刻相映成趣的是大境门上"大好河山"的匾额，这四个颜体大字，为察哈尔都统高维岳1927年所书，笔力苍劲，为雄关大境门平添几许文化神韵。

（6）紫荆关

紫荆关位于保定易县西北约45公里的紫荆岭上，战国时期为"太行八陉"之一的"蒲阴陉"，汉代称"五阮关"，北魏时称"子庄关"，宋代称"金陂关"，金、元以后因山上长满紫荆树而得名"紫荆关"。始建于战国时期，汉时为土石夯筑，后历经各代扩建、修葺，到明洪武初年，改用石条作基础，以砖砌面封顶，并用石灰碎石灌注；自明成祖迁都北平（北京）后，更大兴土木，修城建关；在正统、景泰、弘治、嘉靖、万历、崇祯年间，都曾改筑、扩建关城，增设城堡、隘口，开凿盘山道等，使紫荆关形成了一个较完备的防御体系，是内长城的重要关口之一，位于居庸关、倒马关之间，与之并称"内三关"。

现存多为明代建筑，关城以真武山为制高点，用城墙隔为五座小城，各小城环环相套，即使敌兵攻入，也很难占领全城；原关有四门，以南北二门为交通要道；北门有"紫荆关"、"河山带砺"，南门有"紫塞金城"的匾额，皆明万历年书、刻；关城东西南三侧外有墙，北墙下临拒马河，依山面水，形势险要，为军事要地；其北城门、北城墙均以大块料石垒砌，建筑水平高超，为中国同类建筑中罕见。紫荆关依山傍水，城势险峻，易守难攻；古代诗人咏叹："万里蜿蜒壁，千峰拥塞门。"在历史上，这里发生过多次重要战争；如今，这座历史名关在历史、军事、科学研究等方面的价值日益为人们所重视，已成为世人登高览胜、凭吊先贤的重要场所。1993年，被国务院公布为全国重点文物保护单位。

2. 承德避暑山庄及周围寺庙

避暑山庄又称"承德离宫"、"热河行宫"，是清代帝王夏日避暑和处理政务的场所，坐落于承德市中心以北的狭长谷地上，共建楼、殿、阁等120余处，占地564万平方米，是世界现存最大的古典皇家园林。山庄周围依山势起伏而建有12座金碧辉煌、风格迥异的寺庙，按照建筑风格分为藏式寺庙、汉式寺庙和汉藏结合式寺庙三种，是中国现存最大的皇家寺庙群。1994年，避暑

避暑山庄

山庄及其周围寺庙被联合国教科文组织列入《世界文化遗产名录》。

（1）清离宫

避暑山庄建筑总体布局分为宫殿区和苑景区两大部分，环绕于山庄蜿蜒起伏的宫墙长达万米。苑景区又可分成湖区、平原区和山区三部分，整个面积相当于北京两个颐和园，八个北海公园，内有殿、堂、楼、馆、亭、榭、阁、轩、斋、寺等建筑100余处，与北京的紫禁城相比，以朴素淡雅的山村野趣为基调，取自然山水之本色，吸收江南塞北之风光，东南的湖区、西北的山区和东北的草原正好呈现出中国版图的模样，堪称中国古代皇家园林的典范。

山庄的营建大体经历了两个阶段：第一阶段从康熙四十二年（1703年）至五十二年（1713

避暑山庄

年），进行开拓湖区、筑洲岛、修堤岸，随之营建宫殿、亭榭和宫墙，使整个宫苑初具规模，康熙选取园中的上佳景色以四字题名，即康熙"三十六景"；第二阶段从乾隆六年（1741年）至乾隆十九年（1754年），对山庄进行了大规模的扩建，增建宫殿和多处大型园林设施，乾隆仿照其祖父，选取园中优雅的景致以三字题名，即乾隆"三十六景"。祖孙俩的题名取词华美，构思精巧，寓意独到，堪称名跋的上乘之作，两组景致合称为避暑山庄"七十二景"。

山庄的总体规划采取前宫后苑

的格局，宫殿区在前，园林区在后，衔接缜密、流畅、浑然一体。宫殿区位于湖泊南岸，地形平坦，是皇帝处理朝政、举行庆典和生活起居的地方，占地约10万平方米，由正宫、松鹤斋、万壑松风和东宫等四组建筑构成；正宫为主体建筑，九进院落，由丽正门、午门、阅射门、澹泊敬诚殿、四知书屋、十九间照房、烟波致爽殿、云山胜地楼、岫云门以及一些朝房、配殿和回廊等组成，大体分为"前朝"和"后寝"两部，前朝是皇帝处理军机政务的办公区，后寝则是皇帝和后妃们日常起居的生活区，主殿叫"澹泊敬诚"，是用珍贵的楠木建成，也叫楠木殿，皇帝在这里处理朝政、举行各种大典；"烟波致爽"则是皇帝的寝宫，这里地势高峻宽敞，四周山岭环抱，每逢盛夏，十里平湖微风送爽，以此命名，为康熙"三十六景"之首。

松鹤斋是皇太后的居所，康熙时皇太后居住在西峪的松鹤清樾，乾隆时在正宫以东建八进院落，题名松鹤斋，斋内"常见青松蟠户外，更欣白鹤舞庭前"，庭院中常有驯鹿悠游其间，有绥成殿、乐寿堂等；东宫在松鹤斋的东面，地势比正宫和松鹤斋低，显现出长幼尊卑的关系，有德汇门、清音阁、福寿阁、勤政殿、卷阿胜境殿等，1945年失火被烧毁，现仅存基址；万壑松风殿原是康熙接见官吏、批阅奏章、读书写字的地方，他发现其孙儿弘历即后来的乾隆聪明伶俐，十分喜爱，便将此殿赐予，平时进宴及批阅奏章，都要孙儿侍奉在旁，朝夕教诲。乾隆继位后为感激爷爷的眷育之恩，将此殿题名为纪恩堂。

湖泊区在宫殿区以北，包括各个州岛在内面积为43公顷；由八个小岛将湖面分割成大小不同的部分，层次分明，洲岛错落，碧波荡漾，分别为西湖、澄湖、如意泗、上湖、下湖、银湖、镜湖及半月湖，统称为塞湖，极富江南水乡之特色；各岛以堤坝相接、河道桥梁相通，构成水陆一色的绝佳景色。在这块仅占全园总面积十分之一的景区内，安置了其一半以上的建筑，其中金山亭和烟雨楼最为知名；金山亭因所在的小岛像江苏镇江的金山而得名，如一峰突起，矗立于湖水之滨，登阁可俯瞰湖泊及平原和山岳区，既成景又得景；烟雨楼则因地貌酷似浙江嘉兴南湖中烟雨楼而得名，四面环水，视野开阔，楼阁亭台高低错落，与山水相衬；在湖中的岛屿上有"如意洲"和"月色江声"两组建筑，"如意洲"上有假山、凉亭、殿堂、庙宇等，布局精巧，是景区的中心；"月色江声"则由一座精致的四合院和几座亭、堂组成，每当月上东山的夜晚，蛟洁的月光映照着平静的湖水，山庄万籁俱寂，只有湖水轻拍堤岸，发出悦耳的声响，"月色江声"由此得名。整个湖泊区布局柔美，建筑精巧，在天气寒冷的塞外实属难得一见。

平原区在湖区北面的山脚下，为一块狭长的平地，东部为"万树园"，在茂密的榆树丛中蓄养着成群的麋鹿；西部是试马埭，草厚如毡，呈现出坝上草原的粗犷风貌。这是供帝王野宴活动的地方，景致极尽北国特色；乾隆三十六年（1771年），乾隆皇帝在这里会见东归的土尔扈特首领渥巴锡，其撰写的《土尔扈特全部归顺记》和《优恤土尔扈特部众记》，被刻成石碑存于山庄外的普陀宗乘庙中；万树园的一角是永佑寺，寺中有高九层的舍利塔，橙黄色的塔身在蓝天、绿草映衬下十分耀眼；南端沿湖为"水流云在"、"濠濮间想"、"莺啭乔木"、"莆田丛越"四座楼亭，是观赏湖景的好去处。

山岳区在山庄的西北部，面积约占全园的五分之四，山峦起伏，沟壑纵横，古松参天，草木茂盛，自南而北依次有榛子峪、松林峪、梨树峪、松云峡四条沟壑，20余处寺庙、建筑隐没于绿荫之间；四座山颠上分别建有"四面云山"、"锤峰落照"、"南山积雪"、"北枕双峰"四顶亭子，景致迥异，相映成趣。

避暑山庄的总体规划和建筑施工本着充分利用原有自然山水和地形地貌特征的原则，不打破或顺应即有的自然格局，因山就势，依水延展，与自然环境达成了一种高度的和谐统一，"以人为之美入自然，符合自然而又超越自然"；继承和发扬了中国自唐、宋、明以来的历代造园艺术的做法和理念，将中国南北建筑、园林艺术的风格和底蕴加以融会贯通，既呈现南方园艺的特点和结构，又融入了北方建园的大量手法，实现了二者的完美融合；吸收历代皇家园林以及民间园艺之所长，旁征博引，兼容并蓄，达到了一种极高的艺术境界和水准；尤其值得一提的是，园林虽为皇家建筑，却不以高大和奢华取胜，并不张扬和炫耀，大部分建筑看上去很低矮、平缓，殿宇和围墙多采用青砖灰瓦、原木本色，不做过多的雕饰，简约质朴，呈现一种自然美。欣赏山庄就像面对一位不着粉黛的青春美女，非常耐人寻味和琢磨；可能是建筑的主人已经看腻了北京紫禁城的高墙深院、雕梁画栋和红墙黄瓦，想找回朴实无华、回归自然的感觉。

（2）外八庙

在承德避暑山庄外东北部丘陵起伏的地段上，环绕着一组雄伟壮观、气势恢宏的寺庙建筑，即世界上最大的皇家寺庙群——外八庙。实际上有12座庙宇，由于其中八座由清政府直管，故称"外八庙"。寺庙呈汉、满、蒙、藏等多个民族的建筑风格，色彩绚丽，金碧辉煌，有的甚至是鎏金鱼鳞瓦覆顶，与山庄古朴典雅、青砖布瓦的建筑风格形成了鲜明的对比，是中国古代宗教建筑艺术的瑰宝。

安远庙建于清乾隆二十九年（1764年），当时清平定了新疆准噶尔部叛乱，厄鲁特准噶尔达什达瓦部2000多人从新疆伊犁迁居承德；为"柔怀远人"，乾隆下令仿照伊犁固尔扎庙建造安远庙，俗称伊犁庙，作为其进行宗教活动的场所。"安远"为安定、安抚边远的意思，庙宇的院落

外八庙

普宁寺

普乐寺

呈矩形，设双重围墙，有三进院落，占地2.6万平方米，建筑集蒙族和汉式建筑风格为一体，有很高的鉴赏价值。

　　普陀宗乘之庙是外八庙中规模最大的一座喇嘛庙，为祝贺乾隆皇帝60寿辰和皇太后80寿辰，同时迎接土尔扈特部归顺、安抚蒙古各部所建。仿西藏拉萨布达拉宫的造型，普陀宗乘即藏语布达拉的汉译，有"小布达拉宫"的美誉；庙宇依山势而建，占地22万平方米，由红、白两台构成，主要建筑有五孔石桥、大红台、万法归一殿、慈航普渡亭、御座楼、千佛阁等。建筑大量使用厚墙、小窗、平顶、高台等藏式建筑手法，将汉藏建筑艺术融为一体，庙中的藏品也非常珍贵。

　　须弥福寿之庙建于乾隆四十四年（1779年），为迎接西藏六世班禅给乾隆祝寿专门所建，仿西藏日喀则扎什伦布寺的造型，俗称"班禅行宫"。六世班禅为藏传佛教格鲁派大活佛，幼年被选定为五世班禅转世灵童，乾隆六年（1741年）入扎什伦布寺坐床；乾隆四十四年，率2000余人至承德祝贺乾隆帝七十寿辰；次年抵京朝觐进贡，讲经授戒，年底突染天花在北京黄寺圆寂，享年42岁。乾隆帝为了纪念他，在黄寺西侧修建了一座"清净化城塔"，形成一座规模完整的庙宇，人称西黄寺。这一事件意义重大，证明西藏自古就是中国的一部分，其宗教首领是由中央政府册封，藏民族与其他各民族团结友善，共同发展。须弥福寿之庙是西藏与内地密切交往的历史见证。

　　普乐寺建于乾隆三十一年（1766年），清平定了准噶尔等部的叛乱，新疆地区的少数民族首领每年到承德举行朝觐活动，乾隆采纳西藏活佛章嘉的建议，修建此寺，取"先天下之忧而忧，后天下之乐而乐"之意名普乐寺；寺内的旭光阁仿北京天坛祈年殿，俗称圆亭子。占地2.4万平方米，布局为汉式传统的"伽蓝七堂式"；据乾隆年间档案记载，寺内有各类文物数十万件，1860年英法联军火烧圆明园，文物被调往北京，寺庙被毁，20世纪70年代进行了修复。

普宁寺又称"大佛寺"，建于乾隆二十年（1755年），是乾隆时期修建外八庙中最早的，设计思想以西藏山南地区的"三摩耶庙"为蓝本；寺庙坐北朝南，南北390米，东西315米，总占地10万多平方米；沿南北中轴线以大雄宝殿为界，前为汉式"伽蓝七堂"布局，后为藏式仿山南桑耶寺建造，以大乘之阁为中心，有四大部洲、白台、四智塔、日月殿、妙来室、讲经堂等，大乘之阁内供木雕金漆千眼千手大悲菩萨，高22.28米，用松、柏、榆、杉、椴五种木材雕成，是中国现存最大的木雕佛像之一。

外八庙内收藏有大量藏传佛教艺术珍品。清王朝建立后，为扩大疆域，实现国家的统一，加强了对北部和西南广大边疆地区蒙藏民族的统治，而大兴喇嘛教（即蒙藏佛教）是实现其统治的手段之一。清代喇嘛教获得了空前的发展，修建了许多喇嘛教的寺院，出现了大批蒙藏风格的佛教艺术品。这些佛教艺术品秉承了佛教诞生地尼泊尔宗教艺术的传统，同时受到我国中原文化的影响，形成了清代藏传佛教艺术的特色。宫廷通过受赠、制作等途径收藏了大量藏传佛教的珍品，成为清代宫廷收藏重要的组成部分。这些艺术珍品工艺精湛、质地精良、审美效果独特，达到了极高的艺术境界。

3. 清代皇家陵寝

清代皇家陵寝是清朝皇帝悉心规划营建的墓葬建筑，体现了中国封建社会的最高丧葬制度和千百年封建社会的宇宙观、生死观、道德观和习俗，也体现了当时中国最高水平的规划思想和建筑艺术。清代皇室一共有三处陵寝，分别在东北沈阳，称北陵；唐山的遵化，称东陵；保定的易县，称西陵。清东西陵是世界上最大的皇家陵寝，2000年被联合国教科文组织确定为世界文化遗产。

清东陵

（1）清东陵

清东陵位于唐山遵化马兰峪西，有帝陵五座、后陵四座、妃园寝五座，先后埋葬了五位皇帝、14个皇后、136个嫔妃，占地48平方公里，陵区内200多座建筑布局严谨、主次分明，是我国现存规模宏大、体系比较完整的陵寝建筑群。1961年，清东陵被国务院列为我国第一批重点文物保护单位；2001年年初，被列为国家4A级旅游景区。

诸陵中以顺治孝陵的规模为最，从正南面的龙门口至陵墓的宝顶，宽12米长5000米的神道全部用砖石铺成，入口处有六桩五间十一楼的石牌坊，纹饰雕刻精细，造型生动美观；向北是高30米的重檐歇山式神功圣德碑楼，楼外广场四角各有一座华表；过影壁山是18对石像生，均用整块巨石雕成，数量之多，为其他陵墓所不可比；过龙凤门，有神路碑亭、石孔桥、朝房、值房、神厨库，进隆恩门，有隆恩殿、东西配殿、二柱门、宝城和宝顶、地宫等，一应俱全。

孝陵以西是乾隆皇帝的裕陵，地宫全部用条石砌成，顶为拱券式，分为明堂、穿堂、金堂，整体呈"主"字形；每处拱顶和四壁，都有浮雕佛像、图案和经文，经文分梵（古印度）、蕃（藏）两种文字，共三万余字；整个地宫设计恢宏大度，雕琢精巧细致，被誉为"佛教文化和雕刻艺术"的地下宝库；金堂是地宫的主体建筑，安放着乾隆皇帝的棺椁，两侧葬着两位皇后和三

位贵妃。

清东陵的地面建筑以慈禧的定东陵最为考究，修建前后共用了六年时间，使用白银227万两。完工后慈禧不满意，将隆恩殿和东配殿推倒重建，重修时仅在柱、梁上贴金就耗费黄金4590余两。隆恩殿四周的汉白玉栏杆、栏板和望柱，雕刻着多幅龙凤呈祥、水浪福运的图案，而且那些龙凤的构图与中国传统不同，都是凤在上龙在下，表明了慈禧当时在清政坛上的地位。整个建筑施工之豪华、工艺之精美，在全部清陵中独一无二。

（2）清西陵

位于保定易县梁格庄西。这里有雍正、嘉庆、道光和光绪皇帝四座帝陵、三座后陵，还有王公、公主、妃嫔园寝七座。最早在这里建陵的是雍正（胤禛）皇帝，其陵址先是选在清东陵九凤朝阳山，但施工时发现砂石太多，难以修建，于是到保定易县的太平峪另选陵址，即清西陵；后来按照规制，清室从雍正起实行祖孙同葬、父子不同眠，嘉庆、道光和光绪陵墓相继在这里修建，西陵遂成为清朝两大陵寝之一。1961年，被国务院列为我国第一批重点文物保护单位；2001年年初，被列为国家4A级旅游景区。

清西陵

在清西陵的陵区内，有华北地区最大的人工古松林。从建陵开始，清王朝就在永宁山下、易水河畔、陵寝内外栽种了数以万计的松树，现有古松1.5万株，幼松柏20余万株，葱郁茂盛，绿树成荫，14座陵寝掩映在松林之中，若隐若现，俨然一幅绚丽的山水画，也是西陵的一大特色。陵区内的千余间建筑气势磅礴，按照清代皇室的规制，帝、后、王爷陵红墙黄瓦，嫔、公主、阿哥墓为红墙绿瓦，相互映衬，雄伟壮观。

泰陵是清西陵的首陵，位于永宁山的主峰之下，埋葬着雍正及他的皇后孝敬、皇贵妃敦肃，规模宏大，体系完整，以其为中心，其他各陵分布在东西两侧，规制与清东陵基本相同。过一座联拱式五孔桥，进入陵区，前有三座高大的石牌坊和一条宽10余米、长2.5公里的神道贯陵区南北。依次建造有石牌坊、大红门、具服殿、圣德神功碑楼、七孔石拱桥、石像生、隆恩门、隆恩殿、方成明楼和宝顶等一系列建筑和石雕刻；隆恩殿建造精美壮观，面阔五间，进深三间，重檐歇山黄瓦顶，木结构卯榫对接；明柱沥粉贴金包裹，殿顶有旋子彩画，梁枋装饰金线点金，枋心彩画"江山统一"和"普照乾坤"，色彩协调，殿宇金碧辉煌。

昌陵是嘉庆皇帝的陵墓，位于泰陵西侧，建筑形式与泰陵基本相同，规模并列；但宝城比泰陵高大，隆恩殿里，用珍贵的花斑石砌墁，黄色的方石板上有天然雅致的紫色花纹，光彩耀目，满殿生辉，有"满堂宝石"之称。嘉庆皇后昌西陵的回音石、回音壁奇妙无比，可与北京天坛的回音壁相媲美。

道光皇帝的慕陵规模较小，没有大碑楼、神道、石像生、方城、明楼等建筑，但隆恩殿别具一格，完全用楠木建成，一律本色，不饰彩绘，梁枋、隔窗和门窗以及天花板的方格内，都有雕龙。龙群设计新颖，雕刻刀工细腻，神态逼真，栩栩如生，形成"万龙聚合，龙口喷香"的气象。

光绪皇帝的崇陵在泰陵东南5000米，是中国帝陵中的最后一座，建于宣统元年（1909年），1911年清王朝被推翻，崇陵还未建成，到1915年才完工。光绪在位期间未营建陵墓，死后才动工，陵区范围和建筑规模都较小，没有大碑楼、石像生等，但排水系统比较完善；隆恩殿的木料采用异常珍贵、质地坚硬的铁力木，被誉为"铜梁铁柱"；殿内彩绘鲜艳，殿前的龙凤石雕刻精巧，立体感非常强。

（四）风景名胜

1. 石家庄市

石家庄是河北省省会，现有国家级重点文物保护单位25处，省级重点文物保护单位141处；国家5A级景区一处，4A级景区22处；国家历史文化名城一座，风景名胜区三处，森林公园三处，地质公园两处，自然保护区一处，红色旅游经典景区两处，全国农业旅游示范点一处，形成了以"红、绿、古、新"为特色的旅游品牌，成为海内外宾朋旅游观光、休闲度假的目的地之一，先后荣获中国优秀旅游城市、中国旅游竞争力百强城市、全国优秀生态旅游城市、中国最佳文化旅游城市等称号。

（1）千年古郡正定

正定县毗邻省会石家庄，是一座具有悠久历史的文化古城，现存有八个朝代的古建筑遗存，素有"九楼四塔八大寺，二十四座金牌坊"之美称；现有国家级重点文物保护单位八处（开元寺、隆兴寺、天宁寺凌霄塔、广惠寺华塔、临济寺澄灵塔、县文庙大成殿、大唐清河郡王纪功载政之颂碑、府文庙），省级重点文物保护单位六处（正定古城墙、西洋村仰韶文化遗

正定

址、小客龙山文化遗址、新城铺商代遗址、梁氏宗祠、王氏家族墓地），是我国县级唯一拥有八处国保单位的国家级历史文化名城。

①开元寺

位于正定县城大十字街以南路西。始建于东魏兴和二年（540年），原名净观寺，隋开皇十一年（591年）改名解慧寺，唐开元年间改称开元寺。寺内现仅存钟楼、砖塔和法船殿遗址。坐北面南的法船殿为寺内正殿，西侧是砖塔，东侧即是钟楼。钟楼平面呈正方形，单层歇山顶式二层楼阁，高14米，出上下两层檐，砖木结构。楼上悬古钟一口，系唐代遗物；高2.9米，口径1.56米，厚15厘米；造型古朴，声音宏亮。楼体大木结构、柱网布局、斗拱配置等均为唐代建筑手法，是全省木构建筑中时代最早的一例，在全国亦属少见，在建筑史上占有重要地位。

②隆兴寺

位于正定县城内东门里。始建于隋，时称龙藏寺，唐改称龙兴寺；宋初扩建，形成现在的规模；清康熙年间再次大规模维修，康熙五十二年（1713年）赐额"隆兴寺"，并被誉为"海内宝刹第一名区"，是我国著名的十大名寺之一；因寺内有一尊高大的铜铸菩萨，人们俗称为大佛寺。现有面积8.25万平方米，主要建筑分布在南北中轴线及其两侧；南面迎门为一座高大的一字琉璃照壁，自三路单孔石桥向北依次为天王殿、大觉六师殿（遗址）、摩尼殿、牌楼门、戒坛、慈氏阁、转轮藏阁、康熙乾隆二御碑亭、大悲阁、御书楼和集庆阁（遗址）、弥陀殿、龙泉井亭，中轴线末端为1959年从正定城内崇因寺迁来的毗卢殿；院落南北纵深、重叠有序，殿阁高低错落、主次分明，是研究宋代佛教寺院建筑布局的重要实例。大悲阁坐落在中轴线的后部，是隆兴寺的主要建筑之一，高35.5米，三檐四层；阁内所供铜铸千手观音高21.3米，42臂，是奉宋太祖赵匡胤敕令铸造的，为我国现存古代铜铸佛教造像中最高大者。寺内保存有隋、唐、宋、金、元、明、清各代碑刻40多通，其中龙藏寺碑是创建龙藏寺时所立，不仅具有重要的历史价值，而且具有很高的书法艺术价值，是我国现存著名古碑之一。隆兴寺集宋、明、清建筑艺术与瑰丽众多的佛教文化艺术于一体，其中天王殿、摩尼殿、转轮藏阁、慈氏阁四座宋代殿阁结构上各具风格，在我国古代建筑史上均占重要地位。

③文庙大成殿

位于正定县城内西部育才街西侧，是供奉和祭祀孔子的地方。正定古称常山郡、真定府，历来为郡、州、路、府的治所，所以，既建有府文庙，又建有县文庙；现府文庙仅存明代建筑戟门和东西便门，而县文庙保存尚完好。县文庙大成殿是我国现存最早的文庙大成殿；1933年，建筑教育家梁思成考察时，将其定为唐末五代遗物。大成殿为孔庙的正殿，面宽五间，进深三间，面积650平方米；单檐歇山顶，顶部坡度平缓舒展，柱、梁等的制作工艺都反映出了我国早期木结构建筑的特点，表明该建筑时代的久远。据《中国名胜词典》和《中华揽胜》等书记载，山东曲阜孔庙现存大成殿为明成化和清雍正年间重修，如此算来，正定文庙现存的大成殿要比曲阜孔庙现存的大成殿早五六个世纪。1994年，文庙大成殿划归文物单位管理，从1997年开始，对其进行了抢救性加固维修，并增补了孔子及其弟子们的彩色塑像和木制神龛。

④正定四塔

今正定城内存有凌霄塔、华塔、澄灵塔、须弥塔四座古塔，均始建于隋唐时期。天宁寺凌霄塔位于正定城大众街天宁寺内，是一座木质结构为主的楼阁式塔，也称木塔，始建于唐咸通初年（860年），宋、明、清均有修葺；塔身是砖木混合结构，塔分九级，高60米，是正定城内最高的古建筑；其稳定塔身的塔心柱式结构在早期木塔中屡见不鲜，而国内现存实物则仅此一例。广惠寺华塔位于正定城民生街广惠寺内，又称花塔、多宝塔，始建于唐贞元年间（785—805年），距今已有1200多年的历史；主塔塔高40.5米，雕塑华美，耸立正中，四隅小塔环绕，高低错落，主次相依，造型和结构独特，犹如雍荣华贵的贵妇人，是我国现存花塔类型中之佼佼者。临济寺澄灵塔坐落在正定城内东南角临济寺，又名青塔，始建于唐咸通八年（867年）；塔高33米，塔分九

须弥塔

澄灵塔

华塔

凌霄塔

级，塔身为砖砌，呈八角形；为佛教临济宗的创始人——唐代高僧义玄禅师的舍利塔，故被视为临济宗的发祥地；临济宗是传入日本的重要佛教教派，每年有不少日本佛教界朋友前来朝拜。开元寺须弥塔位于开元寺内，又称砖塔、方塔；塔有九级，高约48米，塔身平面呈正方形，中空；四壁用青砖垒砌，内部用木材牵拉，使之更加牢固；底层四角有八尊石雕力士，每层正面辟门，底层为石圈门；每层四角悬挂风铃；塔身基本完好，造型古朴简洁，颇具唐塔特征，外观与西安大、小雁塔极为相似。

（2）安济桥与永通桥

安济桥坐落在赵县城南的洨河之上，因赵县古时为赵州，所以一般称为赵州桥（或大石桥）。始建于隋开皇年间，建造者为工匠李春，距今已有1400多年的历史；桥全长64.4米，拱顶宽九米，跨径37.02米，拱矢7.23米；桥的结构奇巧，从整体来看，是一座单孔弧形桥，但却是由28道拱纵向并列构成；桥身为单拱，跨度大，弧形平缓，既节省石料，又便于行人和车辆行走；两边四个敞肩拱的运用，增加了排水面积，减少了水流的阻力，同时减轻桥身的重量；桥台基址没有特殊设置，采用天然地基；大桥不仅科技含量高，而且造型艺术优美；其弧形平拱和敞肩小拱，稳固而轻灵，雄伟而秀逸，桥两边的栏板和望柱上，雕刻着各种蛟龙、兽面、竹节和花饰等，刀法苍劲有力，风格豪放新颖。安济桥在桥梁建筑史上占有重要的地位，对中国后世桥梁的建筑有着深远的影响，特别是拱肩加拱的"敞肩拱"的运用，为世界桥梁史上的首创，是世界上第一座敞肩拱桥。

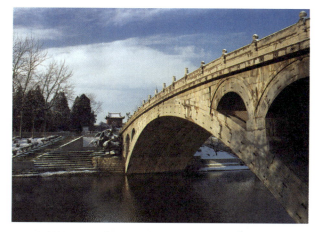

赵州桥

永通桥又称小石桥，坐落在赵县西门外清水河上。结构形式完全仿照安济桥，主拱也采取纵向并列砌筑法，是受安济桥影响的典型一例。全桥由21道纵向并列的拱券石构成，长32米，跨度26米，桥宽6.3米，弧矢约5.2米，桥面弧度很小，近于水平。在桥的拱肩上，也建有四个小拱，桥栏板刻有各种石雕。

柏林禅寺

（3）柏林禅寺

位于赵县县城石塔路东段路北。最早建于汉献帝建安年间，古称观音院，南宋为永安院，金代名柏林禅院，自元代起称柏林禅寺；寺内舍利塔是国家级重点文物保护单位。1988年5月12日，国务院批准其作为宗教活动场所开放，由省佛教协会管理，并逐步筹资修复。经过十几年的修复工作，"破砖乱瓦毛毛草"的荒败景象逐渐改观，殿堂佛像——涌现，占地90余亩、殿堂楼阁鳞次栉比、庄严整肃的千年古刹重焕生机；相继落成了普光明殿、山门、钟鼓楼、东西长廊、观音殿、藏经楼、禅堂、怀云楼、开山楼、会贤楼、指月楼、云水楼、香积楼、古佛庵等建筑，地面全部硬化或绿化。2003年9月6日，巍峨雄伟的万佛楼举行落成暨佛像开光大典；在殿宇修复的同时，柏林寺的僧团组织逐步稳定，寺院管理制度日趋健全，学修并重的道风初步形成。

（4）陀罗尼经幢

位于赵县县城南大街与石塔路相交的十字路口处。原为开元寺遗物，寺已毁，唯存经幢。建于北宋景祐五年（1038年），由礼宾副史、赵州知州王德成督办，赵州人何兴、李玉等人建造，因幢体刻有陀罗尼经文而得名。幢高16.44米，分七级，是我国现存最高大、完美的石刻经幢，整体轮廓雄伟俊秀，外观造型酷似宝塔，当地人俗称"石塔"；是我国古代建筑造型和雕刻艺术完美的结合，展现了宋代造型艺术的辉煌成就。1961年3月被列为全国第一批重点文物保护单位。

（5）毗卢寺

位于石家庄西北郊上京村。据《方舆汇编》记载，创建于唐朝天宝年间，宋、元、明、清各代均曾重修；寺原来规模较大，建筑较多，现仅存前殿和后殿，殿内均有精美的壁画，保存较好，面积共200多平方米。前殿即释迦殿，面阔三间，进深二间，小式布瓦悬山顶；殿内正面塑释迦坐像一尊，四壁绘有佛教故事壁画。后殿即毗卢殿，也是该寺的正殿，面阔三间，进深三间；殿内塑有毗

毗卢寺

苍岩山

卢佛像，扇面墙正面绘二护法金刚，背面绘背坐观音像；四壁绘满壁画，上下分为三排，画天堂、地狱、人间、罗汉、菩萨、城隍土地、帝王后妃、忠臣良将、贤妇烈女等儒、释、道教各种人物故事组画122组（幅），共绘重彩人物500多个。毗卢殿的壁画画风，承袭了我国古代壁画的传统画法，是我国元明时期重要的壁画之一，堪称人物画廊，对研究古代社会生活、风俗习惯以及古代美术史和传统绘画艺术都有着重要的价值。

（6）苍岩山

位于石家庄市西南井陉县境内，总面积63平方公里，有"五岳奇秀揽一山，太行群峰唯苍岩"之美誉，以"三绝"、"一奇"、"十六景"、"七十二景观"而著称。"三绝"一为"桥楼殿"，桥凌架于百仞峭壁之间，桥上建楼，楼内建殿，殿内供三尊大佛，是我国三大悬空寺之一，为世界罕见；二为"白檀树"，树根裸露，盘抱巨石，没皮没心，奇姿异态，此树种为我国北方地区所独有；三为"古柏朝圣"，上万棵4000年生的崖柏、沙柏、香柏生长于悬崖峭壁之上，不论矗立、侧出、倒悬，不分南、北、东、西、中各个部位，都朝着南阳公主祠一个方向生长。"十六景"是岩关锁翠、风泉漱玉、书院午阴、碧涧灵檀、悬登梯云、峭壁嵌珠、楼殿飞虹、绝壁回栏、尚书古碣、说法危台、虚阁藏幽、炉峰夕照、山腰绮柏、阴崖石乳、空谷鸟声、窈开别天。苍岩山以奇、秀、幽、妙、灵为特色吸引着无数的国内外游客；福庆寺建于1400年前的隋代初期，每年的阴历三月和十月，是福庆寺两次大的庙会，成为苍岩山一景。1988年被评为国家级重点风景名胜区，1994年被国务院审定为"楼绝、檀奇、山雄、谷幽、林秀"的历史文化名山。

（7）仙台山

位于井陉西北部山区辛庄乡，东距石家庄市80多公里。是一处以山峰、溶洞、森林、山泉、峡谷为主，融自然风光与人文景观为一体的综合性风景区，省级森林公园；主峰海拔1120米，区内洞深崖陡，谷长山幽；风景区由小寺、凉沟、朱砂洞、松树岭四个小景区的100个景点组成，

天桂山

有号称"十里画廊"的大峡谷、有风格各异的大溶洞、有挺拔苍翠的松柏和荫翳蔽日的原始次森林、有溪流淙淙的泉水、有飞架断崖的古桥和曲折的古长城、有气势雄伟原古关险寨、有湖光山色相映的人工湖和千年古刹护国寺等景观。仙台山一年四季有不同的韵味，春观桃花夏纳凉，秋赏红叶冬观柏；金秋时节，满山遍野的黄栌、枫树红叶绽放，为全国十大红叶风景区之一。

（8）天桂山

位于平山县西南部北冶乡境内，处于太行山中段深处，东距石家庄市80公里，北距革命圣地西柏坡35公里，距离著名的温泉度假区30公里；是我国北方著名的山岳古刹型风景名胜区，以山势奇险、风景秀丽而著称；景区内奇峰突起，怪石林立，洞泉遍布，林繁花茂，云环雾绕，古刹重重，既有雄秀交融的自然风光，又有皇家园林的高贵气韵以及道家仙风道骨的庄严气势和神秘色彩，素有"皇家道院"之称和"北方桂林"之誉，为我国名山大川中一朵瑰丽的奇葩；先后荣膺国家4A级旅游区和国家重点风景名胜区称号。

（9）驼梁

位于平山县西北部，东距石家庄市150公里，西距佛教圣地五台山45公里。风景区北起驼顶，南至四道沟（又称南沟），长五公里；东自峰脊，西至山西省界，宽约四公里，总面积为22平方公里，主峰海拔2281米，是平山、阜平、山西五台三县的分水岭，为河北省五大高峰之一，在当地被称为"小泰山"，素有"省会屋脊"之称。驼梁之名是因山顶两峰此起彼伏、形如骆驼峰脊而得；茂密的原始森林和连绵不断的瀑布构成了景区最具特色的景观；三季有花，四季常绿，云海频出，山花常新，一山存四季，四季各不同；以奇、秀、高、远耸立于巍巍太行，以凉、幽、静、野而驰名华北，享有"太行绿宝石"的美誉，是集森林风光、草原风光、山岳风光为一体，集旅游、度假、科考、疗养、避暑为一身的旅游区。

驼梁

五岳寨

（10）五岳寨

位于灵寿西北部的深山区，南距石家庄96公里，西与驼梁自然风景区接壤，北与佛教圣地五台山隔山相望。因五座山峰并列耸立、且有五岳之特点而得名。景区内山高林密、繁花似锦、群山拱翠、云海波澜，气温湿润凉爽、空气清新，动植物及水资源极为丰富，有大小瀑布数百个。海拔2000余米的亚高山草甸可以领略到"风吹草低见牛羊"坝上草原的境界。景区集旅游观光、

健身疗养、避暑度假、寻奇涉幽、登山探险、科学考察为一体，先后被批准为国家级森林公园、国家4A级旅游区、省地质公园。

（11）抱犊寨

位于石家庄市以西16公里的鹿泉市城西，旧名萆山，是一处集历史人文和自然风光为一体的名山古寨，国家4A级景区。海拔580米，四周悬崖绝壁，如刀削斧劈，只南北山路可通山顶；顶部平旷坦夷，有肥沃良田660亩，土层深达66米；曾是汉代韩信"背水一战"的古战场，亦是著名道人张三丰成道涉足之福地，风光奇异独特，景色宜人，被誉为"天堂之幻觉，人间之福地，兵家之战场，世外之桃花源"的天下奇寨。

抱犊寨

嶂石岩

（12）封龙山

位于石家庄市区西南22公里处，又名飞龙山，是一座历史文化名山。主峰812米，山间奇峰怪石，幽谷绿荫，清泉飞瀑，鸟语花香，景色十分宜人；有骆驼峰、将军石、蛤蟆石、神蛙问天、修女面壁、风动石等36奇观遍布山间；自古有四大禅林、三大书院、两大道观，历史文化璀璨；早在唐代《十道志》中就被列为河北名山，是河北古代教育胜地之一；有自东汉以来历代的碑、碣、题刻等百余处，无论从书法艺术，还是文字内容，都是中国石刻中的珍品。

（13）嶂石岩

位于石家庄西南的赞皇县境内，距石家庄市区约110公里，是太行山森林公园的精华所在。景区面积约120平方公里，主峰黄庵垴海拔1774米，景观主要为"丹崖、碧岭、奇峰、幽谷"，大致可概括为"三栈牵九套，四屏藏八景"。三栈即三条古道；九套即连接三条古道的九条山谷；四屏即整体看似四道屏障而又相对独立的四个分景区（九女峰、圆通寺、纸糊套、冻凌背）；有九仙聚会、岩半花宫、晴天飞雨、回音巨崖、槐泉凉意、冻凌玉柱、重门锁翠、叠嶂悬钟八处胜景。是国家重点风景名胜区与国家地质公园，经国家旅游、地质部门鉴定为"嶂石岩地貌"，和丹霞地貌、张家界地貌并称为中国三大旅游砂岩地貌，是太行山雄险、壮美的典型地段；区内高达600多米的三级红色砂岩大断崖构成的丹崖绝壁向南北伸展20多公里，"天下最大的回音壁"嶂谷，入选了基尼斯世界记录。

2. 张家口市

张家口市是一座有着悠久历史和灿烂文化的北方名城，这里曾经是东方人类的故乡，有黄帝泉、黄帝城、蚩尤寨等遗迹遗址23处，成为海内外中华儿女寻根问祖的圣地。全市现有国家级重点文物保护单位27处，省级重点文物保护单位65处；有八个历史时期和朝代的古长城，被誉为"历代长城博物馆"。自然风光秀美，生态特色鲜明，拥有距离北京最近的大草原和国家级湿地

中都草原

公园，是重要的休闲旅游和理想的消夏避暑胜地。已建成具有一定规模和接待能力的A级以上景区31处，其中4A级以上景区11家，初步形成了崇礼滑雪、消夏避暑、温泉养生、始祖文化四大旅游品牌。

（1）清远楼和镇朔楼

位于张家口市宣化区。清远楼又名钟楼，始建于明成化十八年（1482年），是一座重檐多角十字脊歇山顶的高大建筑；楼建在高八米的十字形过洞上，东西南北分别为安定、大新、昌平、广灵四门；内实两层，通高25米，楼上层檐下，悬挂有四块匾额，南曰"清远楼"，北曰"声通天籁"，东曰"耸峙严疆"，西曰"震靖边氛"；楼内悬有明嘉靖十八年（1539年）铸造的"宣府镇城钟"一口，高2.5米，口径1.7米，重约万斤，用四根通天柱架于楼体上层中央；钟声响起悠扬宏亮，可传20余公里；建筑造型别致，结构精巧严谨，因与武汉的黄鹤楼形似，亦被称为"小黄鹤楼"，为我国古代精美艺术建筑之一。

　　镇朔楼又名鼓楼，与清远楼遥相呼应，位于其南侧200米处，建于明正统五年（1440年），楼下为八米高的砖砌高台，台下有南北相通的拱门，楼两层，高25米，歇山顶，十分雄伟壮观。因明代宣府镇总兵例佩"镇朔将军印"而得名，成为军事冲要宣化府的标志。乾隆皇帝于乾隆十年（1745年）巡幸口外木兰，自多伦诺尔回銮驻跸宣化府，御笔亲书"神京屏翰"四个大字，刻成匾额悬于楼上，成为对宣化府重要地位最贴切的评价，楼内有大鼓一面。

　　清远楼、镇朔楼所在的宣化城，历史悠久，北魏拓跋嗣永兴五年（413年）始筑土城，明洪武二十七年（1394年）由谷王朱橞拓展城廓，明正统年间建筑砖墙。古城周长20里，比明代重建的西安城垣还要大。清远楼1988年被列为第三批全国重点文物保护单位；镇朔楼于1996年列为第四批全国重点文物保护单位合并项目，归入清远楼；宣化城墙于2006年列为第六批全国重点文物保护单位合并项目，与清远楼、镇朔楼合并为宣化古城。

清远楼

镇朔楼

（2）玉皇阁

位于张家口蔚县城北城垣上，又称靖边楼，标准称谓应为"蔚州玉皇阁"，全国重点文物保护单位。是供奉玉皇大帝的神庙，建于明洪武十年（1377年），蔚州卫指挥史周房将蔚州土城改建为砖城，辟东、西、南三门，正北无门建玉皇阁一座，与三门遥相对峙。玉皇阁坐北朝南，总面积2000平方米，分上下两院，从南向北依次为天王殿、小门、玉皇阁大殿；下院由天王殿、东西配殿和正禅房组成；上院正面是玉皇阁大殿，殿内正面（北面）塑有玉皇大帝神像，墙壁上绘制有大型人物壁画"封神图"；在玉皇大帝塑像两侧的墙壁上，绘制着五元大帝及王母娘娘；东西两壁上绘有"三十六雷公"；帝王威严，雷公狰狞，侍者秀目，场面宏大，色彩艳丽，人物形象栩栩如生，是不可多得的艺术珍品。大殿前檐廊下林立着石碑八幢，其中明、清重修碑七幢，另一幢是《天仙子》词碑，石刻为行草，字大如升，用笔流畅自然，字体飘逸潇洒，为书法艺术的珍品。玉皇阁建造至今已数百年，尽管历经风雨剥蚀、战乱兵灾，但依然完整地矗立于高高的城垣之上；现存仍为明代建筑风格，展现出建造者的高超技艺和智慧，是研究明初建筑艺术的重要实例。

鸡鸣驿

（3）鸡鸣驿

在怀来县偏西北洋河北岸的鸡鸣山下，距北京140公里，京包铁路和京张公路（110国道）从城池的南北通过。是当今国内保存最完整、规模最大、功能最齐全的大型古代驿站。始建于元代，明成化八年（1472年）建土垣，隆庆四年（1570年）

修砖城墙。在东、西城墙偏南处设东、西两座城门，门额分别为"鸡鸣山驿"、"气冲斗牛"；门台上筑两层越楼，城墙均筑战台；北城墙中部筑玉皇阁楼，南城墙中部筑寿星阁楼，两座阁楼遥相呼应；城下的东、西马道为驿马进入的通道，城南的"南宫道"即为当年驿卒传令的干道。清乾隆三年（1738年），为加强驿城的防御，对城垣进行了全面维修，在城东南角城墙上筑魁星阁角楼一座；为防止山洪浸侵，于城东筑护城坝一道。当年邮驿事业的发展，给鸡鸣驿带来了繁荣，商贾云集，酒肆林立，庙宇辉煌，公馆宏伟。直至1913年，北洋政府宣布"裁汰驿站，开办邮政"，鸡鸣驿才完成了其历史使命。作为中国古代邮政、机要的见证者，鸡鸣驿有着极高的文物和考古价值，1995年国家邮政部发行纪念邮票《古代驿站》，其中一枚就是鸡鸣驿；被列为全国重点文物保护单位。

（4）古云泉寺

在张家口市区西部的群山之中，有座山峰叫赐儿山，山峦秀丽，风景如画。在山腰深处有座古云泉寺，建于明洪武二十六年（1393年），至今已有600余年的历史。取"白云深处有清泉"之意叫云泉寺。是佛、道共奉的寺庙，上部为道，下部为佛。寺内有子孙娘娘殿，旧时每逢农历四月初八举办庙会，来此登山焚香祈求"赐儿"的人络绎不绝，故称此山为"赐儿山"。在蜿蜒的山路上有三道平台，第一道有六角亭一座，有大雄宝殿和南大殿；第二道为望亭；第三道是云泉寺山门，也称天王殿，殿前有石狮镇守，旗杆矗立，内侧是龙王殿、真武殿、藏经殿、释迦殿、观音殿、药王殿、娘娘殿等，殿中神像均为彩塑描金，造型生动，栩栩如生。在寺院中部，有两株古柳盘抱而生，高十二三米，有几抱粗，相传为明代所栽；称奇的是向东横卧的一株主干中空，腹内长出一株松树，柳丝袅娜，松枝苍劲，形伴影随，相映成趣；现古树仍枝茂叶盛，属重点古柳名木之一。在寺的西崖下，排列有三个古洞，仅距咫尺，景观迥异：右为水洞，洞中泉水清清，数九隆冬也不结冰；左为冰洞，洞内四季结冰，晶莹剔透，即使炎炎夏日也不融化；中间是风洞，一年四季冷风嗖嗖，有物置于洞口，即被疾风吸入。

（5）黄帝城遗址

5000年前，中华民族的人文始祖黄帝、炎帝、蚩尤在涿鹿一带生活劳作，征战融合、建都立业，经"阪泉之战"、"涿鹿之战"，"合符釜山，而邑于涿鹿之阿"，实现了中华民族的统一，开创了中华5000年文明史。中华三祖圣地景区始建于1994年，1998年建成了中华三祖堂，并正式开放；2003年启动了中华合符坛项目工程，2006年开工，2008年9月竣工。景区已形成一坛、一堂、一城、一泉、一湖五大核心景点，整个占地近600亩。一坛即中华合符坛，为纪念黄帝在涿鹿合符釜山、中华民族实现首次融合的伟大历史事件，筑有一条千年文化神道，依次排列有嫘祖浣纱、三祖桥、华表、中华一统广场、中华合符坛、民族图腾柱、九龙柱等景观；一堂即中华三祖堂，是在原黄帝祠的旧址上复建，是目前国内唯一一座供奉黄帝、炎帝、蚩尤三大人文始祖的殿堂，四壁绘有"涿鹿大战"、"合符釜山"、"定都涿鹿"、"阪泉大战"四幅大型彩色壁画；一城即黄帝城遗址，亦被称为涿鹿故城，是黄帝开基立业的地方，也是中国历史上的第一座都城；一泉即黄帝泉，古称阪泉，民间又称黑龙池，是当年黄帝部族饮水的地方；一湖即轩辕湖，位于中华三祖堂与黄帝城遗址之间，由黄帝泉汇集而成，是黄帝部族的水源地。

（6）小五台山

位于蔚县境内，是燕山、恒山、太行山的交会处，属恒山余脉，距北京仅220公里。小五台东西长60公里，南北宽28公里，总面积达2.2万公顷，有"京门屏障"之称，最高峰达2882米，是河北省第一高峰，被誉为"河北屋脊"，国家级4A旅游风景区。因山顶五峰突兀，高耸挺拔，犹如五根擎天柱，直冲苍穹，故名小五台山。其山势巍峨，峰峦起伏，悬崖绝壁，集古、野、幽、雅、奇、雄、险、秀于一体；景区内奇峰怪石、清泉溪流、林海松涛，以及美丽的传说故事，充满了浪漫、神奇的色彩；有东坡遗址、风动石、七彩石滩、一线天、塔林、金河寺遗址等众多景点。它是一座佛教名山，随着历代修葺，僧众往返，遗存有大量古寺庙、古摩崖、古石窟、古塔、古碑等；蕴藏有丰富的动植物资源，罕见的褐马鸡为国家一级保护动物。

小五台山

（7）沽水福源度假村

位于张家口沽源城东八公里处，北与内蒙古锡林郭勒盟大草原接壤，东临承德丰宁大滩，南靠滦河的源头，清代康熙皇帝曾赞誉其"八百里金莲川百花争艳"。景区内有草原三万余亩，滦河源头的闪电河水库像一颗明珠镶嵌在草原上，面积达1.8万余亩。度假村就建在风光秀丽的水库区畔，游客到这里可以在草原上跃马驰骋，可以欣赏碧波粼粼的清澈湖水，可以品尝到牧民们泡制的奶茶和现烤的新鲜羊肉，可以听蒙古族姑娘、小伙子们高亢的歌声，有一种返璞归真的感觉。景区内有一座古建筑，九米见方，用青砖砌成，上为圆顶，有些像穆斯林的清真寺，多年来一直相传为辽代萧太后的梳妆楼。但据10年前考古工作者的考证，这座建筑并非辽代建筑，而是元代贵族墓地的享堂，坟墓中埋葬的是元代皇室的驸马阔里吉思，在其周围还发现了十几处墓地。这位驸马为什么没有采用蒙古族密葬的方式，而埋葬在这里，还建造了地面上的享堂，至今还是个谜。中央电视台曾对其进行过拍摄，不少影视剧将这里作为拍摄场地，其所搭建的场景等都保留了下来，成为新的旅游项目。

（8）鸡鸣山

位于张家口市下花园区境内，占地17.5平方公里，海拔1128.9米，是塞外最高的孤山，有"飞来峰"之称。原有庙宇112间，建筑面积1300多平方米，塑像200余尊，是高僧念佛讲经、祈福社稷吉祥的胜地；每年农历四月十三至四月十八为庙会日，来自各地的善男信女、旅游观光者络绎不绝。从山门沿碎石铺成的"之"字形小路盘旋而上，依次可看到三楼四柱牌坊、山神庙、萧太后亭、鸣鸡、观音院、龙骨岩、永宁寺、五指峰、骆驼岩、寿龟峰、朱砂洞、锁路门、避风桥、南天门、玉皇阁、西顶碧霞元君殿（俗称奶奶庙）、东顶观日台等几十个景点；其中永宁寺始建于辽圣宗太平四年（1024年），由天王殿、大雄宝殿、三圣殿组成，经省宗教主管部门批准为开放的寺院。最高点为顶峰玉皇阁旁的平石台，攀登其上，宇净天澄，如入仙境；在顶峰与断崖之间的避风桥上，凭栏四顾，脚下云雾缭绕，身似悬空，仿佛到了神话世界。

（9）张北中都草原

位于张家口张北县境内，是张北坝上草原的核心区域，国家4A级景区。中都是与大都（北京）、上都（开平）并列的元代三大都城之一，是皇室宗族夏日避暑的胜地。草原至今保持着原始的状态，水草丰美、虫鸟鸣唱、繁花满地、绿波荡漾，是游客避暑、观光、休闲、娱乐、度假的好地方，距北京250公里，是离北京最近、纬度最低的原始天然草原。海拔1400米，夏季白天最高气温不超过27度，夜间气温14度左右，有着"坝上夏季爽天下"之美誉。草原生态系统完整，可供观赏、采摘、捕捉和食用的野生动植物资源相当丰富，天然花草有30多种，其中羊草、皮碱草、冰草、无芒雀草都是最优质的牧草；每临夏季金针花、野苜蓿、马兰、干枝梅、薄公英、水红花、金莲花、野菊花等纷纷盛开，争芳斗艳。

（10）赤城温泉

位于张家口赤城县城西7.5公里的苍山幽谷之中，也称汤泉，被誉为"关外第一泉"，距张家口140公里。赤城环境清幽，气候宜人，全年平均气温在12～26摄氏度之间，有"取暖不用煤，纳凉不摇扇"之说；四周峰峦青翠，绿树苍郁，泉水淙淙，庙宇隐然。北魏郦道元的《水经注》中曾记载，"渔阳今北京密云西南之北，实有汤泉，去燕京（北京）三百里"，可见赤城温泉历史悠久。天然温泉有总泉、眼泉、胃泉、平泉、气管炎泉、冷泉六泉，水量充足，分布广泛，由于水温和所含矿物质的不同，分别可治疗皮肤病、胃病、眼病、呼吸道及风寒性疾病等，形成了不同的疗养区域。清代康熙帝曾亲陪皇祖母孝庄文皇太后在这里驻跸洗浴了50多天，抗日名将吉鸿昌也曾在此留下过足迹；这里还有碑刻、庙宇等古迹。

赤城温泉

（11）万龙滑雪场

位于张家口市崇礼县红花梁，占地面积约30平方公里，最高处海拔2100多米，垂直落差550米。距北京250公里，距张家口市50公里。为国内首家开放式

万龙滑雪场

的滑雪场，也是首个以滑雪为特色的国家5A级景区；有雪道22条、索道五条、魔毯一条，拥有综合大厅、芬兰木屋、三星级双龙酒店等完善的接待服务设施；是一个以滑雪旅游为主、森林旅游和山地观光休闲为辅的常年旅游度假区。

3. 承德市

承德素有"紫塞明珠"之美誉，在历史上曾经是清王朝的夏都和第二政治文化中心，皇家文化、佛教文化、民族民俗文化、草原生态文化深度融合，旅游资源得天独厚。现有国家5A级景区一处，4A级景区五处；全国重点文物保护单位九处，省级文物保护单位35处；地上地下文物文化遗存1300多处，资源丰富、种类齐全、分布集中且保存完好。承德以清代皇家园林和全国现存最大的皇家寺庙群而著称于世，拥有着中国首批历史文化名城、中国十大风景名胜、中国优秀旅游城市、旅游胜地四十佳、国家园林城市、国家重点风景名胜区、中国摄影家创作基地等多项桂冠。

（1）塞罕坝国家森林公园

位于承德围场满族蒙古族自治县北部，距承德市区240公里，是中国北方最大的森林公园，在清代属著名的皇家猎苑"木兰围场"的一部分。总面积141万亩，其中森林景观106万亩，草原景观20万亩，森林覆盖率75.2%。独特的气候与悠久的历史，造就了这里特殊的自然及人文景观，

塞罕坝国家森林公园

雾灵山

磬锤峰

有浩瀚的林海、广袤的草原、清澈的高原湖泊和清代的历史遗迹。满蒙汉三族人民在这里长期聚居生活，民族文化相互交融，孕育了浓郁的地域风情。著名景点有康熙点将台、将车泡子、塞罕湖、塞罕塔和十里画廊等。一年四季风光各异，夏季气候凉爽，空气清新；秋季层林浸染，漫山遍野的枫叶，溢金流丹；冬季皑皑白雪，玉树冰花，一派北国风光。是滦河与辽河的发源地之一，被誉为"河的源头、云的故乡、花的世界、林的海洋"。靠近北京、天津，有着地理优势，是夏季避暑观光、秋季观赏红叶、冬季狩猎滑雪的生态旅游胜地。

（2）雾灵山

位于承德兴隆县境内，毗邻京津，交通十分便利。海拔2118米，为燕山山脉的主峰，因山势雄伟、地貌奇特、森林茂密、道家修行，被誉为"京东第一山"。清顺治二年（1645年）被划为清东陵"后龙风水禁地"，封禁长达260多年，一直得到较好的保护。1988年经国务院批准为国家级自然保护区，1993年被确立为省级森林公园。生物资源丰富，景观资源独特，自然风光秀丽，辟有四大景区、102个景点。四大景区分别为歪桃峰景区、仙人塔景区、龙潭景区和清凉界景区，其中歪桃峰景区和仙人塔景区位于雾灵山的前坡，龙潭景区和清凉界景区位于雾灵山的后坡；102个景点包括绝壁42处、怪石17处、潭瀑19处、山泉四处、神话景点八处、人工景点三处、动植物景点九处，以生物的多样性与云雾、奇峰、怪石、溪流、飞瀑等自然景观的完美结合，以及被誉为"天然氧吧"的清新空气环境，构成了绝佳的境界。

（3）磬锤峰

位于承德市区东北部武烈河东岸的山巅上，与避署山庄遥遥相望，古称石挺，俗名棒槌山。峰状上粗下细，形似棒槌，下径10.7米，上径15.04米，高38.29米，连同基座通高60米，海拔596米；在其半山腰有棵桑树，名蒙桑（也称崖桑），高3米，约有300多年的树龄；早在1500年前，北魏地理学家郦道元在《水经注》中就有记载："孤石云举，临崖危峻，可高百余仞。"为承德的名山之一，在峰峦起伏的山间，磬锤峰孤峰拔起，犹柱擎天，与不远处的山庄园林、外八庙有机地融为一体，是到承德旅游不可不至的地方。

（4）京北第一草原

位于承德丰宁满族自治县西北部，又名大滩草原，总面积350平方公里。南距北京285公里，是距首都最近的天然大草原，故名京北第一草原。是坝上高原的重要组成部分，洼水清澈，青草齐肩，黄羊成群，生态环境良好。蒙古语称其为"海留图"，意为水草丰茂的地方。

京北第一草原

白云古洞

自然资源十分丰富，在众多可供观赏的野生花卉中，5月开金针花，6月开野罂菜，7月开干枝梅，8月开金莲花，备受人们喜爱；野兔、鼹鼠、狐、豹等动物经常出没于坡地草丛之中，是避暑狩猎的理想之地。

（5）白云古洞

位于承德丰宁县城南45公里处的莲花山中，又称白云峡谷、朝阳洞，是由若干峰、洞、谷和寺庙组成的风景区的总称，占地四平方公里。号称有"三寺"、"六山"、"九景"、"十二洞"："三寺"指宝华寺、青云观、隐仙庵；"六山"是笔架山、边墙山、虎头山、卧狮山、望吼山、鸡冠山，此六山皆因形状而得名，各有典故，形象逼真，栩栩如生；"九景"是连荫寨、一线天、仙人桥、风动石、小月牙天、大月牙天、仙人掌、百丈谷、三井；"十二洞"是白云洞、哈哈洞、、仙洞、于午洞、白骨洞、修真洞、蛇仙洞、虎仙洞、鹤仙洞、穿心洞、无底洞等，其中白云洞最大，面积600余平方米，能容千人进入。此外，景区内还有奇峰异石、山泉飞瀑、古木枝藤等，特别是端午前后，杜鹃花、杏花、樱桃花等相继开放，与苍松翠柏相映成趣，别有洞天。

4. 秦皇岛市

秦皇岛是我国北方著名的旅游城市，理想的避暑胜地。现有国家重点文物保护单位六处，国家4A级以上景区16家，其中，山海关是世界文化遗产地和国家历史文化名城，国家5A级景区；北戴河为中外闻名的"夏都"。集山、河、湖、泉、瀑、洞、沙、海、关、城、港、寺、庙、园、别墅、候鸟与珍稀动植物等为一体，旅游资源类型丰富，是开展多项目、多层次的旅游活动、满足不同旅游者旅游休闲需求的最佳场所。目前，已打造了滨海度假、长城文化和生态休闲三大系列产品，形成了长城览胜、滨海休闲、历史寻踪、自然观鸟、干红美酒、康体疗养等10余条精品旅游线路。荣膺中国优秀旅游城市、中国最佳休闲城市、中国旅游竞争力百强城市和城市休闲国家标准试点市等多个荣誉称号。

（1）秦皇求仙入海处

秦皇求仙

位于秦皇岛海港区东南角的东山海滨，国家4A级景区，是秦皇岛的标识性景区，从高速路口行车20分钟可达。公元前215年，秦始皇东巡至碣石，曾派侯公、石生等方士携五百童男童女入海求仙，寻找长生不老药，秦皇岛因此而得名，是中国唯一用帝号命名的城市。景区占地19万平方米，融古建筑、园林、雕塑为一体，具有很高的艺术品位。为了使游人了解秦始皇求仙的历史，自1993年以来定于每年的阴历五月初五为"望海大会"，在园内举办大型秦始皇求仙仪式，吸引了海内外大批游客。景区内有阙门、秦皇东巡群雕、战国风情、仙人祠、求仙殿等30多个景点。在求仙路的尽头、大海的岸边，有一尊秦始皇的全身塑像，神态威仪，凝望着大海的深处，等待着求仙者的归来。塑像高六米，重约80吨，堪称中国之最。景区地处东山海滨，空气清新，风光秀美，在这里不仅能了解战国时期重大历史事件和传说，还能领略优美的自然风光，体味浓郁的民俗风情。

（2）源影寺塔

位于秦皇岛昌黎县城内西北隅，因塔所在地有一"源影寺"而得名。建筑结构精细，造型优美，古朴壮观；远望古塔，气势恢宏，特别是在晚霞辉映时，更显得瑰丽多姿；为全国重点文物保护单位。古塔与始建于上千年前的昌黎县城一样历史久远，典型的辽金时代的佛塔建筑，高约40米，塔身平面呈八角形，共13层，为砖砌的实心塔；全塔由塔基、平坐、莲台、塔身、密檐、塔刹等组成，平座上有仰莲两层，托起用青砖雕刻的天宫楼阁；天宫楼阁直至塔顶，各层斗檐卷刹飞扬，显得异常古朴、秀美；塔尖为凌空傲立的风磨铜顶，远远望去，分外耀眼夺目。塔下有一水井，深约20米，长年有泉水流出，泉水清甜可口。明、清两朝曾多次重修，以至能保留至今。被列为碣石古十景之一。

（3）碣石山

位于秦皇岛昌黎县城北一公里处，距秦皇岛市区45公里，属山岳型自然风景旅游区。海拔695.1米，是著名的观海胜地，也是历史上负有盛名的千古神岳。山中有千年古刹"水岩寺"，悬崖峭壁上有古人镌刻的"碣石"两字。曾有九位帝王登临此山，特别是魏武帝曹操于东汉建安十二年（207年）统兵征乌桓转道卢龙，凯旋班师经昌黎登上碣石山，留下了壮丽诗篇《观沧海》，赋予碣石山以丰厚的历史文化内涵。主要景点有仙台顶、五峰山、碣阳湖、水岩寺和众多的庙宇遗址、韩愈故居、李大钊革命活动旧址、龙潭洞、山心洞、碣石峡谷、望海长廊、核桃林、橡树林等，拥有"碣石观海"、"天柱凌云"、"水岩春晓"、"石洞秋风"、"东枫耸翠"、"西峰排青"、"龙灵"、"凤翥祥出"、"霞晖率堵"、"仙影沧浪"十大著名景观。唐代大文豪韩愈是昌黎人，人称韩昌黎，五峰山上有为之修建的"韩文公祠"。中共的创始人之一李大钊曾多次到此游览客居，在这里创作了《我的马克思主义观》、《再论问题与主义》等革命战斗檄文。

（4）祖山

位于秦皇岛市西北部，京沈高速秦皇岛西出口沿秦青公路北行12公里即到，距市区23公里。属原始森林峡谷型自然风景区，国家4A级景区、国家级风景名胜区、国家级地质公园和国家级稀有植物及濒危野生动物自然保护区。因燕山以东、渤海以北诸峰均以其分支延绵而成，故名"祖山"。原始森林峡谷总面积118平方公里，主峰（天女峰）海拔1428米，区内千米以上高峰有20多座，植被覆盖率达96％以上。主要景观有天女峰、响山、佛光、日出、空中岛礁、山字峰、奇峰挂月、太虚幻境、五人岭、六棵松、花果山瀑布、天女木兰园等100多处。天女峰上有明朝建造的

祖山

天台，登临峰顶可观云海、看日出、瞻佛光，西望长城，北俯群山；响山在天女峰的左侧，山势
浑圆，形如大钟，每逢阴雨和风云天气会发出抑扬顿挫的山石声响，故名；天女木兰为太古第四
纪冰川期幸存的名贵花卉，有植物活化石之称，系国家濒危稀有植物，1999年世博会一举闻名海
内外，每年在这里举办的满族风情游和六七月份的天女木兰文化节吸引了大量中外游客。

（5）长寿山

位于秦皇岛山海关区东北10公里处的长城西北侧山麓，距市区18公里，是地质公园类的自然
风景旅游区，国家4A级景区、国家森林公园、国家地质公园、全国创建文明风景旅游区工作先进
单位。占地面积13.34平方公里，其中可供游览的面积3.45平方公里，最高峰鹦鹉峰海拔657.1米；
地貌起伏较大，多奇峰怪石，生态植物极其丰富，集山石、洞窟、瀑溪、中草药植物为一体；景
区中的"悬阳洞"玄妙幽深，是北方最大的天然形成的穿透式花岗岩石洞；称做"天险要隘"的

长城奇景三道关，全长数百米，依山而建，随形就势，嶙峋险峻，有"一夫当关，万夫莫开"之险；主要景观还有神医石窟、寿字碑林、世外桃源、石门胜迹、子母龟石、樵夫观天、雄师昂首、双送对峙、漩癀潭、悬崖飞瀑、仙人洞、瑞莲捧日、柳荫听涛等。每年"五一"举办"长寿山踏青节"，"十一"举办"金秋全民健身登山节"等活动。

（6）鸽子窝公园

位于秦皇岛北戴河区东部，距秦皇岛市15公里，国家4A级景区、国家级风景名胜区。京沈高速、102国道、205国道均可直达。鸽子窝公园又称鹰角公园，被人们视为北戴河的象征。在由于地层断裂而形成的临海悬崖上，有一巨石形似雄鹰屹立，故名鹰角石；石高20余米，过去常有成群的鸽子或朝暮相聚或窝于石缝之中，因此又名鸽子窝。是观赏海上日出的最佳之处，每逢夏日清晨，往往要云集数万名游客，以观赏"红日浴海"的奇景；另外，在一侧的大浅滩是观鸟的好地方，每年春秋时节，数以万计的珍稀候鸟在这里觅食、栖息，成为北戴河的一大景观。20世纪90年代末，这里设定为国家级鸟类自然保护区。

（7）老虎石海上公园

位于著名的北戴河风景区中心，占地总面积3.3万平方米，建于1994年。老虎石原是海中的一

长寿山

鸽子窝公园

老虎石海上公园

南戴河国际娱乐中心

个近岸礁石，由于海岸抬升而卧踞于岸边，因形状似虎而得名。是北戴河海滨的中心浴场，与海滨闹市区的中心街道紧紧相连。滩宽海阔，沙软潮平，水质优良，环境清幽，是难得的天然海水浴场，为暑期游客最多的浴场；园内设有快艇、脚踏游船、水上球类项目，还设有沙滩排球、足球，是集参与性、刺激性、文化娱乐性于一体的海滨游乐中心。老虎石西有一座小巧玲珑、颇具情趣的亭子，名曰"望鬼亭"。

（8）南戴河国际娱乐中心

位于秦皇岛市西南南戴河旅游度假区省级森林公园内，京沈高速北戴河出口向西五公里可达，距市区30公里，国家4A级景区。总面积20万平方米，规模宏大、内涵丰富，有滑沙、滑草、过山车、海盗船、滑翔飞翼、水上泛舟等，惊险刺激、情趣多多。修建有大型的"中华荷园"，能观赏到国内外300个荷花品种，堪称荷文化之大全。这里远离污染，空气清新，环境优雅，植被葱郁，具备了海洋、沙滩、阳光、空气、绿色当今国际海岸旅游的五大要素。通过开发建设，服务设施不断完善，形成了以国内首创的滑沙、滑草特色项目为主，拥有几十个游艺及观赏项目的大型游乐场所。

（9）昌黎黄金海岸

位于昌黎县境内，距北戴河23公里，是我国北方唯一的国家级海洋自然风景保护区。海水洁净，沙粒匀细，远离城市，属于一类海水浴场。拥有天然海浴场、国际滑沙活动中心、翡翠岛生态游乐园、渔岛、沙雕大世界、滑沙体育休闲公园、旅游射击场、月亮湾景区等景点。由于海潮和季风的作用，在海岸形成了世界上罕见的大沙山，高达三四十米，呈新月形，陡缓交错，起伏有序，形成了国内独有、可与澳大利亚的布里斯班相媲美的天然海洋大漠风光。翡翠岛是一座由金沙和绿树相间构成的半岛，沙山连绵起伏，绿树浓荫覆盖，恰似一块镶嵌在湖边的翡翠，因此而得名。岛上环境幽雅，景色怡人，栖息了几乎占全国三分之一以上种类的鸟类，其中属国家重点保护的鸟类就有68种；还可以观赏到世界珍禽黑嘴鸥、被动物学家誉为鱼类"活化石"的文昌鱼。游客可以乘索道沐海风、滑沙冲浪、骑马驰骋、驾快艇挑战海洋、乘拖曳伞直奔蓝天，浑然忘我地融入到美丽的大自然之中。

（10）秦皇岛野生动物园

位于北戴河海滨国家森林公园内，占地500多亩，是目前我国占地面积最大、森林覆盖率最高的野生动物园，国家4A级景区，京沈高速、102国道、205国道均可直达，距秦皇岛市中心10公里。园区共放养了100余种5000余头（只）动物；模仿各种动物的原生环境，在园区内大圈散养、分区隔离散放，营造返璞归真、回归自然的氛围，森林小火车穿梭于各类动物生活观赏区，人在游车上，车在兽中行，形成人与自然相融、人与动物易位的旅游特色。主要建有笼养动物区、猛兽区、非洲动物区、猴区、草食动物区、鸟类区、步行游览区七大展区；动物展区建有猩猩馆、鳄鱼馆、小动物馆、象苑、东北虎园、狮园、白虎园、孟加拉虎园、熊园、幼狮园、长颈鹿馆、猴山、动物表演场、驯化场、鹿苑、孔雀园、雉鸡园、百花园、涉禽湖、游禽湖等动物苑舍。在园内不仅可以观赏到各种散养动物，还能直接与动物亲密接触，饲喂小象、小猩猩、小狮子、小老虎等，与动物合影拍照，还可以参加认养动物、为动物命名等亲善活动。

燕塞湖

（11）燕塞湖

　　地处燕山脚下，位于山海关境内，生态环境优美典雅，是长寿山国家森林公园和秦皇岛柳江国家地质公园的重要组成部分。距山海关火车站六公里、秦皇岛火车站10公里，是秦皇岛市旅游开发较早的景区之一。国家4A级景区、国家风景名胜区、国家水利风景区。20世纪70年代，国家在石河出山口修筑了一条长367米、高60.6米、设有九孔闸门的混凝土拦水坝，形成了一座库容量7000万立方米、控制流域面积560平方公里的中型水库，以供应城市和工农业用水，兼顾防洪、发电、养鱼和旅游。于1979年对外开放发展旅游，称为"燕塞湖"。湖水环绕在深山峡谷之中，延伸达15公里，沿岸悬崖峭壁千姿百态，自然景观星罗棋布；苍松翠柏、野杏山桃，映入水中如翠如碧，蕴尽诗情画意，素有北方"小桂林"、"小三峡"之美称；有迎客松、横空石壁、洞山剑峰、神女浴日、金蟾戏水、山中月镜、华佗采药、仙人竖指等18处胜景。

（12）新澳海底世界

位于秦皇岛海港区西浴场附近。秦皇岛火车站有公交车可直达，距市区五公里，是一座以展示海洋生物为主，集科普教育、环保教育、餐饮购物和休闲娱乐于一体的现代化大型综合博物馆，国家4A级景区、全国科普教育基地。景区建筑面积约两万平方米，总储水量约650万立方米。主要由水族馆和海豚表演馆两部分组成，水族馆包括小池区、企鹅馆、海豹馆、触摸池、海底隧道、表演休息区、科普展厅、科普教室以及海洋精品店、观海餐厅等；海豚表演馆占地面积一万平方米，建筑面积3000平方米，总贮水量200立方米，能同时容纳2000多人观看表演，进行海豚、海狮、海豹等海洋哺乳动物的表演，是一座具有国际标准的海洋动物表演馆。

5.唐山市

唐山背山临海的地理格局、复杂多样的地貌特征以及极富特色的地方历史文化，造就了多种旅游资源，拥有国家4A级景区10个，其中清东陵是我国现存规模最宏大、体系最完整、保存完好的帝王陵墓建筑群，是世界物质文化遗产。唐山市依托丰富的旅游资源，在中部城市、南部滨海和北部长城沿线三大旅游板块，全力打造生态城市博览游、海滨海岛休闲游、世界文化遗产游、历史文化体验游、山水田园风光游、国家地质公园游等旅游品牌。先后荣获全国卫生城市、国家园林城市、全国环境整治优秀城市、全国优秀旅游城市等荣誉称号。

（1）净觉寺

位于玉田县蛮子营村东，距京沈高速鸦鸿桥出口10公里，距市中心35公里，全国重点文物保护单位。始建于唐代，重修于

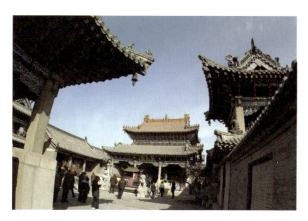

净觉寺

清，清道光年间兴盛，是唐山地区唯一保存完整的大型寺庙建筑群，有"京东第一寺"之称。有门殿、正殿、后殿、钟楼、鼓楼、碑楼、配殿、碑亭等建筑81间，有石狮、大钟、"净觉寺"匾额、建筑图纸等珍贵文物；碑文书法颇具艺术水准；建筑兼具明、清两代风格，融入了宫廷与民间两种特色。在此可欣赏我国古代建筑艺术之精华，感受佛教文化与我国民族文化的相生共荣。每年正月十八迎春庙会香客如潮，民间文化活动丰富多彩。

（2）景忠山

景忠山

开滦国家矿山公园

位于迁西县境内，海拔610米，清康熙帝曾御题"天下名山"。集佛、道、儒三教于一山，既有佛教的佛祖殿、菩萨殿、四帅殿，又有道教的碧霞元君殿、玉皇殿、真武大帝殿，还有以祭奠儒家所推崇的三位杰出忠臣诸葛亮、岳飞、文天祥的"三忠祠"；三种文化兼收并蓄，源远流长。始有庙宇建筑可上溯到宋代，在清初被看做是皇室家庙，由此声誉鹊起、名驰天下，逐步形成了当时"庙宇七十二、金面百六尊"的格局。山脚、山中、峰顶建筑体系协调、完整，但后来历经战乱和1976年唐山大地震，山上的建筑几乎荡然无存。自1992年，开始对古建筑进行了大规模修复，山门、四帅殿、登山盘道、三道茶棚、朝仙门、望海楼、碧霞元君殿、东佛殿、南天门等主要建筑已复建完成，并接待游客。不仅历史悠久、庙宇众多，自然风光也十分秀美，山上古岩峥嵘，苍松蔽日，峡谷清幽，云雾飘渺，1872级台阶直达峰顶，自然景观鬼斧神工，有"灵山秀色"之誉；野生植物资源多达80余种，森林覆盖率为98%，树种以松树为最，仅200年以上的古松就有2000余株，有鸟类20余种。历来香火很盛，每年农历四月十八和十月十五庙会期间，津、唐、承、内蒙等地游客蜂拥而至，各路商贾云集，歌舞、评剧、马戏、皮影、花会等民间文化活动丰富多彩。

（3）鹫峰山

位于遵化市东北17.5公里的侯家寨乡境内，以山名、寺古、树奇、石怪、崖绝、城窄而著称，拥有广袤的森林、多样的珍奇动植物物种、完好的生态环境及深厚的文化底蕴。鹫峰山原名三台山，有前、中、后三台，前台平坦，早年山中僧人多在此习武；中台险峻，是一高达数丈的奇峰巨石，顶部有一处10平方米左右的平台，上刻莲花和棋盘，相传一得道佛祖在此修行，为弘扬佛法，舍身纵向悬崖，化作莲花，故后人称其为"舍身台"，建有栖云寺，建筑面积2100平方米，寺的右上方有一古庙；后台奇险，也称鹫峰岭，很少有人登临。山顶有连绵的长城及数座敌楼，保存完好。明代蓟镇总兵戚继光曾巡视长城防务到此，赋《舍身歌》并刻于石上，流传至今；他置放马鞍的马鞍石，后人称之为"戎马遗鞍"。

（4）开滦国家矿山公园

规划占地面积115万平方米，由坐落于唐山矿的"中国北方近代工业博览园"和位于大南湖中央生态公园的"老唐山风情小镇"两大景区组成，两地之间相距约2.5公里，中间由矿用自备铁路连接，形成一个"哑铃型"完整的旅游园区。"中国北方近代工业博览园"分为"矿业文化博览区"和"矿业遗迹展示区"，包括开滦博物馆和"中国第一佳矿1878"、"电力纪元1906"、"铁路源头1881"三个分展馆，中国大陆第一座西法开采的矿井、中国第一条准轨铁路源头、百年达道等三大工业遗迹以及"井下探秘游"、"开滦魔力之地"等。开滦博物馆珍藏有中国迄今存世最早的股票——"开平矿务局老股票"；尘封百年的"羊皮蒙面大账本"；中国第一条准轨铁路上的铁轨；

唐山湾国际旅游岛

"开平矿权骗占案"跨国诉讼的《英国高等法庭诉讼笔录》等镇馆之宝，以及47件一级文物，72件二级文物，326件三级文物，上万件馆藏珍品，能引领人们品读开滦悠久浓郁的矿业文化。随着矿山公园的开发建设，其社会知名度和影响力不断提升，先后荣获全国科普教育基地、国土资源科普基地、中国十佳矿业旅游景区、国家4A级旅游景区、全国红色旅游经典景区等称号。

（5）唐山湾国际旅游岛

位于唐山市东南部，规划面积100平方公里，含菩提岛（石臼坨岛）、月岛（月坨岛）和祥云岛（打网岗岛）三个岛屿及北侧陆域。为高纬度地区稀缺型海岛资源，旅游资源丰富、生态环境优越，坐拥得天独厚的海岛、温泉、沙滩、深海淤泥、生态及文化资源的组合。唐港高速可直达，并与京沈、唐津等高速公路相连。诸海岛是由滦河和潮汐作用冲积而成，历史悠久，形态各异。菩提岛面积5.07平方公里，为省海洋自然保护区、省级风景名胜区；岛中间低四周高，形似聚宝盆，淡水资源丰富，岛上灌木丛生，绿草繁茂，鸟类有400多种，植物260多种，三四百年的菩提树近千棵，在北方十分罕见，自然植被覆盖率达98%以上，有"孤悬于海上的天然动植物园"和"国际观鸟基地"之美誉，有潮音寺、朝阳庵遗址等古迹。月岛因形似弯月而得名，面积11.96平方公里，由月坨、腰坨、西坨等五个岛屿组成，国家4A级景区，岛上植被丰茂，景观独特，周边有天然的海滨浴场，沙净水清，是避暑度假的胜地。祥云岛面积22.73平方公里，海岸线长26公里，平面形状呈带状刀形，海岸为优质天然细沙，沙滩坡度平缓，温泉资源丰富；岛北侧与陆岸遥遥相望，构成双道复式海岸线，为世界罕见的水陆奇观，岛南侧沙滩宽阔，海水清澈，是天然优质的海滨浴场。

6. 廊坊市

廊坊被誉为"京津走廊上的明珠",是一座新兴城市,文物古迹不多,有全国重点文物保护单位一处,省级重点文物保护单位21处,省级历史文化名镇一处。廊坊致力于"把森林引入城市,把城市建在林中",实施"蓝天、碧水、净土、绿化、宁静"五大环保工程,市内绿化覆盖率达到46%,人均拥有绿地面积14平方米,被誉为京津之间的"天然氧吧"。拥有中国优秀旅游城市、国家园林城市、全国绿化模范城市、国家环保模范城市等多项殊荣。

(1)胜芳镇

位于霸州市东南、处于京、津的腹地,东距天津35公里,北距北京120公里。省级历史文化名镇,始置于春秋,先后称"武平"、"渭城",北宋时定名为胜芳,取意于"胜水荷香,万古流芳"。古时是中国北方著名的水旱码头,曾有"南游苏杭,北游胜芳"之说,"水则帆樯林立,

胜芳镇

香河第一城

陆则车马喧阗"，客商云集、风景秀丽、交通便捷；清朝时被列为直隶六大重镇之一。2008年修复和重建了胜芳史上的"三宗宝"（戏楼、牌坊、文昌阁），对旧区进行了恢复性重建，并建设了胜芳历史博物馆，已逐步形成旅游的热点。胜芳镇南音乐会是佛教音乐流入民间的产物，比纳西古乐还早1000多年，被称为古代音乐的活化石，2006年被列入首批国家级非物质文化遗产。每年正月十五举办元宵灯会，被称为胜芳的"狂欢节"，已有几百年的历史，届时彩灯、花车、游人、表演、烟火，熙熙攘攘，五光十色，民俗浓郁，热闹非凡。

（2）香河第一城

坐落于京、津、冀交界的黄金地带——河北省香河经济技术开发区，是一座融旅游观光、休闲度假、娱乐健身、美食购物、影视拍摄、会议展览等多种功能于一体的大型国际会议展览中心。外部仿明清时期北京都城的风貌，采用"缩地不缩景"的方式，按照1：1的比例复原了老北京"内九外七"的城垣格局，22座错落有致的城楼镶嵌在5公里长的空腹城墙之上，圆明胜景、宅府院落等点缀在城池之中。整个建筑群体彰显出中国古今文化之精粹、华夏神州建筑之韵律，是传统美学与现代建筑技术的完美结合；既是一座旅游城，又是一座文化城，其独具匠心的规划设计、丰厚深邃的文化底蕴、恢宏大气的建筑景观、完善配套的功能设施，得到社会各界的广泛赞誉和认同。

7. 保定市

保定历史悠久，文物古迹众多，是中国全国重点文物保护单位的第一地级大市。现有世界文化遗产一处，国家重点文物保护单位47处，省级文物保护单位111处。兼有平原、湖泊、湿地、丘陵、山地、亚高山草甸等，地貌特征齐全。拥有世界地质公园两处，国家5A级旅游景区两处，4A级景区八处，重点风景名胜区一处，森林公园五处，地质公园三处，工农业旅游示范点七处；全国爱国主义教育基地三处；全国红色经典景区五处，占到全国红色经典景区的二十分之一；有15个特色鲜明的节庆活动，旅游商品20余种。现为中国历史文化名城、中国优秀旅游城市。

（1）莲花池

位于保定市南市区，为保定八景之一，称"涟漪夏艳"。国家级重点文物保护单位，全国十大名园之一。不仅以"林泉幽邃，云物苍然"闻名，更因与莲池书院同处一址而声名远播。总面积2.4万平方米，其中池水面积7900平方米。池水以中心岛为界分为南北两塘，蜿蜒曲折的东西二渠将两塘沟通成一体；南塘

莲花池

呈半月形，外围峭壁环峙，松柏滴翠；北塘呈不规则矩形，四周玉石堆岸，杨柳垂丝；水心亭居于其中。莲池自古环水置景，以水为胜，因荷得名；园中诸景建制小巧玲珑，优雅别致，拙中见

直隶总督署

直隶总督署大堂

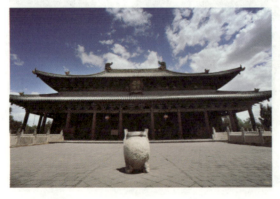

北岳庙

巧，朴中有奇，汇集了南北园林之精华，为中国北方园林的明珠，前人曾用"几疑城市有蓬莱"来形容，有"城市蓬莱"、"小西湖"之美誉。

（2）直隶总督署

位于保定市裕华路，是清代直隶总督的办公处所，直隶省的最高军政机关，是我国现存的唯一一座最完整的清代省级衙署。始建于明洪武年间，初为保定府署，永乐年间为大宁都司衙署。自清雍正八年（1730年）直隶总督驻此，至清朝灭亡（1911年）后废止，历经182年，内涵十分丰富。曾在此任职的直隶总督共59人66任，包括唐执玉、李卫、方观承、曾国藩、李鸿章、袁世凯等人，有"一座总督衙署，半部清史写照"之称。民国年间是直系军阀曹锟的大本营。抗日战争和解放战争期间，曾是日伪和国民党河北省政府所在地，中华人民共和国建立后，河北省人民政府也曾驻此。1988年被国务院公布为第三批全国重点文物保护单位。建筑布局既承袭了前代衙署的规制，又受到了明清北京皇家宫殿以及民居布局的影响，整座建筑坐北朝南，东西宽134.4米（合清制42丈），南北纵深约224米，共占地三万余平方米，分为东、中、西三路；中路至今保存完好，有大门、仪门、大堂、二堂、官邸、上房五进院落，配以左右厢房耳房，均为小式硬山建筑；东路的东花厅、外签押房等建筑基本保存完好。

（3）药王庙

坐落于安国城南，安国古称祁州，又称祁州药王庙，是全国最大的纪念历代医圣的古建筑群。始建于北宋太平兴国年间（976～984年），至今已有千余年的历史，全国重点文物保护单位。祭祀的是药王邳彤，东汉开国元勋二十八宿将之一，他辅佐刘秀打天下，英勇善战，忠心耿耿，足智多谋，官至太常少府（相当于宰相）；他酷爱医学，颇受军民拥戴，死后葬于祁州南门外。明永乐二年（1404年），仿照宋代临安（今浙江杭州）的药王庙，以邳彤墓为中心，扩建药王庙；历经明、清两代历次修葺，始成为现在的规模。占地3200多平方米，坐东向西，结构严整，由牌坊、马殿、钟鼓楼、药王墓亭、碑房、十大名医殿、约土止殿、后殿、关汉卿纪念室（元曲大师关汉卿是安国人）、古槐广场组成。因为药王庙的影响，使得安国成为我国历史上著名的中药材市场和集散地，到这里进行中药材交易的商人和观光客，都要到药王庙瞻仰和拜谒药王及各位医圣。

（4）北岳庙

位于曲阳县城的西南隅，为古代帝王将相遥祭"北岳恒山之神"而建，故名北岳庙。中国古代将位于东西南北中的五座高大的山峰称为五岳，其称谓始见于《周礼》，规制则始于汉武帝，汉宣帝确定以今河南的嵩山为中岳，山东的泰山为东岳，陕西的华山为西岳，安徽的天柱山为南岳，河北的恒山为北岳。其后又改为今湖南的衡山为南岳，隋以后成为定制。从西汉到金元历代史书都明确记载恒山在曲阳县西北，主峰大茂山，又名神仙山（在今保定阜平县东北缘、唐县西北缘）。由于历史上的原因，明代又以今山西浑源的玄武山为恒山，但秩祀仍在曲阳，至清初顺治十七年（1660年）始改祭岳于浑源。北岳庙建于北魏宣武帝景明正始年间（500～508年），此后唐、宋、元、明、清历代屡加修葺。庙内建筑精巧，雕梁画栋，气势雄伟，蔚为壮观，建有碑廊、石刻馆、博物馆等，是全国重点文物保护单位。建筑格局呈田字形，采用以中轴线为主、两厢对称的古典建筑形式。主体建筑"德宁之殿"在中轴线北端，往南依次建有飞石殿、三山门、凌霄门、御香亭、朝岳门、午门等，正殿两侧为东、西昭福门；另外，还有碑楼等其他建筑八座，散建在中轴线两厢。

（5）大慈阁

位于保定市裕华路北侧，建于南宋宝庆三年（1227年）。以"市阁凌霄"之美誉成为古城保定的象征，有"不到大慈阁，何曾到保定"的说法，全国重点文物保护单位。是一组佛教建筑群，因主体建筑称大慈阁而得名；坐北朝南，单檐歇山顶山门，门楣书"真觉禅寺"，门前一对石狮分立左右；穿过山门，东为钟楼，西为鼓楼，迎面是高大的石基，高5.4米，石阶22级，面宽17.54米，进深12.24米，周作望柱，玉石栏杆；大慈阁巍然耸立其上，歇山布瓦顶，重檐三层，直上云霄，底层面阔五间，进深两间，阁内有一尊观音菩萨像，妙相庄严，42条手臂分别执有净瓶、宝剑、禅杖、菱镜、拂法等法器，慈眉善目，神态安然；东西两侧的壁画为十八罗汉画像及经变故事，是阁内遗存的艺术精品；阁内有楼梯可通二、三层，通高约25米；角梁下皆坠风铃，风动铃响，叮当悦耳；檐脊上做蹲兽，栩栩如生。

（6）白洋淀

位于保定市东约45公里，旧称白羊淀，又称西淀，是华北平原上最大的淡水湖。河淀相连、沟壑纵横、苇田星罗棋布，一派北方水乡的景象。被36个村庄和12万亩芦荡分割成大小不同的146个淀泊，最大的两万多亩，最小的180亩，由3700多条沟濠、河道串联成一座巨大的水上迷宫。景色宜人，四季竞秀：春光降临，芦芽竞出，满淀碧翠；每至盛夏，"蒲绿荷红"，岸柳如烟；时逢金秋，芦荡飞雪，稻谷飘香；隆冬时节，坚冰似玉，坦荡无垠。水产资源丰富，有淡水鱼50多种。被誉为"华北明珠"、"北国江南"、"北地西湖"。这里还曾是抗日战争的战场，"雁翎队"在湖区给日本鬼子以沉重打击。2007年，国家旅游局批准为国家5A级旅游景区。

白石山

白洋淀

（7）野三坡

位于涞水县境内，在太行山与燕山两大山脉的交会处，距北京100公里，总面积498.5平方公里。旅游资源丰富，享有"世外桃源"之称，国家级重点风景名胜区，国家5A级旅游区。由七个各具功能的景区构成，即百里峡自然风景游览区、拒马河避暑疗养游乐区、白草畔原始森林保护区、鱼谷洞奇泉怪洞游览区、龙门天关长城文物保护区、金华山灵奇狩游乐区、野三坡失乐园薰衣草主题庄园；有100余个景点，以雄、险、奇、幽著称于世，集雄山、碧水、春花、秋叶、瀑布、冰川、奇峡、怪泉、摩崖石刻、长城古堡、名树古禅、高山草甸、空中花园等于一体，几乎无所不包，无不称奇。春季山花遍野，姹紫嫣红；夏季凉爽宜人，空气清新；秋季山果飘香，天高云淡；冬季冰雪世界，狩猎探险。自1986年开发旅游以来，以其独特的魅力吸引着海内外、特别是来自北京的游人。

（8）白石山

位于涞源县城南15公里，在太行山最北端，面积54平方公里。地貌奇特，植被茂密，动植物种类繁多，有峰林、怪石、绝壁、云海、佛光、森林、灌丛、溪流、瀑布、长城及珍稀动植物等，居涞源古十二美景之首。景区的精华部分是由100多座高低错落、相对独立的山峰组成，主峰海拔2096米，高出周围群山数百米，在涞源的任何一个地方都能看到。十瀑峡是花岗岩构造的一条大峡谷，清澈的泉水从海拔1300米处的龙虎泉涌出，溪流跌宕，流连为潭，跳跃为瀑，常年奔流不息。山北麓的白石山长城是长城中保存最完好的地段之一。山中多云雾，夏秋季"佛光"奇观频频出现。森林茂密，是华北地区生物多样性的中心区域之一。白云质大理岩峰林是全国唯一的大理岩峰林。获世界地质公园、国家地质公园、国家森林公园、国家4A级景区、全国青少年科技教育基地多项称号。

8. 沧州市

　　沧州素有"五乡一淀"之称，即著名的武术之乡、杂技之乡、金丝小枣之乡、鸭梨之乡、铸造之乡，境内有华北最大的淡水湖白洋淀（白洋淀横贯保定、沧州两市）。有七处全国重点文物保护单位，26处省级重点文物保护单位，16处市级重点文物保护单位；国家4A级景区1个，2A级景区4个，景点88处。沧州武术历史悠久，2006年被列为国家级非物质文化遗产。沧州是杂技的摇篮，吴桥是中国杂技的发祥地，"中国吴桥国际杂技艺术节"被文化部确定为国家级艺术节，是与摩纳哥蒙特卡洛国际马戏节、法国巴黎"明日"与"未来"世界马戏节齐名的三大国际赛场之一，"吴桥杂技大世界"为国家4A级风景区，被国家旅游局列入民俗旅游景点，每年吸引着大批游客参观游览。

白洋淀

（1）铁狮子

坐落在沧州市东南20公里处，沧州旧城的开元寺前，东关村西0.5公里处，全国重点文物保护单位。是我国现存年代最早、规模较大的铸铁艺术品之一，拥有很高的历史、科学和艺术价值。古时沧州一带滨临沧海，经常发生水患，当地百姓为了祈求平安，自动集资捐钱，请当时山东有名的铸造工匠李云铸此狮以震慑海啸水患，取名"镇海吼"。狮颈右侧有"大周广顺三年铸"、右肋有"山东李云造"的字样。大周（后周）广顺三年即公元953年，距今已有1000多年的历史。狮身高3.8米，头部高1.5米，通高5.48米，通长6.5米，躯宽3.17米，总重量为29.30吨；铁狮昂首挺胸，怒目圆睁，张开大口，四肢劲蹬，气势威武，栩栩如生；铁狮身披障泥（防尘土的垫子），背负巨大的莲花盆，莲花盆可以拆卸；狮身内外有许多铸文，除铸造年代、铸造者及捐钱者姓名外，头顶及颈下还铸有"狮子王"三字，腹腔内有以秀丽的隶书铸造的金刚经文，具有一定的书法和考古价值。据考证，铁狮是古人采用一种特殊的"泥范明铸法"，分节叠铸而成，用长宽三四十厘米不等的范块，逐层垒起，分层浇注；其制模、冶炼、浇铸的工艺高超，充分显示了我国古代铸造工艺的高度成就。

（2）清真北大寺

位于沧州市城区东南回民聚居的新华区兴华街，全国著名的清真寺。于明建文四年（1402年）开始兴建，历经18年于永乐十八年（1420年）大寺落成，迄今已有近600年的历史。规模宏大，气势非凡，风格独特，是华北地区最大的清真寺之一。总占地面积7400多平方米，建筑总面积3008平方米；呈东西向，由前、后两个院落组成；礼拜大殿高25米，呈"主"字型，殿内有粗40厘米、高四至八米的朱红漆柱90根；大殿有九九八十一间，殿内面积1250平方米，可供数百人礼拜；大殿由前、中、后三殿和卷棚组成，三殿连绵起伏，纵观横览，均如笔架；殿内梁柱檩椽，相互咬合，由木柱、密梁、尖顶、青砖等组装而成，属于文式建筑。担负着培养伊斯兰教宗教人士的责任，不少教众不远千里来此求学，除本地学员外，华北其他地区，甚至远在陕西、甘肃、内蒙古一带的宗教人士也到这里受教。

（3）泊头清真寺

位于泊头市区清真街南端，北距沧州市40公里。始建于明永乐二年（1404年），明嘉靖（1522～1567年）、万历年间（1573～1620年）重修，特别是在崇祯年间进行了扩建，清嘉庆、咸丰、光绪及民国均有不同程度的修缮。寺院坐西朝东，院落分为前庭、中庭和大殿，占地面积11200平方米，房屋近200间；礼拜大殿顶部飞檐四出，角亭对立，楼台殿阁，成垂一线；重重院落相套，横向配以门道、石桥，设计独特，施工精细，是穆斯林寺院建筑中的上乘之作。2001年批准为全国第五批重点文物保护单位，国家2A级景区。

（4）吴桥杂技大世界

吴桥位于鲁西北与冀东南接壤处，自古有练"杂耍"（即杂技）的传统，涌现出大批杂技人才，分散在全国乃至世界的杂技团体，有"无吴桥人不成班"的说法，吴桥被誉为"天下杂技第一乡"。为弘扬民族文化，将杂技文化衍化成社会及经济效益，1992年，吴桥县政府同香港国旅合资兴建了以杂技文化为主题的大型民俗类旅游景区——吴桥杂技大世界，占地1000亩，投资两亿元，建有江湖文化城、杂技奇观宫、魔术迷幻宫、民俗风情园、马戏游乐园、杂技博物馆、小泰山、红牡丹

吴桥杂技大世界

宾馆等10大景点，集娱乐、表演、参与、休闲等多功能于一体，将中国古老的民俗艺术和博大精深的杂技文化进行展示，让游客在轻松、欢乐的环境中品味杂技的奥妙。开业以来，频频亮相央视及海内外多家新闻媒体，深受广大游人的喜爱。2000年，被国家旅游局评为首批国家4A级旅游景区。

9. 衡水市

衡水是河北省最年轻的城市，所辖冀州市为我国古代九州之一，历史悠久，河北省的简称"冀"即源于此。现有国家级重点文物保护单位六处，省重点文物保护单位30处。衡水湖是国家级湿地和鸟类自然保护区，享有"京津冀最美湿地"的美誉。武强县的"年画博物馆"、冀州古城址、故城县里老的"原始森林"等也是人们休闲渡假的好去处。

（1）景县舍利塔

位于景县城内西北角的原"开福寺"内，原名"释迦文舍利宝塔"，全国重点文物保护单位。建于北魏永平年间，千年古塔，几经风雨，历史上曾数次重修；在1973年的维修过程中，于塔顶铜葫芦里发现了明朝木版佛经三卷，共九册，包括《大乘妙法莲花经》七册、《大乘诸品经咒》一册、《药师琉璃光如来本愿功德经》一册，还有一尊长20厘米、宽11.5厘米、高12厘米的释迦牟尼卧式铜佛。塔高13层，为八面棱锥体，高63.85米，下铺巨石，上以砖砌，塔基下有一深井，每层均有涵洞外向，塔顶铜质葫芦高2.05米，遇有风吹，涵洞被风鼓荡，作水涛声，故有"古塔风涛"之说。

（2）衡水湖

位于衡水市区南10公里处，为华北平原第二大淡水湖，俗称"千顷洼"，又叫"千顷洼水库"。湖面75平方公里（在冀州境内57平方公里，桃城区境内18平方公里），面积与蓄水规模仅次于白洋淀，单体水面积则位居华北第一。处于太行山麓平原向滨海平原的过渡区，为鸟类南北

衡水湖

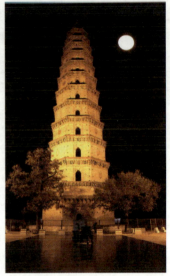

景县舍利塔

迁徙的必经之地，独特的地理位置和优良的水质孕育了丰富的物种资源，具有很高的生态和经济价值；在万亩自然芦苇荡中，有各种禽鸟150多种。2000年，被国家林业局和省政府批准为省级衡水湖湿地和鸟类自然保护区；2003年，被批准为国家级自然保护区。在此可观湖、赏鸟、骑马、垂钓，也可荡舟于湖中，尽享大自然的美丽景色。

10. 邢台市

邢台历史悠久，是仰韶文化的发源地之一，已有3500年的历史，是"商殷之源、祖乙之都、邢侯治国"。旅游资源丰厚，古迹名胜和自然人文景观众多，是省级历史文化名城和省级园林城市。现有国家级文物保护单位11处，省级文物保护单位74处，国家4A级景区六家。

（1）清风楼

位于邢台市旧城中心，府前南街北端。建于明成化年间（1465～1488年），至今已有500多年的历史，省级重点文物保护单位。呈典型的明代建筑风格，重檐歇山式结构；下部为一座方形敦厚的大台基，拱券洞门南北穿通，西侧有阶梯回绕。楼共分三层，第一层四周用青砖围成花栏，中间为正厅，前后两门对开，厅内西南角的墙壁上镶嵌有春、夏、秋、冬四季诗画石刻一组，相传为唐代大诗人王维所作，具有一定的历史和艺术价值，可惜春景遗失，现只存

明代清风楼

夏、秋、冬三块，另有清风楼题记石刻10块；二、三层是歇山式重檐、四角攒尖顶的木质斗拱结构，飞檐外张，如鹰展翅；前后有廊檐柱，外围有栏杆，造形古朴，气势恢宏。为了陪衬和丰富清风楼的景观，邢台对府前街进行了规划和改造，建成了一条明代仿古街，与清风楼交相辉映，相得益彰，展现出浓郁的文化氛围和地域色彩，成为邢台市区的主要景观。

（2）开元寺

位于邢台市光明街，邢州北路中段。唐开元年间敕建，因此得名，距今已有1300多年的历史，全国重点文物保护单位。占地45亩，坐北朝南，历代屡有修茸，现存殿阁四座，气宇轩昂，巍峨壮观。其中一殿为弥勒佛殿，除佛像外，四壁皆为历代名人所题诗词。释迦牟尼殿为整个寺院建筑的精华，硬山式建筑，面阔五间，进深两间，气势恢宏，结构精巧，风格独具。殿前四根雕花滚龙石柱，雕艺精湛，线条流畅，除山东曲阜孔庙中的雕龙石柱外，几乎无与匹敌。寺内西侧有经幢两座，一为唐代建造的"道德经幢"，为国内仅存的三座同类经幢之一，极具历史价值；另一座是建于后梁乾化年间（911～915年）的尊胜陀罗尼经幢，刻有《陀罗尼经》一部，并题有"印度副使李逢书"等字样，雕刻精细。殿前遗留有巨型铁钟一座，高2.7米，下沿围长7.2米，钟厚半尺。重达三万多斤，历经800多年的风雨剥蚀，钟体四周仍然荧荧发亮，展现出古代铸

铁的高超工艺。历史上高僧辈出，一行禅师、万安长老等都曾驻锡于此；五代后梁乾化年间，天竺高僧空本曾在此寺院翻译佛经，为中外文化的交流作出了贡献。

（3）扁鹊庙

位于内丘县城西北22公里处，又名鹊山庙，占地3700平方米，历史悠久，规模宏大，全国重点文物保护单位。据《内丘县志》记载，扁鹊庙汉唐即有，始建不详；自汉至今，历代均有修葺，现存为元代建筑。扁鹊是战国名医，被尊为"医圣"，汉司马迁《史记》曾为其立传，渤海郡鄚州（今沧州任丘）人，后被人加害，死于邢台内丘，古人建扁鹊庙祭之。庙宇建筑群呈长方形，由扁鹊殿、后土殿、玉皇殿、三霄殿、百子殿、药王庙、山门、献殿、回生桥、桥楼、碑楼、三清楼阁、道士院等20多座建筑组成，布局合理，结构紧凑，是典型的北方道教庙群。扁鹊殿为主体建筑，坐北面南，平面呈长方形，单檐布瓦九脊歇山顶，是祭祀扁鹊之处。庙前有九龙水从西向东流过，河上曾有汉白玉石桥名九龙桥，桥前有石麒麟相立，今存。九龙桥前有九龙柏，九棵柏树生于石上，古老苍郁，岁有千年，粗可合抱，形如巨龙，故名，根须裸露于石，犹如龙爪。扁鹊死后是虢国太子冒着风险将其安葬，人们赞其忠义，把他和扁鹊采药的山峰称为"太子岩"。太子岩位于内丘县城西部30公里处，险峰千仞，峻岩百层，草木丰茂，松柏秀荣；

扁鹊庙

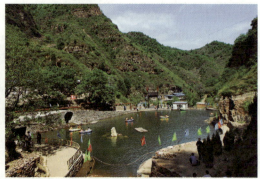

天河山

自周代以来，相继建有诸多庙宇，是一处自然与人文景观相融相汇的胜地。全国各地建扁鹊庙的不少，但要数内丘的扁鹊庙修建最早、影响最大，来此观光旅游，朝拜医祖者络绎不绝，尤其是每年农历三月庙会期间，更是人山人海。

（4）崆山白云溶洞

位于临城县境内太行山东麓的崆山之中，南距邢台市区56公里，北距石家庄市86公里。形成于五亿年前的中寒武纪，是我国北方一处难得的岩溶洞穴景观，国家重点风景名胜区、地质公园、4A级景区。集地质地貌、水体景观、地质构造、岩溶洞穴、自然生态和人文历史于一体，已探明并开发开放了五个洞厅，游线全长4000米，最大洞厅约2170平方米，主要景点有200多处。在五个洞厅中，洞洞连环，厅厅套接，依据其自然景象的不同，依次命名为"人间"、"天堂"、"地府"、"龙宫"、"迷乐"，景观各异，各具特色。充满了琳琅满目、色彩斑斓的石钟乳、石笋、石幔、石帘、石瀑布、石莲花等碳酸盐造型，其中网状卷曲的"节外生枝"、"线型石管"、形态绮丽的牛肺状"彩色石幔"、石帘、晶莹如珠的石葡萄、石珍珠等，在国内其他溶洞中非常罕见，给人以形态美、线条美、空间美等多种艺术享受，堪称岩溶造型的"博物馆"和"地下迷宫"。

（5）天河山

位于邢台县白岸乡清泉村，距市区65公里，交通便利，沿途风光优美。景区奇峰林立，峡谷幽峻，群瀑飞雪，植被丰茂，林木葱郁，水源丰沛，是著名的"太行山水"，又称"云顶草原"，国家4A级景区。文化底蕴丰厚，相传春秋时期孔夫子曾游学至此，"夫子岩"由此得名。抗战时期，是八路军的根据地之一，一二九师医院、冀南银行（中国人民银行前身）等革命遗址至今保存完好。广泛流传着牛郎织女的故事，并拥有大量的文化遗存，经专家考证，这里便是牛郎织女故事的原生地。2005年，在国家工商总局注册为"中国爱情山"；2006年，被中国民俗学会命名为"七夕"文化研究基地，被中国民间文艺家协会命名为"中国七夕文化之乡"。拥有北

太行大峡谷

方最大的户外拓展培训基地和华北落差最大的峡谷漂流项目。

（6）太行大峡谷

位于邢台县西南路罗镇贺家坪村，国家级风景名胜区，与山西和顺县相望，距邢台市区65公里。游览面积18平方公里，由24条峡谷组成，具有峡长、陡峻、深幽、赤红、集群五大特点，千米以上的峡谷有八条，既有北方山岳的雄峻，又具南方山水之秀美，遍布峡谷、绝壁、流水、瀑布、原始次生林、地质遗迹、历史遗迹等。可供游览的峡谷有五条，分别为长嘴峡、流水峡、黄巢峡、竹会峡和老人峡。主要景观有50多处，如神鹰石、龙潭飞瀑、白云人家、黄巢殿、跑马栈道、神井、一线天、擎天柱、双驼峰、五指山、情人峰、观天眼、双龟戏石、龙首崖、悬棺、云崖撒珠、雄师出山、小石林、兴隆寺、猿人头、双狮岩、浮雕、卧峡晴虹、济公观海等。主峡黄巢峡为群山之间的一道地堑，长达4000余米，峡深200余米，两壁对峙千仞，峡宽几米，最窄处只十几厘米；抬头仰视，云崖倾扑，似有瞬间合拢之势，故称"一线天"。由于地势险要，易守难攻，是唐末黄巢农民起义的根据地之一，除遗存有旧城郭、练兵场、跑马栈道外，村庄、古刹和山岩名称都留下了与黄巢起义军有关的印迹和传说。此外，还有抗战时期八路军的兵工厂、服装厂、造纸厂旧址。峡谷群夏季凉爽，7月平均气温24℃，有多种乔木、灌木和野生动物，植被繁茂，有上万亩的原始次生林，被誉为巨大的"天然氧吧"，是避暑休闲的极佳去处。

11. 邯郸市

邯郸是国家历史文化名城、中国优秀旅游城市、国家园林城市、全国双拥模范城和中国成语典故之都。现有全国重点文物保护单位18处，省级文物保护单位135处；国家A级景区24处，其中4A级景区12处。孕育了磁山文化、赵文化、女娲文化、北齐石窟文化、建安文化、广府太极文化、梦文化、磁州窑文化、成语典故文化、边区革命文化等10大文化脉系，博大精深，丰富多彩。成语中邯郸学步、胡服骑射、完璧归赵、毛遂自荐等1584条均出于于邯郸。另外，还是杨式太极拳、武氏太极拳的发源地，享有"太极拳圣地"的美誉。

（1）娲皇宫

位于涉县城西北10多公里处的凤凰山上，俗称"奶奶顶"，国家4A级景区、全国重点文物保护单位。始建于北齐，是神话传说中女娲氏"炼石补天，抟土造人"的地方，占地面积550亩。有古建筑135间，北齐石窟三个，北齐摩崖刻经六部，是集古建、石窟、石刻、石造像等于一体，我国最大的奉祀中华始祖女娲的古代建筑群，有"蓬壶仙境"之美誉。山下建筑主要有朝元宫、停骖宫、广生宫。山上建筑是整个建筑群的精华，由娲皇阁、梳妆楼、迎爽楼、钟楼、鼓楼、山门、牌坊、皮疡庙等组成；其中娲皇阁是主体建筑，坐东面西，共分四层，歇山琉璃剪边顶，一层为拜殿，二、三、四层分别为"清虚阁"、"造化阁"、"补天阁"；通高23米，修建于悬崖峭壁之上，上临危岩，下瞰深

娲皇宫

垫，背面用十几条铁索与崖壁相连，狂风吹来，楼阁随之晃动，素有"活楼"、"吊庙"之称，为河北省古建筑十大奇观之一。北齐的摩崖刻经群是娲皇古迹的精髓，共有《思益梵天所问经》《十地经》《佛垂般涅槃略说教诫经》《佛说盂兰盆经》《深密解脱经》《妙法莲花经》六部，刻经面积达165平方米，分五处刻于崖壁之上，有经文13.7万多字，有隶、楷、魏碑等字体，堪称艺术珍品，是我国现有摩崖刻经中年代最久、字数最多的一处，也是我国佛教发展史上、特别是早期典籍中弥足珍贵的资料，对于研究佛教历史、流派及书法镌刻的演变有着重大意义和价值，被称为"天下第一壁经群"。在娲皇宫举办的"女娲祭典"被国务院公布为国家首批非物质文化遗产；2006年，经中国文联批准，中国民协将涉县命名为"中国女娲文化之乡"，并成立了"中国女娲文化研究中心"。

（2）响堂山石窟

位于峰峰矿区，坐落在风景秀丽的响堂山（鼓山）上，有北响堂和南响堂之分，全国重点文物保护单位。因石窟群在半山腰，人们谈笑、拂袖、走动均能发出铿锵的回声，故名响堂山。始凿于北齐年间（550～577年），隋、唐、宋、明各代均有续凿；现有16窟，大小佛像4300多尊并有大量经文、雕刻，规模宏大，雕刻精致，是研究佛教、建筑、雕刻、美术、书法的宝库，也是

响堂山石窟

吕仙祠（黄粱梦）

我国石窟艺术从山西大同云冈石窟到河南洛阳龙门石窟中间的一个重要过渡。北响堂山石窟位于矿区和村东,北鼓山西腰,现存石窟九座,大小佛像72尊,以大佛洞规模最大,装饰最华丽;南响堂山石窟位于彭城滏阳河源头北侧山腰,现存七窟,大小造像3588尊,其中千佛洞最为华丽,窟前建有四柱三开间前廊的仿木结构建筑,雕有展翅欲飞的金翅鸟,上雕宝珠,十分罕见。石窟附近有古塔、阁楼、寺院殿宇等附属建筑群;另有被称作"小响堂"的水浴寺石窟,位于北鼓山东麓,与北响堂隔天宫峰东西相立,现存有东西两座石崖、两处摩崖造像、两座北宋经幢以及水浴寺的前殿等。

（3）吕仙祠（黄粱梦）

位于邯郸市北10公里处的黄粱梦镇,依据唐代沈既济的传奇小说《枕中记》建造。始建于北宋初期,历代均有修缮,至今已历经千年风雨。现景区为1984年重修,占地1.4万平方米,建筑面积6000余平方米,省重点文物保护单位。是国内唯一以梦文化为主题的景区,古建筑形式多样,名家墨宝众多,泥塑蜡像传神,石刻手法精湛,园林风格独特。由山门、八仙阁、丹房、八卦亭、午朝门、钟离殿、吕祖殿、卢生殿等构成中轴线,有莲池、栈桥、假山等景观。吕祖殿为主殿,是北方地区现存最大的吕仙祠,面阔、进深各三间,单檐歇山绿琉璃瓦顶,斗拱及梁架结构,具有明显的明代风格。历代文人雅士留有大量的诗文、题记,现存碑碣近30通。建有国内唯一的名梦馆,汇集了众多中国古代经典名梦,分专题以壁画的形式向游人展现。

（4）武灵丛台

位于邯郸市中华大街的丛台公园内。始建于战国赵武灵王（前325年～前299年）时期,目的是用来检阅军队和观赏歌舞,因楼台众多,连聚非一,故名丛台,省重点文物保护单位。历经2000多年的战火及自然灾害,多次改修重建,较之原建筑有了很大的变化。现占地3500平方米,高27米,由青砖包砌而成,分上、中、下三层。下层南北各开一门,进南门沿台阶而上,可达台的中层,离地面七米,有武灵馆、回澜亭等;由回澜亭往东进门楼,顺台阶环绕而上,可达丛台的上层，离地面13.5米，圆形，直径29米。建有据胜亭，面积100平方米，为四角攒尖重檐，亭角微翘。是赵都历史的见证，古城邯郸的标志，四周遍布花草，是市民休闲、晨练的好地方。

（5）广府城

也称永年城，位于永年县政府所在地临洺关偏南25公里处，全国重点文物保护单位，中国历史文化名镇。史上曾为广平府治所，故名。已有2600多年的历史，春秋时期为曲梁侯国，秦汉时先后为平干国、广平国的国都以及曲梁县和广年县的县衙驻地。隋仁寿元年（601年），因避杨广的名讳，改广年为永年，故称永年城。隋末农民起义军领袖窦建德在此建都，称夏王，城池始具规模。原为土城，无水；明代成化年间（1465～1488年），知府李进开挖护城河，引入滏阳河水；明嘉靖二十一年（1542年），知府陈俎调集周围九个县的民工，历时13年，将土城包砌成砖城。城周总长九里13步，高12米、宽8米，四门筑有城楼，四角建有角楼，有1572处垛口；四门之外建有瓮城，城外的护城河两岸遍植垂杨柳，由四座吊桥沟通内外，形成了一座坚固的城堡；外可御敌，内可防洪，进可攻，退可守；现仅东门和西门存有瓮城，城门楼和角楼均不复存在。历史遗迹众多，城内有四大街、八小街、72条小巷道，分布着太极宗师杨露禅故居、武禹襄故居、紫山书院、城隍庙、文昌阁等；城外有弘济桥、毛遂墓、黑龙潭等，其中弘济桥形制与石家庄赵州桥大致相同，艺术价值很高，全国重点文物保护单位。就全国而言，保存如此完好的古城并不

广府城

多见，况且是一座水城，周围是万亩洼地和一望无际的芦苇，加上是杨、武式太极拳的发祥地，集古城、水城、太极城于一体，实属难能可贵。

（6）京娘湖

位于武安市西北30公里处活水乡境内，相传宋太祖赵匡胤闯荡天下时营救了受人迫害的京娘女子，送其回家时途经此地，得名。国家4A级旅游景区、国家级森林公园、国家级水利风景区，地处武安国家地质公园的腹地。海拔1300米，湖面蜿蜒15公里，水面面积178.2万平方米，游览区总面积18.5平方公里。共分为码

京娘湖

头休闲度假区、水上游览区和贞义岛自然保护区，根据"千里送京娘"的故事，修建有京娘祠蜡像馆，供游人游览、凭吊。景区层峦叠翠，茂林葱茏，奇峰林立，耸壑昂霄，天然植物覆盖率达98%以上，常年平均气温19度，夏季平均气温26度，有"天然氧吧"、"太行明珠"之美誉。

（7）朝阳沟

位于邯郸市西部深山武安馆陶乡列江村，地处晋冀接壤处，距市区90公里，距武安市65公里，国家4A级旅游景区。是现代戏曲作家杨兰春的出生地，也是家喻户晓的豫剧《朝阳沟》创作及剧中主要人物银环、栓保的原型地。此剧自公演至今已半个多世纪，在国内特别是华北、中原一带影响很大。风景区呈东西走向，三面环山，峰峦叠嶂，悬崖绝壁，巨石嶙峋，森林覆盖率占景区总面积的90%以上。分五个景区、五条线路，有80多个景点、160处景观，有列江村杨兰春、栓保、银环旧居，豫剧《朝阳沟》中的地名原景地，以及阳坡垴、东山头、野草湾、跌水岩。周

围还有原始森林公园、山寨遗址、黑龙溶洞、马头山、狮子峰、五圣庙、饮马泉、百步天梯、一线天及朝阳湖等。

（五）爱国主义教育基地

河北是拥有光荣革命斗争传统的省份，在革命战争时期，涌现出众多的先烈和仁人志士，焕发出高昂、饱满的革命热情，发生过许多著名的革命事件，创立了可歌可泣的革命业绩，遗留下许多革命遗址和遗迹。这些对于当今人们和社会而言，是一笔巨大的精神财富，是人们赖以生存和奋斗的动力源泉。

1. 李大钊纪念馆

坐落于唐山乐亭新城区大钊路。1997年建成，占地100亩，建筑面积4680平方米。是李大钊生平业绩的展览中心、研究中心、爱国主义教育基地和旅游胜地；1997年，被中宣部确定为第一批全国爱国主义教育示范基地。陈列有大量文物、资料、图片等，展现李大钊革命的一生。纪念馆坐北朝南，沿中轴线从南向北依次为牌楼式南大门、功绩柱、浮雕、38级台阶，寓意李大钊走过的38年奋斗历程。瞻仰厅正面为李大钊的汉白玉立式雕像，后衬中共中央题写的李大钊烈士碑

李大钊纪念馆

李大钊雕塑

文，两侧为大型锻铜浮雕；东西展厅分10个专题全面系统地介绍了李大钊的光辉思想和丰功伟绩，设有大屏幕滚动播放李大钊纪念馆、故居以及他在莫斯科出席共产国际会议时的情况；其他还设有书画厅、电教厅、人工湖、凉亭、纪念广场等。2004年，在纪念馆西侧环人工湖北岸修建了李大钊纪念碑林，由像亭、碑亭、碑廊等组成，有碑刻

八路军一二九师司令部旧址

及复制碑60余通，包括党和国家领导人题词、李大钊部分手书、中国著名书法家缅怀和颂扬李大钊的作品、部分有关李大钊历史存留的碑刻等。

　　李大钊故居在其家乡乐亭县大黑坨村，始建于1881年，由其祖父李茹珍监造；坐北朝南，前后三进，一宅两院，是一座具有典型乐亭民居风格的穿堂套院；中院东厢房北间屋是大钊同志诞生的地方，中院北房的东面三间是李大钊同志长期居住的房屋，室内陈设基本上保持了原貌。

2. 八路军一二九师司令部旧址

　　坐落于邯郸涉县赤岸村，八路军一二九师司令部暨晋冀鲁豫军区司令部从1940年起在此驻扎了五年多。赤岸村地处清漳河畔，依山傍水，自然环境很好，一二九师司令部设在赤岸村中央的小山坡上，旧址占地面积1800平方米，由下、上、后三个四合院和一个防空洞组成。下院是刘伯承师长办公室、李达参谋长宿舍和办公室、警卫员宿舍等，院内有当年邓小平、刘伯承、李达亲手栽种的丁香和紫荆树；上院有太行区党委书记、太行军区政委李雪峰的宿舍兼办公室，军政办公室，警卫员宿舍等。后院和上院相通，南房五间为司令部作战处办公室，邓小平、刘伯承等在这里指挥了大小战役3.1万余次，收复县城198个。北房五间为刘伯承宿舍，东房三间为邓小平

宿舍，西房三间为太行区党委书记赖若愚宿舍兼办公室。穿过后院小南门，是一条九米长的防空洞。建有一二九师暨晋冀鲁豫军区纪念馆。距旧址百米处的庙坡山，改造成为气势雄伟、庄严肃穆的"将军岭"，安放着刘伯承、徐向前、李达、黄镇、王新亭、袁子钦、何正文、赵子岳等将帅们的灵骨，建有将军雕像和纪念碑。1990年10月，邓小平亲笔为"将军岭"和"刘伯承元帅纪念亭"题词。先后命名为河北省级重点文物保护单位、河北省首批22处爱国主义教育基地建设重点工程项目之一、全国重点文物保护单位、全国百个爱国主义教育示范基地。

3. 白求恩柯棣华纪念馆

坐落于保定唐县城以北两公里处的钟鸣山下。始建于1971年，原名为"唐县白求恩纪念馆"，1982年更名为"唐县白求恩柯棣华纪念馆"；1986年11月扩建新馆，占地面积4.6万平方米，建筑面积2300平方米；有"白求恩纪念馆"、"柯棣华纪念馆"、"纪念堂"等；新馆采用传统的建筑风格，气势宏伟，造型精美，被列入德国法兰克福《世界工艺美术大辞典》。共展出珍贵的历史图片300余幅、实物200多件，详细介绍了白求恩、柯棣华大夫光辉的一生，反映了两位伟大的国际主义战士的高尚情操、精湛医术、工作热忱和奉献精神。先后命名为河北省爱国主义教育基地、全国爱国主义教育示范基地。

白求恩柯棣华纪念馆

冉庄地道战遗址

4.冉庄地道战遗址

位于保定市西南30公里处清苑县境内。1959年建成纪念馆，1961年列为全国首批重点文物保护单位，先后命名为河北省爱国主义教育基地、全国青少年教育示范基地、全国爱国主义教育示范基地、第一批省级国防教育基地等。抗日战争时期，冉庄人民利用地道打击日伪军，地道战因此而闻名；最初只是单口的隐蔽洞（俗称蛤蟆蹲），后由于战争的需要，挖成了户户相连、村村相通、上下呼应、能打、能退、能进的地道网。以冉庄十字街为中心，有四条主干道，长2.25公里；20余条支线及四条通往外村的连村地道，全长约15公里；设计巧妙，结构复杂，设施完备，有指挥部、储粮室、休息室、陷阱等，并装有照明灯和路标，具有防挖、防水、防毒、防火等功能；出入口各式各样，设在墙根、牲口槽、炕面、锅台、风箱、井口等处；四通八达，与高房工事、地堡、射击孔、夹壁墙、储藏洞等巧妙连接。冉庄人民在抗日战争和解放战争中建有功绩，曾荣获"抗日模范村"称号，电影《地道战》即取材于此。遗址对当年大部分工事、地道、地下设施、兵工厂等进行维护、保存，保留着原有的风貌，展示当年挖地道使用过的锹、镐、照明灯和兵工厂制作的土枪、土炮、子弹等文物，并通过声光电等手段，生动地再现当年地道战的情景。

5.狼牙山五壮士纪念地

坐落于保定易县城西南，山势险峻，挺拔陡峭，状似长短不齐的巨齿狼牙，故名"狼牙山"，主峰海拔1700米。抗战期间，日军对华北地区进行"扫荡"，为掩护主力部队撤退，八路军战士马宝玉、葛振林、宋学义等五人，与日伪军600余人在狼牙山周旋、激战了5个小时，打完了最后一颗子弹，英勇跳崖。1942年，为纪念英雄的壮举，在狼牙山主峰棋盘陀修建了五壮士纪念塔；1958年重建，聂荣臻元帅亲笔为"狼牙山五壮士纪念塔"题词。狼牙山风光秀丽，绿树成荫，空气新鲜，为古燕十景之一，有红玛瑙溶洞、棋盘陀等景观，游客到此既能学习五壮士大无畏的精神，又能欣赏到大自然的美好风光。为国家级爱国主义教育基地、国家级森林公园、全国百家经典红色旅游景点。

狼牙山五壮士纪念地

西柏坡中共中央旧址

6. 西柏坡中共中央旧址

　　位于石家庄平山太行山东麓、滹沱河北岸的西柏坡村，距石家庄市区90公里。1948年5月，中共中央派刘少奇等人率中央工委到平山一带选址并开展工作；随后，中共中央和解放军总部移驻西柏坡。以毛泽东为代表的中共领导人在这里先后组织召开了全国土地会议，通过了《中国土地法大纲》，实现了耕者有其田；指挥了辽沈、淮海、平津三大战役，敲响了蒋家王朝的丧钟；召开了党的七届二中全会，描绘出新中国的宏伟蓝图。西柏坡是中共中央最后一个农村指挥所。1949年3月23日，中共中央和解放军总部离开西柏坡，赴京"赶考"。中共中央离开后，留守人员与建屏县（1958年改为平山县）政府将中央机关留下的物品进行移交。为了保护革命遗址和文物，1955年，省博物馆联合当地政府组建了西柏坡纪念馆筹备处。1958年因修建岗南水库将中共中央旧址搬迁。从1970年12月始，在距原址以北500米、海拔提升57米的地方进行易地复原建设。1982年，公布为全国重点文物保护单位；1987年5月1日，划定文物保护区39.2万平方米，自然保护区133.3万平方米。陈列展览馆于1976年10月开工，于1978年5月26日纪念中共中央和解放军总部移驻西柏坡30周年时与中共中央旧址同时对外开放；其后主题展览《新中国从这里走来》进行过多次修改完善；从1992年开始修建了西柏坡石刻园（2011年扩建改名为丰碑林）、雕塑园、五大书记铜铸像、纪念碑、周恩来评语碑、国家安全教育馆、文物保护碑、青少年文明园、廉政教育馆等系列工程，极大地丰富了纪念馆的教育内容。先后荣膺全国优秀社会教育基地、百个全国中小学爱国主义教育基地、全国爱国主义教育示范基地、全国精神文明建设工作先进单位、国家一级博物馆、国防教育示范基地、全国廉政教育基地、国家5A级旅游景区等称号。

7. 董存瑞烈士陵园

位于承德隆化县城西北的苔山脚下，伊逊河东岸，距承德市区60公里。修建于1954年，后经几次扩建，现占地7.1万平方米。采用中轴对称式布局，自南而北依次为大门、牌楼、烈士塑像、纪念碑、烈士墓；大门横额上是萧克将军题写的"董存瑞烈士陵园"，纪念碑正面用金色大字镌刻着朱德元帅"舍身为国，永垂不朽"的题词；纪念馆内陈列着烈士的遗物和图片，设有半景画

董存瑞烈士陵园

潘家峪惨案纪念馆

和电动沙盘，运用声光电等手段生动地再现了解放军攻打隆化浴血奋战的场景和董存瑞的英雄壮举。陵园外西南200米处，是烈士当年炸毁桥形暗堡处，立有铭刻"董存瑞烈士牺牲地址"金字的花岗岩标志碑。为河北省重点文物保护单位、全国重点烈士纪念建筑物保护单位、全国中小学百个爱国主义教育基地、全国爱国主义教育示范基地。

8. 华北军区烈士陵园

位于石家庄市中山路，占地21万平方米，是我国兴建早、规模大、造型艺术较高的烈士陵园之一。安葬烈士800多位，其中有早期工运领袖高克谦，宁都起义领导人董振堂、赵博生，回族抗日英雄马本斋，伟大的国际主义战士白求恩、柯棣华、爱德华，"子弟兵母亲"戎冠秀等。采用传统的主轴线布局，主要建筑分布在三条南北方向的轴线上，中间有绿篱相隔，布局严谨、层次分明；园内松柏长青，环境肃穆幽雅。主要建筑有烈士纪念亭、铭碑堂（灵堂）、纪念馆、白求恩大夫陵墓和白求恩纪念馆、柯棣华大夫陵墓和印度援华医疗队纪念馆以及董振堂、赵博生纪念碑亭等。珍藏有各个革命历史时期的文物1.3万余件，烈士照片和历史照片2000余幅；此外，还有1973年加拿大总理特鲁多赠送的白求恩生前发明并使用过的"铁制助理医生"、"肋骨截断器"两件手术器械和1978年加拿大外长贾米森代表政府送给中国人民的白求恩半身铜像等。辟有设备先进的影视厅，运用现代科技手段展示丰富的纪念内容。为全国重点烈士纪念建筑物保护单位、河北省爱国主义教育基地、全国中小学爱国主义教育基地、全国爱国主义教育示范基地。

9. 潘家峪惨案纪念馆

坐落在唐山丰润县城东北30公里处燕山山脉腰带山东麓，这里群山环抱，溪水长流，盛产龙眼葡萄，是个美丽富饶的村庄。1941年1月25日（农历腊月二十八），日本侵略者集中了遵化、玉田、卢龙、抚宁等十几个县的3000多日军和2000多伪军，在黎明前包围了该村，开始了有预谋的血腥屠杀。日伪军将村民赶进潘家大院，用火烧、刀砍、刺刀捅、手榴弹，甚至用掷弹筒残忍地屠杀手无寸铁的村民，一直持续到傍晚，全村1700人有1230人被杀，96人受伤，23户被杀绝；房前房后、屋里屋外到处是尸体，有些死者被烧得根本无法辨认，村里的财物被抢劫一空，房屋全部被烧毁，建于明朝永乐年间（1403～1425年）的村庄成为了一片焦土废墟。幸存的潘家峪人悲愤交加，表示一定要为死难亲人报仇；5月9日，在有各村群众参加的追悼大会上，"潘家峪复仇团"正式成立，在后来的战斗中，复仇团的战士亲自击毙了潘家峪惨案的直接策划者——驻丰润日军指挥官佐佐木二郎。为了纪念死难同胞、教育后代，从1952年起，当地政府和潘家峪村民先后重修了死难同胞的坟墓，树立了墓碑、纪念碑、纪念塔和祠堂；1971年修建了潘家峪惨案纪念馆，1999年进行了改扩建并对外开放。展陈面积630万平方米，通过图片、实物和影像资料等向世人展示了惨案发生的历史背景、事件经过以及潘家峪人民不屈不挠的反抗精神。村中的西大坑、老槐树、小铁门、南岩子、潘家大院杀人场、殉难同胞的葬墓等遗址，是日寇侵华罪行的铁证，警示后人要"警钟长鸣，勿忘国耻"。为河北省爱国主义教育基地、全国爱国主义教育示范基地。

10. 中国人民抗日军政大学陈列馆

位于邢台县浆水镇前南峪村。中国人民抗日军事政治大学（简称抗大）是抗战时期中国共产党创办的最高军事院校，于1940年11月4日到达邢台浆水一带，开始了两年零三个月的敌后正规化办学，先后培养出8000多名学员；1943年1月24日，抗大总校奉命返回陕北绥德。1986年，邢台县在原校部所在地浆水镇前南峪村建立起了一座抗大纪念碑，胡耀邦为纪念碑题写了碑名，徐向前、李志民、何长工等为纪念碑题词或撰写碑文。1993年确定为省级文物保护单位。陈列馆于1999年4月竣工，是一座较大型的抗大专题陈列馆，占地一万平方米，建筑面积1100平方米。门楣上镶嵌着杨成武上将题写的匾额，有序厅、主题厅、辅厅三个部分。主题厅分为"抗大在陕北创建"、"挺进华北敌后"、"抗大在浆水"、"革命熔炉育英才"四个部分，以大量的文物、照片、图表等再现了抗大当年的学习与战斗生活，讲述了在革命的关键时期，抗大担负起培养大批军政人才的光荣历史使命，并在抗日烽火中发展壮大。西展厅为"邢台县山区建设辉煌成就展览"，介绍了自新中国建立、特别是改革开放以来，太行儿女继承和发扬抗大精神，治山治水，改天换地，使革命老区的面貌发生了深刻的变化。为全国爱国主义教育示范基地、国防教育基地、全国百个红色旅游经典景区、河北省10条红色旅游精品线路之一、河北省廉政建设教育基地等。

中国人民抗日军政大学陈列馆

11. 河北省博物馆

坐落在石家庄市中心区。始建于1953年4月，是河北省收藏古代、近现代历史文物、标本，进行科学研究、举办陈列展览，向受众进行历史唯物主义教育、革命传统教育和爱国主义教育的场所。总面积两万平方米，主体建筑最高处27.7米，主楼四周用56根圆柱构成高大宽阔的长形柱廊，既巍峨壮丽，又庄严素朴。上下两层共有18个展厅，面积1.1万平方米，共收藏具有历史、科学、艺术价值的古代、近代、现代及社会主义建设时期的各类文物近15万件，其中有满城汉墓出土的金缕玉衣、长信宫灯以及抗日战争时期的大批革命文物，在国内外享有盛誉。办有《古代的河北》、《近代的河北》、《改革开放的河北》、《神秘的王国——战国中山国》、《金缕玉衣的故乡——满城汉墓》、《血肉筑长城——河北人民抗日纪实》等固定展览，大量使用现代化的展示手段，效果强烈，观众喜闻乐见。为河北省爱国主义教育基地、全国爱国主义教育示范基地。为了更好地保护文物、举办展览、满足观众的参观需求，

河北省博物馆

唐山抗震纪念馆

河北省博物馆在原址的基础上向南扩建了新馆，建筑面积三万平方米，包括陈列展区、文物库房区、公众教育区、公共活动服务区、业务科研及其他用房，于2013年6月8日第八个中国文化遗产日向社会开放，率先推出了《北朝壁画》、《名窑名瓷》、《曲阳石雕》三个基本陈列。

12. 唐山抗震纪念馆

坐落于唐山市中心抗震纪念碑广场西侧。始建于1986年，原名唐山地震资料陈列馆，1996年进行了改扩建，更名为唐山抗震纪念馆。建筑面积5380平方米，造型外圆内方，风格新颖别致。馆内布有大型综合性展览，围绕抗震的主题，主要有几个大的部分：一是1976年7月28日唐山大地震给人民的生命财产造成的极其惨重的损失，触目惊心、惨不忍睹；二是唐山人民在党的领导和全国人民的全力支援下，团结互助，克服困难，抗震救灾，重建家园的精神和业绩；三是震后30余年、特别是近十几年来，唐山人民弘扬抗震精神，在建设繁荣美好新唐山过程中所取得的辉煌成就。充分体现了回顾创业历程、告慰罹难同胞、追忆八方恩情、教育后世子孙，激励全市人民为建设经济发展、社会和谐的新唐山而努力奋斗的主题。为河北省爱国主义教育基地、全国中小学爱国主义教育基地、全国爱国主义教育示范基地。

13. 城南庄晋察冀军区司令部旧址

坐落于保定阜平县城南庄，北靠苍山主峰，南临胭脂河。1947年，晋察冀军区司令部曾设在这里；1948年春，毛泽东、周恩来、任弼时率中央机关由陕北向西柏坡转移，途经这里，在此居住、工作了46天。聂荣臻在这里主持召开了土改、财经、军政会议和新式整军会议，组织并指挥了解放石家庄等战役，使华北局势发生了巨大变化，为我党实现伟大的战略性转移创造了有利条件。毛泽东在此主持召开了曲阳、阜平、定县三个县的土改和整党工作汇报会，召开了有朱德、周恩来、任弼时、陈毅、聂荣臻、粟裕等参加的重要的军事汇报会，起草了1948年《纪念"五一"国际劳动节口号》，第一次具体描绘出新中国的蓝图。1972年纪念馆正式建立，总面积一万余平方米，分为南北两个院落，后院为晋察冀军区司令部旧址，也是毛泽东等中央领导同志在城南庄期间居住、办公的地方；前院为办公区和陈列室，展示大量珍贵的照片、实物和图片资料，其中有毛泽东起草的《新解放区农村工作策略问题》、《一九四八年的土地改革和整党工作》、《纪念"五一"劳动节口号》等重要文件的手稿；纪念馆前塑有聂荣臻元帅的铜像。为河北省爱国主义教育基地、全国爱国主义教育示范基地。

14. 晋冀鲁豫烈士陵园

坐落在邯郸市区内，为纪念八路军总部前方司令部、政治部和晋冀鲁豫军区及一二九师牺牲的烈士而修建。始建于1946年3月，落成于1950年10月，是我国建设较早、规模较大的烈士陵园之一。安葬着左权将军，《新华日报》（华北版）社长何云，冀南银行行长高捷成、赖勤，朝鲜国际主义战士陈光华，早期军运和农运领导者张兆丰，中共直南特委创始人王子青，抗日民族英雄范筑先将军，抗日决死三纵队创建人董天知等。分为南北两院，总占地约两万余平方米，松柏苍翠，庄严肃穆。北院主门横额镶嵌有朱德题写的"晋冀鲁豫烈士陵园"，主要建筑有烈士纪念塔、人民英雄纪念墓、"四八"烈士阁、烈士纪念堂、左权将军墓、左权将军纪念馆、陈列馆等，陈列的内容有"晋冀鲁豫革命事迹陈列"、"晋冀鲁豫边区史陈列"、"左权将军事迹陈列"等。南院为晋冀鲁豫区人民解放军烈士公墓，安葬着近200名革命烈士。为全国重点烈士纪念建筑保护单位、河北省爱国主义教育基地、全国爱国主义教育示范基地。

晋冀鲁豫烈士陵园　　　　　　马本斋纪念馆

15. 马本斋纪念馆

位于沧州献县本斋村北。马本斋，回族，抗日战争中组建、率领回民支队在冀中一带开展游击战，英勇杀敌，给日寇以沉重打击。于2001年动工兴建，2005年举行落成典礼仪式。东西宽60米，南北长100米，占地6000平方米。进大门为宽阔的广场，中央竖立着马本斋骑马驰骋的铜像；北部为具有穆斯林建筑风格的展厅，庄严凝重，英气浩荡；迎门是鲜花丛中的马本斋立姿铜像，背景为毛泽东主席题写的挽词："马本斋同志不死！"展厅内有珍贵图片146幅，实物101件。隔道路南是马本斋母子烈士陵园，园内栽满了青松翠柏，树木森森，蝉鸣鸟叫，环境幽雅典致。为河北省十大红色旅游经典景区、全国百家红色旅游经典景区、全国爱国主义教育示范基地。

16. 潘家戴庄惨案纪念馆

坐落在唐山滦南县潘家戴庄村东。1942年12月5日，日本侵略者借口"清剿"抗日队伍，以棒打、刀砍、活埋、火烧等极其残忍的手段，一次屠杀潘家戴庄平民1280人，连年逾八旬的老人和不满周岁的孩子都不放过，有30多个婴儿被活活摔死在一个石碌碡上；有31户被杀绝，63户只剩下孤儿寡母，烧毁民房1030间，毁掉了潘家戴人祖祖辈辈用辛勤血汗建造起来的村庄，制造了骇人听闻的潘家戴大惨案。为纪念死难同胞，让后人勿忘血的历史，1952年，滦南县人民政府在潘家戴修建了"潘家戴庄千人坑惨案殉难同胞纪念碑"；1967年，增建纪念馆，展示惨案的遗物；1971年，滦南县革命委员会将纪念塔迁至"千人坑"惨案遗址处，更名为"抗日战争潘家戴庄殉难烈士纪念碑"，1976年毁于唐山大地震；1991年7月7日，滦南县人民政府重修惨案遗址纪念碑；1997年11月建潘家戴庄惨案纪念馆，2000年12月正式开馆。占地面积7300平方米，建筑面积2256平方米，总体布局由南到北依次为停车场、绿地、记事碑、悼念广场、纪念碑、冤魂墙、下沉广场、陈列馆，从东至西有影视厅、接待室、埋人方坑和合葬墓。为河北省爱国主义教育基地、河北省重点文物保护单位、全国爱国主义教育示范基地。

17. 山海关长城博物馆

坐落在秦皇岛山海关区天下第一关路中段，是展示长城风貌、传播长城文化的专题性博物馆。于1984年邓小平发表"爱我中华，修我长城"的题词后筹建，1991年7月1日落成并正式向社会开放，前国家主席李先念为博物馆题写了馆名，是与北京八达岭长城博物馆、嘉峪关长城博物馆并称的中国三大长城博物馆之一。于2004年和2007年进行过两次改陈、扩建，建筑面积6230平方米，展陈面积3600平方米，展线1500延长米。共分"长城历史"、"长城建筑"、"长城经济文化"、"今日长城"、"龙首春秋"、"雄关军事"、"名关人文"、"龙珠异彩"八个部分。以精美的设计、合理的布局、恢宏的气势、丰富的内涵，成为历史文化的展示基地、爱国主义的教育基地、青少年科技知识的普及基地，是了解长城知识、弘扬长城文化、感悟长城精神的课堂。馆藏文物品类齐全，汇集了石器、陶器、瓷器、青铜器、玉器、货币、碑帖，尤其以长城建筑材料、长城火器为特色，其中大部为精品和特色藏品；为河北省重点博物馆、河北省爱国主义教育基地、全国爱国主义教育示范基地、国家二级博物馆。

山海关长城博物馆

18. 冀南烈士陵园

坐落在邢台市南宫市城区，是河北省建园早、占地面积大、埋葬烈士较多的陵园之一。冀南是指河北省南部东临津浦路、西依太行山、北靠石德路、南至晋豫鲁三省交界处的广大地区，辖44个县市，行政区于1949年8月1日撤销。从1925年冀南建立党组织到新中国成立，冀南人民前仆后继，英勇奋斗，数万名冀南儿女为革命献出了宝贵生命，为了缅怀先烈、教育后人，冀南行署于1946年3月决定在南宫城内修建冀南烈士陵园。陵园坐西朝东，正门有原冀南行政公署

冀南烈士陵园

主任宋任穷题写的"冀南区烈士陵园"园名，主要有冀南烈士纪念塔、陈列馆、纪念碑、烈士纪念亭、烈士墓、骨灰室等。烈士纪念亭内刻有原冀南区为革命牺牲的近千名县团级以上烈士的英名，烈士墓内安葬着模范县长郭企之、游击队长刘文信等96位烈士；大型烈士公墓中安放着633名无名烈士的遗骨；烈士骨灰室内安放着35名烈士的骨灰，录有3万余名烈士的英名。为全国重点烈士纪念建筑物保护单位、河北省爱国主义教育基地、全国爱国主义教育示范基地。

19. 热河革命烈士纪念馆

坐落于承德市翠桥路西九号，占地面积八万平方米，馆区内松柏苍翠、建筑古朴。热河是中国旧行政区划的省份之一，1914年2月划出，辖现河北承德地区、内蒙古赤峰地区、辽宁的朝阳和阜新地区，省会承德，1955年7月30日撤销。在战争年代，热河人民为谋求解放与各种反动势力进行过英勇顽强的斗争，从反对封建和外国势力的金丹教起义、铧子沟人民抗洋拒官斗争，到抗击日寇的热辽义勇军、孙永勤抗日救国军的武装斗争，不畏流血牺牲，前仆后继，为人民的解放事业做出了突出的贡献。1955年12月31日热河省第一届人民代表大会第三次会议决定在承德市修建热河革命烈士纪念馆；1956年动工，1964年竣工并正式开放，原热河省政府主席李运昌亲笔题写了馆名。建馆50余年来，收集到数百万字的烈士资料和大量的革命文物，保存有5000多名烈士英名录。记录有我党早期革命活动家陈镜湖、韩麟符，抗日民族英雄孙永勤，冀东军分区副司令员包森、迁遵兴联合县县长姚铁民，西安事变中捉蒋功臣刘桂五，全国战斗英雄董存瑞等人的英雄事迹，其中团职以上干部30余名，立卷者达200多名。2009年5月被中共中央宣传列为第四批全国爱国主义教育示范基地。为国家级重点烈士纪念建筑物保护单位、河北省国防教育基地、红色旅游基地、河北省精神文明单位、全国爱国主义教育示范基地。

六、高雅的文化艺术

河北的文化底蕴十分丰厚，无论诗词歌曲、散文杂记、小说传奇、戏曲影视、曲艺剧种、书法绘画、武术杂技、民间歌舞、工艺美术、祈福仪式等，积淀都很深厚，品位高雅，极富地方特色。

（一）诗词歌曲

1. 古文诗学的流传及"毛诗"

毛苌

《诗经》是中国最早的一部诗歌总集，在文学史上拥有极高的地位。这部典籍经秦始皇"焚书坑儒"，传承几近断绝。汉武帝"罢黜百家，独尊儒术"时，《诗经》的传授仅有齐人辕固、鲁人申培、燕人韩婴和赵人毛苌四家，分别被称为"齐诗"、"鲁诗"、"韩诗"和"毛诗"。其中齐、鲁、韩三家为今文诗学，侧重于以诗喻时，魏晋以后逐渐衰亡。"毛诗"为古文诗学，侧重于探究古义古训。东汉时，马融著《毛诗诂训》，郑玄为之笺注，毛诗盛行，南宋以后流传下来的只有"毛诗"一家。其所承载的原旨要义，对后人研习《诗经》

具有重要价值，为中国乃至世界诗歌文学做出了重要贡献。相传，孔子删定《诗经》后，经子夏、曾申、孟仲子、根牟子、荀子、毛亨（俗称"大毛公"）传给毛苌（俗称"小毛公"）。毛苌早年流落于河间郡崇德里（今属沧州市），到汉景帝时，河间献王刘德修学好古，在河间城北设立"君子馆"招徕文人贤士，毛苌应聘，随命开馆讲学，传授《诗经》。毛苌传授《诗经》和寓居之处，即现在河间市古洋河畔的"诗经村"。后人为纪念他，在村旁修建了他的衣冠冢及毛公祠堂、毛公书院。

2. 宫廷音乐家李延年及"倾城倾国"的由来

西汉中山（今保定定州）人李延年是汉武帝时期的著名乐官。"倾城倾国"成语最早就来自于他演唱的《北方有佳人》："北方有佳人，绝世而独立。一顾倾人城，再顾倾人国。宁不知倾城与倾国，佳人难再得。"这是迄今留存最早的五言诗雏形，在诗歌发展史上有着发启后人的意义。

3. 汉乐府诗及《陌上桑》

"乐府"是从汉武帝开始设置的管理音乐事务的官署，也负责民间采风，并将搜集的各地歌谣配以乐曲。乐府诗主要收录在《汉书·艺文志》和宋代郭茂倩编著的《乐府诗集》（含唐代，杂有部分文人作品）之中，其中有多首诗歌从内容上可考证出发生在邯郸、沧州河间等地。如《汉书·艺文志》收录的《鸡鸣》、《相逢行》，《乐府诗集》收录的《陌上桑》等，尤其是《陌上桑》堪称名篇，是一首艺术性极高的五言叙事诗，与后来出现的《木兰辞》、《孔雀东南飞》齐名，其中名句几乎妇孺皆知、代代传诵。崔豹的《古今注》认为它是从邯郸的一个生活故事演变而来，是对当时这类故事的概括和升华。

4. "建安风骨"及邺下文人集团

东汉末年，建安年间乃至魏晋初期，战乱频仍、社会动荡、百姓罹难，但也是文坛上"俊才云蒸"，文学空前繁盛和辉煌的时代。这一时期所形成的文学被文学史家盛赞为"建安文学"或"建安风骨"，其特点是发扬汉代乐府民歌的现实主义精神，以反映人民疾苦、追求建功立业为主要内容，诗歌风格慷慨悲凉、语言刚健爽朗，尤其是普遍采用新兴的五言形式，把五言诗发展到一个新高峰，对中国诗歌发展产生了极其深远的影响。其中代表人物有：曹操、曹植、曹丕，合称"三曹"，王粲、孔融、陈琳、徐幹、阮瑀、应玚、刘桢称为"建安七子"，以及蔡琰等。当时，曹氏父子在汉代魏郡治所邺城（今邯郸临漳县）营建邺都，筑金凤、铜雀、冰井三台，且雅好文学、招揽文士，让他们聚集在此开展文学及政治活动，因此被后世称为邺下文人集团。

5. "太康体"诗歌流派及安平"三张"

"太康体"诗歌流派是西晋太康、元康年间文坛上所出现的一种诗风，作品一般注重炼字析句，追求词藻的华美，在中国诗歌发展史上有一定的影响。代表人物有衡水安平的"三张"，即张载、张协和张亢三兄弟，以及陆机、潘岳、左思等。其中张协的艺术成就较高，代表作《杂诗》十首，钟嵘《诗品》称其"调彩葱菁，音韵铿锵"，"实旷代之高手"，成就在陆机、潘岳之上；其作品《七命》，后人曾评论说，这篇洋洋3000言的骈体文，在词藻、对仗、结构等方面极为讲究，堪为一代名作。张载的代表作是《七哀诗》、《剑阁铭》，晋武帝司马炎曾命人将《剑阁铭》镌刻在剑阁山上。

6. 爱国志士刘琨及格调悲壮的爱国诗

刘琨，字越石，中山魏昌人（今石家庄无极），西晋末年重要军事将领和爱国诗人。当时北方胡族横行侵暴，社会动荡，西晋王朝面临崩溃，刘琨与著名爱国志士祖逖同为司州主簿，互为知己，共同立志杀敌报国，他们同被同寝，一起闻鸡起舞。成语"闻鸡起舞"即出于此。其诗风清刚悲壮，表现了强烈的爱国情致，上接建安风骨，下启杜甫忠义之气。传世诗作以《扶风歌》、《答卢谌》、《重赠卢谌》最为有名。钟嵘《诗品》称其"善为凄戾之词，自有清拔之气"；刘勰《文心雕龙》说他"雅壮而多风"；胡应麟《诗薮》则赋以"清峭"二字，准确地道出了刘琨诗作的风格特征；金人元好问《论诗绝句》："曹刘坐啸虎生风，四海无人角两雄。可惜并州刘越石，不教横槊建安中。"感慨其诗名可与建安诗人比肩。诗以外，刘琨还写了20多篇表、笺、书、谏、盟文传于世，其中《劝进表》较为有名。

刘琨

7. 初唐七言诗及卢思道的"八采卢郎"雅号

隋朝诗人卢思道，范阳（今保定涿州）人，历仕北齐、北周、隋，长于七言，其诗作《从军行》和《听鸣蝉篇》颇为后人称道。

《听鸣蝉篇》里，作者通过鸣蝉来抒发他在官场沦滞不得意的积愤，讽刺了无功受禄的权贵们，感情真挚、含蓄，是一篇难得的佳作。《从军行》前半写将士出征、久戍不归，后半写思妇的遥念之情。诗中多用汉代故事，诗句雄劲有力，清丽流畅，并多用对偶句，开初唐七言歌行之先声。史载，北齐文宣帝死，朝士各作挽诗十首，择优采选，卢思道所作被采用八首，时人称为"八采卢郎"。

8. 名相魏徵及其笔力雄健的《述怀》诗

唐代名相魏徵（巨鹿下曲阳人，今石家庄晋州，一说邯郸馆陶）不仅以直谏著名，诗作也堪称佳品，尤以《出关》、《咏西汉》成就最高。五言诗《出关》是他投唐未久，请命出潼关招抚瓦岗军余部时而作，反映了"庶民地主"出身的知识分子积极进取的人生观，诗中充满慷慨激昂之情，显示出他献身于统一事业的心愿，故此诗又名《述怀》。

魏徵书

当时诗坛上弥漫着梁陈时期的浮靡文风，而魏徵此诗语句老练，笔力雄健，气魄宏大，洗尽浮华，可以说是空谷之音，故被后世誉为"值得珍视"的佳作。清代诗论家沈德潜《唐诗别裁集》评论："气骨高古，变从前纤靡之习，盛唐风格，发源于此。"《述怀》诗云："中原初逐鹿，投笔事戎轩。纵横计不就，慷慨志犹存。杖策谒天子，驱马出关门。请缨系南越，凭轼下东藩。郁纡陟高岫，出没望平原。古木鸣寒鸟，空山啼夜猿。既伤千里目，还惊九逝魂。岂不惮艰险？深怀国士恩。季布无二诺，侯嬴重一言。人生感意气，功名谁复论。"

9. "初唐四杰"卢照邻及对宫体诗的突破

唐幽州范阳（保定涿州）人卢照邻是初唐的杰出诗人，与王勃、杨炯、骆宾王并称"初唐四杰"。代表作《长安古意》洋洋洒洒68行476字，对当时长安上层社会生活刻画得淋漓尽致，描写了

初唐四杰文集

统治阶级骄奢淫逸、相互倾轧及下层文人寂寥清贫、读书自守，具有浓厚的现实主义特色，有力地冲击了当时文坛上六朝宫体诗的余绪。闻一多《宫体诗的自赎》称之为"宫体诗中一个破天荒的突破"。诗中"得成比目何辞死，愿作鸳鸯不羡仙"成为传诵千古的名句。

10. 李峤"初唐才子"的来历

唐朝赵州赞皇人（今属石家庄）李峤的代表诗作《汾阴行》主要表达了对世事无常的感慨，其中著名的诗句有："山川满目泪沾衣，富贵荣华能几时？不见只今汾水上，唯有年年秋雁飞。"安史之乱时，唐明皇登勤政楼命梨园子弟演唱诗歌，唱到《汾阴行》时，唐明皇问，作者为谁？对答，是李峤。唐明皇凄然涕下，起身道：李峤，真才子也。

苏味道《正月十五夜》

11. "三苏"先祖苏味道及元宵诗绝唱

唐朝赵州栾城（今属石家庄）人苏味道政治上圆滑老道、趋炎附势，"处事不欲决断明白"，被讥为"苏模棱"，曾两度入相。诗文与李峤齐名，号为"苏李"，又与杜审言、崔融及李峤合称"文章四友"。唐宋八大家中"三苏"（苏洵、苏轼、苏辙）是其第十、十一代孙。苏辙的诗文集《栾城集》就是为追慕先祖而命名的。苏味道文章辞理精密，诗多写景咏物，代表诗作《正月十五夜》："火树银花合，星桥铁锁开。暗尘随马去，明月逐人来。游妓皆秾李，行歌尽落梅。金吾不禁夜，玉漏莫相催。"浓墨重彩地描写繁华灿烂的元宵盛景，精丽而多韵致，当时推为"绝唱"。元代方回评论："古今元宵诗少，五言好者殆无出此篇矣。"

12. 高适和他的边塞诗

唐初至盛唐，四方征讨，边关战事频仍，形成了盛唐诗坛著名的边塞诗派。其兼融建安风骨和绮丽的齐梁笔致，形成了慷慨壮丽的风格，洋溢着昂扬的时代精神，不仅有一定的思想意义、认识价值，而且具有很高的审美情趣。在大批边塞诗人中，渤海蓚（今衡水景县）人高适是最负盛名的诗人之一，与岑参并称"高岑"。其素有雄图大志，一生两度出塞，去过辽阳、河西，对边塞生活有深刻体会。诗作常常结合壮丽的边地景色，表现驰骋沙场、建立功勋的英雄壮志，抒发慷慨从戎、抗敌御侮的爱国情怀，反映征人思妇的幽怨和士卒们的牺牲、艰苦。《塞下曲》、《燕歌行》堪称唐代边塞诗的代表作。

13. 韩愈与"说理诗派"

祖籍秦皇岛昌黎，世称"韩昌黎"，唐朝"古文运动"的倡导者，"唐宋八大家"之首，不仅是著名的文学家、思想家、政治家，还是著名的诗人。诗人李贺、贾岛都曾受过他的赏识和教益。吸收了杜甫诗中某些特点，把散文篇章结构用于诗歌创作，把议论引进诗中，创造出以议论为诗、以赋为诗的独特诗风。以奇特雄伟、光怪陆离、用韵险怪为特色，如《陆浑山火和皇甫用其韵》、《月蚀诗效玉川子作》、《南山诗》、《岳阳楼别窦司直》、《孟东野失子》等，内容深刻、境界雄奇，但也存在求奇中流于填砌生字僻语、押险韵。也有一类朴素无华、本色自然的诗，律诗、绝句佳篇颇多，如七律《左迁至蓝关示侄孙湘》、《答张十一功曹》、《题驿梁》，七绝《次潼关先寄张十二阁老》、《题楚昭王庙》，还有《猛虎行》、《示儿》、《南溪始泛》、《朝归》等。

韩愈

14. 苦吟诗及"贾岛诗派"

唐朝著名诗人贾岛是范阳（今保定涿州）人，30岁前过着古刹青灯的佛门生活，还俗后又屡试不第、仕途坎坷、生活窘困，养成了孤僻清奇的性格。其诗如其人，多描写枯寂荒凉的自然景色和内心穷愁幽独之情，一改晚唐诗的浮艳熟滑，诗风清奇峭僻，注重锻句炼字，以苦吟著称，唐末士子争相效法，形成声势极盛的"贾岛诗派"。苏轼把他与孟郊并提，评之为"郊寒岛瘦"，宋以后诗人亦深受其诗风影响。他长

贾岛

于五言，醉心于语句的推敲琢磨，常有佳句传世。在写"鸟宿池边树，僧敲月下门"一句时，曾因"推"、"敲"字揣摩不定，以至痴迷忘路，闯了韩愈车驾，这便是推敲典故的由来。他的一些小诗，自然朴素，很有情致，如："十年磨一剑，霜刃未曾试；今日把示君，谁有不平事?"（《剑客》）"松下问童子，言师采药去。只在此山中，云深不知处。"（《寻隐者不遇》）"长江人钓月，旷野火生风"等诗句，或气象雄浑，或情景幽独，至今传诵不绝。

15. "大历才子"河北多

唐大历年间，诗坛上有10位诗风近似、名声相齐的诗人，被称为"大历十才子"。其中河北籍的有六人，分别是：刘长卿（沧州河间人）、李嘉佑（赵州，今石家庄赵县人）、郎士元（中山，今保定定州人）、李端（赵州，今石家庄赵县人）、司空曙（广平，今邯郸鸡泽人）、崔峒（博陵，今衡水安平人）。他们的诗歌多用于唱和应酬、寄情山水、表达个人哀怨，反映现实较少，后人多有诟病，但他们重章法、重意境，善于发掘内心，是介于盛唐和中唐两个诗歌创作高峰之间的桥梁，在唐诗发展史上占有重要地位。他们中以刘长卿成就最高，各有文集传世。

16. 刘长卿"五言长城"之誉

刘长卿（沧州河间人）的诗多写天涯漂泊之感慨和山水隐逸之闲情，语言气韵流畅、音调谐美，风格含蓄温和、清雅洗炼。对近体诗研练深密，尤擅五言。存世500多首，五言诗占七成，故自诩为"五言长城"。《四库全书总目》评："长卿诗号五言长城，大抵研练深稳，而自有高秀之韵。其文工于造句，亦如其诗。故于盛唐、中唐之间，号为名手。"他写山水隐逸生活的诗成就最高，其代表作有《寻南溪常山人山居》、《听弹琴》等，绝句《逢雪宿芙蓉山主人》是历来传诵的佳作："日暮苍山远，天寒白屋贫。柴门闻犬吠，风雪夜归人。"描写景色、刻画情感、表现音象、蕴含意象，写得清淡高远，意境含蓄，与大诗人王维的《辋川集》有异曲同工之妙。

刘长卿

17. 崔护题"人面桃花相映红"

唐博陵郡（今保定定州）崔护，贞元进士，官终岭南节度使，《全唐诗》录存其诗六首。其中《题都城南庄》最为传奇，传诵千古："去年今日此门中，人面桃花相映红。人面不知何处去，桃花依旧笑春风。"写得风流潇洒，情意绵长。据孟棨《本事诗》载："博陵崔护，姿质甚美，而孤洁寡合。举进士下第，独游都城南，扣庄中人家求饮。女人，以杯水至，开门设床命坐，独倚小桃斜柯伫立，而意属殊厚。以言挑之，不对，目注者久之。辞去，送至门，如不胜情而入。崔亦眷盼而归。及来岁清明日，忽思之，情不可抑，径往寻之。门墙如故而已锁扃之，因题诗于左扉。"后人据此多方演绎，写成杂剧《崔护求浆》、传奇《桃花记》、京剧《人面桃花》等。

18. 布衣狂生张祜

唐清河（今属邢台）人张祜的诗小巧约敛，宫体诗"辞曲艳发"，很有一些传世名作，当时即传唱于宫中。多次以诗投谒白居易、令狐楚，元稹对皇帝说他的诗雕虫小技，壮夫不为，致使他享有很高的诗名，却一生坎廪不仕。他生活放浪疏狂，自称"十年狂是酒，一世癖缘诗"，每以李白自命。杜牧曾有"虚唱歌辞满六宫"惋惜其遭遇，也欣赏他说："谁人得似张公子，千首诗轻万户侯。"《全唐诗》收录他诗作349首。著名的有《宫词》："故国三千里，深宫二十年。一声何满子，双泪落君前。"《集灵台》："虢国夫人承主恩，平明骑马入宫门。却嫌脂粉污颜色，淡扫蛾眉朝至尊。"

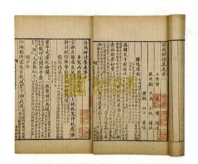

花间词派作品集

潘阆作品集

19. "花间词派"与毛文锡

晚唐、五代时期出现了一批擅长以婉约的表达手法，描写上层享乐生活、闺情离思及歌功颂德的词人，其作品多收录于五代人赵崇祚所撰《花间集》，故被称作花间词派。花间派词风浮艳，思想意义不高，但颇讲艺术技巧，直接影响了北宋词坛，直至清代"常州词派"。当时高阳（今属保定）人毛文锡是主要代表人物之一，《花间集》496首存其词31首，王国维辑有《毛司徒词》一卷。清沈雄《古今词话》评："文锡词大致匀净"，"然亦有庸率之病"。但其《甘州遍》洗却艳红香软习气，一显雄浑刚健之风："秋风紧，平碛雁行低，阵云齐。萧萧飒飒，边声四起，愁闻戍角与征鼙。青冢北，黑山西。沙飞聚散无定，往往路人迷。铁衣冷，战马血沾蹄，破蕃奚。凤皇诏下，步步蹑丹梯。"据说范仲淹《渔家傲》名句"塞下秋来风景异，衡阳雁去无留意。四面边声连角起"即从毛词上阕化用而来。

20. 逍遥才子潘阆

北宋大名（今属邯郸）才子潘阆，太宗朝赐进士及第，后以"狂妄"罪名被斥，真宗朝赦免。因酷爱庄子《逍遥游》，自号逍遥子，作品集亦取名《逍遥集》。他漫游名山大川，留下许多好诗好词。清沈雄《古今词话》载，他长期寓居钱塘（今杭州），放怀湖山，随意吟咏，10首《酒泉子·忆余杭》写出后，"一时盛传，（苏）东坡爱之，书之于玉堂屏风。石曼卿使画工绘之作图"。其最著名的："长忆观潮，满郭人争江上望。来疑沧海尽成空，万面鼓声中。弄潮儿向涛头立，是把红旗旗不湿。别来几向梦中看，梦觉尚心寒。"

邵雍

21. "西昆体"与刘筠

唐末到宋初诗坛上盛极一时的诗派有：以白居易为宗的白体，师法贾岛、姚合的晚唐体，主张学习李商隐的西昆体，被称为宗唐三体，其中以西昆体影响最大。诗作最初被时人杨亿收入《西昆酬唱集》，以此得名。西昆诗派主张以李商隐诗的绵缈、富丽来改变浅薄枯寂的诗风，但剥来李商隐外在的形式，却忽视了诗的内在深挚情感，走向了新的形式主义。诗作中一些咏史感怀之作，好用典堆砌，过于深细婉曲，但借古喻今，有一定现实意义。西昆派诗人中，大名人（今属邯郸）刘筠与杨亿齐名，时称"杨刘"，同属领袖级人物。

22. 安乐先生邵雍的《安乐窝》诗

北宋范阳（今保定涿州）人邵雍，字尧夫，谥号康节，是理学代表人物，"北宋五子"之一。除了在哲学思想上有重要贡献，其诗作也别具一格，多叙闲居生活，情趣怡然，温粹和平，安闲弘阔。他常年居住洛阳，把自己的居所称作"安乐窝"，并做《安乐窝》诗曰："半记不记梦觉后，似愁无愁情倦时。拥衾侧卧未欲起，帘外落花撩乱飞。"

23. 宗室词家赵令畤

北宋涿郡（今保定涿州）人赵令畤乃燕王赵德昭玄孙，诗词学苏轼、贺铸。他的词风清绝超俗，圆转清丽，有流动之美。有《侯鲭录》、《聊复集》传世。他在文学上的最突出贡献是将元稹《会真记》改编成一套12首鼓子词，故事情节被一曲曲唱出来，把小说变成了曲艺作品，为后来董解元的诸宫调套曲和王实甫的杂剧《西厢记》开了个好头，具有珍贵的史料价值。

24. 才艺双绝的"皇后"诗人萧观音

辽国平州（今秦皇岛卢龙）人萧观音是辽道宗的皇后，自幼娴于诗歌，旁及经、子，擅书法、弹筝，琵琶技艺为当时第一。曾为谏止皇帝行猎作《谏猎疏》，因劝谏被疏远乃作《回心院》词10首，终因奸人诬告被赐自尽，临死前作《绝命词》一首，26年后方得昭雪。陈衍《辽诗纪事序》评曰："辽则名家寥寥，当于懿德皇后首偻一指。"

25. "吴蔡体"及蔡松年的《中州乐府》压卷之作

《中州集》

宋金时期的蔡松年本籍杭州，随父降金，任真定判官，遂自称真定（今石家庄正定）人。诗词俱工，尤长于词作，与吴激齐名，时称"吴蔡体"。他是辛弃疾南下前的老师，诗词作品主要抒发倦游官场、刻意林壑、思归家园的情怀，表现了由宋入金的士人阶层惆怅矛盾的思想感情。词作用典取于魏晋，用韵追和苏轼，向往那旷达自适的境界和清逸洒脱的词风，与吴激一同奠定了金初文学的基础，并影响其子蔡珪走上了金代文学正宗。世存诗词59首，载《中州集》，有《萧闲老人明秀集》传世。词《念奴娇·离骚痛饮》是其"乐府中最得意"之作，被元好问用来作《中州乐府》压卷之作。仅录上阙："离骚痛饮，笑人生佳处，能消何物。夷甫当年成底事，空想岩岩玉壁。五亩苍烟，一丘寒碧，岁晚忧风雪。西州扶病，至今悲感前杰。"

26. 金源文派与王若虚的《滹南诗话》

金代藁城（今属石家庄）人王若虚是金大定年间金源文派初创时期的著名诗人、文学评论家，博学而有创建，是当时诗坛革新派的领袖，诗论文论影响很大，代表作有《滹南诗话》。一生推崇白居易、苏轼，反对以黄庭坚为首的江西派，主张诗文真诚自然，反对寻章摘句，争奇斗险，雕琢过甚。在《论诗》中，认为苏轼诗不加雕琢、自然惊人："信手拈来世已惊，三江滚滚笔头倾。莫将险语夸勍敌，公自无劳与若争。"

27. 赵秉文的金后"文坛盟主"雅号

金代后期的赵秉文是磁州滏阳（今邯郸磁县）人，被誉为当时的"文坛盟主"，流传后世的诗文集《闲闲老人滏水集》内有九卷是诗词，大多写自然景物。其学生、金元间大文学家元好问称他"七言长诗笔势纵放，不拘一律；律诗精壮，小诗精绝，多以近体为之；至五言则沉郁顿挫似阮嗣宗，真淳大澹似陶渊明；乐府则雄豪似苏东坡"。

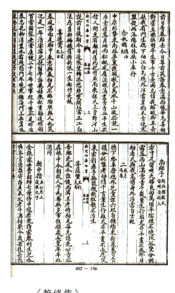

《静修集》

28. 刘因、卢挚及朴素描叙生活的词曲

元代雄州容城（今保定徐水）人刘因、涿郡（今保定涿州）人卢挚生活于同一时期，其诗、词、曲均为当时人所推崇，世称"刘卢"。刘因著有《静修集》，强调作诗要有师承，应于摹拟中表现出自己的风格。其诗是元初文人中反映遗民思想较多的，

感情真挚深沉。如《观梅有感》："东风吹落战尘沙，梦想西湖处士家。只恐江南春意减，此心原不为梅花。"借咏物来表达思念故国的情愫。其词作也有较高成就，如《西江月》："看竹何须问主，寻村遥认松萝。小车到处是行窝，门外云山属我。 张叟腊醅藏久，王家红药开多。相留一醉意如何？老子掀髯曰可。"语言朴素，寥寥数笔即勾画出诗人旷达不拘的性格和悠闲自在的心情。卢挚作曲以小令为多，现存80余首，怀古、唱和是其主要内容，写村居生活艺术性也很高。如《折桂令》："沙三伴哥来嗏，两腿青泥，只为捞虾。太公庄上，杨柳荫中，磕破西瓜。小二哥昔涎剌塔，碌砧上渰着个琵琶。看荞麦开花，绿豆生芽，无是无非，快活煞庄家。"文字通晓明畅，表现出生动的生活情趣。

29. 明朝自成蹊径的散曲大家薛论道

明朝保定定兴（今保定易县）人薛论道，八岁能文，自负智囊，文思绝代。有散曲集《林石逸兴》，共收入小令1000余首，为明代散曲中的"自成蹊径之作"。不少作品通过边塞风光的描绘，表达了将士们的思乡之绪和卫国之志，如《塞上重阳》："荏苒又重阳，拥旌旄倚太行，登临疑是青霄上。天长地长，云茫水茫，胡尘静扫山河壮。望遐荒，王庭何处？万里尽秋霜。"笔调浓重地绘制出一幅苍凉壮阔的边庭图画。其中不乏讽喻世情、揭露现实的作品，如《朝天子·不平》、《水仙子·愤世》等。"翻云覆雨太炎凉，博利逐名恶战场，是非海边波千丈。笑藏着剑与枪，假慈悲论短说长。一个个蛇吞象，一个个兔赶獐，一个个卖狗悬羊。"尖锐犀利地揭露了当时社会的丑恶现象。

30. 申涵光开清代"河朔诗派"

清代直隶永年（今邯郸广平）人申涵光，是清初北方著名的诗歌流派"河朔诗派"的领袖作家，该诗派以遗民诗人为中心，河北人居多。如王士祯在《渔洋诗话》中说："申凫盟涵光诗称广平，开河朔诗派。其友鸡泽殷岳伯岩、永年张盖覆与、曲周刘逢源津逮、邯郸赵湛秋水，皆逸民也。"《清史稿》据此记载："尚书王士祯称涵光开河朔诗派。"其诗音节顿挫，沉郁激昂，恰如当地的山川风貌，多以悲壮、沉雄、清刚为主，充满了北方的刚劲、厚重之气。"涵光为诗，吞吐众流，纳之炉冶。一以少陵为宗，而出入于高、岑、王、孟诸家。"

31. 翁方纲开创"学人之诗"

清代直隶人翁方纲有感于王士祯"神韵说"的含混、沈德潜"格调说"的软弱、袁枚"性灵说"的空疏，而提出了诗论学说"肌理说"。主张以考订家的学问和古文家的义理入诗，以达到踏实充盈的境地，开创了后世"学人之诗"的风格。他的一些诗有堆砌学问之嫌，缺乏灵动之美，因此袁枚曾经有诗讽刺他："天涯有客号泠痴，误把抄书当作诗。"但也有些诗写得自然鲜明，虚实兼美，在诗律研究上有独到之处。

32. 冯至的诗集《十四行集》

冯至作品集

冯至是保定涿州人。1920年代初开始新诗创作，是"浅草社"、"沉钟社"的重要成员。1927年起，先后出版诗集《昨日之歌》、《北游及其他》、《十四行集》、《西郊集》、《十年诗抄》，被鲁迅称为"中国最为杰出的诗人"。早期诗作受晚唐诗、宋词和德国浪漫派诗人的影响，风格幽默，意象新颖，在一定形式的约束下诗句生动活泼、舒卷自如。朱自清称赞其第一本诗集《昨日之歌》中的叙事诗"堪称独步"。诗歌艺术成熟的标志是《十四行集》，被译成英、德、俄、日、荷兰、瑞典等多种文字。作品多以歌唱青春与爱情为主题，形式上"注意遣词用韵，旋律舒缓柔和，有内在的音节美"，"整饬中保持自然"，特色非常鲜明。散文集《山水》、小说《伍子胥》也是他的重要创作成果。他是中国现代作家中最早接受存在主义的思想成果，融古化欧、中西糅合而形成独特风格的文化大家。

33. 被称为最后一位杂剧作家的顾随

邢台清河人顾随是现代文坛上卓有成就的诗人、作家、学者。一生执教，弟子叶嘉莹、周汝昌、黄宗江、史树青、郭预衡、颜一烟皆成名家学者。文学创作主要是旧体诗和杂剧，被称为中国最后一位杂剧作家，有作品被选入鲁迅主编的《中国新文学大系》。

安娥《渔光曲》

34. 安娥创作中国电影第一支歌曲《渔光曲》

安娥是获鹿（今石家庄长安区）人，早年在上海接受左翼文艺思想，是国歌词作者田汉的夫人。由她作词、任光作曲的电影主题歌《渔光曲》是我国电影的第一支歌曲，著名的《卖报歌》也是安娥填词，由聂耳作曲。她的主要作品还有诗集《燕赵儿女》、诗剧《高粱红了》。

35. 王亚平与诗歌的大众化

王亚平是邢台威县人，1932年加入中国诗歌会并组织成立河北分会。其诗充满对普通百姓的热爱，坚定地为诗歌的大众化而奋斗。九一八事变后，他以诗歌为武器投入到抗日救亡运动，汇集出版了第一部诗集《都市的冬》。1935年创作了以一二九运动为内容的专题诗集《十二月的风》；抗战期间，先后创作出版了诗集《红蔷薇》、《生活的谣曲》、《二岗兵》、《火雾》、《中国，母亲的土地呵！》及研究专著《杜甫论》。

公木《向前向前向前》

36. 公木与《解放军进行曲》、《英雄赞歌》

公木是束鹿（今石家庄辛集）人，1930年参加"左联"，是一位成就卓著的诗人、歌曲作家。最著名的作品是《解放军进行曲》（即《八路军进行曲》）和电影《英雄儿女》主题歌《英雄赞歌》。1942年应邀参加延安文艺座谈会，周扬向毛泽东介绍他时，毛泽东握着他的手

张寒晖

说："写兵好，唱兵好，演兵好。希望你今后多写一些。"

37. 张寒晖及传世名作《松花江上》、《军民大生产》

张寒晖是定县（今保定定州）人，抗战期间一位杰出的音乐家、剧作家。1942年赴延安，被边区誉为"人民艺术家"。创作的《松花江上》成为抗日救亡的经典歌曲，永载中华民族解放斗争史册；歌颂延安大生产运动的《军民大生产》（又名《边区十唱》）堪称传世之作。

38. 抗日根据地诗人群

抗日战争中，河北大地有晋察冀边区和晋冀鲁豫边区两大抗日根据地，同时也是革命文艺运动活跃的地区。大批的文学青年及作家、记者、音乐家等，从延安、从国统区、从全国各地汇集于此，在特殊的坏境下，肩负起文学救亡的使命，以笔当枪，纸笺为鼓，诗山剧海，蔚然称盛，不仅创造了敌后抗战的人民战争奇观，也创造了"边区"的文学奇迹，在中国现代文学史上树立了丰碑。1938年底，晋察冀抗日根据地的诗人们成立了"战地社"、"铁球社"，并相继创办了《诗建设》和《诗战线》，以创作和传播产生并服务于斗争生活的诗歌，他们的目标一致，美学观点接近，自觉地为时代而歌，形成了风格相近的"晋察冀诗人群"。代表人物有田间、魏巍、陈辉、邵子南、方冰、曼晴、钱丹辉等。1995年5月，中国作协、中国文联等联合评选的"抗战文学名作百篇"中，仅诗歌一项就占整个篇目的大半。

39. "街头诗运动"

街头诗也称墙头诗、传单诗、枪杆诗、岩头诗，是1938年在延安首先兴起的，把诗人对时代生活的感应与宣传鼓动全民抗战相融合，特点是与大众结合、形式短俏、感情炽烈、可听可视、快速及时，具有强烈的鼓动性、战斗性。1939年初，随"西北战地服务团"来到晋察冀边区的田间、邵子南、钱丹辉等与晋察冀的"战地社"、"铁球社"的诗人群一道，发起了晋察冀边区"街头诗运动"，一时间，"残壁断墙，齐爆发杀敌的呐喊"，书写了抗战文学光彩夺目的一笔，很快风靡各个

田间《赶车传》

《郭小川传》

边区。当年8月，为纪念延安街头诗运动一周年，晋察冀抗日根据地诗刊《诗建设》发起1000首街头诗创作活动，再次掀起街头诗创作热潮。

40."时代鼓手"田间及其长诗《赶车传》

著名诗人田间，1938年底随"西北战地服务团"从延安到晋察冀。新中国成立后，长期担任河北省文联主席、名誉主席。是抗战前夕诗坛上崛起的新星，诗歌高昂激越，直朴干脆，富有英勇气概和高昂的战斗精神，具有连珠炮般的节奏，能很好地表现抗战情绪，曾被闻一多称为"时代的鼓手"，说他的诗"只是一句句质朴，干脆，真诚的话，简短而坚实的句子，就是一声声鼓点，单调，但响亮而沉重，打入你耳中，打在你心上"。著名诗作有《给战斗者》、《假如我们不去打仗》、《义勇军》、《亲爱的土地》等。长篇叙事诗《赶车传》是其代表作，全诗两万余行，再现了我国北方农民翻身求解放、向往幸福的情景。"贫农石不烂，故事一大串，有人告田间，编了赶车传。"这四句开场白，广受赞誉、流传一时。曾被译成德、捷、朝、日、越、保、罗、法、俄等多种外文出版，国外汉学家予以高度赞扬和评价。

41."战士加诗人"郭小川及其"新歌赋体"诗

郭小川是承德丰宁人，1936年加入"民族解放先锋队"并开始写诗，是当代诗歌史上重要的诗人，被誉为"战士加诗人"。一生创作了300余首诗篇，生前出版了10本诗集。主要作品有《平原老人》、《投入火热的斗争》、《致青年公民》、《鹏程万里》、《将军三部曲》、《甘蔗林——青纱帐》、《昆仑行》等。其诗无论写历史还是写现实，写人还是感物，都能从独特的角度和方式表现出时代精神，寓理于情，给人以超越具体事物、登高望远的感觉，获得哲理的启

示；在诗歌形式的探讨和创新上，取得了可喜的成绩，成功地创造了"新歌赋体"，为新诗的形式美做出了独到的贡献。

42. 新时期获奖的河北诗歌

党的十一届三中全会以来，河北的诗歌创作进入了新的历史时期。五六十年代步入诗坛的诗人焕发青春，"文化大革命"后成长起来的青年诗人崭露头角。1979～1980年全国中青年诗人优秀诗歌评奖中，河北有四名作者的作品获奖：张学梦（《现代化和我们自己》）、边国政（《对一座大山的询问》）、刘章（《北山恋》）、萧振荣（《回乡纪事》）。1981～1982年全国性的评奖中，刘小放的诗歌《我那乡间的妻子》获《诗刊》编辑部举办的新诗创作奖。中国作家协会第二届（1983～1984）全国优秀新诗（诗集）评选中，张学梦的诗集《现代化和我们自己》榜上有名。1996年2月，中国作家协会举办的全国"抗战文学"征文评奖揭晓，河北诗人刘章、刘向东父子分别以自己的组诗《刻在家乡的土地上》和《记忆的权利》获得殊荣。2001～2003年第三届鲁迅文学奖郁葱的诗集《郁葱抒情诗》榜上有名。

（二）散文杂记

1. 中华辞赋之祖荀况及先秦散文的最高阶段

战国时赵人（今邯郸）荀况是杰出的思想家、文学家，先秦诸子中最后一位大师。文学方面，他不仅是与孟子齐名的散文大师，还被后世史家与屈原并列为中华辞赋之祖。所著《荀子》32篇，总结和发展了先秦哲学观点，在当时的"百家争鸣"中独树一帜。其文学思想重质尚用，反对华而不实。《劝学》篇里"青取之于蓝，而青于蓝；冰水为之，而寒于水"，成为千古传诵的名句。《赋篇》包括《礼》、

荀况

《水经注》

《洛阳伽蓝记》

《知》、《云》、《蚕》、《箴》五篇，是一种散文式的赋体。"辞赋"一词即取屈原《楚辞》和荀子《赋篇》各一字相合而成。汉代著名文学家、历史学家班固评论："大儒孙卿及楚臣屈原，离谗忧国，皆作赋以风，咸有恻隐古诗之义。"（《汉书·艺文志》）可见荀子在中国文学发展史上的地位。其中《成相》篇是伴着乐器演唱的民谣式通俗文学作品，因此有学者还把荀子视为中华弹词之祖。

2. "别开生面"的著作《水经注》

北魏范阳涿县（今保定涿州）人郦道元对魏晋时代无名氏所著《水经》一书作注释写成《水经注》。这是一部"别开生面"的著作，作者历览群书，博采汉魏以来文献所载山川景物、风土人情、神话传说、历史掌故，并结合自己随魏文帝巡幸长城、阴山，以及自己各地做官时"访渎搜渠"的实地调查，以简洁优美的文字，叙述了1200多条河流的发源地点、流经地区、支渠分布、古来河道的变迁。书中描摹出祖国锦绣河山的风貌，表现了作者的爱国思想和对人民的同情。《水经注》不仅是一部杰出的地理典籍，而且文字幽丽峭洁，描写深细，不同山水，各具个性，是一部引人入胜的山水游记散文著作。这部书在当时即被当作文学佳作，对后世唐代柳宗元、宋代苏轼等人的山水散文有很大影响。

3. 堪称骈体文范本的历史文献《洛阳伽蓝记》

南北朝时期北平（今保定满城）人杨衒之所著《洛阳伽蓝记》是一部颇具文学价值的历史文献。文笔俏丽，骈中有散，颇具特色。北魏时期，京城洛阳曾兴建佛寺千余所，木衣锦绣，极尽奢华，后经丧乱，多毁于兵火。东魏孝静帝武定五年（547年），杨衒之重过洛阳，见城廓崩毁，宫室倾覆，寺观灰烬，庙塔丘墟，恐后世无闻，作《洛阳伽蓝记》（分城内及四门之外共五篇），记述佛寺园林的

盛衰兴废。作品以佛寺盛衰为纲目，杂以园林、人事、掌故，内容丰富，夹叙夹议，叙事多用散文，描写常用骈丽。既可列为重要的地理、历史著作，又堪称难得的优秀散文作品，因此被后世誉为魏晋南北朝时期骈体文的范本。其中尤以《法云寺》、《寿丘里》等节最著名。《四库全书》称其文笔"秾丽秀逸，烦而不厌，可与郦道元《水经注》肩随"。

4. 享有"千古奇文"之誉的《吊古战场文》

唐朝赞皇（今属石家庄）人李华是著名古文家、古文运动的先驱之一，在开元天宝年间与兰陵萧颖士齐名，有所谓"古称管鲍，今则萧李，有过必规，无文不讲"的称誉。在李华一生所写的大量记、序、传、论之中，《吊古战场文》堪称千古奇文。作品先以景物描写作铺垫，继以丰富的想象表现了戍卒戍边、临阵厮杀、三军覆没的惨烈场面，然后荡开一笔回顾了自战国至汉代战乱频仍的历史，最后写了阵亡者家眷"哭望天涯"的祭奠并发出"时耶命耶？古今如斯"的慨叹。韵散参半，情挚语哀，气势雄浑，惨恻动人，后人多模仿，却难以企及。《四库全书总目提要》称其"文词绵丽，精彩焕发，实可追配古之作者"。

吊古战场文

5. 柳开的古文理论

北宋大名（今属邯郸）人柳开，因追慕韩愈、柳宗元而名肩愈，字绍元，后改名开，意即"将开古圣贤之道于时也"。以继承韩柳古文传统为己任，反对宋初的华靡文风，提倡"古其理，高其意，随言短长，应变作制，同古人之行事"；宣扬文道合一，强调道对文的决定意义。所提倡的"道"，乃儒家学说中的孔孟之"道"。其文学理论，对转变宋初内容空虚、辞藻典丽的文风，起到一定作用，成为后来欧阳修诗文革新运动的先声；但由于所宣扬道德仁义的古文与实际联系不够紧密，文字上亦多生硬艰涩，以致削弱了感染力，因而未能产生重大影响。南宋文学家洪迈在《容斋续笔》卷九中称其为北宋诗文改新运动的先导。

6. "文章自得方为贵"的《焚驴志》

金代藁城（今属石家庄）人王若虚为当时文坛领袖，"负海内重名"，一生主要致力于文学研究与批评，也写散文。后人赞誉：自他死后"经学史学文章人物，公论遂绝"。其散文体现了"文章自得方为贵"的原则，传世散文中，以《焚驴志》影响为最。这是一篇记叙散文，写金章宗承安四年（1199年）黄河以北地区大旱，正定一带多次祈雨不验，有人说这是由于某家养了一头白驴之故，地方长官便命令将这头白驴烧死。白驴托梦给官府中的一个僚属，后来幸免于焚，而正定一带下雨弥月，大旱转为大涝，人们也不再议论焚驴的事了。作者假借白驴托梦和旱涝无常的事实，对无知和迷信的人们作了含蓄的讥讽。

7. "声名颇著"的近代散文家王树枏

近代散文家、学者王树枏，祖居雄县，后迁新城（均属保定）。青年时钻研词章，爱好骈丽之文，后在保定莲池书院结交了桐城派代表人物张裕钊、吴汝纶，毁其少作，力攻古文。但对桐城派并不依傍门户，屈就师承。他服膺阳刚阴柔之说，但认为文章的变化"塞天地"、"横古今"，决非"姝姝焉守一成之迹者所能自振于其

王树枏著作   《冀中一日》

间"。其文气骨道上，意象雄浑，颇具阳刚之美，一扫桐城脆薄之弊。有时亦取法"明代第一散文家"归有光的"恬适自然"，但能脱胎变化，破其局缩，于平淡之中出波澜，声情之外有逸韵。其文章多碑志、墓表、寿序之作，但甚重取义，往往不同世俗。晚清时期在北京文坛异军突起，声名颇著。

8. 独具特色的《冀中一日》写作活动

1941年春，在冀中党政军首长程子华、黄敬、吕正操等同志倡导下，冀中文建会和各群众团体发起了"冀中一日"写作运动，号召冀中军民把5月27日这一天的真实生活写下来。冀中军民积极参加，交上稿件5万余篇，最后选出233篇油印成《鬼蜮魍魉》（揭露敌人残暴罪行）、《铁的子弟兵》（反映八路军战斗生活情况）、《民主、自由、幸福》（记录抗日根据地民主建设）和

《战斗的人民》（表现人民群众对敌斗争）四册。这是一部全面而具体地反映冀中根据地面貌的大书，其作者包括各级党政军干部、普通农民和战士，也包括不识字的老年妇女和初通文字的儿童团员。其写法不加润饰，不拿文学腔调，文章大都充溢着"血和肉的动人力量"。新中国成立后该书由百花文艺出版社铅印出版大量发行，成为对人民群众和青少年进行爱国主义和革命传统教育的教材。"冀中一日"写作活动为中国散文增光添彩，对抗战文学做出了独特贡献。

9. 新中国的热情讴歌者及《挥手之间》、《手册》

方纪是束鹿（今石家庄辛集）人，早年加入"左联"，参加一二九学生运动，南下宣传抗战，1939年到延安，抗战胜利后任热河省文联主席，1950年代中期到60年代初出版了《长江行》和《挥手之间》两本散文集子，"文化大革命"中被迫害致残。其散文"视野很广阔，充满真实和热烈的情感。他的文字流畅而美丽，给人以凉凉流水的音响"（孙犁语）。代表作《挥手之间》记写了延安人民送毛泽东赴重庆参加国共谈判的动人场面，把毛主席举手"用力一挥"这个动作和中国历史的伟大变迁联系起来，对革命领袖无私无畏的精神品格和扭转乾坤的强大力量进行了极力盛赞。

林遐也是束鹿（今石家庄辛集）人，有散文集《风雷小记》、《山水阳光》、《撑渡阿婷》等，生动地描绘了社会主义祖国欣欣向荣的崭新面貌和新社会所焕发出的人的热情、智慧，以及人与人之间和谐美好的关系。其中写谈云老师为教育下一代而忘我工作事迹的《手册》，成为体现一代人精神风貌、众口传诵的散文名篇。他们被称为"新中国的热情歌唱者"。

10. 新时期河北女散文作家群

近年来河北女散文作家群的出现，在当代中国文坛上引人注目。她们以女性所特有的触角来描摹生活、抒发感情。代表人物有张立勤、梅洁、郭淑敏等。张立勤的散文大致分两类：一类写病痛中的生命体验；另一类是对生活中美好事物的寻求与赞叹，都流淌着浓郁的热爱青春的生命意识和情调。梅洁的作品艺术感觉敏捷，语言袒露真诚而不乏秀丽。郭淑敏的散文清朗明快。读她早期的散文如同听歌，歌唱家乡的人，歌唱家乡的生活；又如同观景，小河流水潺潺，清澈见底，没有暗礁相遇，不夹带一点泥沙。最近，她又推出了精短的亲情文学。

（三）小说传奇

1. 丰富多彩的民间神话传说

神话传说是先民们口头创作出的最早的文学形式，是孕育华夏文学的根基和土壤，对后世文学产生了深远影响。华夏民族具有标志性的神话传说几乎都源自河北或与河北有着渊源：盘古开天地源自沧州青县，那里遗存有盘古祠；女娲娘娘炼石补天、抟土造人源自太行山南麓，邯郸涉县遗存有娲皇宫；伏羲创八卦源自石家庄，新乐遗存有伏羲台；保定流传有黄帝元妃嫘祖采桑养蚕的传说；张家口涿鹿流传有"黄帝战蚩尤"的故事；保定顺平、邢台隆尧流传有尧帝实行禅让制、创"尧天舜日"盛世的故事；衡水流传有大禹治水、划分九州的故事等等。

《博物志》

2. 中国早期笔记体小说代表作《博物志》

西晋范阳方城（今廊坊固安）人张华所著之《博物志》，是仿《山海经》体而演变的志怪小说。原有400卷，晋武帝嫌其冗杂，命删为10卷，以记述异境奇物、琐闻杂事为主，掺有一些神仙道术之事，为中国早期笔记体代表作。在中国文化史上，虽比不上所谓名门正派的经史之书，但毕竟是对中华民族古代文化的一种保存，是中国文化有机体的一个组成部分。对研究中国古代思想、神话、文化和历史都很有资料价值，特别是其中关于我国西北地区石油和天然气的记载，颇有参考意义。其中《薛谭学讴》、《乘槎》等篇较为优秀，为后人称扬。

《游仙窟》

3. 唐代传奇名篇《游仙窟》与"近代型小说的发轫"

唐朝深州（今衡水深州）人张鹭的《游仙窟》是第一个以第一人称表现士大夫野游生活的传奇小说。唐初即负盛名，据记载："新罗日本使至，必出金宝购其文。"传至日本后颇受推重，对日本文学影响很深，以至在中国失传后却在日本得以发现，1928年又抄录回来，由鲁迅作序出版。该传奇自叙奉使河源，途经神仙窟，投宿其宅，与神女邂逅，饮酒作乐，以诗

《中山狼传》

《红楼梦》

相调。题为"游仙"，实际上写的是世俗生活，中间夹杂着色情描写，鲁迅称其"文近骈丽而时杂鄙语"。这篇小说基本上脱离了汉魏六朝以来志怪小说的怪诞色彩，转向描写现实生活。在艺术上的特色，即散文与韵文并用。尤为可贵的是，采用了许多民间谚语，代表了唐代传奇一个时期的倾向和水平，是初唐传奇的变化和转折，因而被认为是"近代型小说发轫之初的第一篇杰作"，完成了由志怪小说向传奇小说的过渡，奠定了志人小说的基础。

4. 广为流传的《中山狼传》

明朝故城（今属衡水市）人马中锡的寓言体小说《中山狼传》是我国文学史上的名篇，塑造了"东郭先生"和"狼"这两个典型的艺术形象。描写战国时赵简子行猎中山，有一条狼被追逐甚急，适遇东郭先生，乞求庇护，得以脱险；危机一过，便露出凶恶的本相，恩将仇报，想吃掉东郭先生。作品在极力刻画狼的凶险阴狠、忘恩负义的同时，塑造了东郭先生这个迂腐懦弱、滥施仁慈的人物形象，是一篇文德俱存的佳作，问世不久，即被改编为杂剧上演。至今仍在群众中流传，颇有教育意义。

5. "天趣盎然"的《阅微草堂笔记》

清代直隶献县（今沧州献县）人纪昀（纪晓岚）的笔记小说集《阅微草堂笔记》，取法六朝笔记小说而有所发展变化，内容博杂，多涉及世态，而不局限于志怪，叙述故事简明质朴而又富于

理趣，在中国文学史上有一定的地位。在思想内容上，出于劝惩目的盛谈因果报应，挪揄道学家的泥古不化、伪言卑行、揭露统治者对人民的压榨，抨击世态人情的浅薄诈伪等。在艺术上，文笔简约精粹，不冗不滞，叙事委曲周至，说理明畅透辟，有些故事称得上是意味隽永的小品。此外，评诗文、谈考证、记掌故、叙风习，也有不少通达的见解。鲁迅称其"发人间之幽微，托狐鬼以抒己见"，"隽思妙语，时足解颐；间杂考辨，亦有灼见"，"叙述复雍容淡雅，天趣盎然"。

《荷花淀派小说选》

6. 伟大的古典名著《红楼梦》

我国四大古典名著之一《红楼梦》（原名《石头记》），成书于清代乾隆年间，一般认为作者曹雪芹祖居唐山丰润。作品通过对封建家族兴衰历程的艺术升华，对当时社会生活深刻、细腻、全方位的描写，对封建礼教、统治思想、科举制度、包办婚姻等进行了深刻的批判，但也反映出作者为封建制度"补天"的幻想和找不到出路的悲观情绪。整部作品规模宏大，结构谨严，语言优美生动，善于刻画人物，塑造了许多富有典型性格的艺术形象，具有高度的思想性和卓越的艺术成就，是古代长篇小说中现实主义的高峰。其思想艺术力量，不但震动了当时社会，还引起后人持续不断的研究热情，从而产生了"红学"研究。

《红旗谱》

7. 诗体小说"荷花淀派"

当代著名作家孙犁是衡水安平人，其作品大部分是小说和散文，不少篇章具有抒情诗的艺术魅力，在文学艺术界影响很大，有许多作家努力探索其写作技巧，并在艺术实践中体现其风格，从而形成了我国现代文学界著名的文学流派之一。因发表于1945年的《荷花淀》最具代表性，故被称为"荷花淀派"。代表作家还有刘绍棠、丛维熙、韩映山等。该派作品都充满浪漫主义气息和乐观精神，情节生动，语言清新、朴素，富有节奏感，描写逼真，心理刻画细腻，抒情味浓，富有诗情画意，有"诗体小说"之称。

8. 反映农民革命斗争史的画卷式作品《红旗谱》

当代作家梁斌是保定蠡县人，其著名优秀长篇小说《红旗谱》动笔于1953年，1958年出版，共分三部。第一部写反割头税及保定二师学潮斗争，第二部《播火记》写"高蠡暴动"，第三部《烽烟图》写七七事变前后北方农民抗日救亡运动。作品生动地反映了冀中农民在中国共产党的领导下开展革命斗争的历程，比较全面地概括了整个民主革命时期中国农民的生活和斗争史，构成了一幅威武雄壮、气势磅礴、绚丽多彩、生动逼真的农民革命斗争的画卷，成功地塑造了朱老忠这个革命农民的典型形象，是当代中国文学史上的突出收获，引起了文艺界和社会的高度重视。作品采用了传统的表现手法，气魄雄浑，笔势健举，有浓厚的地方色彩，语言亲切朴素，构成了浑厚豪放的艺术风格。曾被改编为话剧和电影文学剧本，并被翻译成外文出版。

9. 大批影响全国的抗战小说

抗战八年，河北大地上的抗日军民，同日、伪、奸、特进行了极其艰辛悲壮、可歌可泣的斗争。解放后，河北的作家们奋笔疾书，创作出一批在全国有影响的作品，有徐光耀的《平原烈火》，孙犁的《风云初记》，孙振（即雪克）的《战斗的青春》，李英儒的《战斗在滹沱河上》、

《敌后武工队》

《野火春风斗古城》

《小兵张嘎》

《白毛女》

《平原枪声》

《野火春风斗古城》，张孟良的《儿女风尘记》，长正的《夜奔盘山》，冯志的《敌后武工队》，刘流的《烈火金钢》，林漫（即李满天）的《水向东流》、《水流千转》、《水归大海》，管桦的《小英雄雨来》，和谷岩、孙福田合著的《狼牙山五壮士》，孔厥、袁静合著的《新儿女英雄传》等等。其中，徐光耀的《平原烈火》描写冀中根据地一支地方武装力量，粉碎强大敌人的两面夹击，逐步取得胜利，并在艰苦卓绝的斗争中使自己受到锻炼，不断成长壮大的故事。这部作品被认为是建国初期的成功之作，为作者以后创作并于1964年出版的中篇小说《小兵张嘎》积累了经验。此外，享有"南李北谷"之誉（南李指河南的李准）的谷峪的短篇《新事新办》，被称为"描写人性、人情大手笔"的刘真的短篇《我和小荣》、《英雄的乐章》、《长长的流水》，以及李涌的中篇《小金马》、邢野的《王二小的故事》、张士杰的《渔童》等也都是在此期间问世的。

10. 丁玲创作的《太阳照在桑干河上》

丁玲是中国现代文学史上最著名的女作家之一，抗战胜利后，到张家口工作，曾主编华北文联文艺刊物《长城》。1946年参加晋察冀中央局组织的土改工作队，1947年通过深入火热的土改斗争体验，在保定阜平抬头湾开始创作长篇小说《太阳照在桑干河上》，1948年6月在华北联大所在地石家庄正定完成。作品生动描写了在中国共产党领导下，华北地区一个叫暖水屯的村庄土地改革中经

《战斗在滹沱河上》

《新儿女英雄传》

《民族英雄马本斋》

《烈火金钢》

历的深刻变化，展示了丰富的社会生活内容和尖锐的矛盾冲突，对复杂的社会生态、宗族关系和各色人物心理状态，都有独到的揭示与传神的刻画，是中国现代文学史上一部经典力作。1949年10月在俄文杂志《旗》上发表，受到苏联评论界的赞誉，荣获1951年度斯大林文学奖金。

11.中国第一位女作协主席铁凝的小说及新时期河北女作家群

新时期以来，燕赵大地上活跃着一批女性作家群体，如铁凝、何玉茹、刘燕燕、宋子平、曹明霞、海莲、欧阳北方、王梅、魏晓英等，其主要作品有《玫瑰门》、《大浴女》、《生产队里的爱情》、《阴柔之花》、《妹妹活在阳光里》、《风中芦苇》、《中戏女生》等。这些人多数经过正规高等教育，实力雄厚，才情不凡，对语言文字有特殊的敏感，具有良好的学识、丰富的生活阅历，是一群跻身于文化精英中的知识女性。其中，铁凝最令人瞩目，于2006年被选为中国作协主席。1982年，她以充满清新气息的诗意小说《哦，香雪》在文坛崭露头角；接着又以《没有纽扣的红衬衫》进一步赢得声誉；著有长、中、短篇小说100余部、篇，以及散文、随笔等；曾六次获鲁迅文学奖等国家级文学奖及其他30余个奖项，由其编剧的电影《哦，香雪》获第41届柏林国际电影节大奖和中国电影"金鸡奖"、"百花奖"；是新时期以来全国获奖最多的作家之一，部分作品译成英、俄、德、法、日、韩、西、丹麦、挪威、越南等国文字。

12. 新时期的河北小说

改革开放以后，河北的小说创作出现了令人欣喜的活跃局面，接连产生了在中国文坛具有一定影响的好作品，如铁凝的《哦，香雪》、《没有纽扣的红衬衫》，贾大山的《取经》，潮清的《单家桥的闲言碎语》，陈冲的《小厂来了个大学生》，单学鹏的《这里通向世界》，都取得了不俗的反响，在全国组织的评比中接连获奖。20世纪90年代中期，作家何申、谈歌、关仁山相继推出一系列以贴近百姓、关注时代、揭示新矛盾、展现新生活为特色的小说，被誉为河北文坛的"三驾马车"，先后分别发表了《大雪无乡》、《九月还乡》、《船祭》、《破产》、《年前年后》、《多彩的乡村》、《大厂》、《天下荒年》等作品。

（四）戏曲影视

1.元杂剧创作与演出称雄一代

关汉卿

白朴

马致远

蒙元时期，由于民族矛盾、社会问题、城市经济畸形发展、通俗文化需求等因素，特别是知识分子地位居于九流之末，混迹于市井，介入杂剧创作，使得元曲以其开阔的思想内容、完善的艺术形式风行于世，成为与唐诗、宋词、汉文章相媲美的艺术奇葩，在灿烂的中国文学及戏剧发展史上独树一帜。当时的河北地区乃京畿之地，涌现了关汉卿、白朴、马致远、王实甫有"元曲四大家"之称的泰斗级人物，以及尚仲贤、李好古、纪君祥、王和卿、杨果、刘秉忠、胡祇遹、庾天锡、卢挚、珠帘秀、鲜于必仁等，他们从事元曲创作，同时有的还直接参加演出，使得河北的元杂剧创作与演出在中国文化及戏剧发展史上称雄一代。

关汉卿为元代大都蒲阴（今保定安国）人，伟大的戏剧家，被誉为中国古代戏剧的奠基人，1958年被列入世界文化名人。所作杂剧60余种，现存13种，散曲现存小令57首、套曲13首、残曲四首，为元曲四大家之首，作品对当时及后世影响极大。他本人擅长歌舞，精通音律。代表作有《窦娥冤》、《单刀会》、《望江亭》、《救风尘》、《蝴蝶梦》等，至今仍是许多剧种的保留剧目，尤其一出《窦娥冤》"天也，你错勘贤愚枉为天！地也，你不分好歹何为地！"的愤怒质问，感天动地、余音悠远。

白朴是元代真定（今石家庄正定）人，生于南宋末年，遭逢丧乱，自幼随元好问长大，聪慧过人，博览群书，通史书经传，尤深钻律赋之学。一生共写了16个杂剧，现存散曲四个套曲、37首小令，另有词集《天籁集》。有的咏唱男女恋情，有的感叹人生无常，有的描写自然景色。其作品文辞工整，清隽秀美，俊逸有神；特别是那些咏唱恋情之作，意义浅显，却不轻佻，不庸俗，富于民歌色彩，颇得后世好评。流传下来最出色的代表作有《裴少俊墙头马上》、《唐明皇秋夜梧桐雨》，前者是中国十大古典喜剧之一，后者讲的是唐玄宗与杨贵妃的故事，曲词语言华美绮丽，开元杂剧"文采派"先河。王国维评价："白仁甫《秋夜梧桐雨》剧，沉雄悲壮，为元杂剧冠冕。"

王实甫

马致远为元代广平（今邯郸永年）人，有杂剧15种，今存七种，小令和套曲120余首。代表作《汉宫秋》是中国十大古典悲剧之一，写王昭君出塞的故事。清人评价："写景写情，当行出色，元曲中第一义也。"他的越调《天净沙·秋思》"枯藤老树昏鸦，小桥流水人家，古道西风瘦马。夕阳西下，断肠人在天涯"，是元散曲典范之作，被称为"千古秋思之祖"。

王实甫是元代易州定兴（今属保定）人，有杂剧14种，今存全本三种、残本两种。代表作《西厢记》是至今最为流传的大型元杂剧，影响深远、妇孺皆知。其中"愿天下有情的都成了眷属"一声咏唱，振聋发聩、荡气回肠，大胆冲击了千年封建礼教，数百年来不知博得多少人的喜爱。元末明初戏剧评论家贾仲明称誉："西厢记天下夺魁。"曹雪芹《红楼梦》里评价说："词句警人，余香满口。"

尚仲贤是元代真定（今石家庄正定）人，作杂剧11种，今存三种，残篇断曲数种，代表作《柳毅传书》。擅于刻画人物的情态和个性特点，语言鲜美，如该剧第一折《混江龙》："往常时凌波相助，则我这翠鬟高插水晶梳。到如今衣裳褴褛，容颜焦枯。不学他萧史台边乘风客，却做了武陵溪畔牧羊奴。思往日、忆当初，成缱绻、效欢娱。他鹰指爪、蟒蛇躯，忒躁暴、太粗疏。但言语，更喧呼，这琴瑟怎和睦。可曾有半点儿雨云期，敢只是一划的雷霆怒。我也不恋你荣华富贵，情愿受鳏寡孤独。"鲜明地表现出一个娇生惯养的龙宫少女牧羊时的凄戚感情，人物情态跃然纸上，不愧是一位元曲能手。

李好古为元代保定（今保定市）人。作杂剧三种：《巨灵神劈华岳》、《赵太祖镇凶宅》、《张生（羽）煮海》，皆为神话剧，今存《张生煮海》。明代朱权《太和正音谱》评其词如"孤松挂月"。元末明初贾仲明《凌波仙》吊李好古云："芳名纸上百年图，锦绣胸中万卷书，标题尘外三生簿。《镇凶宅》赵太祖，《劈华山》用功夫，《煮全海》张生故。撰文李好古，暮景桑榆。"

纪君祥是元代大都（今北京）人，作有杂剧六种，现存《赵氏孤儿》为中国十大古典悲剧之一，国内外多种剧种均有演出。另存《陈文图悟道松阴梦》残曲一折。

王和卿是元代大名（今属邯郸）人，陶宗仪《南村辍耕录》说他滑稽佻达，传播四方。与关汉卿相友善，尝讥谑汉卿。现存散曲小令21首、套曲一首，见于《太平乐府》、《阳春白雪》、《词林摘艳》。作品有醇厚的俗谣俚曲色彩和俳优习气，笔调辛辣、滑稽嘲谑、借以讽世。小令〔醉中天〕《咏大蝴蝶》"蝉破庄周梦，两翅架东风。三百座名园一采个空。难道风流种，唬杀寻芳的蜜蜂。轻轻的飞动，把卖花人搧过桥东"最为著名。

2. 民间戏剧改革家成兆才与评剧始创

清末民初唐山滦县民间艺人成兆才，一度以唱"彩扮莲花落"蜚声冀东，他吸收其他地方戏的优点，改编改进剧目，以"平腔"的名称演出，创立出一门新剧种——评剧。五四运动以后，他成长为一名有头脑有眼光的剧作家。1919年，根据当地真人真事创作并演出的《杨三姐告状》，至今盛演不衰，成为传世之作。他共整理、改编、创作剧本100余种，有《成兆才评剧剧本选》，其中《杨三姐告状》、《花为媒》、《占花魁》、《杜十娘》、《马寡妇开店》、《王定保借当》、《王少安赶船》等最为著名。作品反映了冀东的生活风貌和各色人物，形象鲜明，语言生动，具有浓郁的地方色彩，不仅为评剧文学奠定了基础，而且对评剧风格的形成起到了重要作用。李大钊在看成兆才剧班

成兆才

演出《花为媒》后题词："似戏非戏，改良评戏。评古论今，比戏出奇。"

3. 宋之的揭露国民党腐败政治的力作《雾重庆》

宋之的是中国现代文学史上著名的剧作家，唐山丰润人，有剧本40部。1935年发表处女剧作《罪犯》（又名《谁之罪》），初显戏剧创作才能。1937年创作《武则天》，集中描写了"在传统的封建社会下——也就是男性中心社会下，一个女性的反抗与挣扎"，崭新的题材处理、鲜明的人物个性，使该剧在上海上演两月不衰，奠定了在剧坛的地位。1940年发表《雾重庆》，是抗战时期著名的剧作，通过流亡学生的沉沦，描绘了一幅国民党统治区阴冷、污浊的社会图景，是最早揭露国民党腐败政治的力作。全剧结构工巧，人物生动，语言机敏，给人以自然成戏的艺术美感，体现了作者质朴、练达的艺术特色。1948年发表的代表作《群猴》，对国民党国民代表大会代表竞选丑行进行了辛辣的嘲弄，表现了超群的讽刺艺术才华。新中国成立后，50年代创作话剧《保卫和平》荣获第一届全国话剧观摩演出会剧本二等奖。

4. 爱国主义教材式电影《平原游击队》、《小兵张嘎》、《冲破黎明前的黑暗》

河北籍当代作家邢野创作的《平原游击队》、徐光耀创作的《小兵张嘎》、傅铎创作的《冲破黎明前的黑暗》是人们耳熟能详、影响巨大、至今仍被反复翻拍的爱国主义的教材式电影剧本。《平原游击队》是由20世纪50年代初期邢野创作的多幕话剧《游击队长》改编而来，塑造了李向阳深入敌后、抗击日寇的光彩照人的英雄形象；电影荣获1956年全国电影评奖金质奖章，先后发行到60多个国家。《小兵张嘎》于1964年由同名小说改编而成，描写冀中白洋淀地区的抗战生活，其中，少年英雄张嘎子的形象被塑造得有血有肉、生动感人，深受几代人的喜爱。傅铎20世纪50年代以话剧和电影《冲破黎明前的黑暗》享誉全国，其代表作13场歌剧《雪秀鸾》当时也很有影响。

5. 时代色彩浓重的话剧《青松岭》、《战洪图》及同名电影

《战洪图》和《青松岭》均为上世纪60年代前期河北剧作家创作的话剧剧本，前者鲁速执笔，

《战洪图》

《青松岭》

《宝莲灯》

后者张仲朋执笔，在中国话剧舞台上影响较大，都带有浓重的时代色彩。《战洪图》描写1963年海河地区发生百年未遇的洪水，冀家庄大队党支部从保卫天津市和津浦铁路大局出发，克服本位主义，战胜破坏活动，夺得抗洪救灾胜利的故事。《青松岭》写坚持走社会主义道路的老贫农张万山，在党的支持下，办赶车训练班，与暗藏的破坏分子斗争的故事。1964年，两剧参加"华北区话剧、歌剧观摩演出会"，剧坛普遍认为作品"气势磅礴，振奋人心，洋溢着革命浪漫主义精神"。刘少奇观看了《战洪图》的演出并接见全体演员。1973年两剧被搬上银幕，成为当时家喻户晓的电影作品。

6. 传统戏剧电影艺术片《宝莲灯》和《哪吒》

由河北当代戏曲剧作家王昌言任编剧的《宝莲灯》和《哪吒》在中国当代戏曲舞台上有一定的影响，成为有代表性的河北梆子保留剧目。《宝莲灯》写三圣母与民医刘彦昌相爱成婚，生子沉香，二郎神横加干涉，盗走宝莲灯将圣母压在华山之下，15年后沉香学得武艺劈山救母，宝莲灯重放光明的神话传说。《哪吒》写哪吒为救百姓孤身闯海战水族、降恶龙，终为百姓争得风调雨顺、五谷丰登的幸福生活的故事。两剧在河北及京、津等地常演不衰，并于1976年、1982年摄制成舞台电影艺术片，受到全国观众的好评。

7. 新时期河北影视剧创作

改革开放之初，河北影视工作者在全国影视剧全面复苏的时代背景下，创作生产出一批思想性、艺术性和观赏性较好的电影电视剧作品。1978年，河北首部电视剧《悔恨》诞生。1979年，电视剧《女友》在河北电视台播出，好评如潮，获全国首届优秀电视剧评奖（飞天奖的前身）。1987年，河北电影制片厂、河北科教电影制片厂与河北电视台电视剧制作中心合并成立河北电影电视剧制作中心。1988年，电视连续剧《野店》获第九届飞天奖。之后，《苍生》、《誓言》、《黑脸》等佳作相继涌现，《孔雀胆》、《钟馗》、《三看御妹》等戏曲电视剧崭露头角。1991年，儿童电视连续剧《少年毛泽东》，连获飞天奖、五个一工程奖、金鹰奖以及全国电影厂电视剧评比一等奖。近年来，电视连续剧《征服》、《关汉卿传奇》、《神医喜来乐》、《当家的女人》、《五彩戏娃》、《镇长》、《苟慧生》、《为了新中国前进》、《马本斋》、《懿贵妃》等电视剧都取得了良好的收视效果。电影方面，1982年，省文化局筹建河北电影制片厂，并与北京电影制片厂合作完成第一部彩色宽银幕影片《哪吒》。1983年，拍摄彩色故事片《嫁不出去的姑娘》，取得很大反响。1991年的《后会有期》、1992年的《远山姐弟》、1999年的《欢舞》，以及相继拍摄的《钟馗》、《啼笑皆非》、《春打六九头》分获五个一工程奖、华表奖、童牛奖及亚广联颁发的奖项。2010年上映的《唐山大地震》更是成绩斐然，创造了骄人的票房记录。

《懿贵妃》

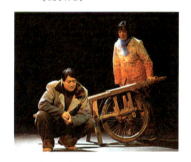

《女人》

8. 孙德民的戏剧创作及《班禅东行》

改革开放后，河北戏剧创作出现高潮，话剧《懿贵妃》、《班禅东行》，丝弦《瘸腿书记上山》，唐剧《乡里乡亲》，评剧《水墙》，晋剧《天女与战神》，河北梆子《美狄亚》等均成为享誉当

《嫁不出去的姑娘》

代中国剧坛的剧目。其中，剧作家孙德民的戏剧创作引人注目。20世纪80年代，其创作的《懿贵妃》和民族历史剧《班禅东行》在北京、香港等地引起轰动；前者被中央电视台拍成电视剧，后者被长春电影制片厂摄制为故事片。演员蒋宝英因成功出演《懿贵妃》而荣获全国第一届"梅花奖"。此后，孙德民又相继创作出《苍生》、《女人》、《十三世达赖喇嘛》、《这里一片绿色》等话剧剧本，获得了一次又一次的成功。人称《女人》具备"强烈的时代精神，血肉丰满的人物形象，撼人心灵的主题意蕴"。《十三世达赖喇嘛》以"宏伟的气势，曲折的情节，凝重的历史感"取胜。他所领导的承德话剧团于1994年9月国务院召开的第二次民族团结进步表彰大会上荣获"民族团结进步先进集体"，是唯一受表彰的艺术表演团体。孙德民本人于1995年12月获得"河北文艺振兴奖"最高奖励——"关汉卿奖"。

9. 改革中前进的大厂评剧团

始建于1974年，是个只有60来名演职员的县级剧团。多年以来，坚持以改革求发展、以艺术求生存，走出了一条"出人、出戏、出效益"的改革之路。他们常年坚持面向基层、面向农村、服务农民。每年下乡演出多达400场，观众上千万人次。为方便广大农民看戏，他们研制了新型流动舞台，深受广大农民观众的欢迎。先后创演了八台大型现代戏，如《嫁不出去的姑娘》、《水墙》、《男妇女主任》等，被称为是"一桌菜两家吃，城市、农村都喜欢"。其中三台获全国剧目一等奖，五台获省、全国演出超百场奖，三台被拍成了电影，三台拍成了电视剧。《水墙》同时获中宣部五个一工程奖、文化部文华奖、中国曹禺戏剧文学奖。剧团创演近40个小品，其中《大年三十儿吃饺子》、《老伴儿 老伴儿》、《刘巧儿新传》、《卫士》等在中央电视台春节联欢晚会、《综艺大观》等栏目中播出。《老伴儿 老伴儿》、《生生死死》、《半夜猫叫》分别获全国小品大赛一等奖、中国曹禺戏剧文学奖。曾先后八次受到中宣部、中组部和文化部表彰奖励，荣获"全国扎根基层模范剧团"、"为人民服务先进剧团"、"全国三下乡先进剧团"等称号，被誉为全国文化战线的一面旗帜，文化体制改革的先锋。剧团团长赵德平，曾担任《嫁不出去的姑娘》、《男妇女主任》等多部影视作品的编剧，创作了《吃饺子》、《夸七爷》、《特殊邀请》等众多作品，多次荣获国家级大奖，一度被称为"赵德平现象"。

（五）曲艺剧种

1. 河北大地剧种众多、分布广泛

在河北曾经流行和正在流行的剧种有30多个，其中河北土生土长的有26个。目前全省共有专业剧团约200个，从业人员约15000多名。对中国戏曲艺术或对本剧种发展贡献较大、较有影响的演员有近百人。其中有的剧种驰名国内外，在中国戏曲发展史上拥有较高的地位，如北昆、高腔、河北梆子、评剧。另外，保定老调、丝弦戏、西河大鼓、乐亭大鼓、梨花大鼓、木板大鼓、竹板书、哈哈腔、平调、落子、乱弹、西调、四股弦、淮调、定县秧歌、隆尧秧歌、蔚县秧歌以及保定一带的横歧调、上四调、新颖调，1959年产生的唐剧等也流行于某一地域，京剧、豫剧、晋剧、二人台等在河北有广泛的基础，涌现出许多大师、名家，使河北成为剧种繁多的省份。

2. 北昆及高腔

是河北最古老的两个剧种，均源自南方。明末清初传到北方的昆曲与弋腔，由于长期在河北民间演出，与当地语言结合而逐渐形成新的昆、弋支派。因艺人多为高阳和安新一带人，故又称高

戏曲表演

阳昆腔和高阳高腔（活动在北京的则称京腔）。1917年，王益友、韩世昌、侯益隆、陶显庭、郝振基等组成"荣庆班"到京演出，曾一度使昆曲在京复兴。由于唱、白用北方语言，表演开朗粗犷，形成独特的风格。剧目以历史戏和武打戏最具特色，如《安天会》、《夜奔》、《麒麟阁》、《探庄》等。解放前夕，已濒绝响，1957年，在京建立北方昆剧院，并陆续排演了《红霞》等新戏，使其得以保留下来。高腔在清康熙、乾隆之际曾盛极一时，民间班社林立，人民喜闻乐见，就连清王朝军事操练、出征班师、野外狩猎乃至节日、寿庆等几乎都要演出。当时王公大臣甚至宫廷之中都有班社，据说极盛时上演剧目有150多个，经常上演者有30余出。但因音高调单，渐失观众，已近绝响，如今仅民间花会还保留部分节目及演唱。

3. 河北梆子

河北梆子

保定老调

大约诞生于1820～1850年之间，也叫京梆子、秦腔和山陕梆子，系由清乾隆年间先后传入河北的秦腔和山西梆子演变而成。到1880年左右，北至海参崴（今俄罗斯符拉迪沃斯托克）、伯力（今俄罗斯哈巴罗夫斯克），南至广州、福州，东至上海，西至乌鲁木齐，都有河北梆子班社的演出活动，是一个颇受大众喜爱的全国性大剧种，入选国家级非物质文化遗产名录。现流行于河北、北京、天津、内蒙古、东三省，及山东、河南部分地区。主奏乐器为板胡及笛子，唱腔高亢激越，悠扬婉转，具有浓厚的抒情韵味，善于表现慷慨悲壮的情绪，属板腔体。大慢板善于表现人物的抑郁、愁烦、缅怀，正调二六板如行云流水、从容舒展，反调二六板则哀怨缠绵、凄楚悱恻。传统剧目有500余出，《金水桥》、《杜十娘》、《蝴蝶杯》、《教子》等影响很大。清末民国初还编有时装戏近200个，可惜保存甚少。田际云、郭宝臣、侯俊山、魏连升、何景云、赵佩云（筱香水）、王莹仙（金钢钻）、刘喜奎等都是誉满河北及京、津、东北地区的著名演员。

4. 评剧

全国性的大剧种之一。起源于冀东，流布于东北、华北各省。清末民初，滦县人成兆才在民间莲花落的基础上，吸收京、梆、皮影及辽西"二人转"的唱法，始创"平腔梆子"，经"唐山落子"与"奉天落子"两个发展、补充阶段，于1924年定名为评剧。以通俗易懂的语言、音乐形式及浓郁的冀东乡土气息，广受观众的欢迎，在京、津、沪等大城市及广大北方农村有着很庞大的观众群体。唱腔朴素、生动、诙谐、细腻，以"三小"行当为主，多表现底层民众的生活状态及愿望，富有浓郁的生活气息及现实感。演出过的剧目有500余出，传统剧目200出，如《杜十娘》、《开店》、《花为媒》、《王少安赶船》等。辛亥革命后，受民主思想与新文化思潮的影响，出现了许多表现当代生活的现代戏，如《杨三姐告状》、《爱国娇》、《枪毙驼龙》、《安重根刺伊藤博文》、《冤怨缘》等。新中国成立后，名家小白玉霜、新凤霞、韩少云等演出有《刘巧儿》、《小女婿》、《秦香莲》等。

5. 保定老调

迄今已有约二三百年的历史，脱胎于元、明年间流行于河北中部的民歌俗曲河西调，以大戏的形式出现后，成为擅演老生和黑红净行当的袍带戏。唱腔质朴健朗、高亢清婉，乡土气息浓郁。当地民间有"保定有宝，老调不老"、"做饭离不开锅灶，听戏离不开老调"之说。早期生行演员韩大仓（艺名霸州红）等前辈艺人开创了老调的先声；名老生周福才承前启后，立志改革，以《调寇》、《劝军》等剧目，把老调艺术推向一个新阶段。新中国成立后，新人辈出，表演和声腔艺术获得全新发展，特别是《潘杨讼》、《忠烈千秋》等拍成电影后，老调的影响扩展到了全国。

6. 丝弦戏

河北一个古老的地方剧种。金元明清时代，北曲三大摇篮之一的真定（今石家庄正定）曾经出现过大批著名杂剧作家，成为丝弦戏——古名"弦索腔"的摇篮和发展中心。清康熙年间，丝弦戏遍于束鹿闾里；乾隆年间，曾在北京向清王朝献艺。是由木偶剧转变为真人登台的剧种，表演既朴实、敦厚，又夸张、生动，有木偶动作的遗风，还有耍牙、耍碗、耍鞭、耍帽翅等特殊表演技巧。采用混合唱腔形式，除有《山坡羊》、《桂枝香》、《锁南枝》、《歌南子》等散曲外，还有官调与越调两种板式变化，以真声唱字，然后旋律向上大跳翻高，再用假声拖腔，旋律顺级下行，显得激越悠扬，慷慨奔放。流行地域东至献县、高阳、保定，南至邢台、沙河、广宗，北至山西繁峙、浑源、灵丘，西至和顺、昔阳、平定。剧目约500余出，既有反映民间情趣生活的小戏，也有宫廷袍带的大戏。著名演员有驰名太行山麓的"四红"：正定红刘魁显，赵州红何凤祥，获鹿（今鹿泉市）红王振全，平山红封广亭，以及花脸朱永米、须生张永甲和王永春、青衣花旦杜雷有等。解放后多次晋京演出，代表作有《武成王》、《空印盒》等，受到周恩来总理的赞扬。

7. 威县乱弹

始于明末，因起源于邢台威县而得名，国家级非物质文化遗产。明末清初，此曲系统的西调、西秦腔，随着"秦优"戏曲活动，传到枞阳、安庆等地，南北艺人合班融合，产生了"梆子乱弹腔"。乾隆年间，在威县和山东临清一带广为传播，称为河北乱弹，与昆曲、高腔、丝弦并称为河北"昆、高、丝、乱"四大剧种。清道光至同治年间，在民间衍变为东、西两路，东路流行于山东临清、夏津、聊城一带；西路流行于河北南部的临西、威县、清河、馆陶等地。后来，西路乱弹艺人到石家庄正定一带传艺，又将其传至藁城、元氏、赞皇。唱腔带有明显俗曲的痕迹，演唱近似丝弦腔，但更为浑厚、粗犷。分生、旦、净、丑四大行，表演古老浑朴、粗犷热烈。音乐采用"纯律"，唱腔与伴奏采用"支声复调"的多声部，每个声部在整体制约下独自进行，形成独特而微妙的对比效果，在中国戏曲声腔中是独一无二的。

8. 诗赋弦

起源于民间鼓子词曲，传播于廊坊固安、保定涿州众多村落。清光绪初年，直隶宛平朱家务村曲艺艺人贾万全（绰号贾三）和张家务落第书生朱广达首创"诗赋弦同乐会"，根据小说、鼓书段子、民间故事编排一些生活小戏，用清音坐唱形式自演自乐。初期有《小上坟》、《张德押宝》、《当琴》等剧目，唱腔用民歌曲调或稍加修饰，故事通俗明了，受到群众欢迎。1893年后，改清音坐唱为戏曲表演，增加、完善了"三小"（小生、小旦、小丑）的角色行当和文、武场音乐配器，逐步发展成为小剧种。先后传播到固安、涿州等地，并一度赴天津"天华景"和北平天桥小剧场演出。代表剧目有《苏落元》、《小姑贤》、《石栓丢锄》、《武松杀嫂》、《看瓜园》、《保长》、《穷人大翻身》等。

9. 河北皮影戏

又称"灯影戏"，是民间工艺美术与传统戏曲巧妙结合的产物。唐山皮影戏、冀南皮影戏、河间皮影戏、昌黎皮影戏作为子项目入选联合国"人类非物质文化遗产名录"，以其独特的唱腔、古朴的造型在中国皮影戏中占据重要位置。唐山皮影戏又称滦州影，以唱功见长，造型独特，迄今已有400多年的历史。影人用薄细驴皮制作而成，小巧玲珑，色彩艳丽，唱词以乐亭方言为基础，风格独特，深受当地群众的喜爱。昌黎皮影戏唱腔优美、造型独特、内涵丰富，在国内外享有很高的声誉，有人介绍："昌黎的皮影艺术，单就其刻制技艺而言，堪称美轮美奂，十二生肖图和京剧脸谱套系非常精美。"冀南皮影戏主要分布于河北南部的肥乡、成安、磁县等地，是中原皮影戏重要的流派，造型粗犷古朴，采用牛皮刻制，线条简练，许多地方不用刀刻，直接用彩绘，其雕、绘结合的形式明显带有宋代中原皮影"绘革"的遗风。河间皮影戏是冀中皮影戏的重要代表，在造型、剧

唐山皮影戏

西河大鼓

本、唱腔、演出等方面，体现着中国西部皮影的特征，与冀南皮影戏有着明显差异。

10. 西河大鼓

北方较为典型的鼓书暨鼓曲形式，又名西河调、河间大鼓。源于清中叶河北中部农村，流行于河北、山东、河南以及东北、西北部分地区。清道光年间，保定高阳艺人马三峰在木板大鼓和弦书的基础上吸取戏曲、民歌曲调加以改革，舍木板改用铁犁铧片，用三弦伴奏，奠定了西河大鼓的唱腔旋律。民初，一些艺人到天津演出，代表人物有史振林、王振元、王再堂、郝英吉等。这时名称尚未统一，有河间大鼓、梅花调、弦子书、大鼓书、西河调、木板大鼓等称谓。上世纪20年代，女艺人王讽咏在四海升平茶楼登台演出，由于该曲种的艺人多沿俗称西河的大清河入津，在书写海报时便将其定名为"西河大鼓"，沿用至今。主要伴奏乐器是三弦，演唱者右手执鼓键击鼓，左手操鸳鸯板，用方言演唱。语言大众化，富于表现力，说唱并重，长、中、短篇书目兼有。传统曲目有《太原府》、《劫刑车》、《三全镇》、《呼家将》以及建国后的《平原游击队》、《晋察冀小姑娘》等。1990年保定创作的《饮酒歌》获中国曲协主办的全国鼓曲二等奖，演员刘小梅获表演一等奖。

11. 乐亭大鼓

又名"乐亭调"，清中期在当地流行的"清平歌"、"乐亭腔"等民间说唱的基础上形成，是北方有代表性的曲艺鼓书暨鼓曲形式，流传于冀东、京、津及东北地区。相传1850年温荣始创于乐亭，与评戏、唐山皮影并称"冀东民间艺术的三朵花"。代表人物有陈际昌、王恩鸿、戚用武、韩香圃、靳文然、贾幼然等，以民国时期的韩香圃和靳文然最为著名。演出时一人站立自击鼓板说唱，另有人分持三弦等乐器伴奏，传统书目有《骂城》、《单刀赴会》、《拷红》、《杨家将》、《平原枪声》、《杨三姐》、《节振国》等。

12. 梨花大鼓

邢台地区独有的曲种之一。发源于山东、河北南部农村，曾叫"山东大鼓"，因早期演唱者手持犁铧片伴奏，得名犁铧大鼓，后谐音叫成梨花大鼓。一人演唱或二人对唱，用三弦、四胡伴奏。清嘉庆年间，威县王奎山、临西吕连山和李明山、清河徐靠山、临城冯云山，被称为梨花大鼓的"五大山"。植根于民间，多诉露民间疾苦和表现农家故事，风格朴实，富有浓郁的乡土气息。曲调高昂，说、唱、道、白兼备，叙事抒情交融。传统书目有《包公案》、《海公案》、《西厢记》等。1958年曾受到周恩来总理的亲切接见。1980年演出的《广场思亲》荣获全国优秀曲目奖。

13. 木板大鼓

又名"鼓子快书"，河北中部地区流行的曲种，产生年代不详。吸收了冀中民歌及当地做买卖"吆喝"等曲调发展而来，初在石家庄深泽、无极、藁城及冀中农村流行，后流传到北京、天津、保定等城市，山西、河南等省也有类似的形式。唱词通俗易懂，唱腔简练有力，富有朴实、活泼的地方色彩。演唱时可以单口，也可以对唱，伴奏只用木板和一面小鼓，不用其他乐器。传统曲目有《响马传》、《拴娃娃》、《王二姐思夫》等。

14. 竹板书

又名毛竹板书、竹板快书，俗称"大落子"、"京口落子"，是河北流行较广的曲种之一。由明清时期的"数来宝"、"莲花落"等说唱艺术发展而来，初为乞丐沿街乞讨时演唱，清末民初作为艺术形式出现。上世纪40年代，由沧州南皮艺人张福堂、尹福盛、王来恩等传入山东。形式简单，表现力丰富，有头板、大按板、二按板、苦相思、流星赶月、垛子板、花板、快板等众多板头和俏腔，随情节的变化灵活运用。传统篇目有《武松传》、《左连城告状》、《白绫扇》、《王定保借当》等。省曲艺团演员常志等编演的《夸家乡》，饱含激情，生动活泼，寓庄于谐，颇受好评。

15. 永年小曲

也称永年正里小曲，始兴于明代初期，流传于邯郸永年，是当地群众在生产生活中创造、反映真实感情和生存状况的民间歌舞形式。融民歌小调、舞蹈于一体，蕴含有大量当地民间原始戏曲的

河北吹歌

屈家营音乐会

元素，采取"歌舞演故事"的方式，是研究中国戏曲形成发展的重要素材。基本曲目有100多出，常演的60多出，有人物，有情节，既叙事又抒情，结构严谨，表演细腻。表演者多为一生一旦，唱腔旋律优美，朴素自然，通俗易懂，具有浓郁的生活气息，符合普通百姓的审美情趣。上世纪70年代末，经过整理改编的《四辈和玉妹》曾参加国庆30周年献礼演出。

16. 河北吹歌

流行于保定徐水、定州、安国，衡水安平，沧州沧县及唐山一些地区的吹打乐，曲目大多为民歌和戏曲唱腔，以吹管乐器为主，故称"吹歌"。各地有不少吹歌会、吹管会、吹鼓乐、安乐会等班社，以定州子位村吹歌会和徐水迁民庄吹歌会最为知名。大约有200多年历史，一部分为僧人道家在祭祀、打醮、迎神、送殡时演奏；也有亦农亦艺的班社，常为婚丧喜庆和过年过节时演奏。曲牌有《放驴》、《小二番》、《小开门》、《八板》等；僧道用曲目有《焚香偈》、《聚魂祭》、《五供养》等；常采用河北梆子、京剧、评剧、哈哈腔、柳子调等一些传统唱腔。

17. 屈家营音乐会

屈家营村位于廊坊固安，音乐会属于民间笙管乐，源于元明之际的寺院佛教音乐，既有北方音乐的古朴粗犷，又有南方音乐的婉转清幽，主要用于祭祀和丧葬礼仪。乐队有24名和12名乐手之分，现存有《玉芙蓉》等13支套曲、《金字经》等七支大板曲、《五圣佛》等20多支小曲和一套打击乐。通过口传心授的方式传承，曲目丰富，乐谱完整，乐器多样，在寺庙音乐与民间音乐交融方面有一定的研究价值。

18. 阳原竹林寺寺庙音乐

张家口阳原竹林寺建于明万历年间，三教合一，且信民间宗教。从乐本、经卷中看出，当时音乐已成雏形，以道为主、道佛共融。《阳原县志》载：阳原佛教始于汉代、兴于六朝，道教则起源更早，其寺庙音乐源远流长。民国初，出现"三元义鼓乐班"，由于名气大，当地把寺庙鼓乐班也泛称为"三元义"。技艺主要是口授传承，也有拜师学艺。一般由六至八人组成班子，班主担任指挥，以吹奏乐为主，弦乐伴奏，打击乐掌控节奏、烘托气氛。有行乐和坐乐两种表演形式，表演时乐手身披道袍、头顶道冠，乐曲幽思悲壮，给人以威严肃穆之感。为河北省非物质文化遗产保护项目。

19. 二人台

起源于清朝咸丰、同治年间，流行于河北坝上及山西、陕西、内蒙古的部分地区，俗称"双玩意儿"，也叫"蹦蹦"、"平地楼"。人们耳熟能详的《走西口》、《五哥放羊》等民歌就出自"二人台"。因表演多采用一丑一旦的形式，所以叫二人台。2006年被列入第一批国家级非物质文化遗产名录。分为东西两路，流行于张家口坝上地区的属东路，受汉族文化影响较深，道具有手帕、折扇、霸王鞭，伴奏有笛子、四胡、扬琴、四块瓦（或梆子）。早期多为小曲，如《红云》、《十段锦》、《十对花》等；民国后，音乐、表演和服饰有所创新，从民歌中汲取素材，加以改编，形成了载歌载舞的"火爆曲子"（又称"带鞭戏"）和重唱工、做工的"硬码戏"。舞蹈程式有"大圆场"、"大半月儿"、"套月儿"、"风旋门"、"大十字"、"蜂儿扑瓜"等；旦角有一种叫做"打闪"的动作，为其他剧种所罕见。抗日战争时期，张

阳原竹林寺寺庙音乐

二人台

戏曲表演

家口地区出现职业班社。新中国成立后，张家口张北、沽源、尚义、康保相继建立了二人台专业演出团体和艺术学校。代表剧目有《走西口》、《小尼姑思凡》、《挂红灯》、《小放牛》、《摘花椒》等，以及用蒙汉两种语言"风搅雪"形式表演的曲目《阿拉奔花》等。近年编创了反映历史题材和现代生活的新剧目，如《方四姐》、《闹元宵》、《杨柳青青》、《烽火衣》等。

20. 京昆表演艺术名家辈出

由于地理位置及文化底蕴等方面的原因，河北京昆表演艺术名家辈出，涌现出许多享誉全国的大师级人物，对推进近代京昆艺术的发展做出了杰出的贡献。京剧"四大名旦"中有两位为河北籍，尚小云祖籍邢台南宫，擅长塑造古代巾帼英雄，表演风格刚劲婀娜，唱腔宽厚明亮，起伏跌宕；荀慧生是沧州东光人，唱腔和表演对京剧旧程式有较大的突破，表演风格活泼多姿，唱腔清丽委婉。被誉为"活武松"的盖叫天（原名张英杰）祖籍保定高阳，是京剧"盖派"武生艺术的创始人。京剧名家姜妙香（沧州献县人）长期与梅兰芳合作，饰演小生角色。京剧表演艺术家李少春（廊坊霸州人）文武兼备，塑造《野猪林》中的林冲、现代戏《白毛女》中的杨白劳等形象给观众留下了深刻的印象。京剧名净郝寿臣（廊坊香河人）和昆曲名净侯玉山（保定高阳人）在艺坛上同驰并骋。昆曲艺术家韩世昌（保定高阳人）、白云生（保定安新人）、侯永奎（衡水饶阳人）对继承和发展昆剧艺术贡献颇多。另外，著名青衣赵燕侠（祖籍河北武清），被誉为"活猴"、"活关羽"的李万春（保定雄县人），京剧武生张世麟（廊坊文安人），京剧刀马旦张美娟（保定人），著名京剧女演员、戏曲作家金素秋（沧州河间人）以及尚长荣（邢台南宫人）、耿其昌（衡水人）、张建国（石家庄晋州人）、李胜素（邢台柏乡）等都是河北人。

21. 地方剧种绚丽多姿

河北较大的地方剧种有评剧、河北梆子、保定老调、豫剧等，各剧种的名家名角多为河北人。评剧"四大名旦"中，白玉霜、张丽云、刘翠霞三位都是河北人，另外还有魏荣元（唐山丰润人）、小白玉霜（唐山滦县人）、鲜灵霞（廊坊文安人）、花淑兰（唐山人）等，扬名评剧艺坛。河北梆子奠基者之一的田际云（保定高阳人）不仅是优秀的演员，还是一位戏剧活动家；女演员贾桂兰（邢台宁晋人）唱腔委婉，代表剧目《蝴蝶杯》被拍成电影；女须生王玉馨（保定安新人）嗓音宏亮，身段洒脱。邯郸东风豫剧团勇于创新，1959年毛泽东观看了剧团演出的《穆桂英挂帅》，亲自安排其参加庆祝新中国成立10周年的演出活动，剧团中胡小凤、牛淑贤是非常有影响的演员。其他剧种，如老调的周福才、丝弦的王永春、皮影戏的齐永衡等，都为各自剧种的发展做出了重要贡献。

22. 京剧"老生三杰"张二奎

1814年出生，衡水县（今衡水桃城区）人。自幼好戏，很快成名，出任"四喜班"主演和领

戏曲表演

奚啸伯

班人。嗓音宏亮，音调铿锵，气韵坚实，颠簸不破。在演唱、念白的处理上，吸收了北京语音的一些特点，时称"京派"或"奎派"。擅长的角色有《金水桥》中的李世民、《回龙阁》中的薛平贵、《打金枝》中的郭子仪、《探母》中的杨延辉、《捉放曹》中的陈宫等。不仅唱工见长，而且作功气派，与余三胜、程长庚被咸丰皇帝并称"老生三杰"。自立"双奎"戏班，并当选为精忠庙会首，寓号"忠恕堂"，同治年间名伶俞菊笙、杨月楼均为"忠恕堂"弟子。

23. 京剧"奚派"创始人奚啸伯

1910年生于满清贵族之家。青年时常出入北京票房，1929年正式登台，工老生，宗谭派，得言菊朋、余叔岩赏识，先后辅佐杨小楼、尚和玉、尚小云、梅兰芳等，自组"忠信社"，与张君秋、侯玉兰等合作。他缺乏幼功训练，但刻苦自励，认真实践，博采众长，融会贯通，终享盛名。表演上着重刻画人物，唱功上长于喷口吐字，讲究口劲，特别对京剧老生"衣欺辙"的运用有系统研究。著名戏曲学家徐慕云形容他演唱有"洞箫之美"。代表作有《白帝城》、《宝莲灯》、《清官册》、《苏武牧羊》、《法门寺》等；新中国成立后上

赵燕侠

演新戏《范进中举》，现代剧《白毛女》、《红云崖》等，颇获好评。1962年任石家庄地区京剧团副团长。知识渊博，多才多艺，历史、文学、书法素养极高，当代书法家欧阳中石是其入室弟子。

24. 梨园女子赵燕侠与"阿庆嫂"

原籍河北武清，生于"梨园世家"。幼年随父赵小楼（武生演员）搭班唱戏，辗转于江南。14岁到北京，拜诸如香、荀慧生为师。由于家教甚严，从小养成坚强正直的秉性。勤学苦练，技

艺全面，戏路很宽，青衣、花旦、刀马旦、文武小生等多种行当和角色都能演，善于从剧中人物出发，在继承传统的基础上突破程式、行当界限，塑造出一系列个性鲜明的艺术形象。上世纪60年代，在现代京剧《芦荡火种》（后名《沙家浜》）中扮演阿庆嫂，为实现传统艺术与革命内容相统一做出了贡献。"文化大革命"中遭受迫害，动乱结束后重返舞台，塑造角色，培养新人。著名美术家刘海粟书赠"赵燕侠侠骨，艺峰雪莲"，赞誉她德艺双馨的品格。

李万春

25. 京剧艺术家李万春

保定雄县人，老生戏、武生戏、红净戏都有很高的造诣。7岁时即在上海登台唱《珠帘寨》、《战马超》，与荀慧生合演《三戏白牡丹》，被当时戏曲界誉为"童伶奇才"。19岁随京剧大师梅兰芳在上海演出。1932年自组"永春社"，演出于京、津、沪以及青岛、武汉、东北各地，深受群众欢迎。念白吞吐有力，身段漂亮利落，长靠、短打、箭衣戏及猴戏、关羽戏都颇有功力。成名后仍师事杨小楼，得益匪浅。勇于改革，对老戏中的唱词、念白、表演多有突破，对艺术精益求精。

贾桂兰

26. 河北梆子表演艺术家、教育家贾桂兰

廊坊人，艺名小金钢钻。自幼师从张吉祥、杨桂亭，11岁登台演出，以高远激越、委婉细腻的唱腔和朴实大方、优美动情的表演征服观众。1947年石家庄解放，率先组织梆子班社开展慰问活动，后组建河北梆子剧团，参加解放军12大队和华北评剧院，到西柏坡为党中央及军队演出。经其努力及出色的表演，使当时行将失传的河北梆子在冀中大地重现生机。她饰演青衣、花旦、闺门旦均出类拔萃，代表作《花田错》、《翠屏山》、《拾万金》、《哭长城》等各具特色，特别是《杜十娘》经过多年加工，日臻完美，专家评价："演唱的民族风格鲜明、大方、刚强，有激情，颇

具个性。"为培养新人，在河北省戏曲学校成立后，毅然离开舞台，从事教育工作，著名演员张淑敏、齐花坦、路翠阁、阎春花、刘玉仙等都是她的学生。

27. "女武生"裴艳玲

1948年生于沧州肃宁，戏剧表演艺术家，兼工河北梆子和京剧、昆曲，以擅演女武生而闻名全国。受家庭熏陶，五岁便登台扮演《金水桥》中的秦英，被认为是武生的好苗子。后拜李崇帅

为师，开蒙授艺，刻苦训练，功夫超群。10岁挂牌唱大轴，一次曾在《伐东吴》中兼扮黄忠、刘备、关兴、赵云四个角色，一时传为佳话。1960年后，先后师从郭景春、崔盛斌、茹富兰、李少春，广收博采，戏路宽泛，技艺精进。在《宝莲灯》中饰演的沉香，雄姿英武，仪态非凡。"文化大革命"曾一度中断演出，改革开放后先后在《红灯照》、《反杞城》、《南北合》以及几个现代戏中担任主角。主演的《宝莲灯》、《哪吒》、《钟馗》被拍成电影，以《林冲夜奔》、《南北和》、《钟馗》、《武松》两次荣获中国戏剧"梅花奖"，有"活钟馗"、"活武松"之称。获全国戏曲观摩演出"主演特别奖"，主演电影《人·鬼·情》两次获得国际大奖。多次率团赴上海、香港、台湾以及新加坡、日本、希腊、意大利、丹麦、法国等地演出、讲学，所到之处刮起一阵阵"裴艳玲旋风"。

戏曲表演艺术家裴艳玲

（六）书法绘画

《游春图》

1. "唐画之祖"展子虔的《游春图》

北周末隋初的杰出画家，渤海（今沧州河间）人。曾在洛阳、长安、扬州等地寺院中画过许多壁画，人物、山水及杂画，几乎无所不能。画人物线条细致，用色晕染面部，神采意度极为深致。画马入神，立马有走势，卧马则腹有腾骧起跃之势。最擅长山水，达到极高的境界，直接开启了唐代画家李思训、李昭道父子金碧山水之先河，被后世誉为"唐画之祖"。所画《游春图》为传世之作，也是我国现存最早的卷轴画。画面山川辽阔，谷幽林深，人们或策马纵游或停立赏景，生动地描绘出众人纵情山水的欢乐景象。画前有宋徽宗赵佶的题签，现存故宫博物院。美术史家称他与顾恺之、陆探微、张僧繇为唐以前杰出的"四大画家"。

2. 卢鸿的《草堂十志图》

唐代范阳（今属保定涿州）人，博学，工书画，山水树石，得平远之趣；笔意位置，清气袭人，与王维相仿。有《草堂十志图》传世，描绘他隐居之所的景物，构图丰满，山石树木造型严谨，用笔挺劲，人物栩栩如生。

3. 胡瓌的《卓歇图》

五代慎州（今保定涿州）人，善画人物、战马，骨骼体状，富于精神。相传有《啖鹰图》、《阴山七骑》、《下程》、《捉马》、《射雕》等画传世。现有绢本设色长卷《卓歇图》藏于北京故宫博物院。生动地描绘了当时北方游牧民族部落酋长和他的骑士们打猎后休憩的情景，"卓歇"即支起帐篷休息的意思。清代阮元《石渠随笔》评述，其画与王安石"涿州沙上饮盘桓，看舞春风小契丹"的诗句相映成趣。画卷虽繁富细巧、用笔清劲、细入毫芒，但气度精神，富有筋骨，有很高的艺术水准。

4. 许道宁及《渔父图》

北宋著名山水画家，河间（今属沧州）人，擅画林木、山峦、野水，有"峰峦峭拔，林木劲硬"、"山水清润、高秀浓纤得法，不愧前人"的效果，笔墨简快，风度益著，皆造其妙。好醉后作画，人称"醉许"。黄庭坚很欣赏他的意境，曾写《答王道济寺丞观许道宁山水图》诗文，描述他醉中作画的神情举止及高超画技。宰相张士逊赞其画："李成诗世范宽死，唯有长安许道宁。"北宋《宣和画谱》收录了他130多件画作，《雪溪渔父图》是其代表作，表现山峦溪谷交错的北方山野、壁立陡峭的山势和曲折迂回的溪水，使得构图富于变化，丰富微妙的水墨运用彰显清幽开旷的境界，现存于美国纳尔逊艺术博物馆。其他存世作品还有存于台北故宫博物院的《关山密雪图》、《雪山楼观图》，存于日本都友邻馆的《秋山萧寺图》以及《幽林樵隐图》等。

胡壤的《卓歇图》

赵佶的花鸟画

赵伯驹的《江山秋色图》

5. 书画家皇帝赵佶

即宋徽宗，祖籍涿郡（今属保定），宋代著名的画家、书法家、书画鉴赏家。倡导书法、绘画，选拔人才进书画院，并组织编撰《宣和书谱》、《宣和画谱》。《宣和画谱》收入各种绘画6396件，对古画的传承与发展颇有贡献。其所画山水、人物、花鸟、竹石，无不精工极妍，刻画入微，善于体物传情，工笔花鸟画最为出色。后人品评："妙体众形，兼备六法，独于翎毛，尤为注意，多以生漆点睛，隐然豆许，高出纸素，几欲活动。"所画禽鸟活灵活现，栩栩如生，具有很强的表现力和"画写物外形，要物形不改"的风格。存世作品较多，有《芙蓉锦鸡图》、《红蓼水禽图》、《柳鸦图》、《腊梅山禽图》、《雪江归棹图》等。

6. 北宋宗室书画家赵令穰

宋太祖赵匡胤的五世孙，与弟赵令松、子赵伯驹同为宋代著名画家。工山水、花果、翎毛，笔致秀丽，尤长金碧山水，兼工草书，且富于文学修养。其山水画多作小轴，以清丽见长，笔法柔润，雪景类似王维，汀渚水鸟，有江湖意趣。存世作品有《湖庄清夏图》，现藏美国波士顿美术馆；《江村秋晓图》卷，现藏美国纽约大都会博物馆；《橙黄橘绿图》册页，现藏台北故宫博物院。与赵佶（宋徽宗）、苏轼、米芾交游，切磋画艺。黄庭坚题其所画《芦雁》云："挥毫不作小池塘，芦荻江村落雁行。虽有珠帘藏翡翠，不忘烟雨罩鸳鸯。"又题其《小景》："年来频作江湖梦，对此身疑在故山。"

7. 赵伯驹及《江山秋色图》

赵令穰之子，南宋著名画家，擅长青绿山水、楼台界画，兼工花卉翎毛，亦长于人物。敷色瑰丽，笔法纤细，直如牛毛，细丽巧整，建南宋画院的新帜。传世作品有《江山秋色图》、《仙山楼阁图》、《岳阳楼图》、《滕王阁图》、《楼阁山水图》等。《江山秋色图》描绘深秋辽阔的山川郊野，山势纵横、重峦叠嶂、青山绿水、烟云舒卷、鸣泉飞瀑、水阁长桥、栈道回廊、苍松翠柏、

赵伯骕的《番骑猎归图》

赵孟頫作品

刘贯道作品

杂花修竹，点缀以舟车人马，将大自然的生机盎然跃然纸上，表现出深刻观察与概括能力，有很高的艺术价值。宋高宗极其爱重，曾命他画集英殿屏风。

8. 赵伯骕的《万松金阙图》、《番骑猎归图》

南宋画家，赵伯驹之弟，擅人物、精界画、工设色、长于花鸟，敷染轻盈，颇有生意。宋曹勋《松隐集》评价："博涉书史，皆妙于丹青，以萧散高迈之气，见于毫素。"传世作品《万松金阙图》绢本设色，现藏于北京故宫博物院。画春山茂树，长松天骄，山巅微露，琼楼金阙；明月东升照耀辉映，景色分外清明秀丽。所画青绿山水，紧密而不纤弱，有雄伟之概，却无粗疏之弊，将简洁单纯和精细入微作巧妙的结合。卷尾有赵孟頫题跋，倪瓒、张绅题记，清《墨缘汇观》、《大观录》著录。《番骑猎归图》册页纸本设色，现藏于北京故宫博物院。描绘番人狩猎归来的愉悦轻松神情和马匹尽显疲态的场景，画中人、马及饰物刻画详细，用笔工整，表现出不同的质感。

9. 赵孟坚的花鸟画

宋宗室，南宋画家，擅梅、兰、竹、石，尤精白描水仙。其画注意书法与画法的结合，极尽写意之能事，多用水墨，用笔劲利流畅，淡墨微染，风格秀雅，代表宋末文人画的艺术特色。传世作品有《墨水仙卷》、《岁寒三友图》、《墨兰图》等，另有书法墨迹《自书诗卷》，著作《彝斋文编》四卷。

10.书画大家赵孟頫

宋宗室，元代著名画家、书法家，"颜柳欧赵"楷书四大家之一，在中国书画史上具有很高地位。画风工整、豪放，促进元代绘画的发展，是一位应时而起的领导人物，山水、人、马、花木竹石都极其精到。在绘画理论上，强调书画的相互关系，"书画本来同"，主张将书法用到画法上。后人言："文人画起自东坡，至松雪敞开大门。"赵孟頫的号是松雪道人。传世作品有《重汉叠嶂图》卷（在台湾）、《双松平远图》卷（在美国）、《鹊华秋色图》卷（在台湾）、《秋郊饮马图》卷（在北京故宫博物院）、《红衣罗汉》图卷（在东北）及《人骑图》。画面人物雍和、意态从容，马的神态生动，很有韵味。

11. 擅画人物的刘贯道

元代画家，中山（今保定定州）人，擅画人物、道释，意态生动自然，惟妙惟肖。传世作品《忽必烈出猎图》，绢本设色，画中忽必烈穿白裘跨青骢，从者九人，猎于广漠，藏于台北故宫博物院；《消夏图》卷，绢本设色，描绘士大夫独卧榻上的闲逸生活，意态舒畅，笔法劲健，形象刻画和环境布置巧妙，画中有画，甚为别致，藏于美国纳尔逊艾金斯博物馆；《梦蝶图》卷，绢本设色，藏于美国私人怀云楼；《积雪图》轴，绢本水墨，图录于《故宫书画集》。

12. 高松及《高松竹谱》、《高松菊谱》

明朝画家，文安（今属廊坊）人。擅画山水小景，并梅、菊、兰、松、墨竹，尤长双勾竹。编有《高松竹谱》、《高松菊谱》（不见传世），甚有影响。并工诗文、书法，真、草、篆、隶均长，著变化永字72法，《明画录》、《画史会要》、《图绘宝鉴》有记载。

13. 清代画家张赐宁

直隶沧州（今沧州沧县）人，号桂岩，能诗画，尤工山水花卉，皆入妙品。清代刘大观《玉磬山房诗集》中《赠张桂岩》诗云："张子笔端游墨龙，屈伸变化不可穷。其技胡为如此工？烟云在手书在胸。"山水画气魄沉雄，用笔爽健，雅近石涛，而不泥旧法，以气韵过人。花卉超逸，取明徐渭、清初朱耷之长，用笔潇洒，墨色淋漓，着色花卉独称绝技，与扬州八怪的罗聘齐名。并工诗文书法。传世作品有《秋山读书图》，图录于《艺苑真赏集》；《萱草竹石图》轴图录于《神州大观续编》；《南徐山色图》轴自识："嘉庆七年岁在壬戌夏四月，用北苑笔法写南徐山色。十三峰草堂张赐宁。"现藏扬州市博物馆；《万木权桠图》轴图录于《晋唐五代宋元明清书画集》。著有《黄花吟馆集》、《十三峰草堂诗草》。

14. 河北现代绘画名家辈出

河北拥有比较宏大的画家群体，现有中国美术家协会会员147人，中国美术家协会河北分会会员1640人。其中有革命战争年代中成长起来的画家，也有新中国成立以后成长起来的中青年画家，颇具影响的有：梁黄胄，即黄胄，保定蠡县人。中国美术家协会常务理事，曾任中国画研究院副院长，中国美术家协会河北分会名誉主席；早年从师赵望云，后取诸家之长，长期深入生活，获取大量生活形象和素材，人物画、毛驴、走兽、翎毛及速写均有很高的艺术水平，在国内外有较大影响；出版《黄胄画集》、《黄胄新作》、《百驴图》等。

赵望云，束鹿（今石家庄辛集）人。曾任中国美术家协会常务理事，中国美术家协会陕西分会主席；中国画取材于劳动者的生活和北方农村景色、祖国建设新貌，既有传统，又重生活，作品有强烈的时代特征和浓郁的生活气息，为西安画派的创始人之一，在中国画坛上有一定影响；有《赵望云画集》出版。

王雪涛，邯郸成安人。曾任中国美术家协会常务理事，北京画院院长。花鸟画受王梦白影响，兼取诸家之长，自成风格；造型准确，笔墨潇洒，色彩绚丽，在国内外有较大影响；出版《王雪涛画集》。

田辛甫，邯郸大名人。曾任中国美术家协会理事，中国美术家协会河北分会主席。曾主编《冀南画报》、《河北画报》、《河北美术》；写意花鸟从师于白寿章，取吴昌硕、齐白石诸家之长，晚年形成自己的风格，以葫芦、柿子、藤萝、芦雁见长，具有茁壮朴实的田园之趣；出版有《田辛甫画选》。

韩羽，山东聊城人。曾任中国美术家协会河北分会副主席。以漫画和戏剧人物画著名，戏剧人物画构思巧妙，造型夸张，笔墨有奇趣，能抓住剧情和人物的神态，深得国内外艺术家的称赞；由其担任人物造型设计的美术片《三个和尚》，荣获中国电影首届金鸡奖"最佳美术片奖"和国际第四届电影节银质奖。

清代画家张赐宁作品

王怀骐，北京人。曾任中国美术家协会河北分会主席。毕业于中央美院中国画系，以中国画和连环画见长；中国画从师于叶浅予、蒋兆和、李斛等；写意人物造型严谨，笔墨酣畅；创作的连环画《红旗谱》具有较高的艺术水平。

黄胄作品

另外，赵信芳的水粉画《雁翎队》，费正与齐捷合作的油画《胜利在前》，辛鹤江的年画《棉农来访》，魏奎仲的《淀上神兵》，谷照恩的《棉花医生》，韩喜增的《农乐图》，李红才、武海鹰的《为国争光》，宣道平、米春茂、张福祺的动物、花鸟画，龚定平的宣传画《优生良育》，李明久的中国画《瑞雪》，郭明堂的《山情》，李桂洮的《日头从坡上走过》，秦仲文的山水画和江枫的组画《晋冀鲁豫边区写生》，于金才的《苍岩山》，阎素的木刻《满门忠烈》，唐勇力、宁大明的人物画《高风亮节》，张志有的版画《他在那些日子里》，袁庆禄的《黄山喜遇》，董健生的《秋到山庄》，王天任的《故乡的秋》，李彦鹏的《石子系列》，杨忠义的《千里油龙》，李泉森的《李大钊画传》，贾书敏的漫画《等失主》，郭宝寨的雕塑《纺纱女》，王树生的《在震中的土地上》等，均为优秀美术作品，在全国有一定的影响。

王雪涛作品

韩羽作品

李世民

李世民书法《晋祠铭》

15. 古代书法家及著名碑帖

河北古代书法家很多，著名的有：东汉的崔瑗，涿郡安平（今属衡水）人，善章草，著有《草书势》；唐太宗李世民，祖籍巨鹿郡（今属邢台），善行书，所书《晋祠铭》首创以行书勒碑，著有《笔法诀》、《论书》、《指意》、《王羲之传论》等；唐代的李嗣真，邢州柏仁（今邢台隆尧西）人，著有《书后品》一卷；唐代的韩择木（韩愈的叔父，秦皇岛昌黎人）善八分（又称楷隶）及正书，《宣和书谱》评其"隶学之妙，惟蔡邕一人，择木乃能追其遗风，风流闲媚，世谓蔡邕中兴焉"，《金石录》称其正书笔法清劲可爱；唐代的卢携，范阳（今保定涿州）人，著有《临池诀》；唐代的李阳冰，祖籍赵郡（今石家庄赵县），工篆书，刊定《说文》30卷；元代的鲜于枢，德兴府（今张家口涿鹿）人，工楷、行、草书，尤以草书著名，与赵孟頫齐名。

河北古代碑帖相当丰富。从汉至清著名的碑帖有80多种，以汉、北朝、隋、唐、元代居多，分布地点以元氏、正定（今属石家庄）、曲阳（今属保定）最为集中，著名的有以下12种：《群臣上酬刻石》又名《娄山刻石》，于西汉文帝后元六年（公元前158年）刻，为西汉刻石中最早者。清杨兆璜于道光年间官广平时访得。篆书古劲，与秦刻石相埒，字径三寸余，左侧有北魏时人题名，左上下方有唐人题名。石存直隶永平（今秦皇岛卢龙）。《祀三公山碑》又名《常山相冯巡祀三公山碑》，俗名《大三公山碑》，清乾隆三十九年（1774年）于石家庄元氏城外访得，为东汉元初四年（117年）常山相冯巡所立。刻字10行，每行约20字，书法篆隶相兼，为篆向隶过渡之字体，纯古道厚，在书法史上颇有价值，邓石如篆书多从此出。《三公山碑》于东汉光和四年（181年）刻，原在元氏城角儿村八都神坛，1847年移至元氏文清书院。隶书24

行，每行40字。杨守敬《平碑记》云："字已细瘦，笔意不复可寻，而劲健之气自在。"《鲜于璜碑》于东汉延熹八年（165年）刻，1973年于河北武清高村发现，现存天津市历史博物馆，是我国建国后发现保存完整、存字较多的汉碑。碑额篆书题"汉故雁门太守鲜于君碑"，碑文为隶书，碑阳16行，每行35字，碑阴12行，每行25字，两面共827字，除个别字泐损外，皆清晰完好。字体方笔，与张迁碑相近，但较张迁碑宽扁丰厚，时间早21年，为汉隶中方笔流派之一，有很高的艺术水准。

《崔敬邕墓志》于北魏熙平二年（517年）刻，清康熙年间在直隶安平（今衡水安平）出土，楷书29行，每行29字，凡754字，原石已佚。此碑书法"意象开阔，落落自得"，有很高的艺术价值。

《刁遵墓志铭》于北魏熙平二年（517年）刻，清雍正年间在南皮（今属沧州）废寺址掘出，今石已佚。楷书28行，每行33字，此志书体转折回环，居然两晋风流，唐代书法家徐浩、颜真卿等皆胎息于此。《龙藏寺碑》于隋开皇六年（586年）刻，存石家庄正定隆兴寺内。张公礼撰文，楷书30行，每行50字，历来称隋碑第一。字体结构朴拙，用笔沉挚，给人以古拙幽深之感，在书学上影响颇大。《宋璟碑》于唐大历七年（772年）刻，颜真卿撰书，在邢台沙河。楷书，两面俱书27行，行52字，侧面7行，行50字，一侧10行，行70字。书法极异趣，具篆势，刚劲谨严，饶有古意，清翁方纲以为颜书第一，列入《唐碑选》中。《龙兴寺帝师胆巴碑》于元延祐三年（1316年）刻，赵孟頫撰书并篆额。在石家庄正定县。楷书，全文900余字，额18字，毫无损缺。笔法出自唐代李邕，古劲绝伦，现有真迹本影印。《快雪堂法帖》，清初涿州（今属保定）人冯铨撰刻，全五卷，其中诸帖大半由真迹摹出，镌手为铁笔名家刘光吻，故极为世人所重。乾隆（弘历）曾加御题，并建"快雪堂"嵌石其中。原石存北京。《秋碧堂帖》，清正定（今属石家庄）人梁清标撰刻，全八卷。梁善于收藏，故

《莲池书院法帖》　　《快雪堂法帖》

此帖全由真迹上石，刻手尤永福，镌刻亦精，可与《快雪堂法帖》媲美，为世所重。《莲池书院法帖》，清那彦成根据藏旧拓及保定莲池书院真迹摹刻，全六卷。第一卷《颜真卿多宝塔》、《褚遂良千字文》，第二卷至六卷为怀素、陈继儒、董其昌，及清康熙、乾隆、咸丰三帝书翰。

黄绮作品

16. 黄绮的"铁戟磨沙"体及黄绮文化现象

黄绮为当代著名学者、教育家和书法家，曾就职张家口工程学校、河北大学、河北省社会科学院，任河北省书法家协会主席、中国书法家协会副主席。早年毕业于西南联大，初学颜、柳，研习汉魏、周秦、甲骨，后学"二王"，曾师从闻一多、朱自清、罗常培、王力等学界名宿，打下了坚实的学术根基。涉猎广泛，博览群书，在古文字研究、诗词创作、书画篆刻等诸多领域均有建树，被学界称为"黄绮文化现象"。在书法方面，独创"铁戟磨沙体"和"三间书"，"铁戟磨沙体"开"雄、奇、清、丽"之"中国北派书风"，"三间书"兼容并蓄，凛然独步，深受国内外书法爱好者的喜爱。出版《黄绮书法刻印集》、《黄绮论书款跋》、《黄绮八十寿辰书画展览作品选》、《解语》、《部首讲解》、《说文解字三索》和诗词集《归国谣》等。

17. 刘炳森及"刘体隶书"

刘炳森祖籍河北武清，毕业于北京艺术学院，长期在北京故宫博物院从事古代书法绘画的临摹复制和研究工作。曾任北京故宫博物院研究员、中国书法家协会副主席、中国文联副主席、中国佛教协会副会长。以隶、楷著称于世，并兼行、草，传统功力深厚，书风凝重稳健而又俊逸潇洒，在国内外有着广泛的影响。其隶书在坚实的传统功力和文学素养的基础上，充分发挥创造性，用现代的审美，参以姊妹艺术的韵律和情趣，形成了鲜明的个人风格，在当代中国书坛上独树一帜，被称"刘体隶书"。书法代表作有《刘炳森楷书千字文》、《刘炳森隶书千字》、《刘炳森选编勤礼碑字帖》、《刘炳森主编中国书法艺术》、《刘炳森主编中国隶书名帖精华》等；绘画作品有《双潭烟霭图》、《岳阳楼图》、《建明秋色图》等。1990年荣获日本"富士美术奖"，作品多次在日、美、新加坡等地展览。

刘炳森书法作品

18. 精美的古代壁画

河北的寺庙及墓葬中遗存有大批精美的古代壁画。《望都汉墓壁画》绘有人物、白兔、羊酒、大象、门犬等。所画人物，着重对象大貌的概括，富有生活气息。《安平东汉墓壁画》描绘了墓主人出行的盛况，下属官吏治事、谒见及墓主人的生活情况，千乘万骑，气势恢宏，神态奕奕，栩栩如生。《磁县东魏茹茹公主墓壁画》近150平方米，描绘茹茹公主及侍伎、仪卫等人物和青龙、白虎、朱雀、玄武等神兽，画面壮阔，线条豪放，敷彩艳丽，堪称北朝壁画之上乘。《井陉宋墓壁画》一在柿庄墓区，以第六号墓壁画保存较好，所画内容较丰富；另一在北孤台墓区，有四墓，室内壁画大都脱落。壁画题材可分两种，一是墓主人生前富贵享乐生活的反映，画有饮宴、伎乐；二是描写当地风光或反映民众的生产活动，如《芦雁图》、《耕获图》、《捣练图》、《牧羊图》、《放牧图》等，也有

磁县东魏茹茹公主墓壁画

宣化辽墓群壁画

武士、侍仆等。《宣化辽墓群壁画》内容丰富，描写墓主人张世卿生前生活的场面，东壁的《散乐图》，描绘一组完整的表演乐队，有舞蹈者、伴奏者，用笔严谨，注意神态的刻画。《曲阳元代壁画》在继承唐宋人物画传统的基础上有所创新。《石家庄毗卢寺明代壁画》现存200多平方米，毗卢殿内四壁上反映儒、释、道合流的水陆画最为精彩，水陆画即法会上供奉的宗教人物画，共绘有各种人物500多身，其中有神仙、菩萨、帝王将相、后妃女官，贤妇烈女；风俗画部分有货郎、民间说唱艺人、泥瓦匠、石匠等；历史人物中有姜尚、诸葛亮等历代名臣和孙思邈、张仲景等历代名医；神话传说的人物有神农、伏羲、女娲等，栩栩如生，各尽其态。壁画的线条、色彩、构图均有很高的艺术水平，继承了唐宋以来的优秀传统，又有所发展。《承德普宁寺清代壁画》在承德外八庙之一的普宁寺内，具有较高的艺术水准。

磁县东魏茹茹公主壁画墓

（七）武术杂技

广府太极拳

1. 广府太极拳

邯郸永年广府被誉为"太极之乡"，这里诞生了令后人称道的杨氏、武氏及派生出的吴氏太极拳。广府人杨露禅自幼好武，因家贫，在广平府中药字号"太和堂"干活，药店老板陈德瑚见他为人勤谨、忠实可靠，派他到故乡陈家沟家中做工。适逢当地陈氏太极拳师陈长兴借陈宅授徒，

他有心拜师学艺，但怕拒绝，常在一旁观看，久而久之，竟有所得。被陈长兴发现，见其是可造之才，不但没有怪罪，反而摒弃门户之见准其在业余时间学习太极拳。他正式拜陈长兴为师，18年中三下陈家沟，深得陈式太极拳精髓。为了生活，先在家乡教授太极，后经人推荐到北京授徒。京城弟子多为王公大臣，他将陈式老架太极拳进行改革，动作变得柔和、凝练，在打斗之外增加了健身的功效，时间一长，便形成了一种拳式，号称"太极小架子"，后经子、孙修改，定型成"杨式太极拳"。其动作舒展大方，速度缓匀，刚柔内含，轻沉兼有，国家体育局颁布的太极拳套路多出于此。

广府城人武禹襄在陈氏太极拳、赵堡太极拳的基础上，根据文人的感悟创编出一种新的拳式，动作小巧紧凑，集强身、防身、修身为一体，称为"武氏太极拳"，是中国传统太极拳五大流派之一。注重太极理论的研究，先后著有《十三势行功要解》、《太极拳解》、《太极拳论要解》、《十三势说略》、《四字秘诀》、《身法八要》等。

2. 吴氏太极拳

由杨露禅亲传弟子吴全佑及其子吴鉴泉经演化创立，共84式，动作轻松自然，连续不断，拳式小巧灵活；拳架开展而紧凑，紧凑中又不显拘谨；推手动作严密、细腻，守静而不妄动，以柔化见长。门派不仅在国内，而且在美国和东南亚一带也颇为盛行。

3. 孙氏太极拳

现代流行的太极拳中最晚产生的拳种，创始人为保定望都人孙禄堂。他早年随郭云深学习形意拳，并从八卦掌大师董海川弟子程廷华学习八卦掌，故其太极拳糅合有八卦掌、形意拳千变万化的特色，又称"八卦太极拳"。从文化层面对形意、八卦、太极等进行重构，追求意和形的协调，据式品道，推陈出新，卓然独成一家。著有《太极拳学》等五部武学著作，对当时的中国武术各流派进行综合归纳，是中国武学发展史上的里程碑。

杨露禅纪念馆

武术之乡——沧州

4. 武术之乡——沧州

沧州地处"九河下梢",京杭大运河纵穿全境,自古是南北水旱交通要冲和官府巨富走镖要道,武风兴盛,沿袭不衰。近代列强侵凌,国术馆、民众教育馆、"八式房"遍及城乡,习武者甚众,武风声扬中外。武术流派众多,源起或流传的门类、拳械达52种之多,占全国129种的40%,为中国武术的发源地之一。八极拳和通背劈挂拳位列全国最具代表性的10大优秀拳种,作为武术竞赛的规定套路,向海内外推出。沧州市被国家体委命名为"武术之乡",沧州武术入选国家级非物质文化遗产名录。史上武林精英辈出,仅明、清两代就出过武进士、武举人1937名,创立八极拳的丁发祥,助谭嗣同变法的"大刀王五"王正谊,"精武会"创始人霍元甲,"燕子李三"李凤山,任中央国术馆馆长的民国上将张之江,击败西洋拳王的"神力千斤王"王子平,奉军名将李景林,末代皇帝溥仪的武师霍殿阁,传艺于西北五省的马凤图、马英图,通背劈挂拳大师韩俊元等,都是沧州人。1953年,王子平、佟忠义、王金声等参加全国民族体育表演大会,赴京受到毛泽东的接见。1960年,王子平及女儿王菊蓉随周恩来出国访问。

5. 丁发祥创立八极拳

明末清初沧州孟村人,初练家传查拳、弹腿、戳脚,后受业于绰号"邋遢道人"的黄绝道长,学得绝技八极拳。《中国武术实用大全》说:"近代八极拳传自清康熙间人吴钟,初盛于河北沧州孟村(今孟村回族自治县)。"此地有"文有太极安天下,武有八极定乾坤"之说。八极拳以意领气,以气摧力,八方发力,动作刚猛,注重攻防,形态舒展,气势磅礴,2010年8月入选第二批国家级非物质文化遗产。主要传播于中国北方及台湾,后传入日本及美国、加拿大等地。《武林史话》记载其史上有三大保镖:"神枪李书文"被许兰洲、李景林等将军召用,霍殿阁做过末代皇帝溥仪的武术教练,刘云樵当过蒋介石的侍卫;当代李健吾做过毛泽东的警卫。

6. "大刀王五"王正谊

沧州沧县人,美称"大刀王五"、"京师大侠"。自幼求艺于肖和成、李凤岗,学成后活动于天津、北京一带。据《柏岩文存》载："王侠客子斌者，燕人也。俗称为小王五。少有膂力，长工剑术。燕邯侠子奉为领袖……戊戌参政，谭嗣同就之学剑。"陶菊隐《新语林》：谭嗣同经胡致廷介绍从王五学单刀。戊戌变法中，倾力扶助谭嗣同，失败后，谭在狱中数日内，两度致函王五，并在狱中题壁："我自横刀向天笑，去留肝胆两昆仑。"据梁启超注：两昆仑一指南海先生（康有为），另一指"大刀王五"。1900年，王五率义和团攻打北京西什库教堂和东交民巷，被洋枪击败。清政府逮捕王五等七名义和团首领，交由德军杀害于前门东河沿。

大刀王五

霍元甲

7. 精武英雄霍元甲

祖籍沧州东光安乐屯，近代著名爱国武术家，出身镖师家庭，武艺出众，执仗正义，继承家传"迷踪拳"绝技，抱着为国雪耻、振奋民族的愿望，在天津、上海力败洋力士，令国人扬眉。1909年，由农劲荪介绍到上海，任"精武体操会"武术主教练。孙中山对其"以武保国强种"的胆识给予了很高的评价，在精武会成立10周年之际亲临大会，题写"尚武精神"以示对霍元甲的纪念。

8. 通背劈挂拳

相传清朝乾隆四十年（1775年），少林寺反清失败后有一武僧出逃，化名韩姓道人，留住沧州盐山大左村，村民左宝梅拜其为师，得通背劈挂拳真谛，其后流传不绝，至今已近240年。也称劈挂拳，是一种典型的长击类拳术。因拳法多上肢动作，两臂宛如通臂猿舒使猿臂，圆抡摔拍，直出穴点，而写作"通臂拳"。此拳强调两臂串通如一，又作"通背"。该拳源远流长，明代唐顺之的《武编》、戚继光的《拳经》、王圻的《续文献通考》均有记载。套路凡12趟，分前八趟后四趟，可分可合，总108个单势，故又称通背108势。1934年，七代传人孙振寰挟技南下，在厦门开办通背武术社，传艺几十年，在厦门、泉州、漳州、龙岩广为流传，门人在港澳、澳大利亚、加拿大、意大利等地创办有通背拳会所。沧州籍通背劈挂拳师韩俊元于1986、1988年徐州和锦州全国传统武术观摩交流大会上获金牌。

9. 董海川创立八卦掌

廊坊文安朱家务人董海川，生于清嘉庆年间，身材魁梧，臂长手大，擅长技击，少年时以武勇称著乡里。咸丰年间因事（一说避祸）南游吴越、巴蜀、江皖，避乱山中，得道教修炼术启示，结合武术攻防招法创编成八卦掌。以"绕圆走转"的运动特点和"以动制静"、"避正打斜"、"以正驱斜"的技击原则，区别于其他拳术，在武坛中独树一帜。弟子有尹福、程廷华、史计栋等。1874年后开始广收门徒，传授技艺，注重因材施教，按照八卦掌技术要领改编其他拳技，使弟子各有所长，不断丰富了八卦掌的技术体系，奠定了八卦掌的理论基础。八卦掌名家李子鸣撰文《有关董海川身世之谜》，说董海川艺成后，投身太平天国，因身负使命入清宫做宦官，以为内应。

10. 义和团首领赵三多

邢台威县人，早年学梅花拳，做过教头。1895年在河北、山东两省交界地区广设"义和拳"拳场，收徒达2000余人。山东"教案"事件，他被邀率众声援，比武"亮拳"，周围拳众闻讯赶来，使清军不敢妄动。1898年10月，发动义和团起义，后作战失利。1901年又参加景廷宾起义军。1902年因叛徒出卖被捕，于南宫狱中绝食而死。

11. 吴桥杂技

杂技是广受国内外人民喜爱的艺术形式，西方人称马戏，我国叫杂耍，新中国成立后周恩来总理给其取名为杂技。中国盛行杂技的地方很多，有山东聊城、江苏盐城、河南濮阳、湖北天门、安徽广德、天津武清等地，最为著名的当属沧州吴桥。据其县志记载，当地每逢佳节有"掌灯三日，放烟火，演杂技，士女喧闹，官不禁夜"的风俗。1957年吴桥县小马村出土了距今约1500年的南北朝古墓，墓穴壁画上描绘有倒立、肚顶、转碟、马术等杂技表演的场景。吴桥有449个自然村，几乎村村都有杂技艺人，"上至九十九，下至才会走，吴桥耍杂技，人人有一手"。新中国成立前，吴桥杂技艺人到过30多个国家进行演出；新中国成立后，向全国输送了4000多名杂技人才，几乎各大杂技团都有吴桥籍的艺人，有"没有吴桥人，不成杂技班"的说法。

吴桥杂技主要分为武术、杂耍、驯兽（包括马术）、幻术（包括魔术）四大门类，又分为武术、顶技、口技、蹬技、手技、车技、马戏、高空节目、踩钢丝、魔术、钻技、口捻子及其他杂耍等13种类型。开创以来锤炼出许多精品节目，涌现众多杰出人才。1917年，孙富有组成拥有120余名演员的中国第一个大马戏团到俄罗斯等20多个国家演出，受到泰国国王喜爱并获金质勋章，其女孙玉香、孙占凤，擅长马术，在上海以高超技艺击败英国哈姆斯格大马戏团。孙凤林组建"凤林班"，到美国、古巴演出。史德俊组成"北京班"，在欧亚30多个国家演出过，曾三次到英国伦敦皇家大戏院献艺，受到王太子的礼遇。张万顺人称"飞叉太保"。蒲英州擅长气功，名震日本三岛，绰号"铁头将军"。王玉林被称为"卸索之王"。姚振奎获得过埃塞俄比亚皇帝金质奖章。"麻子红"赵凤歧曾与卓别林同台演出，"空中钓鱼"堪称一绝。孙龙庄，又名瓦西，母亲是俄罗斯杂技名流，赢得过"中国大力士"美称。

地头杂耍

女子造型

柔术

吴桥杂技大世界

　　为弘扬杂技文化传统，吴桥县政府与香港国旅共同兴建了"吴桥杂技大世界"，有江湖文化城、杂技奇观宫、滑稽动物园等部分，是集娱乐、参与、交流、表演、餐饮等多功能于一体的大型主题旅游景区。1987年，河北省人民政府创办中国吴桥国际杂技艺术节，每两年举办一届；1999年经国务院批准，升格为国家级文化艺术节，由文化部和河北省人民政府共同主办，是国内规模最大、设施最完备、影响最广泛的国际性杂技盛会，被誉为与摩纳哥蒙特卡洛国际马戏节、法国巴黎"明日"与"未来"世界马戏节并列的"东方杂技大赛场"。

（八）民间歌舞

1.藁城战鼓

产生于明万历十年（1582年），用于庙会祭祀活动。以大鼓、大铙、锣镲为伴奏，以钹为舞具的男性群体艺术。因吸纳许多武术动作，有"武林战鼓"之美称。表演者一律扮成武士，大都有武功，舞动幅度大、力度强，讲究跳跃、翻滚、闪转腾挪，舞姿剽悍刚烈，声震魂魄，具有浓郁的燕赵古风。演出形式分"走队"和"扎场"。走队有旗在前，鼓钹居中，大钹分立左右，大鼓车压后，边行边击；扎场是列队表演，阵形多样、蔚为壮观，有"大添油"、"二添捆"、"大得胜"、"小得胜"、"十面埋伏"、"霸王一条鞭"等套路。清末曾赴天津参加皇会演出，引起轰动。近年在春节等节庆活动中表演已成惯例，每年腊月二十三后，各村整队练习；除夕之夜，当地有"熬五更"习俗，村村敲起大鼓，彻夜不停；初一在本村表演，初五之后，村与村之间互访表演，直到农历二月二。在民间求雨的仪式中，也是必不可少的表演项目。

2.徐水舞狮

保定徐水是中国北方舞狮流派的发祥地之一。狮身仿照石狮的形态，在色彩、造型、装饰等方面利用夸张的手法精制而成，狮头古雅圆大，前额宽阔隆起，眼睛黑亮活动，嘴巴张闭有度，双耳颤动，头顶用彩绸绣球映衬，显得威武雄壮，憨态可掬。脖子上置一圈响铃，随着舞动叮当作响，甚是惹人喜爱。每头狮子由两人操控，一人耍头，一人耍尾，紧密配合，展现狮子看、站、走、跑、滚、睡、抖毛、

徐水舞狮

调头等动作，以及暴躁、凶猛、嬉戏、亲昵等性情，姿态多样，活灵活现，由一名或两名武士（俗称"狮郎"）手持绣球引逗，烘托气氛。舞狮分为"文狮"和"武狮"两种，前者刻画狮子温顺的神态，如搔痒、舔毛、打滚、抖毛等，后者则表现狮子勇猛的性格，如跳跃、跌扑、登高、腾转、踩球、钻火圈等。1953年，徐水的狮子舞演员牛洪汉、牛忠志、牛世宗等参加了在罗马尼亚举行的第四届"世界青年联欢节"，夺得一等奖。近年来经常参加大型文艺演出及影视拍摄，吸引了亿万观众。

3. 白佛花钹

白佛村地处石家庄市东郊，花钹是民间闹春花会之秀，享誉百里。据传，花钹艺术可追溯到汉代。公元前196年，刘邦率大军征伐东垣（今石家庄东古城），鏖战月余，彻底平定夏阳侯叛乱。刘邦命汉军敲钹击鼓庆祝胜利，自此花钹便在白佛一带延续下来。《正定府志》记载：曹魏时期这里"逢吉旦，村镇鼓钹相应"，"市井萧鼓喧闹，声不绝，相塞于途"。伴乐有大鼓、引锣、水镲等，可变换六种队形，分四段61番套路，有"节节快"、"大力静"、"老虎龇牙"、"金鸡上架"、"哪咤闹海"、"鲤鱼打挺"、"鹞子亮翅"、"众星捧月"等。几十个大汉身着士卒古装，金钹翻舞，鼓声铿锵，如万马奔腾、气势磅礴，富于燕赵阳刚之气；缓如细雨柔风，声情并举。1990年春节，参加省城民间花会大赛，获"民间花会特别奖"。1991年春节，参加北京"龙潭杯"中国民间花会艺术赛夺取"优胜奖"，荣获六项个人奖。

4. 井陉拉花

产生并流传于石家庄井陉县境内，源于明清之际的民间节日、庙会、庆典、拜神时的街头广场花会。"拉花"的称谓传说很多：一说是在拉运牡丹花过程中形成的舞蹈，故名"拉花"；二说是在逃荒中形成的舞蹈，"拉花"即"拉荒"的谐音；三说因舞蹈中的女主角叫"拉花"而得名。有多种流派沿传，主要舞蹈语汇有"拧肩"、"翻腕"、"扭臂"、"吸腿"、"撇脚"等，形成刚柔相济、粗犷含蓄的艺术风格。其舞姿健美、舒展有度、抑扬迅变，擅于表现悲壮、凄婉、眷恋、欢悦等情绪，表演人数不等。道具均有寓意，如伞象征风调雨顺，包袱象征丰衣足食，太平板象征四季平安，霸王鞭象征文治武功，花瓶象征平安美满等。主要表现内容有"六合同春"、"卖绒线"、"盼五更"、"下关东"等。音乐为独立乐种，既有河北吹歌的韵味，又有寺庙音乐、宫廷音乐的色彩，刚而不野、柔而不靡、华而不浮、悲而不泣，与拉花舞蹈的深沉、含蓄、刚健、豪迈风格交相辉映，乐舞融合，浑然一体。传统拉花音乐多为宫、徵调式，也有商、羽调式，节奏偏慢，大多为4/4拍，特色伴奏乐器有掌锣等。

井陉拉花

5. 常山战鼓

流行于石家庄正定，战国时已具雏形，盛于明代，正定古称常山郡，故名。由鼓、钹、锣等打击乐器组成，表演者身着古代武士的服装，排列和变换成各种队形，演奏出不同的曲牌，场面宏大，气势磅礴，

常山战鼓

主要用于广场表演，与山西威风锣鼓、兰州太平鼓、开封盘鼓并称"中国四大名鼓"。敲击出鼓乐时而如雷霆万钧，惊天动地；时而似万马奔腾，所向无敌；时而又急转直下，像雨打芭蕉，欢快清脆。鼓手腾挪跳跃，鼓钹上下翻飞，彩绸飘舞，舞姿雄健，让人目不暇接，使人精神振奋。1973年，上海芭蕾舞剧团曾到正定专门研究了鼓谱和敲法，将全部鼓点录音，赞誉它是"所见鼓类中最

有特色，最激动人心，鼓点最丰实的鼓队"。正定南牛乡的战鼓表演队曾参加1990年北京亚运会开幕式及全国的一些重大活动、民间节庆的表演，有很高的知名度，多次在民间花会比赛中获奖。

6. 丛中花会

丛中是邯郸一个镇，原为商贾辐辏之地，相传从明朝初始，每年农历二月十四至十六都举行民间花会表演，随着规模扩大，逐渐形成自己独特的套路。表演一般分四组，共有 20 多种表演形式，如造型艺术、武术、杂耍等，以百姓喜闻乐见的民间历史故事为题，采用花车巡演的形式。多以一出"潘金莲雇驴"的节目穿插其中，演员往来穿梭，诙谐幽默，负有清路开场的作用。

7. 洺州花桌

流行于邯郸永年及周边地方，永年古称洺州，故名洺州花桌或永年抬花桌。据史料载，唐代尉迟敬德奉敕重修观音阁时，民众为祈祷平安丰收，模仿抬花轿的技艺演化而来，明清时盛行。每逢元宵节，各村镇都要精心装饰各具特色的花桌，每个花桌由八人抬着，吹吹打打上街，向镇中心的观音阁汇聚。表演风趣滑稽、技艺出众、独具特色。一般为方形八仙桌，由紫檀木或红木制成，精雕细刻，描龙画凤，点缀着花朵和蜡烛，古装打扮的轿夫抬着花桌两侧的木杆，以各种优美惊险的动作进行表演，其中叫绝的有"腾空跳"、"鲤鱼跳龙门"等，表演时烛光闪烁、花朵翻飞，令人眼花缭乱。

8. 万全社火

社火是民间庆祝春节等节日的庆典狂欢活动，是高台、高跷、旱船、舞狮、舞龙、秧歌等活动的通称。张家口万全元宵节的社火历史久远，明代就很盛行，其规模大，形式多，套路节目独特，有踩高跷、推小车、斗狮子、跑毛驴、耍龙灯等。一般由擂鼓人按节拍指挥，乐手用多种乐器伴奏，姑娘们身着艳装载歌载舞，小伙儿耍棍术、拳术，头戴大头娃娃的表演者幽默滑稽。流传节目有《水战杨幺》、《张飞夜战马超》、《岳飞大战金兀术》等。夜晚时放烟火达到高潮，燃放者反穿白茬羊皮袄，用铁锨将溶化了的铁水抛撒向空中，如天女散花，金光灿灿，变化万千，煞是壮观。

9. 香河花会

香河花会流传已久、种类繁多。相传，大河各庄竹马会已有3000年的历史，受到清乾隆、咸丰皇帝御封的安头屯中幡会名声很大，各种地秧歌、小车会几乎遍及各村镇、街坊，内容多为文武高跷会和梅花班。多年来，每逢重大节日，百姓都披红挂绿、串街闹会。作为传统群众文化活动，目前种类超过100道，表演人员达5000多人，经常受邀参加京、津、全省各地及县里举行的花会调演活动，获得省、市各种奖励超过百余次。

10. 冀东地秧歌

流传于唐山地区的一种秧歌舞，由古代的"村田乐"演变而来。分过街秧歌和场子秧歌两种。过街秧歌走街串巷，边走边扭；场子秧歌在广场或十字街头，进行队形变换表演。大致分为妞（姑娘）、丑、公子、老㧟（泼辣的中年妇女）等角色，手持彩扇、花绢、团扇、拨浪鼓、棒槌、烟袋等道具。舞姿细腻，富于表现力，步伐上下颠颤，

冀东地秧歌

结合肩部、腰部、双手摇摆扭动，抒情优美、火爆欢快，以丑的表演最为突出，憨态可掬、诙谐幽默，令人忍俊不禁。伴奏以悠扬的大唢呐为主，配以中、小镲作打击乐，多吹奏《满堂红》、《句句双》、《柳青娘》等曲牌。

11. 定州大秧歌

起源于保定定州黑龙泉一带，唐县、曲阳、望都、顺平、满城、安国等地有很多业余秧歌剧团。传说"秧歌"与北宋文学家苏轼有关：一说苏轼谪官知定州，见城北黑龙泉附近的村民在稻田

辛苦劳作，即兴编一些小曲，教他们咏唱，故称
"苏秧歌"；一说宋以前定州黑龙泉附近流传有一
种民间插秧小曲，苏轼在定州任上，为其填词正
曲，称为"秧歌"。清代后，逐步用"秧歌"曲调
演唱有人物和故事情节的曲目。清末，受其他地方
剧种的影响，开始编成唱本，配上板鼓、锣、镲等
打击乐，以初级戏曲的形式搬上戏台，形成了大
秧歌。剧目多是一生一旦为主的生活小戏，以唱

定州大秧歌

见长，善于叙事；唱词的结构很随意，有时为了强调某一情节或情绪用"叠句"的唱法反复，故有
"九番秧歌"之说。念白生活化，以方言为主，有时根据需要也用韵白。因初期伴奏没有弦乐，用
锣鼓点，上句唱完两锣，下句唱完六锣，故又称"大锣腔"。上世纪50年代，开始配上弦乐伴奏，
初用京胡和二胡，后又改用板胡及低音胡、秦琴、笛子、笙、三弦、大提等。行当有青衣、老生、
老旦、小生、小丑；唱腔为"板腔体"，板式有起腔、慢板、流水、垛板、快板等。

12. 蔚县秧歌

产生于古代蔚州，流行于张家口和山西雁北、晋北地区及内蒙古一些旗县，也称蔚州梆子。早
期是用"训调"（民歌）演唱，以"两小"（小生、小旦）或"三小"（小生、小旦、小丑）戏为
主，常在农村的"社火"中演出。因蔚州是山西梆子流入河北的主要通道，蔚县秧歌深受其影响，
大量吸收了山西梆子的某些要素，在唱腔中除保留"训调"外，还加入了由梆子声腔演变而来的各
种板式。行当逐渐齐全，分红（老生）、黑（又分大花脸、二花脸）、生（小生）、旦（又分青
衣、小旦、刀马旦、破脸旦）、丑等。演唱用当地方言，真假声结合，中低音区用真音，高音区用
假音，加上曲笛、板胡、三弦等主奏乐器，在不影响旋律的基础上，充分发挥个人的演奏技巧，奏
出近似复调的即兴乐曲。代表剧目有《卖豆腐》、《借冠子》、《瞎子观灯》等。

临漳撺花

13. 临漳撺花

起源于清乾隆年间，一直传沿至今。主要在农历正月，由一男一女扮成戏曲人物即兴表演，道具并不严格。如《千里送京娘》的赵匡胤和京娘，《打渔杀家》的萧恩和萧桂英，《三打白骨精》中的孙悟空和白骨精，还有老道、包奎、傻小子、琉璃鬼（花头）、丑婆等。表演分"串街"和"打场"两种形式，"串街"成两路纵队，领头的手持令旗在前，"琉璃鬼"随后，要有技艺功底，面向舞队走"半蹲平步"，手执铁链倒退行进；老道、包奎在花尾（舞队最后），老道手执拂尘走"跛子步"；其余舞者按戏曲人物排列，男女相间，走"小碎步"跑"编篱笆"。传统队形有"珍珠倒卷帘"、"卷白菜心"、"二马分鬃"、"长蛇脱裤"、"八字"等，特色动作有"凤凰展翅"、"探海"、"金鸡独立"、"大推磨"等，用管乐演奏，小镲随管乐队敲击，乐曲多为抬花轿、快赞子及其他民间乐曲。

14. 招子鼓

流传于邢台隆尧东部滏阳河与澧河一带的传统乡村艺术，以千户营乡最为盛行。器乐全为打击乐，大致分鼓、锣、镲三类九种，分别发出低、中、高不同的音响；大小鼓相配，和谐悦耳，铿锵振奋。每个鼓手背部有一杆引人注目的鼓招子，由招子杆、彩盘、掸子座组成，舞动起来掸子左右摇摆，小彩旗、护身条随风抖动，弹簧绒球上下颤抖，小响铃叮叮有声，使鼓手们异常兴奋。演员按行当分为五种，最引人注目的是丑角，身穿彩衣，手持纸扇，动作诙谐，相貌滑稽。乐谱有长短之分，有领奏、齐奏、轮奏、合奏，变化无穷。表演队有彩灯相随，供夜间演出，灯光闪烁，五彩缤纷，宛如人间星河。河北省歌舞剧院曾以其为素材，经加工整理，编排了民间歌舞《庄户余秋》，深受群众欢迎。

15. 胜芳挎鼓老会

廊坊霸州胜芳古镇有2500余年的历史，传统民俗文化十分丰富。流传有古乐曲、鼓曲、宣卷曲艺、傩舞舞蹈等百年以上的文化遗产30余项，并以花会形式保留下来，其中挎鼓老会最为悠久和著名。明朝初期由驻军带来，1954年文物普查时曾发现一面明万历年间的大鼓。清代曾受乾隆帝御封，赏赐挎鼓会每人一件黄马褂，现演变为身披黄色鼓带子表演的传统。有大鼓、铛子、小钹，表演者步调一致，鼓乐喧天，曲调铿锵，体现了冀中民间音乐、舞蹈的特点。历经600余年，目前这种以单槌击鼓的表演方式国内已保留甚少，且有完整的鼓曲，具有一定的研究价值。

16. 扇鼓舞

在邯郸、邢台以及石家庄的一些县市，每逢举行民间庙会，有以扇鼓舞作为敬神舞蹈的习俗。又称打扇鼓，源于古时的巫舞、傩仪，起初是祭祀神灵或"驱虫"、"祛疫"。表演者身穿法师服，一般三人一组，手持蒲扇形单面羊皮鼓和柳条鼓槌，或三尖两刃九环刀等祭具，边击边舞、唱舞相间，因羊皮鼓如扇形而得名。表演程式有谒庙、请神、出旗、升幡、沐浴、安老爷、交三皇、曳黑虎、回神、送神、散钱粮、倒幡杆、施鬼神，最后以载娘娘结束。舞蹈动

扇鼓舞

作有正击鼓、反击鼓、侧击鼓、平击鼓、立转鼓、参神鼓、倒三脚、撩鼓、搅鼓、单跪等21种。以鼓点、大锣伴奏，常用的鼓段有《牌子鼓》、《参神鼓》、《回神鼓》、《官请鼓》、《凤凰三点头》等。

17. 沧州落子

冀中地区的民间歌舞形式。女的脚下踩着寸跷，手里拿着花扇或者小竹板，男的手持霸王鞭。

舞蹈的特点是舞姿潇洒，动作幅度较大，节奏变化多，主要表现民众的日常生活、爱情故事以及对幸福生活的向往，如《茉莉花》、《叹情郎》、《尼姑思凡》等，久演不衰。民间舞蹈家周树棠从小在"落子坊"学艺，经历了40余年的磨练，创立了落子舞的一个流派，其舞蹈特点是着重刻画女性"三道弯"的舞姿造型：头歪、腰拧、腿曲，线条优美，韵味儿很浓，典雅、端庄、秀美。为增强舞蹈表现力，他吸取兄弟民族与古典舞蹈的语汇和动律，整理出20多套扇子花和板舞动作组合，使传统艺术得到新发展。

18. 信子节表演

信子节也叫千童信子节，是沧州盐山县千童镇为纪念当年随徐福出海的童男童女而举行的大型祭祀活动。历经2000多年，现已成为集祭祀、娱乐、表演于一体的大型民俗活动。相传在秦始皇时期，农历甲子年三月二十八，徐福船队载着数千童男童女从千童镇无棣沟出海不归，此后，每逢这个日子，全镇拜天祭地，召唤亡魂归来，后演变成节日。后来渐渐缩短周期，从1993年始，每五年举办一次。2008年，此项活动被列入第二批国家级非物质文化遗产名录。当日要清水泼街，黄土垫路，到开化寺千童碑、千童殿举行开祭仪式。身着仙童玉女服装的儿童手持祭香和招魂幡登上高高的架阁，由壮汉们抬着在全镇游祭，到入海处，以示登高眺望远处的亲人。这与日本佐贺流传千年的4月28日"氏子节"抬徐福神像西望祭祀仪式遥相呼应，是徐福东渡的民俗佐证，被专家、学者誉为中日友好交流的"活化石"。

信子节表演

（九）工艺美术

武强年画

1. 丰厚的民间工艺遗存

河北有六项民间工艺入选联合国"人类非物质文化遗产代表作名录"（蔚县剪纸、丰宁满族剪纸、唐山皮影、冀南皮影、河间皮影、昌黎皮影），132项入选国家级"非物质文化遗产代表作名录"（如武强年画、衡水内画等），还有民间雕刻、刺绣、泥人、面人、花灯、风筝、土布印染、农民画、陶瓷等众多民间工艺项目。具代表性的有：刺绣是流传最广的民间手工艺品之一，以张家口、石家庄等地最为常见，多以手帕、鞋垫、枕套等为载体，用各种针法来表现；泥玩具盛产于邢台新城白沟河、玉田县代家屯等地，是半塑半画、以画为主的小型泥彩工艺品，极富北方特色，另有木、纸、布质玩具等；印染织土花布历史悠久，保定高阳、蠡县一带多以花条图案为主，邢台、邯郸一带多流行方格图案；面塑俗称面人，用面粉调色为泥，捏制而成，节庆期间在冀南、张家口一带流行；另外，张家口等地有做面食化的习俗，即将所蒸的面食做成各种造型，点上红绿等颜色，增加节日喜庆的气氛；风筝是用竹棍做骨架，用纸糊成各种造型，现改为用纺织物，用线牵引放上天空，夜间有夜明装置，美妙至极。另外还有草编、苇子画、景泰蓝、铜雕画、戏剧脸谱、木偶舞具、烙画、吹糖人等。

2. 武强年画

木版水印年画，有数百年的历史，与四川绵竹、苏州桃花坞、天津杨柳青、山东潍坊并称为中国五大年画之乡。具有浓郁的乡土气息，内容多为百姓喜闻乐见的民俗题材，古朴厚重，喜庆

吉祥。仍沿袭老式的木质刻版、彩色套版印刷，线条简约流畅，色彩艳丽敦厚，形式多种多样，题材有"五谷丰登"、"福禄寿"、"年年如意"、"喜上眉（梅）梢"、"连（莲）年有余（鱼）"以及灶王、门神等，是中国民间社会生活的百科全书，入选国家级"非物质文化遗产名录"。畅销中国北方的10余个省区市。民国初有作坊100多家，现发展成为当地重要的文化产业。

3. 内丘年画

俗称内丘纸马。受邢白瓷制作工艺的影响，用木刻印刷，起于隋唐，盛于明清。主要内容是对自然神的崇拜，通过万物皆有灵的思想寄托美好的向往，表现天人合一的朴素哲理。形式上分为"大神马"和"小神马"两类，大神马尺幅较大，有天地、家堂、老母、财神、灶君、门冲等，套黑、红、黄、绿四色印刷；小神马只用黑色，内容带有原始宗教色彩，多取材于自然、社会生活和生产，如喜神、仓官、南海大士、青龙、白虎、上房仙、下房仙、马牛王、地藏老母等。随着社会发展，内容不断更新，有拖拉机、摩托车、汽车以及鸡神、猪神等，用于年节时张贴。被称为中国木刻版画的活化石，蕴涵着人类学、民俗学、宗教学、美学和印刷术等多种因素。

3. 民间剪纸

蔚县剪纸

剪纸是从民间剪窗花演化而来。河北很多地方有此传统，技法高超，图案美观，特别是刻画古代人物"拉胡须"的技法，细致而匀称，难度很大。多为单色，也有在剪刻成后涂上各种颜色，鲜艳明丽，观赏性很强。著名的有张家口蔚县、承德丰宁（两地剪纸入选联合国"人类非物质文化遗产代表作名录"）、石家庄无极和廊坊三河的剪纸等。蔚县剪纸已有200余年的历史，以阴刻为主，阳刻为辅，最大特点是刻成后点染各种颜色，有"三分工七分染"之说，题材多取自戏曲人物、花鸟鱼虫、飞禽走兽等，寓意吉庆祥和。20世纪50年代老艺人王老赏剪刻出的戏曲脸谱，具有很高的艺术水准。近年来开发出的木刻效果的多层剪纸，品位高雅，是馈赠之精品。丰宁剪纸多为阳刻，用色淡雅明快，人物表现力强，长于花鸟等造型，始于清乾隆、嘉庆年间，现有著名艺人郝焕业等，富有生活气息，装饰效果好。无极剪纸始于古代，盛行于明清，造型丰富、题材广泛、生活气息浓郁，受山西和天津杨柳青年画影响，逐步形成自己的风格，代表人物有杨素苗、牛世民等。三河剪纸为赵景安老人祖传的一种刻纸技法，内容有花卉鸟兽、鱼虫珍禽、山水树木、亭台楼阁、戏曲典故，甚至五谷杂粮、民俗生活，形式多样，有灯花、窗花、鞋面鞋垫、衣饰披肩、荷包坠带、枕头帕巾等。

4. 皮影人

指皮影戏中的人物造型，主要流行于唐山乐亭一带，俗称"乐亭影"，清代时流入京、津及东北地区，入选联合国"人类非物质文化遗产代表作名录"。以驴皮为原料，进行刻染，吸收了民间剪纸的风格，雕镂精细、造型夸张、色彩鲜艳、富有装饰性。根据表演的剧目，刻画出不同的人物形象，整体上风格一致，个体又各具特点：忠贤者气宇轩昂，奸佞者狡诈阴险，善良者敦厚坦诚，搞怪者狡黠幽默，都能从形象上表现出来。在华人中有广泛的影响，主要靠经验和想象来完成，如今融入了现代的审美和制作方法，更具观赏性。

唐山皮影人

藁城宫灯

辛集农民画

5. 花灯

河北春节、元宵节期间都要悬挂花灯，所以，自古以来有制作花灯的传统，制作出的花灯造型多样，美观大方，如今采用了许多高科技的手段，千姿百态，美轮美奂。著名的有藁城宫灯、胜芳花灯、雄县花灯等。石家庄藁城的宫灯闻名遐迩，始于东汉、盛于隋唐，因进贡宫廷故名"宫灯"。常见的有白帽方灯、纱圆灯、罗汉灯、走马灯、蝴蝶灯、二龙戏珠灯等，尤以红纱灯最为出名，具有造型典雅、宜书宜画、撑合自如、易于保存的特点。传统宫灯都是手工制作，经过现代工艺改良发展成机械化、规模化生产模式。藁城屯头村为宫灯生产专业村，被称为"宫灯之乡"，制作出的宫灯悬挂于天安门城楼和北京奥运会场，被授权为"2010年上海世博会特许商品"，建有"藁城宫灯博物馆"。如今开发出纸质的组合宫灯，拆装方便，能起到很好的形象及商业宣传的效用。胜芳花灯产于廊坊霸州胜芳镇，以亭台、禽兽、鱼虫、花卉等为题材，多用于民间灯会。雄县花灯产于保定雄县，以染色纸缀以各色华丽的细条制成，鲜艳夺目，喜庆气派。

6. 辛集农民画

早在明清时期，石家庄束鹿（今石家庄辛集）就有画、绣、剪、编等民间传统。当地村民绘制出的图画清新质朴，题材广泛，画法细腻纯朴，色彩凝重艳丽，吸取了剪纸、装饰、民间印染、地方戏曲等艺术的要素，形成了"稚拙纯朴、雅俗共存"的风格，被称为"辛集农民画"。上世纪六七十年代，趋向文雅工细，注意造型，在海内外获得较高的知名度，先后组建起"王下女农民画社"、"小位农民画壁挂社"，将农民画与壁挂、壁毯、编织等民间工艺结合起来，还在油画、水彩、陶器等领域进行尝试。1988年，辛集市被文化部命名为"中国现代民间绘画之乡"。

7. 滕氏布糊画

承德丰宁民间工艺美术大师滕腾发明的新画种。集绘画、雕塑、刺绣、裱糊、剪纸等多种工艺技法，用料考究、色彩绚丽、做工细腻、画面逼真、取材新颖、适于珍藏；人物风景、花鸟鱼虫均可入画，情态生动，有油画透视的效果。工序繁多，用料达百余种，以绫、罗、缎等真丝面料为主，目前有四大类百余个品种，代表作有《龙凤壁》、《天下第一布糊寺》、《凤凰宝相瓶》、《大威德怖畏金刚》等。

滕氏布糊画

8. 石木砖雕刻

多用于太行山区及北部平原的房屋、窑洞的门楣、门墩、窗棂、屋脊、影壁及桌柜等家具。有砖雕、木雕、石雕等多种类型，采用透刻、浮雕等各种技法，纹样万千。当地的习俗是"新样为吉"，因此，工匠在建筑、打制时总是想方设法、精于设计、追求新颖、各具匠心。赵州桥上石雕群誉满中外，其吸水兽、龙柱等遒劲有力，雄健豪放；保定腰山王氏庄园中的各种砖雕、木雕、石雕等堪称建筑艺术的精品。

曲阳石雕

9. 曲阳石雕

保定曲阳境内所产汉白玉洁白、晶莹、坚韧，适宜精雕细刻。得天独厚的资源及世代相传的雕刻技艺，使曲阳成为中国著名的石雕之乡，可追溯到汉朝，于宋元时期流传全国，清代有"天下咸称曲阳石雕"的盛名，清末在巴拿马举行的世界石雕艺术赛会上获得第二名。如今在南横山、阳坪一带尚传有"十人八雕"之说。雕刻的作品多为大型的神话、历史及宗教人物、牌楼、亭阁、盘龙柱以及龙凤、雄狮、麒麟、大象、松鹤、鹰雕、麋鹿、孔雀、仕女等。北京人民英雄纪念碑、军事博物馆、人民大会堂、毛主席纪念堂等大型建筑中的石雕，多为曲阳石刻艺人的成果。随着改革开放的扩大，当地承接和出口国外许多西洋题材的作品，特别是人体雕刻，深受国外消费者的青睐。还可承接个人的肖像雕刻以及在宾馆、公园、企事业单位门前摆放的大型观赏石等，建有"雕刻艺术宫"，辟有雕刻走廊。

10. 易水砚

也叫易砚、奚砚，产于保定易县的易水河畔。史载，易县古时即产佳墨与名砚，南唐时易县的奚氏父子制墨、砚极精，后代迁居歙中（今安徽歙县），以制墨、砚为生，歙砚由此出名。原料为当地黄龙岗所产色彩柔和的紫翠石，天然点缀有碧绿或淡黄色的斑纹。用平雕、浮雕、阳雕、阴刻等各种技法，巧妙地利用石料上的天然花纹，雕出人物、花草、龙凤、鸟兽等。工艺精湛、造型典雅、石质细腻潮润，宜书宜画，为世代书法家和收藏家所珍爱。1978年被评为全国三大高档名砚之一。1981年易水古砚荣获河北省工艺品评比第一名。

11. 内画鼻烟壶

烟壶最初是我国满、蒙、藏等少数游牧民族使用的一种器物，有铜、银、瓷质等。明朝以后传入内地，清乾隆年间出现了玉石、翡翠、晶石、宝石、玛瑙、陶瓷、铜银、竹木等材质的烟壶。随着工艺水平的提高，除实用外，赋予了其工艺的价值。内画鼻烟壶是以玻璃、水晶、琥珀等为壶坯，用特制的细笔在瓶内反手绘出细致入微的画面，有人物、山水、花鸟、书法等各种题材，格调典雅、笔触精妙、色彩艳丽，被誉为"寸幅之地具千里之势"。分为"京、冀、鲁、粤"四大流派，京派最早，始于嘉庆年间；"冀派"发源于衡水，从业人员最多，艺术特点是精皴细染、造型准确、风格典雅，以国画和油画的综合表现手法展现画面，尤其是肖像题材非常突出，经常作为馈赠之佳品。著名内画大师有王习三、张汝财等。入选国家级"非物质文化遗产名录"，衡水被文化

易水砚

内画鼻烟壶

玉田泥塑

部命名为"中国内画艺术之乡"。

12. 玉田泥塑

　　唐山玉田戴家屯、西高丘等几个村，土质属褐土化潮土，黏柔细腻、晒干不裂，民间艺人通过和泥、捏胎、制模、合模装笛、修整晾晒、铺粉底、调胶、敷彩等工序，制作出各种造型的泥人，迄今已有200多年的历史。多为小型泥彩塑，以玩具为主，代表作有"孙悟空"、"花老虎"、"秦琼"、"麒麟送子"、"八仙过海"、"麻姑献寿"、"贵妃醉酒"等。造型夸张、线条简拙，体态妖娆稚雅，颇有唐代陶俑遗韵。彩绘以铁线用笔，着色粗犷奔放，勾抹自然，色彩对比生动，具有大俗大雅的特色，内藏皮筋、铁丝簧、苇哨，能动能响，情趣盎然。尤其是《搬不倒》摇而不倒，憨态可掬。1993年，玉田县被文化部命名为"中国民间艺术之乡（民间泥塑）"。

13. 白沟泥人

　　产于保定白沟，俗称白沟泥娃娃，已有300余年历史。白沟河河底淤泥光洁细腻、韧而不黏，为制作泥人的上好材料。制作工艺有手捏、模印之分，先制素坯，后复底粉，再施彩绘，底部装有苇制口哨，吹之如鸟鸣声。造型古朴，色彩浓重，变形夸张，富于想象，喜庆吉祥。其中以"泥娃"和"戏出"最为典型，"泥娃"有"吉庆有余"（男女童怀抱鸡鱼）、"麒麟送子"、"招财

进宝"、"五谷丰登"等;"戏出"有"梁祝"、"天仙配"、"关羽周仓"、"劈山救母"、
"白蛇传"、"三进宫"、"桃园三结义"、"三娘教子"、"西游记"、"八仙过海"等。有一
种大型的"刀马人",为民间门神形象,骑骏马,持兵器,陈设于堂屋迎门条案或中堂字画两侧,
传说有辟邪、除祟、保家镇宅的功能。

磁州窑陶瓷

14. 磁州窑陶瓷

产于邯郸磁县及峰峰矿区,这里古称磁州,故名。是著名的民
窑,以刻划花、铁绣花、红绿彩、窑变黑釉为主要工艺,以黑白对
比的图案为特点,以特有的烧造技术对中国北方陶瓷业产生了重要
影响,曾享有"南有景德,北有彭城"(峰峰又称彭城)的美誉。
仿古工艺瓷造型典雅,格调脱俗,质地精良,摆放于室内有很好的
装饰效果。

定瓷

15. 定瓷

即定州窑陶瓷,因产地曲阳古属定州(今保定)而得名。始于
唐、兴于北宋,是我国北方影响很深远的一个窑系,与当时的汝、
钧、官、哥窑并称为我国宋代的五大名窑。胎质坚密、细腻,釉色
透明,柔润媲玉,以生产白瓷而著称,兼烧黑釉、酱釉和釉瓷,史
料分别称其为"黑定"、"紫定"和"绿定"。《归潜志》有联
语:"定州花瓷瓯,颜色天下白。"苏轼在定州时,曾用"定州花
瓷琢红玉"的诗句赞美。以装饰见长,刻花奔逸、潇洒,刀行似流
云,花成如满月;印花制范精细,拍印考究,造就一种华贵典雅的
气韵,间辅以剔花、堆花、贴花等,各得其趣。上世纪70年代在周
恩来总理的关怀下工艺技术得以恢复。2005年成为国家博物馆指定

生产厂。陈文增、和焕等工艺美术大师的作品曾获"中国工艺美术世纪大展"金奖、日内瓦全球发明家协会金质奖章、"中国首届文物仿制品暨民间工艺品展"金奖、"中国（国家级）工艺美术大师精品展"银奖、第三届亚非拉手工艺品博览会暨中国工艺美术·民间工艺品博览会金奖等。

16. 唐山陶瓷

唐山陶瓷

　　始于明永乐年间，据清《滦州志》记载：明永乐年间"惟唐山多缸窑能制陶器罂瓮盆盎之属"。开始主要生产工业用瓷和卫生陶瓷，后几经发展，如今已能生产餐具、茶具、酒具等细瓷，中高档的室内外装饰用瓷和观赏瓷，装饰手法有新彩、喷彩、雕金、雕金加彩、结晶釉等。"红玫瑰"牌高档无铅骨质瓷是全国同行业高档瓷种中唯一的中国名牌产品。香港和澳门特区政府在回归时都选用了其制作的骨质瓷作为政府的接待用瓷。如今是研制、开发、生产日用瓷、卫生陶瓷、特种陶瓷、建筑陶瓷、工艺美术陶瓷和耐火材料的重要基地，与淄博（淄山）、佛山、景德镇并称为中国陶瓷业的"三山一镇"。

唐山陶瓷博览会

（十）祈福仪式

1. 祭龙王

冀东农村的百姓认为龙王是管行雨的神，雨水时节人们敲锣打鼓去龙王庙祭祀龙王，用猪头、猪尾代表全猪上供，并焚香祷告，祈求风调雨顺，不闹水旱灾害。祭祀龙王的同时，请求雹神照顾本方百姓，别下冰雹。

2. 祭祀河神

冀东农村的百姓认为河神是掌管河流的神，近河而居的人惧怕河水泛滥淹没村庄，冲毁农田，立夏后雨季将至，便在河边或桥梁上祭祀河神，祈祷河神保佑平安。祭祀时摆放神牌、供品并焚香。祈祷结束时，向神牌行礼，然后将供品抛入河水中，以敬河神。

3. 过七河

冀南平原的漳河和澄阳河两岸，过元宵节时有"过七河"的风俗，祈求丰收。在村子里挑选七个姓氏不同、未出嫁的姑娘，七户院门、灶门均朝南的人家，一个孤儿（男孩），及水饺汤、柴灰、泥土、陶瓷罐等，在一家有捶布石的院子里用小麦、谷子、玉米、高粱、黄豆、绿豆、秫子七种粮食撒成七条线，分别称为麦河等"丰收河"。由女孩们前后相帮，用木棍抬着水罐横穿"七河"，再到街上巡游，祈求获得丰收。

4. 抬花杠

原名抬杠，据传，清咸丰年间自山西洪洞传入，为祈雨仪式，流传于邢台南宫市苏村，至今犹存此种习俗。杠杆长丈余，杉篙制成，外用条布缠绕，类似轿杆；杠如木制戏箱，以弹性竹弓作系，两头各设敲板，抬动起来颤悠作响。分大杠（杠头，上插白边黑旗，统领整个杠队）、二杠、杠队，共46人；旗上写"油然作云"、"沛然下雨"等字样。一般在夏季6月，抬杠时沿街挂彩，布满香桌，悬挂笊篱、蒜辫等物，意为"捞雨沫"、"算变天"，皆为祈雨。抬杠的过程中穿插表演一些小节目。下雨后要谢神，再行载歌载舞，表达愉快兴奋的心情。

抬花打

5. 圣井岗龙王庙掏牌祈雨

圣井岗龙神庙位于邯郸县户村镇肖河村，据《邯郸县志》载，该庙始建于元代，供奉九龙圣母，大殿中有"圣井"，深丈余，雨不溢，旱不枯，水清如镜。传说在此祈雨甚灵，香火很盛，当年曾有百余位县令到此祈过雨。清同治六年（1867年）全国大旱，皇帝亲令礼部尚书万表黎来此祈雨，并赐"九龙匾"、"龙凤旗"和"龙神应位"、"甘霖慰望"匾额，民间祈雨场面甚是壮观。

娲皇宫祈福仪式

（十一）出版、新闻和文化机构

1. 出版业概况

河北文化源远流长，历代著述及出版的各类图书浩如烟海。据《河北古今书目》统计，从先秦到清末，河北人士著述的图书共6354部，45773卷。此外，出版方志1018部，8113卷。民国时期，出版各类书籍2016种，其中抗日战争时期各根据地和解放区编辑出版的图书近900种。

新中国建立后，1950年11月，在河北联合出版社的基础上建立了河北人民出版社，1954年在大众美术社的基础上建立了河北人民美术出版社（后改为河北美术出版社）。1949年至1966年，共出版各类图书3474种，其中出版的大批通俗读物在当时产生了广泛的影响。

改革开放以后，河北省出版业规模、数量、质量，经营管理、技术设备水平得到长足的发展与提高。特别是近年来，河北省出版系统转企改革全面完成，2009年成立了河北出版传媒集团有限责任公司，集团及18家成员单位都建立了企业法人治理结构，新的集团管控模式和企业运行机制形成。推进编辑出版、报刊传媒、印刷复制、发行物流、物资贸易、文化投资等业务板块的整合重组，基本形成了结构完善、布局合理、实力雄厚的现代出版产业体系。

在编辑出版方面，拥有八家图书出版社、两家电子音像出版社以及北京颂雅风公司、冠林数字出版公司等，2012年出书达到6000种以上，自1980年至今，获省部级以上奖励的图书有1000多种，获中宣部"五个一工程"奖、国家图书奖、中国图书奖三大奖项的图书160多种，冀版图书的知名度得到提高。在报刊传媒方面，整合八家报刊，组建阅读传媒公司，整合聚集了《河北青年报》、《语文周报》、《思维与智慧》等知名报刊品牌。在印制业务方面，整合重组后的河北新华联合印刷公司拥有一印、二印两家独资公司，以及河北新视野彩印公司、保定华升印刷公司和联合印务公司三家控股公司。在发行物流方面，形成拥有连锁店和发行网点330个、总营业面积近30万平米的省新华书店公司现代化发行网络，成立了北京北舟文化传媒公司。在物资贸易方面，整合内部贸易资源，组建了文通国际贸易公司，开展纸张、纸浆等出版物资和大宗商品贸易。在文化投资方面，组建冀康投资公司开展出版产业园区建设和股权投资等。此外，集团公司是全国四大教学用书基地之一，拥有18种经教育部审定通过的中小学新课标教材，推广使用范围遍及23个省区市。中小学课本印制质量在全国连续多年名列前茅。新华书店集团进行下伸网点的改、扩建，改善和扩大了经营场地，图书销售额大幅度增长。各出版社积极开展对外贸易与交流，开展版权贸易、合作出版项目，积极走向国际市场。

2. 重点出版社

（1）河北人民出版社

建立于1950年11月，出版范围为哲学、政治、经济、法律、历史等研究著作及群书、工具书，党和国家方针、政策宣传读物和时事宣传读物，党史、党建读物和思想教育读物，地方志和古籍等。获奖及畅销的图书有《故事里面有哲学》、《中国哲学史稿》、《青年知识手册》、《李大钊的故事》、《中国民族工商业发展史》、《畿辅通志》、《毛泽东诗词鉴赏》、《毛泽东传》、《张岱年全集》、《中国文学史学史》、《日军侵华暴行总录》、《唐宋八大家散文总集》、《山生》、《苏轼全集校注》等。

河北人民出版社获奖图书

（2）河北美术出版社

建立于1954年，是中国成立最早的专业美术出版社之一。出版范围为画册、连环画、年画、

河北美术出版社获奖图书

月历、宣传画、美术理论著作、技法读物、美术工具书和美术教材等。在全国获奖或畅销的图书主要有《万里长城》、《乡土艺术》、《当代中国油画》、《西游记》（连环画）、《小精灵画传》（连环画）、《张其翼画集》、《中国七大古都》、《何海霞画集》、《毗卢寺壁画》、《任熊任薰任颐任预精品》、《中国玉器全集》、《中共中央在西柏坡》等，《长发妹》曾获国际奖。

（3）花山文艺出版社

建立于1982年1月，主要出版当代和现代文学、艺术作品及文艺理论、文艺批评专著，兼及古代优秀文艺作品。在全国获奖或畅销的图书主要有《祖国，我对你说》、《城里来的俊媳妇》、《菜刀记》、《八十年代中国文学新潮丛书》、《彭德怀入朝作战纪实》、《远离尘嚣》、《则天皇帝系列》、《中国武侠小说史》、《艾青全集》、《唐诗万首》、《兰亭全编》、《士兵突击》等。

（4）河北科学技术出版社

建立于1984年8月，主要出版国内外科技专著、科技工具书以及应用技术和科学普及读物。在全国获奖或畅销的图书主要有《医学衷中参西录》、《数字微波接力通信》、《食管外科学》、《眼底荧光血管造影释义》、《实用厨房大全》、《人类的心愿——优生》、《冀东前寒武纪铁矿地质》、《区域水盐运动监测预报》、《蔬菜实用栽培技术》、《农业科技十万问》（丛书）、《中医方剂通释》、《小百灵看图识字》等。

（5）河北少年儿童出版社

建立于1984年8月，主要出版以15岁以下少年儿童为对象的政治、思想、品德教育读物，儿童文学作品、连环画、科普读物以及少儿工作者和家长培养教育少年儿童的读物。在全国获奖或畅销的图书主要有《阿基米德的故事》、《曹雪芹的传说》、《中国现代儿童文学史》、《小学生百事问》、《一天一个好故事》、《十二属相故事画库》、《中国民间故事连环画库》、《女革命家丛书》、《早陨的将星》、《我们的父辈丛书》、《赤子丛书》、《她们与世纪同行》等。《九色鹿》曾获国际奖。

河北教育出版社获奖图书

（6）河北教育出版社

建立于1986年，主要出版学校和业余教育的教材、教学参考书、教育科学理论、学术著作。在全国获奖或畅销的图书主要有《英汉计算机软件词典》、《河北风光名胜》、《汉字通论》、《中国力学史》、《中华百年爱国故事丛书》、《小博士文库》、《小学复式教材》、《中华文明史》、《中国漫画书系》、《屠格涅夫全集》、《陀思妥耶夫斯基全集》、《红罂粟丛书》、《蓝袜子丛书》等。

此外还有花山山版社、花元光电有限责任公司等也有长足的发展。

3. 报刊出版状况

河北的报刊事业源远流长。据史料记载，早在700多年前的元朝就有邸报，16世纪中叶河北地区出现了《京报》。清末河北为直隶省，曾辖北京、天津等地，伴随着西方势力入侵，近代报刊先后出现。同治十一年（1872年）出版的《中西见闻录》是直隶最早的近代报刊，后又有中文的《时报》、《北洋官报》、《直隶白话报》等出版。辛亥革命前，出版的报刊有30多种。

1949年以前，中国共产党领导下的报纸刊物种类众多。第一次和第二次国内革命战争时期，中共顺直省委主办的《北方红旗》、中共中央北方局及河北省委主办的《火线》，对推动当时革命形势的发展起到过重要作用。抗日战争和解放战争时期，一些有重大历史影响的跨省大型报纸在河北境内创办。1937年12月，中共晋察冀省委和中共中央北方局创办的《晋察冀日报》在保定阜平创刊，在敌人残酷的"围攻"、"扫荡"中，始终坚持出报，至1948年6月16日终刊，共出版报纸2854期，日发行量最高达5万份，后与晋冀鲁豫《人民日报》合并为《华北人民日报》，即中共中央机关报《人民日报》的前身。1942年7月7日，晋察冀军区政治部主办的《晋察冀画报》在石家庄平山碾盘沟创刊，是我国在抗日根据地创办的第一家以刊登新闻照片为主的综合性画报；1948年5月与晋冀鲁豫军区的《人民画报》合并，是《解放军画报》的前身。

新中国成立后，全省有《河北日报》、《石家庄日报》、《唐山劳动日报》、《开滦矿工报》等几家报纸。上世纪50年代，又创办了《邢台日报》、《保定日报》、《沧州日报》、《张家口日报》、《峰峰矿工报》、《河北科技报》、《河北广播》等报纸。上世纪60年代，由于发生严重的经济困难以及长达10年的"文化大革命"动乱，全省大多数报纸刊物被迫停刊。仅存的几种报纸，一度基本上没有自己采编的新闻，仅靠照发新华社新闻稿度日。

改革开放后，各地市的报纸相继复刊，少数县级市也办起报纸，一些行业、团体主办的报纸刊物也发展起来。如今省级报纸除《河北日报》、《河北经济日报》、《河北工人报》、《河北科技报》外，还有《河北工商报》、《河北税务报》、《河北法制报》、《河北青年报》、《河北广播电视报》、《燕赵都市报》以及《杂文报》、《视听之友》等；值得一提的是，多数市都先后创办了晚报，如《燕赵晚报》、《热河晚报》等。

期刊事业也不断发展。建国后至1958年，期刊由两种增加到19种，其中综合类的期刊较多，文艺期刊和科技期刊很少。1959年至1966年，期刊数明显下降。1966年下半年由于"文化大革命"开始，期刊全部停办，直到1972年以后，才有两三种刊物。1977年至1989年，全省期刊逐年恢复和发展，新刊物纷纷创办。1981年，全省有正式期刊46种，1986年增至83种，1989年增至120种。增长最多的是科技类和经济类期刊。目前，全省登记注册的正式报纸共70种，多数为党政机关报；各类期刊共176种，其中文学艺术类34种，文化教育类6种，哲学社会科学类18种，经济类8种，科学普及类2种，综合类25种，科学技术类78种。

4. 重点报刊

（1）《河北日报》

中共河北省委机关报。自1949年创刊以来，在省委的领导下，发挥党和人民的喉舌作用，为推动全省政治经济文化和社会发展发挥了重要作用，在加强舆论引导中实现媒体品牌影响力的持续提升。主要栏目有杨柳青、一线写真、县（市）委书记访谈录、你我他的故事、知与行等。目前，发行量达到27.58万份。所办河北新闻网和燕赵都市网双双进入世界网站排名万名之内。近年来推进文化体制改革，组建了河北报业传媒集团公司，在完成了第一批11家单位体制改革的基础上，母子公司架构基本形成，初步奠定了集团管理体制的基础。被新闻出版总署和中国报协评为2010年"全国报业经营管理优秀单位"。

河北报业集团大厦

（2）《共产党员》杂志

中共河北省委主办。创刊于1958年7月1日，月刊，有城市版和农村版。是进行基层党组织建设和党员教育的综合性普及刊物，集指导性、可读性、趣味性于一体，是党务工作者的参谋和助手。主要栏目有：权威人士吹风、党建巡礼、风范谱、党员沙龙、人物随笔等。被评为河北省社科类"十佳"优秀期刊，河北省社科类优秀期刊。

（3）《长城》杂志

大型文学期刊，创办于1979年，双月刊，河北省作家协会主办。立足河北，面向全国，刊登许多在社会产生重大影响的优秀文学作品，培养了许多在全国有知名度的作家，为河北及全国文学事业做出了积极的贡献。在文学界享有广泛的声誉。曾获首届全国期刊评比整体设计奖、首届华北"十佳"优秀期刊、全国第一届优秀期刊奖、中国作家协会颁发的小说优秀期刊奖等。获河北省历届"十佳"期刊及社科类优秀期刊奖。

5.广播电视发展状况

主要包括河北广播电台、河北电视台、河北广电网络集团、长城网以及2012年底组建的河北影视集团。负责宣传党的路线、方针、政策和省委省政府的工作部署，发挥广播电视以及网络媒体的舆论监督作用；把握正确的舆论导向，办好各类节目栏目，为人民群众提供精神食粮；开展对外宣传工作，加强与国内外相关机构的交流合作；配合中央媒体的采访任务，并提供各类节目及稿件。近些年，主动策划组织开展了一系列有深度、有影响的重点报道，形成了一批叫得响的名牌栏目，如河北电台的《阳光热线》，河北电视台的《读书》、《直播京津冀》、《村里这点事》、《家政女皇》等都有较高的收听、收视率，《今晨播报》、《午间视野》、《直播京津冀》等多次进入"省级卫视新闻/时事栏目全国收视50强"。《望长城内外》等节目获得全国性奖项。

6. 广播影视及演艺机构

（1）河北人民广播电台

成立于1949年9月1日，是新中国最早的省级电台之一。现拥有新闻、经济、交通、文艺、生活、音乐、农村、旅游八个系列频道，中国第一家实现涵盖所有通讯运营商全面介入的手机电台也已开通。每天播出时长近233个小时，总发射功率达722千瓦。七套节目实现卫星播出，中波、调频、调频立体声多种方式有效覆盖全省及包括京、津在内的周边12个省区市，并在东南亚和欧洲的部分国家和地区拥有一定数量的听众。改革开放以来，实现了频道制管理，交通广播在中国同类频率中率先实现了全省覆盖，投入使用了数字音频工作站和办公自动化局域网。拥有《河北新闻》、

石家庄广播电视塔

《今日焦点》、《北方快车》、《农村天地》、《灯火阑珊》、《出租车之家》等名牌栏目，《阳光热线》是中国省级电台开办的第一个"政行风热线"节目，获中国新闻界最高奖——"中国新闻名专栏"，连续两届荣获中国广播电视"十佳栏目"。

（2）河北电视台

1969年2月16日正式开播。40年风雨历程，打造了较高的知名度和影响力。拥有卫视频道、经济生活频道、都市频道、影视频道、少儿科教频道、公共频道、农民频道、三佳购物以及一个视频点播频道。是河北省电视传媒的龙头，也是中国较有影响的省级电视台之一。河北卫视用"中星6B"卫星传送，覆盖全国及亚洲部分国家和地区。经济生活频道、影视频道和农民频道等实现微波和有线混合，覆盖全省及京、津和周边部分地区；都市频道、少儿科教频道、公共频道用有线电视网络传输，覆盖全省各市、县城区；视频点播节目以数字压缩为传输手段，播出十几套视频节目供用户选择。在中国新闻奖、中国广播电视新闻奖、全国"五个一工程"奖、星光奖、金鹰奖、飞天奖、金童奖等全国性大奖评比中，获奖数和规格位居省级台前列。全台摄录、制作、播出等各系统基本实现了数字化，其中10讯道数字电视转播车、数字化播出系统等技术水平全国领先。

（3）河北影视集团有限公司

于2012年12月10日正式组建。是河北影视剧产业发展新的市场主体，是集电影电视剧制作、发行、放映、院线发展、音像出版和关联产业开发、营销为一体的产业链完整、规模化经营的大型影视文化企业。下有三个子公司：河北影视集团天道影视制作发行有限公司、河北影视集团中联影业院线有限公司、河北影视集团天速电视剧制作有限公司；管理三个成员单位：河北电影制片厂、河北省电影公司、河北百灵音像出版社。其历史沿革最早可追溯到成立于1953年的河北省电影公司，以及1982年河北省文化局筹建的河北电影制片厂。自启动运营以来主持生产及参与联合摄制完成电影《骏马少年》、《辛亥革命》等10多部作品；电视剧《革命人永远是年轻》、《先遣连》、《丑角爸爸》、《营盘镇警事》等作品先后在中央电视台黄金时段播出。电影《谁主沉浮》获长春电影节特别奖，电视剧《为了新中国前进》获飞天奖，电影《骏马少年》获第八届美国圣地亚哥国际儿童电影节"最佳儿童片奖"，《咱们是亲人》获洛杉矶中美国际电影节"杰出乡村影片""金天使"奖。同时，加强影院建设、院线经营，现有影院133家，225块银幕，其中城市影院25家，银幕97块，县城影院108家，银幕128块。

（4）河北广电网络集团公司

2005年7月正式挂牌成立，拥有151家分（子）公司（其中分公司124家，子公司27家），全省有线电视用户830万户（其中数字电视用户500万户），宽带用户达11万户，总资产近40亿元、年收入达16.6亿元的省属国有大型文化企业，是全国广电网络资源整合较早、较彻底的省份之一。企业规模、经营收入、用户规模等主要指标进入全国同行业前列。

（5）河北长城传媒有限公司（长城网）

河北省新闻门户网站，河北省权威主流媒体、信息门户、精神家园、民生窗口，河北省综合性、全媒体的第一门户网站。其中，长城网河北频道为核心频道，以反映省政治、经济、文化、教育等领域的情况和动态，服务河北经济建设和社会发展为宗旨，是世界认知河北、河北走向世界的窗口。拥有总编室、首页编辑中心、新闻中心、视听节目中心等11个职能处室。近年来，网站排名不断前移，点击数最高超过2500万，独立IP数突破60万，PV数突破了350万。2012年在Alexa全球网站综合排名中，位居全国地方新闻网站第12名。

（6）河北演艺集团有限公司

2013年1月正式注册成立，是河北省唯一一家集河北梆子、歌曲、舞蹈、杂技、话剧、综合性舞台艺术和影视传媒等于一体的国有独资文化企业集团，下辖河北省河北梆子剧院有限公司、河北省歌舞剧院有限公司、河北省杂技团有限公司、河北省话剧院有限公司、河北省心连心艺术团有限公司、河北省承德话剧团有限公司、河北画报社传媒有限公司、河北文化音像出版社有限公司、河北省新闻图片社有限公司、河北省艺术有限公司、河北省摄影发展有限公司等11家子公司。按照"做强演艺主业、延伸产业链条、坚持多元发展、增强综合实力"的发展思路，集中整合旗下演艺、传媒资源，做优做强舞台演出，延伸产业链条，将集团建成集创作演出、策划营销、剧场管理、艺术教育、文化旅游为一体，在全国具有较强竞争力的大型国有演艺文化龙头企业。一个时期以来，各子公司创作、演出、出版了众多高水准的文艺作品。大型民族舞剧《轩辕黄帝》获第七届"文华新剧目奖"和全国舞剧观摩演出优秀奖；河北民间舞蹈《放风筝》在加拿大第 23 届素里舞蹈节国际民间舞蹈比赛中，获全场总冠军；《河北民间歌舞》在意大利"音乐世界"艺术节的演出，获"古典芭蕾、民族民间、新创作现代舞蹈、民乐合奏"等比赛六个第一名；大型歌舞晚会《燕赵风韵》、《我的家乡在河北》、《情系太行》、《英雄河北》、《经典民族音乐会》、《留君岁月——邓丽君经典歌曲演唱会》等多次参加中央电视台春节联欢晚会及国内重大晚会的演出，具有广泛的社会影响；精心打造的杂技《转动地圈》、《雏凤凌空——女子集体车技》、《追星逐月——流星》、《诗画韵——蹬伞》、《女子造型》、《行车蹬人》等节目多次获国内外大奖；创排的大型杂技情景剧和专场晚会《奥运情缘》、《印象花木兰》、《故乡》等具有很高的

省演艺集团推出的音乐剧《蔬菜总动员》

演员与观众互动

河北省艺术中心

艺术水准；河北梆子剧《宝莲灯》、《六世班禅》、《伶王响九霄》、《南越王》、《兰陵王》已成经典剧目；出版的3D动画片《麋鹿王》在"首届欧洲国际立体电影节"上夺得最佳长篇立体电影奖——金水晶奖；2012年全国美展中夺得一金二银，创造了河北国画历史最好成绩；第九届中国民间文艺"山花奖"评奖中，荣膺六个山花奖和最高奖项——成就奖；河北曲艺荣获首届巴黎中国艺术节唯一一枚金奖；还有话剧《雾蒙山》、儿童剧《下次开船港》等，都给人们带来美的享受，取得了较好的社会效益和经济效益。

七、独特的民俗物产

（一）民俗风情

民俗风情是最能体现地方文化的部分了。中国是一个汉族占主体的多民族国家，许多民俗风情都带有共性和普遍性。而河北省大部处于华夏文明发祥较早的平原地区，这种普遍性则体现得更为突出；但从另一个角度讲，河北的许多民俗风情基本上代表着中原乃至中国的民俗文化。

1. 村落

从发展的历史过程看，人类开始是以部落的形式生存，由于生产力的低下和争斗的频发，总要不断地迁徙，属于"居无定所"；随着社会的进步，也出于中国农耕文明的特点，人们开始定居下来，形成一个个村落，它是农村及整个社会最基本的单元，也是反映民俗最基础的层面。

村落最小的为村庄，或曰"自然村"，其规模进一步扩展则成为村镇或集镇；最初是由于自然生长、迁徙、避乱、逃荒、逃亡、官府安置等多种原因形成，久而久之，便固定下来。其中大部分村庄是原住民在故土上形成，有些则是从外地乔迁而来。黄帝部落就是从陕西岐山东渡黄河

村落

到达河北，清代不少少数民族是从西北迁徙到河北承德一带，井陉县的丁家石头村是明朝大臣于谦的家族为躲避杀害逃亡至此，石家庄正定许多村落是明朝"靖难之役"后朱棣下令从山西将大批居民迁来。村落大多是以宗族或家族为纽带，既是一种社会生活组织，也是一种劳动组织，这就形成了相同与不同的风俗习惯。

孟姜女庙

2. 信仰

河北的绝大多数乡村并没有纯粹意义上的宗教信仰，但大都有供奉神灵的习惯，主要是出于对自然界的敬畏、祈求祥福和劝导人们积德行善等。供奉的神灵很杂，有佛教、道教、自然神以及祖先、鬼魂等，有的则供奉自己特有的神灵，还有外来神，从表现形式看，有泛神信仰的特点。走访河北农村，几乎随处可见供奉神灵的寺观、祠堂，有的是几种供奉并存，互不干扰。如邯郸武安磁山镇（村）既有佛教的观音堂，也有道教的红山全神庙，全神庙内设有三官殿、真武殿、药王殿、咽喉殿、送子奶奶殿、火神殿、财神殿、八蜡殿、关岳殿等；肥乡城关镇南关村不仅有佛教的观音楼，还有道教的吕祖庙，以及关爷庙、奶奶庙、土地庙、老爷庙（供真武大帝）、火神庙、马王庙、井龙王庙等，还有一座

祭神

驱鬼

很少有的农工具庙，供奉农工爷；在山区，以供奉黑龙庙、苍龙庙、白龙庙、黄龙庙、九龙庙、九龙圣母庙等不同称谓的龙王庙居多，因山区干旱缺雨，表达了山民祈雨的愿望；沿海的渔村，则特别信仰海神和海母娘娘等。

许多村落有自己特殊的供奉对象：沧州盐山是秦始皇时徐福出海的地方，建有一座千童祠，供奉徐福和童男童女，每五年举行一次盛大的"千童信子节"；武安古义村的奶奶庙供奉白眉三郎神，传说春秋时秦庄王的十三太子周游列国，到此地患病不起，药王为他治病，痊愈后眉毛变成白色，为报答药王的救命之恩，三郎神在这一带做了许多善事，死后被村民奉为保护神；秦皇岛山海关外望夫石村，传说是孟姜女哭长城的地方，建有一座姜女庙；沧州黄骅一带的渔村大都供奉海神娘娘，建有海神庙；不少地方将当地特有的标志物奉为神灵，比如陈年古树，为其修建祠堂，应时披绸挂红，烧香上供；不少山村则修建有山神庙和胡爷庙（实为狐仙），体现出原始信仰中"万物有灵"的观念。

有的村落还供奉鬼魂，主要表达对故人的怀念。武安邑城镇白府村每年农历正月十七晚，举办傩仪"拉死鬼"，意为每逢春节各家都要请回祖宗的灵魂与后人共度佳节，正月十六日晚要将亡灵送走，为了怕没人祭祀的孤魂野鬼留下不走，危害人畜，故举行仪式，以保新的一年里人畜平安。

3. 风尚

村落大多是以宗族和家族为纽带，使村民们长期劳动、生活在一起。为了使之和谐相处、友好互助，逐渐形成一定的规章，倡导一种风气，对各成员的行为有所约束，让大家共同遵循，这就形成了村风或民风。往往并非强制性的，而是通过乡规民约的形式，是长期积淀的结果，也是民俗中的核心内容。

不少村庄很早就立有乡规民约，如井陉的丁家石头村现尚存有当年遗留下来的禁赌碑、护林碑、村规碑、用水碑等等，核心内容是维护乡村的秩序、搞好乡村建设、讲究社会公德、倡导好的风尚、杜绝不良行为，比如赌博、打架斗殴等。乡规民约对村民有相当的约束力，构成一种内

家庭和睦

三世同堂

在的力量，体现为一种正能量，它的影响力很深远，许多村民，包括那些走出去的人，终身都能看到其影子。

村庄往往是一个或几个大家族生活在一起，三世同堂、四世同堂，加上成员间的通婚，街坊邻里几乎都是亲戚，这就使得乡规民约带有明显的家族或家长制的倾向，这是河北以至整个中国农村的特点。村里的许多事情，往往是由长辈或年长的人说了算，家族及邻里产生了纠纷，也是由长辈出面调解或决断，这是一种无形的力量，是农村伦理的基础。当然，家长制随着社会的发展及家庭结构的变化，逐渐在弱化，但仍然在起作用。

乡规民约充分反映出中国数千年形成的伦理道德观念，如尊老爱幼、孝敬父母、帮贫济困、尊师重教、家庭和睦、邻里互助等等，当然，其中不乏一些陈腐的东西，如男尊女卑、"三从四德"、女子无才便是德、寡妇不能再嫁、早婚早得贵子等，这些在农村已经得以改变甚至剔除。

4. 家教

如果说村庄是农村社会最基本的单位，那么家庭就是其中的细胞。家庭生活的好坏、家庭教育的优劣，对每一个村民至关重要，同时反过来影响到村落以至整个农村的发展。农民对家风和

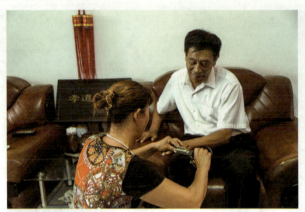

乡里乡亲

起早贪黑

门风很看重、也很在意，因为平日村民们生活在一起，街坊邻里发生点什么谁都瞒不住，往往要进行议论和评判。家风正派、管教子女得当的村民令人称道，威信高，说话有人听；反之，则被人瞧不起，甚至戳脊梁骨。

村民家庭教育很重要的出发点是"望子成人"和"望子成龙"，希望孩子今后能干、手巧、持家，成为"好把式"和"贤内助"，甚至识文断字，走出家乡，成就一番事业。在村民们心目当中，"将门出虎子"、"有什么样的老子，就有什么样的儿"、"拙手笨脚的娘，培育不出会描龙绣凤的闺女来"等观念是根深蒂固的。农村的孩子、特别是走出家乡的游子对这种观念也深入骨髓，成为毕生奋斗的动力，成功的概率似乎也很高，很大程度上是期盼回馈家庭与父母。

农村的家教很反映农民的性格。长期以来，农民依赖土地，起五更，睡半夜，终日操劳，生活条件及环境铸就了他们坚韧和内敛的性格，这也成为了其家教的重要内容。首先是勤劳。农民一年四季风吹日晒，暑去寒来，辛苦耕耘，女人们纺纱织布，碾米磨面，浆洗缝补，在他们看来，"人不哄地，地不哄人"，"一分辛劳，换得一分收获"，"只有受得苦中苦，方可换来甜上甜"，以至文人在此基础上衍化出了"天道酬勤"的信条。其次是节俭。农家人深知生活中的柴米油盐都是用血汗换来的，教育子女"一粥一饭，当思来之不易；半丝半缕，恒念物力唯艰",农民最看不惯的是糟蹋粮食,叫"造罪",吃饭时不容许孩子浪费一粒米;等子女长大了教育其生活要有计划,"吃不穷、穿不穷,算计不到处处穷",在大部分农民身上,节俭已不单纯是一种做法,而是一种习惯和美德。第三是忠厚。农民和土地打交道,是件实实在在的事,来不得半点虚假,因此,他们教育子女要坦诚、厚道,对人要以诚相待、宽厚包容、知恩图报,"人敬我一尺,我敬人一丈"、"言必行,信必果";对己则要从严、隐忍,"不做亏心事,不怕半夜鬼叫门"、"退一步海阔天空,忍一时风平浪静","得饶人处且饶人"。

农村家庭大多很讲"礼数",这也成为家教的重要内容:早上起来要向长辈问安,吃饭时长辈不动筷子晚辈不能先动,女子吃饭不能上桌;逢年过节要看望老人;丈夫死了寡妇不准再嫁;要讲究家庭环境及个人卫生,院落要经常打扫,衣物要保持整洁;客人到访要热情接待,到别人家做客要讲礼貌等等。当然,这其中不乏封建的旧观念,但一些老户人家还在恪守。另外,农民由于生活条件所限,文化水平大都不高,但他们大都希望子女能学些文化,起码要学习简单的算术和文字,以便管理家庭。

5. 术业

古人曰:"闻道有先后,术业有专攻。"村民长期在一起劳作,彼此交流经验,同时受气候、物产、交通以及外出闯荡等因素的影响,往往形成职业技能及就业选择上的相互影响与传承,这是农村习俗的一个重要特点,那些"专业村"、"专业乡"、"专业县"等,就是这种特点的反映。

过去农村主要是耕种农作物,谁家耕作方法得当,抢抓时节,庄稼长得好,村民们便互相学习,其带动作用是十分明显的;另外,谁家干什么行

羊绒大衣

箱包

业或行当干出了名堂，得到了丰厚的收益，能够获得好生计，村民们便争相仿效，以带动起一种行业或技能在当地的充分扩展。比如石家庄辛集、衡水枣强、保定蠡县以及张家口等地的皮毛和皮革加工，保定高阳的纺织品加工，廊坊大厂的牛羊肉加工，安国的中药材加工等，以及后来衡水安平的丝网、邢台清河的羊绒、保定白沟的箱包、沧州肃宁的裘皮等，都是一村一地普遍搞起来，形成了一种产业；还比如当年廊坊大厂霍各庄村、邯郸武安伯延镇以及张家口蔚县等地的一些农户，到西北、东北以及江浙一带经商，做贩运、药材、绸缎等生意，获得了丰厚的回报，引得当地的村民纷纷仿效，形成一支经商大军，这些村民发家后回到家乡置地建房，建设家园，现仍保留有许多精美的民居建筑。

有些地方自然条件较差，为了谋取生路，有的村民怀着练就的一些技能、功夫或武艺，外出闯荡江湖，在这些人的带动下，形成一种地域的习练及就业传统。比如旧时保定定兴一带的人多进京城干服务行业，如理发、洗浴、煤球加工等；沧州吴桥人擅长于杂技、魔术，当地出现过许多世界级的著名杂技艺人，有"无吴桥人不成班"的说法；衡水人长于民间工艺品的制作与经营，冀派内画、侯店毛笔、武强年画以及饲养宫廷金鱼等蜚声海内外，当年有不少人在北京经营古玩生意，以至北京琉璃厂曾被称做"衡水街"；廊坊霸州及北京周边一些地区的人从小进入梨园，学习戏剧，走出了盖叫天、荀慧生、李少春、李万春、赵燕侠、白玉霜等许多京剧、评剧名家。

6. 民宅

人说"安居才能乐业"，民宅很能反映一个地方的风俗。河北农村对建造民宅很有讲究，宅基地要选择在地势平坦或稍高的地方，以求出入方便，通风防水；山区则选择在背坡向阳处，避开风口；沿河要选在高处，避开河滩，防止夏季洪水冲毁和漫灌。建房的地点要尽量选择在离自家土地近些的地方，生意人则选择在路口、临街和人口密集的地方。旧时村民居住讲究"聚族而居"，同宗同族的人住在一起，以便互相照应；愿意在人口稠密的地方建宅，认为旺盛的人气可带来人丁兴旺，万事兴隆；喜欢"择邻而居"，与待人平和、品德高尚、家教有方的人家为邻，以求和睦相处，仿效邻里的良好家风。

出于神灵信仰的考虑，村中庙宇附近是不允许建房的，村民认为那样会惊动神灵，给人们降灾，或者破坏风水，将给生活带来不顺。河北平原地区建房大都是南北走向，北屋为正房，围成方形的院落；山区则随着山峦及河谷的走向，尽可能地坐北朝南，以便吸收阳光。平原和丘陵村庄的房屋基本上是一排排的，划分出

民宅

一条或若干条东西走向的街道，南北则分隔成若干条巷子或胡同。

河北房屋的类型，平原地区多为平顶房，房顶可以用来晾晒粮食及其他农作物，夏季炎热时可以乘凉和休息。旧时多为泥土房，用泥打成土坯垒墙，用木料做梁、椽，用麦草和泥抹墙和房顶，多为两扇开门，窗户为小花格木棂，糊窗纸。这样的房子稳固性较差，遭遇暴雨很容易倒塌。随着农村生活水平的提高，目前大都改建为砖瓦房，屋顶用水泥预制板，造型与原来的泥土房大致相同。

农村盖房多为"三明两暗带甩袖"，北屋上房中间三间为客厅，前墙正中开门，两边各开一个大窗户，左右两间各向前延伸一定的尺寸，使整座房屋形成"凹"字形，延伸部分叫"甩袖"，也叫"倒座"，"甩袖"部分有与客厅相通的门。条件好的则盖楼房，过去农村盖楼房只有大户，如今已很普遍了，很多还是三层或四层，楼内建有卫生间等设施。山区村民多就地取材建窑洞和石头房，窑洞又分为土窑和砖石窑，用木料做门窗；坝上草原的蒙古族居民则习惯住毡包，也叫蒙古包，用木栏做骨架，包以毡毯，里面铺上地毯，根据季节和水草随时搬迁。

农村人盖房有不少讲究，上梁时（现在是上预制板）要选定良辰吉日，在梁上要挂上红布和竹筛子，以求驱凶避邪、网住小人。建房要与左邻右舍在一条线上，不能靠前和居后，也不能高出或低于，认为靠前和居后主凶，对房主不利；高出两边的房子，是挑着两家过日子，一家挣钱三家花，永远富不起来；低于两家的房子，是被左右邻居抬着走，只有邻居家富了自己才能沾点儿光。忌讳在大路尽头和拐弯处盖房，认为大路尽头是前面无路可走，拐弯处是被蛇盘绕，难以伸展。忌讳院门对着别人家的烟囱，认为烟囱是升天之路，和死连在一起。忌讳院门冲着路。房前屋后种树讲究"房前不栽桑，屋后不栽柳，院内不种鬼拍手"，认为"桑"与"丧"谐音，柳树是做棺材的材料，不吉利，"鬼拍手"即大叶杨树，风刮树叶响，像是鬼拍手，很吓人。忌讳住发生过凶灾和死过外人的房子，宁可扒掉重盖，忌讳在坟冢遗址上盖房。

7. 节庆

逢年过节是老百姓最为欢乐和喜庆的日子，也是最能体现民俗的时节。河北民间的节日很多，几乎每个月都有节，每个节都有不同的寓意和内容。

（1）春节

是中国民间最隆重、最富有特色的传统节日，也是最喜庆、欢乐的节日，始于尧帝的年代。河北农村称为"年下"或"大年"，一般指阴历除夕和正月初一，但在民间。多是指从腊月二十三祭灶一直到正月十五，除夕和正月初一为高潮。春节期间，汉族和很多少数民族要举行各种活动以示庆祝，包括祭祀神佛、祭奠祖先、除旧布新、迎禧接福、祈求丰年等。

（2）祭灶

即腊月二十三祭祀灶王爷，俗称"小年"。灶王爷又称"司命菩萨"或"灶君司命"，传说是玉皇大帝封的"九天东厨司命灶王府君"，负责管理各家的灶火。每年腊月二十三灶王爷要上天向玉皇大帝汇报主家的善恶，让玉皇大帝进行赏罚。送灶时，人们要供奉糖果、糕点，有的还

春节

要供奉粮草，有人将麦芽糖用火融化，涂在灶王爷的嘴上，以求"上天言好事，下界保平安"，实际是期盼来年风调雨顺、五谷丰登，保佑大家吃得饱、吃得好。因要用蜜糖给灶王爷涂嘴，人们习惯于购买麦芽糖制成的"糖瓜"，既作为贡品，又能食用，有"二十三，糖瓜粘"的说法。

（3）除尘

人们把腊月二十四作为除尘日或扫房日，即把房子打扫干净，高高兴兴迎接新年。这里面有个传说，说恶神三尸神经常在玉皇大帝面前搬弄是非，说人间有人谩骂玉皇，想谋反天庭，玉皇大帝大怒，命他在这些人家屋檐下做上记号，准备除夕夜命天兵天将下凡，将这些人家满门抄斩。三尸神的恶行被灶王爷发现，他想拯救众民，又怕玉皇大帝怪罪，便暗中通知各家各户以大扫除的名义抹去屋檐下的记号。除夕夜，天兵天将来到人间，只见家家户户窗明几净、灯火通明，根本找不着记号，一场大祸就此消解。从此，除尘、扫房便成为民众过年前必做的功课。

（4）贴春联

也叫贴对子、桃符，以工整、简洁、对仗、合辙押韵、喜庆的文字书写在大红纸上，贴于大门、屋门之上。根据形状可分为门心、框对、横披、春条、斗方等。"门心"贴于门板上端的中心部位；"框对"贴于左右两个门框上；"横披"贴于门楣的横木上；"春条"则根据不同的内容，贴于相应的地方；"斗方"也叫"门叶"，为正方菱形，多贴于家具、影壁上，以烘托节日的气氛，寄托美好的愿望。据说，这一习俗始于宋代，明代开始盛行，清代到了一个相当的高度，因之而衍化出了"楹联学"这一高雅的艺术门类。书写春联用传统的毛笔，充分体现出中国文化的特点。

（5）剪窗花和贴福字

剪窗花和贴窗花是河北城乡在春节期间喜欢做的事儿。窗花起初是老百姓用剪刀将大红纸对折或几折，剪出一些简单的吉祥、美丽的图案，贴在窗户上，烘托节日喜庆的气氛。后来，窗花剪得越来越精美，有的改用刀子刻，有的还上不同的颜色，图案也蕴育了丰富的文化内涵，如福星高照、寿比南山、鲤鱼跳龙门、五谷丰登、龙凤呈祥、百子图以及各种生肖图案等，衍化成为了一门特有的剪纸艺术，深受人们的喜爱。河北剪纸艺术的水准很高，知名的有张家口蔚县剪纸、承德丰宁剪纸、石家庄无极剪纸等。春节时，人们特别喜欢贴"福"字及有福字图案的窗

贴窗花

花，寓意为福气、福运和福星高照，寄托了人们对幸福生活的向往。在贴"福"字时，人们喜欢将其倒过来贴，表示"幸福到来"、"福运将至"的意思。

团圆饭

（6）年画

春节时，河北城乡还有习惯贴年画。年画最初起源于"门神"画，过年时贴在门上，是为了镇邪。门神一般取两位人物，有汉代的神荼和郁垒、唐代的秦琼和尉迟恭、三国时的关羽和张飞，以及唐代的程咬金和罗成等，全为威武、忠厚、正派之人。后来年画题材变得广泛，有《福禄寿三星图》、《天官赐福》、《五谷丰登》、《六畜兴旺》、《迎春接福》等，寄托着人们美好的愿望。传统的年画多用木版印刷，色彩艳丽，线条粗犷，成为中国重要的非物质文化遗产，著名的有苏州桃花坞、天津杨柳青、山东潍坊以及河北衡水的武强年画，具有很高的艺术品位。

（7）吃团圆饭

过年期间，忙碌了一年的人们纷纷从外地、自己的小家聚集到老人身边，在一起吃饭，称做吃团圆饭。一般习惯于除夕及大年初一儿子、媳妇在婆家吃，初二儿子随媳妇回娘家。团圆饭往往从很早就准备，按照习惯准备鸡鸭鱼肉等各种菜肴，但有两样是必备的，一是年糕，谐音"年高"，取年年登高的意思，用糯米、黄米等蒸成，加以枣、豆馅、枣泥、青红丝、桃仁、果料等，切成方块，入口粘软宜人；二是饺子，用水和面做成皮，包入肉、蛋、海鲜、时令蔬菜等调拌成的馅，煮熟捞起后蘸着醋、蒜末、香油等吃。包饺子和面的"和"字取"合"的意思，饺子的"饺"取"交"的谐音，"合"和"交"寓有相聚之意，象征团圆和谐。饺子形似元宝，又有

"招财进宝"的意思，老百姓常说："饺子就酒，越吃越有"，一家老小聚在一起包饺子，话新春，其乐融融。

（8）守岁

即大年三十熬一宿不睡觉。这里面有个典故，说"年"其实是一种怪兽，每到除夕晚上都要到人间伤害人畜、毁坏田园，人们为了躲避灾难，除夕夜都要紧闭大门，不敢睡觉，坐等到天明，以防备怪兽袭扰。如今守岁实际上是为了一家人在一起吃年夜饭、叙家常、看春晚、放鞭炮，尽享"一夜连双岁，五更分二年"的夜晚给家人团聚带来的欢乐。

（9）拜年

大年初一亲戚朋友、街坊邻里间要相互拜贺、祝福，称做"拜年"。拜年时晚辈给长辈要磕头，同辈间作揖相拜，长辈要给磕头的孩子"压岁钱"。如今这些礼仪在城市已不再时兴，但在不少农村还是存在的。拜年的顺序先是同宗同辈之间，然后是姑舅等亲戚之间，再则是异姓邻里之间，表达了人们辞旧迎新、相互祝福以及孝敬老人、彼此尊重的情义，在一年中产生过些小芥蒂的人们也能通过拜年消除隔阂。如今随着社会的发展，拜年的形式出现了不小变化，有了家拜、互拜、团拜等多种形式，城市则多通过贺卡、电话、短信等拜年。

（10）放鞭炮

春节期间，几乎家家户户都要放鞭炮，河北称做"爆仗"、"炮竹"等，一般在除夕夜、大年初一、初五、十五等日子燃放，象征着除旧迎新，为节日营造喜庆的气氛。过去的鞭炮都是将一个个炮竹的芯捻连在一起，有100支、1000支甚至1万支的，称作一挂或一鞭，燃放起来连续噼啪作响，北宋王安石有诗曰："爆竹声中一岁除，春风送暖入屠苏；千门万户曈曈日，总把新桃换旧符。"鞭炮的起源很早，至今已有两千多年的历史，如今已不局限于春节，婚嫁、建房、开业等也有燃放，品种大量增多，很多在点燃后有彩弹连续升空，在空中形成美丽的彩花，称为烟

元宵节

花或烟火。但燃放鞭炮会形成巨大的噪音和空气污染，产生大量的废弃垃圾，且容易造成人员受伤，所以，政府倡导人们自觉少燃放鞭炮，有的用气球或电声来替代。

（11）破五

农历正月初五俗称"破五"。这天人们黎明即起，燃放鞭炮，打扫卫生，特别是放"二踢脚"，意为"崩穷"，想把一切穷困、不吉利的东西都崩跑，然后打扫卫生。按照老规矩，大年除夕至正月初五期间是不能打扫卫生的，打扫只能在屋内，垃圾先堆放在屋角，人们认为动扫帚将会把好运气赶跑。"破五"大扫除则是把垃圾清扫干净，清清爽爽地迎来新的一年，以崭新的面貌开始工作和生活。

（12）元宵节

农历正月十五，人们习惯于吃元宵，故称"元宵节"。元宵是一种传统食品，河北及北方一带将芝麻白糖、红豆沙等做成馅，晾干后切成方块，放在糯米或黄米面中摇成圆形（南方是用糯米和成面包，称汤圆），吃起来甜软可口。正月十五以前，人们多是聚在家中或走亲戚，元宵节开始走出家门，在集镇或县城举办各种大型灯会、猜谜、放烟火、舞狮子、扭秧歌、跑旱船、踩街等活动，将人们的节日情绪推向高潮，热闹的程度往往要超过大年期间，故有"正月十五闹元宵"之说，同时也标志着过年已接近尾声。河北各地在这天举办多种富有特色的欢庆活动，著名的有廊坊胜芳的灯会、保定涿州的灯会、石家庄井陉的灯会、邯郸永年广府的灯会和张家口蔚县暖泉镇的社火等。

（13）二月二

按照民间的传说，农历二月初二是龙王抬头的日子，从此以后，雨水会逐渐增多，因此也叫"春龙节"，流传有"二月二，龙抬头；大仓满，小仓流"的民谚。这天，有的地方早起要打着灯笼到井边或河边挑水，回到家中点灯、烧香、上供，男人理发（民间普遍有"正月不理发、理了发死舅舅"之说），把这种仪式叫做"引田龙"；还要吃面条、炸油糕、爆玉米花，比做"挑龙头"、"吃龙胆"、"金豆开花，龙王升天，兴云布雨，五谷丰登"。

二月二

（14）清明节

清明是农历的二十四节气之一，清明一到，气温升高，雨量增多，是春耕春种的大好时节，有"清明前后，点瓜种豆"、"植树造林，莫过清明"的农谚。但清明作为节日主要是祭奠先人，进行祭祖和扫墓，俗称上坟。扫墓时，人们要携带酒食果品、纸钱等，将食物供祭在亲人墓前，将纸钱焚化，为坟冢培上新土，插上几枝嫩绿，叩头行祭拜礼。这天又称踏青节，按照阳历计算，清明是在每年4月4日至6日之间，正是春光明媚、草木吐绿的好时节，人们多在这期间登山游览，亲近自然。

（15）端午节

每年农历的五月初五，也称端五、端阳。其起源的说法甚多，有纪念屈原、伍子胥、曹娥之说，也有起于三代夏至节、恶月恶日驱避及吴越民族图腾祭的说法。长期以来，由于屈原的爱国精神和辞赋感人至深，大都与纪念屈原联系在一起，进行龙舟竞渡和吃粽子等。河北有些地方还有自身的习俗，如承德一大早要到武烈河边或到草地上找露水洗眼睛，为了祛病消灾，到罗汉山根底下采艾蒿。

（16）七夕节

农历七月初七，也称"乞巧节"或"女儿节"。传说这一天是天上的牛郎织女过"鹊桥"相会的日子，因此又被称为"爱情节"或中国的情人节。在这一天夜幕降临的时候，青年男女常常摆上时令瓜果，遥望朗朗星空，期盼爱情女神能赋予他们甜蜜的爱情和美好姻缘以及聪慧的心灵和灵巧的双手。

清明节

端午节

（17）中秋节

每年农历的八月十五，是中国重要的传统节日。中国农历将一年分为四季，每季又分为孟、仲、季三段，故中秋也称仲秋。中秋有"嫦娥奔月"的传说，说后羿射日受人尊重，一道人送他长生不老药，他舍不得离别世人而交给妻子嫦娥保管，奸诈小人蓬蒙欲偷药，嫦娥无奈只得吞入腹中，升天后无限怀念丈夫与百姓，每逢八月十五降临人间，人们供瓜果、月饼是为了迎接嫦娥，期盼给人间带来幸福。每临傍晚，人们要摆上瓜果和月饼，在一起赏月、饮酒，思念和祝福在远方的亲人，故有"每逢佳节倍思亲"之说。

（18）重阳节

农历九月九日，人们在这天往往出游赏景、登高远眺、观赏花卉、采插茱萸、吃重阳糕、饮菊花酒等。九为数字中最大的，九九又与"久久"同音，寓有长久、长寿的含义，故人们将这一天与尊老、敬老、爱老、助老联系起来，1989年，我国将每年的重阳节定为"老人节"或"敬老节"。

（19）寒衣节

每年农历十月初一，又称"祭祖节"、"冥阴节"。源于秦代孟姜女的传说，当时其丈夫被官府抓去修长城，她思夫心切，见天气渐冷，做了御寒的衣物于十月初一启程去看望丈夫，谁想到抵达秦皇岛的山海关后，得知丈夫已劳累而死，她恸哭不已，泪水冲垮了长城。人们将这一天作为祭奠先人的日子，河北一带的人们多为先人烧纸制的冥衣和冥币，以求故人能够温暖过冬、吃穿不愁，一般要放到十字路口，认为这样亡者才能收得到。人们通过此种形式寄托哀思，同时也倡导尊重长辈、孝敬父母的风尚。

8. 婚嫁

俗话说"男大当婚，女大当嫁"，婚姻是人生的大事，青年男女通过父母之命、媒妁之言、自由恋爱等形式步入婚姻的殿堂，组建家庭，这之中要经历一定的过程和形式。河北大致分为订婚、娶亲和回门三个环节。当然，那些老旧的形式正随着社会的发展在改变，特别是恋爱的形式，大部分从父母包办改为自由恋爱，但过去婚嫁的习俗仍在延续。

（1）说媒

过去由于生活圈子狭窄，交通闭塞，男女要遵守授受不亲的古训，自由恋爱是不允许也是没有条件的，大部分要靠"说媒拉纤"来实现，即所谓"天上无云不下雨，地上无媒不成亲"。"说媒"也叫"提亲"，媒人受人之托或主动到男女双方家中进行说合，促成男女双方的婚事。旧时的婚姻大都由父母做主，年轻人没有选择和谈感情的权利，父母看重的是对方家庭的经济及社会条件，讲究"门当户对"。媒人又叫"月老"或"红娘"，"月老"传说是掌管天下姻缘的人，他用红线将有缘人的脚系在一起，即"千里姻缘一线牵"；"红娘"则取自《西厢记》中那位性格泼辣、撮合成张生与崔莺莺姻缘的丫环。这些人往往巧嘴如簧、能言善辩，都是热心肠，交际范围比较广，当然也为了得到一定的好处。婚事促成后，男女双方都要给媒人"谢媒礼"，即"送红包"或"包封"。如今人们在感情上比较自由了，选择范围也在扩大，但很多青年男女还是要通过媒人来牵线。为了增强选择，更出现了众多的交友机构和网站，其实都是媒人职能的一种延续。

（2）相亲

提亲的双方在大概同意后，由媒人安排双方的长亲见面，即"相亲"。旧时大都是男方的家长到女方家，看看女方及家庭的情况，男方本人并不出面，有的则是男方由母亲陪同到女方家。有的地方女方也要到男方家中相亲，见见未来的女婿。相亲要选择吉日，清扫室内和院落，穿戴整洁，特别是女方要精心打扮一番，迎接对方的到来。

（3）订婚

双方同意结亲后，要进行正式的订婚，这虽非法律意义上的，但在民间则被认为是正式缔结婚约。订婚主要做几件事：一是"换庚帖"，河北南部俗称"换小书"，即将男女双方的生辰八字交给对方。生辰八字亦称"八字"，即人出生的年、月、日、时，旧时要请人推算双方是否适合，合则能结为秦晋之好，不合则不适于结婚，这其中带有很浓重的迷信色彩，为此也拆散过不少美好的姻缘。二是男方要送给女方订婚礼金，意在给女方家长养育女儿必要的补偿。这两件事儿实际上双方早已通过媒人做过沟通，事先都知道了对方的生辰八字，礼金的数额也经媒人找双方议定，按照通行的标准及男方的家庭条件，订婚时只是履行正规的程序。三是双方家长坐下来商定正式的婚期，根据男女双方的年龄、生辰八字以及良辰吉日选定，同时还要考虑农时及节假日等因素。婚期确定后，由男方向亲朋好友、街坊邻里发出邀请。

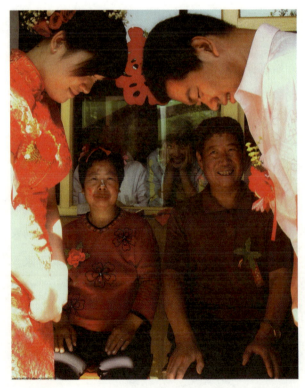

拜堂

（4）送嫁妆

举行正式婚礼前女方要送陪嫁，即陪送女儿出嫁的物品，一般要根据当地的习俗和女方家庭生活的状况，陪送被褥、脸盆、面镜、茶杯、枕巾、柜橱、椅凳、花瓶等，必须是双数，忌送床、锅、钟等。要在举行正式婚礼仪式的前一天上午或当天新媳妇入门前送到男方家中。如今陪送物品的档次已大为提高，包括各种家用电器等。嫁妆通常是由女方请来本族中的女眷，如婶子、大娘、嫂子等进行缝制、叠放、收拾，讲究要请"全乎人"帮忙，即有丈夫有儿有女的，忌请怀孕的、二婚的和寡妇。陪送的物品及车辆都要系以红绸，以示吉庆。女方要派一名近亲的男童（一般为新娘的胞弟或近亲族弟）手执陪嫁箱柜的钥匙前往，名为"押嫁妆"，送嫁妆的多为女方的亲属，其中由一人主事，交给男方嫁妆清单，有的还要"唱妆"，即入男方家门时将物品——"唱"出。男方收到嫁妆后要给送嫁妆的人及男童喜烟、喜糖及喜钱等。

（5）迎娶

也叫"迎亲"、"娶媳妇"，是举行正式婚礼的首项议程。男方将新媳妇从女方家中迎接到自己家中，一般是由新郎去接，也有媒人或小叔子带着迎亲队伍去接，新郎在家等候。迎娶前男女双方都要做好充分的准备，男方要布置好新房，准备好婚宴，安排好迎亲的人员、花轿、马匹、仪仗、声响、乐队等，通常要聘请一位"大总管"，多为本家族或朋友中有威望且办事能力强的人，负责婚礼的总调度与指挥。迎亲队伍要一大早由媒人引领前往女方家，行前要鸣炮奏乐，并安排好花轿到来时负责接待的人员。新娘出嫁前要精心梳妆打扮一番，沐浴更衣，里外三新，有的地方讲究用丝线绞去脸上的汗毛，称为"开脸"。由家中的女眷给新娘盘头、描眉、点唇、擦脂粉等，戴上凤冠霞帔（如今很多改穿婚纱），蒙上红布盖头，等待花轿的到来。花轿一到，新郎上前叩拜岳父岳母，并呈上大红的迎亲简帖。伴娘搀扶新娘上花轿，上轿时，新娘应放声大哭，以示对父母的依恋。迎亲队伍启程，新郎骑马，新娘乘轿，讲究"不走回头路"，走不同的路线返回。男方家看到迎亲的队伍，立刻燃放鞭炮、鼓乐齐鸣，花轿停在新郎家门前，伴娘挽新娘进入房内。

（6）拜堂

也称拜花堂、高堂、天地，是婚礼的重要仪式。拜堂的场所要事先布置好，一般在男方家的堂屋，点燃香烛，祭放祖先的牌位，摆上粮斗，装着五谷杂粮、花生、红枣等，上面贴上红双喜字。花轿到时，仪式正式开始：新娘下轿脚不能沾地，要铺上"传席"，即红毯；新娘在伴娘的陪伴下要"迈火盆"、"踩瓦片"，意为日子要过得红红火火、岁岁平安；男方的父母坐于大堂的上座，新郎、新娘被引至大堂中间，炮声齐鸣，鼓乐震天，司仪宣布拜堂开始，一拜"天地"，二拜"高堂（父母亲）"，三夫妻对拜；拜堂仪式结束，新郎、新娘双双进入洞房。

（7）喜宴

拜堂之后，男方家在"总管"的协助下招呼所有参加婚礼的来宾吃喜宴，也称婚宴。旧时农村有"无宴不成婚，无酒不嫁女"的说法，喜宴是婚礼的高潮。谁家办喜事，几乎村里及周围村庄的村民都要赶来看热闹，有的是邀请来的，有的是不请自来的，一律入席就餐，主家不拒绝。农村喜宴的规模非常大，杀鸡宰猪，烹煮煎炸，支起几副炉灶，格外热闹。主家从各家各户借来桌椅板凳、锅碗瓢盆等，并请来乐队在一旁吹奏助兴。按照宾客的身份，长辈坐上座，其他人依次而坐，女眷们则由新郎的母亲陪同在屋里或专门的桌子上吃。因为人多，往往采取流水席，一拨客人吃完另一拨客人再吃。菜肴并无严格的规定，要荤素搭配、冷热相间，有"八碗"、"十碟"和"十二碟"之分，"八"代表发财，"十"代表十全十美，"十二"代表月月幸福。菜大都起些吉利的名字，如"四喜丸子"、"比翼双飞"、"年年有余"、"合家团圆"、"早生贵子"等。另外，还要摆放瓜子、花生、糖果等；酒是必备的，一般喝白酒，新郎要到各桌向客人们敬酒，过去新娘入洞房后便不再出面，如今则要与新郎一起敬酒。喜宴往往要持续很长时间，等客人们走了，那些操持婚礼、喜宴以及吹奏的人才能坐下来吃、拾掇。

（8）入洞房

洞房也称新房，即新婚夫妇居住的房屋，婚礼前要好好收拾一番，以秫秸杆做骨架，用彩色纸糊顶，将四面墙壁涂刷一新，房内置立橱、连箱橱、灯桌、火盆以及女方陪嫁的木箱等，将新房装得满满当当。河北大部分地区有挂画的习俗，如镜桌前挂"麒麟送子"，迎门中堂挂"龙凤呈祥"，另外挂一些古代仕女画、百子图等。拜堂结束，新娘由新郎用一根红绸牵着进入洞房，坐在炕沿边上，新郎用自己的左衣襟压住新娘的右衣襟，意为新郎要压住新娘，体现出古代封建社会"男尊女卑"的观念，称为"坐帐"。新郎掀去新娘的红盖头，新娘面对婆家众人娇羞不已，引来阵阵欢笑声，即所谓"丑媳妇总得见公婆"。举行"合卺"仪式，新婚夫妇相对饮酒，卺是古代婚礼上用做酒具的瓢，将类似葫芦的东西一剖为二，新郎新娘各执一个，表示合二为一，如今已改用酒杯，喝"交杯酒"。旧时夫妻还要行结发仪式，新郎把新娘的头发解开，象征性地把两人的头发扎在一起，"结发夫妻"即由此而来。随后新娘要坐在陪嫁来的被褥上，称为"压福"或"坐福"，有的地方则坐在烟囱角处。新郎持弓箭向屋子四角做射箭动作，意为驱走妖鬼。

（9）闹房

过去在婚礼散后，新郎的亲属及村里一块长大的伙伴常要跟小夫妻说笑打闹，即"闹洞房"，有"三天之内没大小"之说，特别是小叔子，闹得特别欢。这其中有个传说，说天上的紫微星下凡，见一披麻戴孝的女鬼在伺机作恶，便尾随其后，见其躲进一新婚夫妇的洞房，小夫妻拜罢堂欲入，紫微星告其洞房内有鬼，小夫妻忙问怎么办？紫微星说魔鬼最怕人多，让亲朋好友们到洞房，魔鬼便不敢作恶。小夫妻照着做了，众人的嬉笑声驱走了妖怪，闹洞房有驱鬼的意思。但有些地方闹洞房在语言和做法上有些过分，甚至搞一些恶作剧，把小夫妻特别是新娘子弄得很难堪，这种习俗正在改变。

（10）回门

即新媳妇婚后回娘家，河北各地习俗略有差异，有的是在迎娶的第三天，有的是第六天，也有第九天的，娘家赶车（或开车）来接，男方要大摆筵席，女方亲戚坐上席，然后新郎陪新娘一起回娘家。到女方家拜见岳父岳母，新娘向母亲讲述嫁到男方家的情况。

另外，河北居住着许多少数民族，人数较多的有满族、回族、蒙古族，他们有着自己民族特色的婚嫁习俗。

9. 丧葬

人都要经历生老病死，生者对死者进行安葬，表达出对死者的怀念和哀思，也体现出地方的民俗特色。根据死者去世时的年龄，举行的葬礼分别称为"喜丧"（老年）、"哭丧"（中年）、"小口"（青年）和"孤女"（未出嫁的闺女）；从死亡到埋葬的过程称为"白事"，有的地方称老人的丧礼为"白喜事"。

（1）灵堂

即安放死者灵柩或灵位以供吊唁的厅堂。古时人们相信灵魂不死，认为死亡只是灵魂脱离了肉体，必须使之有一个安顿之处，衍变下来，便出现了灵堂。一般设置在堂屋，也可设在院内或临街搭置灵棚。灵堂的正中摆放灵柩（现多送至殡仪馆），前面设牌位、香案、蜡烛、三牲及供品等，两边是鲜花与花篮。农村多用度量谷物的"升"点香，里面盛满小麦、玉米等，插着四炷香、"打狗棒"和"符"。后方悬挂死者的遗像、横幅及大大的"奠"字，在左右两侧是挽联，撰写死者一生的主要功绩或经历，前面两边是演奏哀乐的乐队与守灵人。整个灵堂要庄重肃穆，文明整洁。逝者死后家人要及时通知亲戚及朋友，称为"报丧"，来吊唁的人要向死者的灵柩及灵位（遗像）三鞠躬或三叩头，烧纸、添香，并赠送礼金。死者的亲友及子女要为死者守灵和哭灵，农村讲究守灵三天，也有六天和九天的，直至出殡；城市大多为一天。守灵时供桌上要点一盏"长明灯"，不时地向里加油，现多点一支大大的蜡烛，能连续燃烧几天不熄。

（2）戴孝

晚辈为了表达对逝者的怀念和敬意而佩戴用白布和黑布做成的丧葬饰物，按照亲缘的远近，其服制的轻重有所不同：儿子、儿媳妇、女儿要戴重孝，头戴孝帽，身穿孝袍，用白布带扎住裤脚，脚穿孝鞋（鞋面上缝白布），有的还用一只麻袋弄成披风样式，从头顶披戴至腰间，即所谓"披麻戴孝"。侄子（侄媳妇）、侄女、外甥（外甥媳妇）、外甥女以至女婿、侄女婿、外甥女婿等服制渐轻。孝服分为白、黑、蓝、绿等不同的颜色，平辈的不用戴孝。如今在城市及部分农村丧葬服制已有所简化，有的已不戴重孝，而为逝者佩戴黑纱，按照死者的性别，男性的戴在左袖，女性的戴在右袖，孙辈的在黑纱上加一红色的标志。

（3）出殡

　　将逝者的灵柩运到埋葬或寄放地点的过程。旧时多为土葬，逝者一般在生前就选好了墓地，死后家人先为其挖好墓穴。现在多提倡火葬，将灵柩运至殡仪馆，然后再进行不同形式的安葬。出殡的当天亲友、邻里汇集到逝者家，举行祭奠仪式，死者的长子跪拜致礼，在众人的协助下将棺木移出灵棚，放到预先绑好的架子上。家人在鼓乐声中绕棺木左转三圈、右转三圈，表示对死者的依恋难舍。棺木厚

丧葬

重，有的还加上棺罩，周围饰以红、蓝、黄色的帷幔，要8人、16人甚至24人抬，一路不能休息（除去路祭），一直要抬到墓地。如今道路条件较好，一般会使用农用车、拖拉机等替代人抬。棺木抬起前，死者的长子要双膝跪倒，手捧烧纸钱的瓦盆，痛哭失声，将瓦盆摔碎到地上，称为摔"老盆"，摔得越碎越好，认为这样死者便可把烧化的纸钱带到阴间使用。出殡的队伍启程，前后顺序为家族的长者在前面引导，逝者的孙子捧着死者的遗像，后为儿子、女儿、儿媳妇及远近的亲属；一般由长子手执"招魂幡"，其他儿女手执"孝棒"（用柳树枝糊上白纸穗），亲属们手执花圈、纸扎的摇钱树、聚宝盆，如今还有纸做的冰箱、彩电、洗衣机、住房等。乐队在花圈后吹打，后面则是抬棺和护棺的人们。送葬队伍达到墓地后，儿女、媳妇们跪在墓前，由抬棺的人们将棺木抬至并置入墓穴中，儿女、亲属们哭声阵起，儿子先动手铲土，其他人依次，最后众人一起动手将棺木掩埋好并堆起坟茔。人们将"孝棒"插在坟茔上及周围，有的即可生根。在坟茔前置墓脚石，用以摆放祭奠的供品。将"招魂幡"、花圈、纸扎的器物等全部引燃，并燃放鞭炮，人们向逝者做最后的告别，出殡过程结束。出殡日如遇雨雪天，则被认为是个好兆头，俗话说"雨（雪）打墓，辈辈富"，说明逝者人好，老天都为之垂泪。出殡队伍返回后，丧家要设

置酒宴，告慰亡灵，感谢和款待帮助操持葬礼的亲属和邻里。

（4）上坟

葬礼举办后，家人要在逝者死后的第七天黎明到坟前"烧纸"，祭奠致哀，摆放祭品、水酒，焚香、行礼，称"上坟"，也称"头七"。此后每七天一次，到"五七"而毕，也有至"七七"的。再以后到百天及每年逢逝者的忌日和传统节日（中秋除外），如除夕、清明、中元节（七月十五）、农历十月初一等，家人要携带祭品、香纸等到坟前，举行仪式，祭奠逝者。

娲皇宫祭祀活动

（二）土特产品

河北省地域辽阔，地貌多样，气候各异，物产丰富，各地盛产不同风味、营养价值颇高的土特产品，是人们享用及馈赠亲友的佳品。

京东板栗

1. 河北板栗

也称京东板栗，主要产于河北北部的燕山山区，以唐山迁西最为知名，又称迁西板栗。以颗粒饱满、香甜、皮薄、适于糖炒等特点著称，在日本、香港、澳门等地以"天津甘栗"而久负盛誉。具有悠久的栽培历史，自古以来为人们所喜爱，清代人们把糖炒栗子称为"灌香糖"，将板栗磨粉制成的栗子窝窝作为宫廷的御膳食品。在民间遇有男婚女嫁，要在新娘的被子四角塞入枣和栗子，取谐音"早立子"，习俗流传至今。板栗含有蛋白质、氨基酸、钙、磷、铁、钾等矿物质及抗坏血酸、核黄素、胡罗卜素等多种成分，食用对身体健康大有裨益。可生吃熟食，还可加工成栗子鸡罐头、栗子羹、巧克力、代乳粉、栗子蜜饯等风味食品，还可做各种糕点的馅料。

深州蜜桃

天津鸭梨

2. 深州蜜桃

主要产于衡水深州，有两千余年的栽培历史，因个大甘甜，被人们称作"桃中之魁"。据史书记载，西汉末年，刘秀的人马被王莽的军队追杀，走到深州时，刘秀又饥又渴，吃了

赵州雪花梨

蜜桃，顿觉有了精神，终于摆脱了追兵，后来，刘秀做了皇帝，下令将深州蜜桃定为贡品。从此，历朝皇宫都将深州蜜桃列为贡品，每到蜜桃成熟时节，桃农们便用车、担将挑选的上等蜜桃送往京城，被称为"贡桃"。深州蜜桃之所以口感极佳与水土条件有关，它集中产于深州西部滹沱河故道上，这里有三米多深的沙质土层，地下水浅而甜，气候温和，有利于蜜桃的生长，再加上桃农们的辛勤打理，所以长得又大又甜。有十多个品种，其中最好的是"红蜜"和"白蜜"，红蜜桃又叫"魁桃"，是名副其实的桃中之魁。

3. 天津鸭梨

是中国优良的梨品种之一，主要产自河北，以沧州泊头、石家庄辛集、邢台宁晋等地产的品质最佳。形似鸭蛋，梗处突起，状似鸭头，故名鸭梨；经过严格筛选、深加工后，经过天津港发运出口到世界各地，故获名"天津鸭梨"。果肉细嫩、皮薄核小、汁多无渣、酸甜适中、营养丰富、耐于储存，有一定的药用价值，素有"天生甘露"之称。以它做原料制成的糖水型罐头、梨脯、梨干、梨酒和水果糖，各具风味。

4. 赵州雪花梨

产于石家庄赵县，成熟后肉质洁白，故称雪花梨，又名"象牙梨"。栽培历史可追溯到2000年前。与其他品种的梨相比，成熟期早，比鸭梨早成熟一个月左右。个头大，产量高，单果一般在400克

兴隆红果

宣化葡萄

沧州金丝小枣

左右，最大的达1900克，成树每株年产500公斤以上。含糖量高，比其他梨高3~5度；体圆、皮薄、肉厚、色佳、汁多、味香，含有多种有机酸、蛋白质、矿物质和维生素。除鲜食外，还可加工成梨干、梨膏、梨脯、罐头、梨汁、梨酒等。可入药医病，据《本草纲目》记述："雪花梨性甘寒、微酸"，具有"清心润肺、利便、止痛消疫、切片贴烫火伤、止痛不烂"等功能，经现代医学证明，对肝炎、肝硬化、高血压、冠心病等具有辅助疗效。被誉为"中华名果"、"天下第一梨"。

5. 宣化葡萄

张家口宣化盛产葡萄，有"葡萄之都"的美誉。葡萄品质优良，风味独特，有牛奶、龙眼、肉丁香、白香蕉、老虎眼、马奶子等十多个品种，以牛奶葡萄最为知名。牛奶葡萄果粒大，呈椭圆形，酷似奶牛的乳头，故名。最大串儿可重达两千克以上，含糖量高，皮薄肉厚，味道甘美，可剥皮取肉，用刀切而不流汁，清代曾作为"珍果"进贡皇宫，在1909年巴拿马国际农产物博览会上获得荣誉奖。宣化葡萄是酿制美酒的原料，长城葡萄酒公司用宣化龙眼葡萄酿制的干白葡萄酒，是国际宴会上的高档饮料，酿制的"大香槟"、"葡萄汽酒"等深受人们的喜爱。宣化栽种葡萄的藤架像一把把撑起来的巨伞，从城中心的鼓楼向四周望去，与房舍高楼相依，和山川田野相伴，甚为壮观。

6. 兴隆红果

产于承德兴隆，又叫山里红、大山楂、胭脂果等，色泽红艳，个大肉肥，质地柔韧，酸甜爽口，营养丰富。除含有蛋白质、脂肪、碳水化合物及钙、磷、钾、铁等矿物质外，还含有丰富的胡萝卜素、硫胺素、核黄素、尼克酸、抗坏血酸等多种维生素，其中铁和钙的含量在水果中居首位。红果含有红色素和果胶质，非常适宜储存和加工，以其为原料，可加工成罐头、果酱、果酒、果汁、果丹皮、山楂糕、蜜饯、果茶、糕点等；制成的清凉饮料，是高空、高温工作的保健饮品。红果还有较高的药用价值，能帮助消化、增进食欲、止血防暑、清心提神，还可软化血管、降低血压、增进心肌功能，含有黄酮类化合物，有一定的抗癌作用。目前，我国利用红果制成的成药有50余种。

7. 沧州金丝小枣

产于沧州，又名河西红枣，因干枣剥开时有金黄丝相连，故称金丝小枣。入口甜如蜜，外形如珠似玑，色泽鲜红、皮薄、肉厚、核小，具有较高的营养价值，含糖量高，有丰富的蛋白质、脂肪、粗纤维、磷、钙、铁、钾、钠、镁、氯、碘、尼克酸和维生素A、B1等。除生食外，还可煮食、熬汤或作为炖品之配料，还可制成各种甜、粘的食品，加工成蜜枣、糖枣、脆枣、熏枣、醉枣、枣茶、枣酒等。

8. 阜平、赞皇大枣

产于保定阜平、石家庄赞皇，已有400多年的栽培历史。色鲜、皮薄、个大、核小，外形体硕如卵、紫红发亮，果肉肥厚细密、味道甘甜，干枣掰开有尺把长的密丝纤连不断，被誉为"金丝蜜"。除含有蛋白质、脂肪、糖类、有机盐、粘液质外，还含有较丰富的胡萝卜素、硫胺素、核黄素、尼克酸、抗坏血酸、维生素A以及钙、磷、铁等矿物质。鲜枣甜脆可口，干枣肉绵甘香，以其为原料可加工成醉枣、蜜枣、熏枣、脆枣、枣脯、枣酒、枣醋、枣糕、枣粽子及糕点的馅料等；烹饪肉、鱼时，放入可除膻去腥；吃大蒜后嚼上几粒，可免除口臭。具有一定的药用价值，是滋补健身的佳品，经常食用对身体不适、神经衰弱、阴虚肝亏、脾胃不合、消化不良、劳伤咳嗽、贫血亏血等均有疗效。

9. 珍珠红小豆

产于河北中南部广大地区，又叫赤豆、红豆、朱豆，已有2000多年的栽培历史。颗粒均匀、色泽红亮、皮薄、沙性大，是中国传统的出口产品，在国内外市场被誉为"红珍珠"和"金豆子"。保定雄县产的"天津红"品质高，出口量大，占河北红小豆出口总量的20%，因从天津港发运而得名。富含蛋白质及多种维生素和微量元素，具有利尿、健肾、补血等功能，不仅可以煮饭，还可做成馅料烹制各种糕点、炸糕、雪糕、豆包、冰糕等。

阜平、赞皇大枣

鹦哥绿豆

河北血杞

涉县花椒

10. 鹦哥绿豆

早在上世纪50年代，张家口宣化出产的"鹦哥"绿豆就畅销日本、苏联、澳大利亚、新西兰、印度尼西亚等地。用其制作的粉条、粉丝、粉皮及传统糕点绿豆糕等，品质上乘，很受消费者欢迎。还可加工成凉粉、豆芽，熬制的绿豆汤是清凉解暑的佳饮。近年来，种植面积不断扩大，产量提高，出口量增加。

11. 河北血杞

即枸杞子，产区遍及沧州、衡水、邢台、邯郸、石家庄等地。色红似血，故名血杞。颗粒均匀，色泽鲜艳，味甜微酸，具有较高的营养和医疗价值，含有脂肪、蛋白质、糖分及氨基酸、有机羧酸、色素、维生素、甾醇、生物碱、甙类和胺类等多种成分。据《本草纲目》记载，枸杞"滋肾润肺、明目"，既可直接食用，也可作为泡茶、泡酒及菜肴的佐料，还可制成罐头、糖果、糕点等。其中以枸杞为主料酿制的枸杞酒，品味清香纯正，有舒筋活络、强身补气、明目保肝、补脾健胃等功效。

12. 涉县三珍

即邯郸涉县出产的花椒、柿子和核桃。涉县花椒有黄沙椒、白沙椒、小红袍、大红袍等四个品种，色泽鲜艳、麻度大、含油多、椒香浓郁，是烹饪肉、鱼的常用调味

蕨菜

望都"羊角辣"

野三坡麻核桃

品，有增加食欲、消食顺气、健脾胃之功效，储藏粮食时放入少许能起到杀虫、防腐的作用。涉县被国家有关部门评为"中国花椒之乡"。涉县柿子个大、色红、丰腴多汁，醇甜如蜜，有牛心柿（也称尖柿）、绵柿（也称满地红）、盖柿、黑柿、方柿、水柿等品种，营养丰富，葡萄糖、果糖、蔗糖含量高，所含胡萝卜素、维生素C和钙、磷、铁等元素胜过苹果、梨、桃、杏等果品，除鲜食外，还能酿制酒和醋，对于治疗痢疾、干热咳嗽、齿龈出血、贫血等有一定功效。涉县核桃品种多，有数千年的栽培历史，以石门和温材产的薄皮核桃品质最佳，其皮薄仁满，色泽金黄，含油量高，两手将核桃一按，皮即破碎，整个核仁自然脱出，呈大脑纹路状，放在嘴里越嚼越香，滋津生液。含有丰富的蛋白质、脂肪、钙、磷、铁、钾以及胡萝卜素、维生素A、B、C等。除生食外，还可作为糕点、糖果的原料，也可用来榨油。据《本草纲目》记载，可"补血养血，润燥化痰，益命门，利三焦，温肺润肠"。

13. 口蘑和蕨菜

口蘑产于张家口坝上草原，是一种食用菌类，伞盖肥厚，清香适口，独具风味，被人们誉为"素中之肉"。有白蘑、青腿子、马莲杆、杏香等品种，以白蘑最为名贵，菌盖洁白、褶细、盖大、肉厚、柄短，气味极为清香，夏秋产蘑时节，一场细雨过后，十里之外便可闻到蘑香。口蘑营养价值高，能降低血压、软化血管，提高对肝病、软骨病的防控能力。蕨菜主要产于承德的塞外山地，是一种野生菜蔬，一般生长在高山坡的阴冷地区，围场、丰宁等地很适合生长，被人们称做"山菜之王"。农历五月上旬是采收的好时节，这时的蕨菜叶小花淡，梗嫩肉细，营养价值很高。亦称"长寿菜"，相传清乾隆皇帝带人到围场狩猎，见一老农背一筐野菜，问是何菜？老农随口答"长寿菜"，是仙家所食的宝物，常吃可明目清神，无疾长寿。乾隆皇帝叫人采来品尝，果然鲜嫩可口，风味独特，从此蕨菜便有了"长寿菜"的名字。经加工、腌渍后，色绿、鲜嫩、细软、味美，近年来在国内外市场上大受欢迎，成为人们餐桌及宴会上的美味佳肴。

14. 望都"羊角辣"

产于保定望都，是中国传统出口的"三都"（山东益都、四川成都、河北望都）名牌辣椒之一，在国际市场享有声誉。以形若羊角而得名，色泽紫红而光亮，肉质肥厚而富有油性，籽粒饱满而充实，辣味浓厚而寓芳香。含有丰富的蛋白质、脂肪、粗纤维和人体所需的钙、铁、磷等微量元素，以及维生素A、B1、B2、C和尼克酸等，《本草纲目》谓之有"散寒除温、解郁结、消积食、通三焦、温脾胃、补右肾命门、杀菌止泻"之功能。可鲜食、干食、生食、熟食，也可以炒食、炸食、腌食，经加工可制成辣椒粉、辣椒酱、辣酱芽、辣菜心、咸辣椒、辣椒油等，以其独特的风味赢得众多国内外消费者和客商的青睐。

15. 鸡泽椒干

产于邯郸鸡泽，色泽紫红光滑、细长、尖上带钩，亦状似羊角而称为"羊角椒"。皮薄、肉厚、色鲜、味香、辣度适中，辣椒素和维生素C含量居诸多辣制品之冠。可鲜食、干食、炒食、炸食、腌食，易加工、易贮藏，可加工成辣椒油、辣椒粉、辣椒酱等，一年四季食用方便。种植历史源远流长，相传秦代瘟疫流行，很多人因此丧生，而常食辣椒者却免受其害，于是人们扩大种植。凭借当地充足的阳光、优良的土质以及椒农们的精心培植，成为当地一绝，历代作为向宫廷进献的贡品。不仅畅销内陆地区，而且销往香港、澳门、朝鲜、日本、新加坡、马来西亚和美国等地，鸡泽也成为中国著名的辣椒生产基地。具有保健和药用功能，促进消化液的分泌、增强肠胃蠕动、增加食欲、有利于食物的消化与吸收，促进人体细胞间质中胶原的形成，对预防感冒、动脉硬化、夜盲症和坏血病具有一定的食疗效果。

16. 野三坡麻核桃

产于保定涞水的野生山核桃果实，又称耍核桃，也叫"文玩核桃"，古时称"揉手核桃"。起源于汉代，流行于唐宋，盛于明清，形成中国独有的"核桃文化"。主要有狮子头、公子帽、虎头、官帽、鸡心、双棒等品种，热销京、津、沪等地区及韩国、日本、东南亚等国家。目前全县有成品树近15万株，接穗近36万个，年产业收益在2000万元以上，成为全国最大的麻核桃种植、产销基地。

17. 隆尧大葱

产于邢台隆尧，有"疙瘩葱"和"鸡腿葱"两大品种。据记载，早在唐代这里就盛产大葱，千余年来经过当地葱农的精心培育、改良，品种日益优化，面积不断扩大，每年的种植面积在五万亩、总产量在一万吨以上。"疙瘩葱"头大且圆，如球似拳；"鸡腿葱"则亭亭玉立，茎长盈尺，不论葱头还是鳞茎，洁白光亮，肥厚柔嫩。大葱质地细密，味道独特，少辛辣而多香甜，嚼之清香盈口，产品行销京、津、晋、鲁、豫及河北广大地区。

18. 威县西瓜

产于邢台威县。据其县志记载，西瓜原产于西域，西汉张骞带回瓜种，不久传到威县，农户广为种植。明、清时定为贡品，现为国宴果品，有三白、花丽虎、麻子皮、十八天等十多个优良品种，瓜瓤有白、黄、粉、红等颜色，其中尤以三白西瓜为上。体大、脆沙、多汁、耐贮，含有丰富的氨基酸和其他营养成分，有清嗓喉、生津液、通肺腑、润肠胃等功能，对于高血压、心脏病、肠胃病、痢疾、小儿厌食、便稀等有一定治疗作用，被专家称为保健、药用的佳品。

19. 满城草莓和磨盘柿

产于满城的特色果品。草莓又叫红莓、洋莓、地莓等，原产于南美、欧洲，为蔷薇科草本植物，外观呈心形，鲜美红嫩，表面布满细小的颗粒，果肉多汁，酸甜爽口。营养价值较高，含有丰富的维生素C，有助消化、固齿龈、清新口味、润泽喉部等功能。满城有40多年的栽培历史，原只在农户的房前屋后，如今扩大规模，成为县的支柱产业之一，引进、开发了"达赛莱克特"、"玫瑰"、"甜查理"等20多个品种。采用露地、地膜、拱棚、温室等多种栽培形式，实现多季节鲜果供应，产品覆盖华北、东北广大地区。在供应鲜果的同时，还制成草莓酒、草莓酱、速冻草莓、草莓罐头等多种产品，被农业部命名为"全国优质草莓生产基地县"。磨盘柿因形似磨盘而得名，果实极大，平均重250克，最大的重610克。色泽橙黄、营养丰富、味甜多汁，以鲜食为主，还可酿酒、做醋、制成柿干、柿汁等，具有补脾、健胃、润肠、降血压、润便、止血、解酒毒等功效。具有较高的药用价值，柿蒂可治呃逆（即打嗝）、夜尿，柿霜可治喉痛、口疮咽干，柿叶茶可防治动脉硬化、治疗失眠，被国家林业总局命名为"中国磨盘柿之乡"。

20. 蔚县大杏扁

产于张家口蔚县。以食仁为主的杏，也称扁杏，是中国北方珍贵的林果产品，世界四大干果之一。粒大皮薄、香脆可口，含有大量的蛋白质、脂肪、糖、钙、铁、锌、硒及无机盐和多种维生素，具有润肺、止咳、润肠止泻、杀虫解毒等

隆尧大葱

满城磨盘柿

草莓

大杏扁

功效，民间用其治疗慢性气管炎、神经衰弱、小儿佝偻病等，含有大量维生素B$_{17}$，可预防和缓解癌症。是烹制菜肴的上等原料，冷食热炒皆宜。用其加工的小食品，食用方便，是人们喜爱的旅游和休闲食品，常作为航空、航海营养配餐的食材。有龙王帽、优一、一窝蜂、白玉扁等多个品种，为纯天然无公害绿色食品。始种植于上世纪60年代，如今已形成栽植、收购、加工、销售一条龙的生产体系，开发出开口杏核、巧克力杏仁、奶味杏仁、蜂蜜杏仁等12类产品，远销香港、东南亚及欧美市场，被国家林业总局命名为"中国仁用杏之乡"。

21. 口皮

张家口加工皮毛的统称。张家口自明代以来一直是北方重要的商品集散地，坝上的牲畜都要赶到这里进行交易，加之当地气候寒冷，皮毛加工业应运而生，素有"北方皮都"之称。这里加工的皮毛色泽洁白、质地柔软、光润而富有弹性，除山羊皮、绵羊皮和羔皮外，还有兔皮、貂皮、狐皮、黄狼皮、灰鼠皮、獾皮、旱獭皮等多种裘皮制品，其中以羔皮为上乘的佳品，摸上去像绸缎一样细滑，看上去洁白无暇、轻柔舒展，制成的各种皮毛服装和制品深受富商贵胄、特别是女眷们的青睐。另外还有羊剪绒、羊皮褥子、毛被、毛挂毯等多种产品，远销欧美等许多国家和地区。

22. 枣强"营皮"

衡水枣强大营镇所加工的裘皮制品。其毛皮加工的历史非常悠久，可以追溯到3000多年前的商代，据史料记载："商朝比干制裘于广郡"，广郡即现在的枣强。以材质考究、做工精良著称，被誉为"裘皮之乡"、"天下裘都"。所加工的皮毛板质柔软、里子平展、弹力均匀、缝线细密、绒毛温柔、雍容美观、色调柔和、防寒效果良好。原料来源很广，有东北的黄狼皮、狸猫皮，承德的细毛羊皮，坝上的口皮、兔皮，太行的山羊皮等。制作包括选料、水浸、削里、脱脂、水洗等初加工和分级、配料、切割、缝制等深加工环节，形成从生皮、熟皮到半成品、辅料，再到服装、饰品等产业链条。为全国最大的裘皮半成品加工基地，占全国70%的市场份额，裘皮褥子、毛领、帽条等在同行业中占有优势。是裘皮服装出口俄罗斯最大的生产基地，占到全

部出口量的60%以上。在继承传统的基础上产业不断优化升级，通过设计和科技创新，产品的质量和档次大为提高。

23. 祁州药材

保定安国古称祁州，近千年来，因药业繁荣而闻名海内外，素有"药州"、"药都"之称。据记载，东汉开国功臣邳彤，文武兼备，精通医道药理，济世救民，被世人尊为"药王"。北宋徽宗时为纪念邳彤在安国南关建"药王庙"，逐渐形成了全国性的药材交易市场。清道光年间，药市异常繁荣，全国药商纷纷云集安国，成为中国北方最大的药材集散地，并销往香港及朝鲜、东南亚等地区。在交易的基础上，生产和加工业兴盛，加工的药材技艺精湛，质量上乘，所加工的"百刀槟榔"、"蝉翼清夏"、"羚羊犀角片"、"光条山药"及"炮台黄芪"、"绵芪"等，有的轻似棉花，有的薄似胶片，有的气味浓郁，有的色泽鲜艳，世间流传有"草到安国方成药，药经祁州始生香"的说法。随着安国药材加工业的发展，药材种植业不断扩大，几乎家家户户都种药材，种植面积达两万亩以上，年产量达300多万斤，有130多个品种，传统的如祁薏米、祁薄荷、祁木香、祁生地等迅速发展，南方的黄连、长白山的人参等也在这里安了家。安国制药厂研制成功了120多种中成药。

24. 迁安桑皮纸

唐山迁安位于冀东沙区，是我国北方的条桑（指桑树）之乡，以桑皮为原料生产的桑皮纸，在国内外享有声誉。质地优良，品种繁多，有书画纸、新闻纸、办公纸、毛头纸、大力纸（红辛纸）、擦镜纸、伞篷纸、复写纸、打字纸等10余种。秉承传统，形成自己独特的生产工艺，新闻、办公纸色调洁白、质地轻柔、印刷写字色泽不变；民用毛头纸厚实、拉力强、不易裂、虫子不蛀、隔风截热，是北方农家糊棚裱墙用纸；书画纸吸收安徽"宣纸"的特点，以手工精细制做而成，纸质纯净绵韧、色泽洁白光滑，书写流利，不跑墨，吸水快，保色性强，有"北迁南宣"之说，受到著名书画法艺术家的好评。

迁安桑皮纸　　　　　　　　渤海对虾　　　　　　　　宫廷金鱼

25. 渤海对虾

产于环渤海秦皇岛、唐山、沧州等地，为东方对虾，又称中国对虾，也称明虾。为一年生虾类，体长大而侧扁，甲壳薄，光滑透明，成虾雄性呈黄色，雌性呈青蓝色。具有个大体肥、肉色晶莹、味道鲜美、营养丰富等特点，含有丰富的蛋白质、脂肪、碳水化合物及钙、磷、铁、硫胺素、核黄素、尼克酸等营养成分。能烹饪出"清蒸大虾"、"烹虾段"、"炸虾段"、"红烧大虾"等佳肴。具有补气健胃、壮阳补精、强身延寿之功能，能治疗神经衰弱、肾虚阳痿、脾胃虚弱、疮口不愈等病症。为虾类之冠，名列海产"八珍"之一，经济价值很高，在国际市场上享有盛誉，是当地传统的出口商品。

26. 衡水"宫廷金鱼"

衡水徐氏是饲养金鱼的世家，早在清乾隆年间就在宫廷中养殖金鱼，培育出鹤顶红、王字虎头、朱砂眼水泡、喜鹊花龙睛球、十二块红龙睛、玛瑙眼、桔瓣狮子头、赤兔眼虎头、白玉冠等很多名贵的品种，观赏性极高，受御封"金鱼徐"，与内画鼻烟壶、侯店毛笔并称"衡水三绝"。其第十代传人徐立才于1982年到衡水来顺金鱼养殖场，刻苦钻研，推陈出新，先后挽救和培育了十多个名贵的金鱼品种，先后十几次在全国性的博览会上获奖，使衡水"宫廷金鱼"名声远播，并销往印度尼西亚、香港、新加坡、美国等国家和地区。

（三）风味美食

地方风味小吃是长期流传下来、深受人们喜爱、外地人到访不能不品尝的食品，它不仅风味独到、能饱口福，而且能体现出地方的民俗文化。不少地方往往因某种风味小吃而闻名，比如保定的驴肉火烧、柴沟堡的熏肉、京东肉饼、八沟羊汤等，称得上是地方的名片，反映着一个地方的物产和人文特色。

1. 东陵糕点

产自唐山遵化，迄今有200多年的历史。遵化是清东陵的所在地，每逢清明及各种忌日，守陵的礼司和皇亲贵族都要在此祭祀，按照习俗要摆放糕点作为供物。为了迎合需要，当地出现了许多制作糕点的商铺，涌现出不少手艺精湛的面点师，使得东陵的糕点加工业十分发达。日积月累，东陵的糕点制作工艺愈发精良，品种不断增多，有松饼、玫瑰饼、太师饼、龙凤饼、山楂桃等，称"大八件"，另有"小八件"及蟠龙酥、莲花酥、佛手、二龙吐须、蹦蹦酥、萨淇玛、七星点子等多个品种。糕点选料严格，配方独特，制作流程复杂，制作出的糕点造型别致、色泽鲜润、气味清香、风味多样、口感极佳。近年来传统工艺得到继承，并有所创新和发展。

东陵糕点

饹馇

煎碗坨

2. 硌喳

唐山的名吃，是当地百姓逢年过节、婚丧喜庆、迎来送往餐桌上的必备之食，有"不吃硌喳宴，不算到唐山"的说法。将精选的绿豆磨成豆瓣，用水发泡，漂去豆皮，上水磨成汁，过箩去渣，除去毛浆，做成淀粉，再兑好汁，搅成糊状，用尖锅缓火摊成圆形薄片，有醋熘硌喳、焦熘硌喳、玻璃硌喳、炒硌喳、烩硌喳、炸硌喳等20多种做法。据说当年的守陵人将其送进皇宫，让慈禧太后品尝，慈禧吃饭有个习惯，端上来的菜最多只夹两口，可太监端上醋熘硌喳，她感觉味道极好，太监想往下撤，她忙说"搁着"吧，"搁着"与"硌喳"同音，便成了这道小吃的名字。硌喳不但口感好，而且有清肝合胃、泻火消暑、美容解毒、降低血压血脂的功能。

3. 煎碗坨

承德的一种小吃。承德盛产荞麦，当地人用荞面、绿豆粉、五香面、花椒面等制作成碗坨，经过煎炸，口感滑润、营养丰富、酸辣鲜香、筋道耐嚼，很受当地百姓和游客们喜爱。据传乾隆年间，皇室每年要到避暑山庄及木兰围场处理政务、狩猎骑射、避暑游玩，随行有许多后妃，因气候炎热及长途奔波，后妃们常感到身体不适，食欲不佳，御膳房便从民间淘寻到"煎碗坨"的做法给后妃们吃，结果大受欢迎，此后经过改造、加工，成为皇室的膳食，也成为承德的一道著名小吃。

鲜花玫瑰饼

柴沟堡熏肉

香河肉饼

4. 鲜花玫瑰饼

承德的一种糕点，有近300年的历史。采摘承德妙峰山上的鲜玫瑰花，摘瓣、去蒂，经过腌制，配之以白糖、植物油、香油、桃仁、瓜子、青红丝等做成馅儿，用精粉和面包好，进烘炉烤制，味道香甜酥嫩，鲜美可口。食花是自古已有的传统，古人认为鲜花是植物的精华，食之可以养生、延年益寿、餐芳饮露，具有高雅的情调；玫瑰花是塞外名花，含有丰富营养成分，是承德花卉的标志。如此的小吃，当年深得喜欢舞文弄墨、吟诗诵词的康熙皇帝的喜好，每次他来承德避暑山庄或去围场打猎，都让御膳房制作和携带鲜花玫瑰饼供其享用，如今成为承德的特色食品。

5. 柴沟堡熏肉

张家口的怀安小称柴沟堡，其熏肉制品非常知名，有200多年的历史。相传清乾隆年间，当地人郭玺开了一家熏肉铺，制作的熏肉皮烂肉嫩、色泽鲜艳、味道醇香、肥不腻口、瘦不塞齿，不仅风味独特、营养丰富，而且具有开胃、祛寒、消食等作用。先将精选的肉放入锅内，倒入多年的老汤，配之花椒、大料、桂皮、茴香、砂仁、酱豆腐、甜面酱等佐料，经慢火煮熟，然后再用柏木熏烤，出锅后呈紫红色，光亮的肉皮上泛着油泡，夏季蚊蝇不爬，伏天贮存一周不变质。《怀安县志》载："柴沟堡熏肉特佳，名驰省外，以之分赠亲友，无不交口称赞。"据传，八国联军进攻北京，慈禧太后和光绪皇帝外逃时途经柴沟堡，对柴沟堡熏肉大为赞赏，此后成为宫廷的贡品。有熏猪肉（五花肉、猪头、猪排骨、下水）、熏羊肉、熏鸡肉、熏兔肉、熏狗肉等多种产品。

6. 香河肉饼

廊坊一带的特色美食，也称京东肉饼，迄今已有200多年的历史，其前身可追溯到1000多年前的突厥饼。突厥是古代的游牧民族，牛羊肉多但粮食较少，所以招待客人时常烙薄皮儿大馅儿的肉饼，后来传至回鹘及回回地区。明成祖朱棣迁都北京，大批回族人迁入京东地区，香河有位姓哈的回民开了家饭店，卖祖传的肉饼，深受食客喜爱，称"香河肉饼"。肉饼用一斤面、二斤肉、一斤大葱烙成，直径二尺左右，从和面到做馅都极为讲究，两层薄皮儿夹着一层厚厚的肉馅，在平锅里一转一翻，饼体虽大但不漏馅漏气，出锅后颜色焦黄、外酥里嫩、油而不腻、香醇可口。相传清代乾隆皇帝带着刘罗锅儿到香河微服私访，光临"哈家店"品尝肉饼，临走赋诗一首："香河有奇饼，老妪技艺新。此店一餐毕，忘却天下珍。"

7. 藁城宫面

石家庄藁城的传统面食。相传唐太宗李世民平定天下后，在巡视途中于藁城突然病倒，什么都不想吃，这下儿可急坏了当地的官员。他们想到了马记面食店的掌柜马九华，其继承祖上的手艺制作出的挂面细如丝，中间空心，口感极好，便找来其做的面请李世民吃，太宗的病竟神奇地痊愈了，从此马记的挂面名声大噪，成为宫廷的贡品，称"藁城宫面"。经不断传承，工艺愈发精良，以优质小麦面粉、香油、淀粉为主要原料，经盘条、上杆、拽条、拉丝、阴干等10余道工序精制而成，分为营养、杂粮、风味三大系列；配料考究，制作精细，营养丰富，具有条细心空、耐煮不糟、汤清面秀、嚼有口劲等特点。爱新觉罗·溥杰品宫面后赋诗："化旧为新夸妙腕，流长源远继真传。昔年只供宫庭馔，今喜全家乐寿筵。"

8. 饶阳金丝杂面

衡水饶阳的特产。清道光年间，饶阳县东关有位叫仇发生的农民以卖杂面为生，为了让买主们喜欢，他苦心钻研，经过800多次试验，创制出了金丝杂面：用绿豆粉、精白面、芝麻面、鲜蛋清、白糖、香油等原料和面，擀成薄片，略晾至不干不湿、折不断、卷不沾时，用快刀切成两尺长的细条，因条细如丝、呈金黄色，故名"金丝杂面"，在当地名声很大。清末肃宁有个李姓太监回家省亲，回京时到仇家杂面铺买了金丝杂面带回皇宫，博得好评，金丝杂面便成为了贡品。民国时期，仇家金丝杂面曾荣获孙中山先生颁发的奖状。1929年，荣获天津国货展览会二等奖。

藁城宫面

河间驴肉火烧

沧州冬菜

杨肠子火腿肠

9. 沧州冬菜

用沧州当地产的一种帮薄、筋细、含糖多的优质大白菜，去掉老帮和绿叶，切成小方块，晾晒后拌上适量的精盐和蒜泥，装坛压实，牢固封口，经长时间自然发酵而制成。具有春不干、夏不腐、秋不霉、冬不冻之优点，堪称四时佳蔬。其色泽金黄，气味芳香，入口爽脆，兼有香、甜、咸、辣四味，具有较高的营养价值。据《沧州县志》记载，清康熙年间沧州城有数十家冬菜作坊，买卖兴隆，行销国内外。1936年，在巴黎举办的商品博览会上荣获优质产品奖，商家利用京杭大运河之便，北销京津一带，南销江浙诸省。

10. 河间驴肉火烧

沧州河间地处华北平原中部，是北京通往南方各地的交通要道，明清两代为府城，饮食业很发达，有吃驴肉的习惯，当地有"要吃饭，河间转"，"天上龙肉，地上驴肉"的说法。相传清代乾隆皇帝下江南路过河间，错过了吃饭时间到一百姓人家进膳，主人来不及准备，把家里剩的饼夹上炖驴肉放到锅里煲热，乾隆皇帝吃后赞不绝口，这种吃法便成为一种名吃流传下来。上世纪50年代，驴作为农畜不能随便宰杀，火烧夹驴肉没了原料。改革开放后，这种吃食多了起来，并从街边、村落小店登上大雅之堂，河间的驴肉品质细嫩、色泽红润、烹制香烂，烙出的火烧呈鞋底状，酥脆筋道，加上驴肉，味道甚佳。

槐茂酱菜

大名二毛烧鸡

邢台锅贴

11. 杨肠子火腿肠

秦皇岛特产。呈玫瑰色，肉质紧密，味道醇厚，回味悠长，具有德式风味。将精选的新鲜猪肉加入玉米淀粉、食盐、肉蔻、肉桂等捣烂，用牛肠衣灌制后放入铁锅煮，再用果木熏。为一位名叫杨庭珍的老艺人创制，他19岁时在济南一个德国人开的旅馆里学厨艺，此家旅馆的德国老板有一手制作火腿肠的绝活，但从不向人传授，每次做火腿肠时总要避开别人调料，然后让徒弟们加工。杨庭珍细心观察、认真摸索，终于掌握了制作香肠的手艺。29岁那年，他听说天津一家德国人开的饭店想请做香肠的师傅，便赶去应聘，当场制作出的香肠很快就销售一空，一年后他与别人合开了家"胜利肠子铺"，在天津很有名气，人们给他起了个名字叫"杨肠子"。1941年迁至北戴河海滨，其子继承他的制肠手艺，使杨肠子火腿成为著名的品牌。

12. 槐茂酱菜

保定传统的佐餐食品，迄今有400多年的历史。明末清初当地有很多制作酱菜的作坊，其中一家酱菜坊于清康熙十年开业，店址在原西大街，门口有一棵枝繁叶茂的老槐树，取名槐茂酱菜园。所做酱菜选料考究、制作精细、色泽鲜艳、咸甜适度、清香可口，为佐餐之佳品。有酱五香疙瘩头、疙瘩丝、酱象牙萝卜、酱芥蓝丝、酱地露、酱子萝、酱银条、酱包瓜、酱黄瓜、酱莴笋、酱藕片等20余个品种，形状有条、丝、丁、角、块、片，颜色呈酱黄色或金黄色。尤其是将酱菜配之以花生仁、杏仁、核桃仁、姜丝、石花菜等制成的各种篓装、瓶装、散装的什锦酱菜，

具有鲜、甜、脆、嫩，色、香、味、形俱佳的特点。清代慈禧太后到保定品尝到槐茂酱菜，连声称好，赐名为"太平菜"。

13. 大名二毛烧鸡

邯郸的中华老字号食品。当地人王德兴于清嘉庆十四年在直隶大名府、即今大名县城内所创，因王的乳名叫"二毛"及他在煮烧鸡的锅里放有两个石猫，故其烧鸡被称为"二毛烧鸡"。清道光年间，新任府尹上任路过店前，闻香落轿，品鸡后吟诗："夸官道遥道，闻香品佳肴。适逢设盛宴，吾必备'二毛'。"结果其烧鸡越卖越火，享有"一锅烧鸡满城香"的美誉。第二代传人王国珍嫌"二毛"名号不雅，便以自己名字中的"珍"字为首，更名为"珍积成烧鸡"，但人们仍习惯地称其为"二毛烧鸡"。精选活鸡，用多种名贵中药材及百年老汤慢火煮熟，再用果木熏烤，色、香、味、形俱佳，嫩烂醇香，肥而不腻，有补钙、消痰、利气、强身、健胃等功效。

14. 邢台锅贴

邢台的一道美食。锅贴即将面擀成皮，包上肉馅放到饼铛中烙熟，在北方这种吃法很普遍。邢台饭庄的锅贴颇有特色，是人们必点的一道饭食，烙出来呈虎皮色，底面焦黄，两头留着口，露出里面鲜嫩的肉馅，冒着丝丝热气，吃起来外焦里嫩。这道吃食之所以有名气，是因为1934年冯玉祥的厨师、南宫人张汉英随军来到邢台，在邢台南关市场院开设了"六合居"饭庄，专做锅贴，吸引了牛城的大批食客。所做的锅贴面软硬适度，馅儿精选猪肉剁烂，用葱姜水调稀，加入作料，根据季节配以不同的鲜蔬，放上油，加些水，掌握好火候，焦而不糊，味道好极了。

15. 马家卤煮鸡

保定著名的清真美食，迄今已有200余年的历史。1796年沧州河间果子洼村马姓回民在保定马号真武庙胡同开设了制卖熟鸡的家厨式作坊。清咸丰年间，第三代传人马耀辉在府衙大街南开设了"耀兰斋马家老鸡铺"，即今马家老鸡铺的前身。选用散养的柴公鸡，按照"宰鲜、煮鲜、卖鲜"的习俗，经过精心的清洗、腌制，辅之以多种调料，用陈年老汤慢火蒸煮，出锅后的鸡色艳、芳香、味醇、形美、肉嫩、骨脆、软而不烂，口感极佳，其中老汤是烹制的关键。将鸡的一翼插入口腔，一翼窝向后方，两爪插入膛内，整个鸡呈琵琶状，丰满美观。店铺始终坚持质量过硬、诚信经营、服务热情的宗旨，使其卤煮鸡成为保定一绝，是聚会及馈赠亲友的上佳食品。

16. 永年驴肉灌肠

邯郸永年的地方风味食品，也称驴肉香肠。始于清朝末年，有近百年的历史。永年从很早就有吃驴肉的习惯，当地有"天上龙肉，地上驴肉"的俗语。精选鲜嫩驴肉，剁成肉末，加以绿豆粉芡、小磨香油、多味名贵作料，用老汤调制成糊状，灌入驴肠衣内，扎成小捆，经高温蒸煮灭菌，最后用果木熏制而成，因此称为驴肉灌肠。营养丰富，鲜美可口，回味悠长，深受消费者的欢迎，著名的"临洺关"牌驴肉灌肠在永年及周边市县享有盛誉，连续获河北省消费者信得过产品，中国烹饪协会授予"中华名小吃"称号，河北省著名商标，邯郸市十大名小吃。

17. 威县酥鱼

邢台威县的美食，亦称"绍氏酥鱼"。将普通的草鱼经过秘门的刀工、油炸和调料烹制，出锅后色泽黄亮、骨酥肉嫩、溢香爽口、甜咸兼有、久吃不腻。含有丰富的蛋白质、脂肪、维生素、核酸和钾、钠、镁、锌、硒、碘等微量元素，汤料中有多种滋补调料，有抗衰老、抗癌等作用。既是一道下酒菜，又是一种休闲小吃，可做成咸、甜、鲜、麻、辣等多种口味，适合各种人的口味。相传当年乾隆皇帝到上虞白马湖曾品尝过"绍氏酥鱼"，吃后赞不绝口，使其名声鹊起，后经不断改进，成为一道著名的美食。

18. 义春楼白肉罩火烧

保定名吃。源于清光绪年间，开始是将廉价的猪头肉加调料煮熟后捞出切成片，把烙熟的火烧切成小块儿放入碗中，上面放上熟肉及葱段等，用滚烫的肉汤反复浇泡，称之为"罩火烧"，吃起来香热可口，深受当地百姓的喜爱。后改用肥瘦相间的猪肉，故称之为"白肉罩火烧"。冯玉祥幼年时家境贫寒，进城吃不起大馆子，总到义春楼吃罩火烧，当上将军后仍喜欢这"口"，有了机会还要去吃，义春楼因此名声大振。光绪二十六年，末代皇帝的叔父爱新觉罗·溥新宇亲笔为义春楼题写了"正宗白肉罩火烧"的牌匾；梅兰芳、侯宝林等艺术大师也曾在义春楼吃过罩火烧。义春楼在"文化大革命"中一度被砸，后恢复，在继承传统的基础上开发出精瘦肉、猪肚、肥肠、猪蹄、豆腐泡、素丸子等品种的罩火烧，配以泡蒜、黄瓜条、大葱等小料和保定"三宝"之一的面酱，吃起来清香适口，百吃不厌。

19. "一窝丝"饼

张家口怀安的美食，又叫盘香饼。始创于渡口堡乡马市口村，这里是"鸡鸣三省"、即三省交界的地方，南临东洋河，北倚古长城，明朝时是通往蒙古的要道，各地商贾、马贩子云集，饭店、酒肆应运而生。相传清光绪年间，一位叫郭生堂的掌柜与一家刘姓的店主同时开店，两家竞争激烈，都想以一技之长压倒对方。后来，郭掌柜请来了一位姓陈的师傅，他会做一种特殊的烙饼，用上等白面、麻油做成三尺长的拉条，卷在一起擀成饼，放在锅里加麻油烙熟，出锅后焦黄晶透、酥脆喷香，形状犹如卷曲待腾的蛟龙，提起一根线，放下一窝丝。凭着这种酥饼郭掌柜的店顾客盈门，生意兴隆。后经不断改进和创新，成为了远近闻名的"一窝丝"烙饼，流传至今，与柴沟堡熏肉、豆腐皮并称"怀安三宝"。

马家卤煮鸡

永年驴肉灌肠

威县酥鱼

20. 怀安豆腐皮

张家口怀安的特色食品。明朝洪武年间，当地的豆腐匠武老汉根据自己做豆腐的经验巧制而成。明崇祯十七年（1644年）李自成率军攻克怀安城，百姓们为迎接闯王，日以继夜地赶制了一批豆腐皮犒劳三军，闯王吃后赞叹不已，从此名声大起，久传不衰。将上等黄豆浸泡、研磨、加工，用优质井水精心制作，以薄、鲜、柔、韧、口感好著称，含有丰富的蛋白质、糖类、脂肪、纤维素，还有钾、钙、铁等人体需要的矿物质。可做成各种冷、热、荤、素菜，醇香爽口，长期食用对人体十分有益。不仅满足当地人的需求，而且远销北京、内蒙古、辽宁等地。

21. 高碑店豆腐丝

保定高碑店的传统食品。从汉代起，高碑店一带就开始制作和食用豆腐，随着佛教的兴起，吃斋食素之风盛行，豆腐片、豆腐干、豆腐筋、豆腐丝等豆制品应运而生，其中豆腐丝以浓郁的味道、乳黄的色泽、柔韧的口感，深受人们的喜爱。以成熟饱满的大豆为原料，经过筛选、浸泡、磨浆、煮沸、除渣、凝固、压片、切丝、卤煮、捆把等十几道工序制作而成。营养丰富、食用方便，凉拌、热炒、煲汤均可，还可作为外出携带的休闲食品。相传清朝在易州（今易县）修建西陵后，皇室、贵族常去祭祀，路过高碑店时吃到五香豆腐丝，非常喜爱，并带回宫去，后来成为了宫廷的贡品。如今在五香味道的基础上又开发出香辣、鸡味、麻辣等多种口味，采用真空包装，行销全国各地。

高碑店豆腐丝

漕河驴肉

八沟羊汤

22. 漕河驴肉

保定的驴肉火烧可谓闻名遐迩，不仅媒体经常进行广泛的报道，全国各地几乎都能见到其身影。而且进入了上海世博会的展厅，成为了民航上的配餐食品，其发源地在徐水的漕河镇，保定驴肉因之又称漕河驴肉。传说当年漕河一带有漕帮和盐帮两股势力，漕帮运粮，盐帮运盐，双方互有矛盾，经常兵戎相见。漕帮俘获盐帮驮货的毛驴，无法处理，便就地宰杀，于是，漕河的驴肉加工业应运而生，当地也养成了吃驴肉的习惯。漕河驴肉又称"小驴肉"，加调料煮出后不失原形、色泽红润、香味浓郁、熟度透彻，酥软适口、不塞牙、不腻口，营养成分高，胆固醇含量低，是居家及外出旅游的上佳食品。到保定徐水，喝刘伶醉酒，吃火烧夹驴肉，是一种极大的享受。相传当年康熙皇帝微服私访，到漕河见到卖驴肉火烧的小摊，让随行的太监买来品尝，吃后赞不绝口，回到京城尽管罗列天山珍海味，但仍怀念漕河驴肉火烧，便派人专程到漕河来买，自此，漕河的驴肉火烧享誉京城。如今漕河驴肉已发展成大的产业，行销海内外。

23. 八沟羊汤

也称平泉羊汤，承德的传统美食。其传播面很广，沧州有羊肠子、山西有羊杂割等。将羊内脏、骨架及羊肉洗净、切碎后放入水中煮沸，撇去血沫后加入葱、姜和白芷、肉桂、草果、陈皮、杏仁等调料用文火炖烂，出锅时加香菜、葱花、白胡椒粉、辣油等食用，味道鲜美、汤色白润、肉杂筋道、热气袭人，配之以当地用缸炉烤出的烧饼，吃起来，特别是在寒冷季节，非常享受。人们喝羊汤一开始大都不太习惯，觉得有股膻气，但喝得多了往往会非常喜欢；人们形容第一次是闭着眼吃——怕膻，第二次是眯着眼吃——品味，第三次则是瞪着眼吃——解馋。传说当年康熙到木兰围场狩猎，追赶一只梅花鹿，一直追到八沟（今平泉），鹿钻入柳林没追到，康熙感到又累又饿，此时不远处飘来一阵香气，康熙循着香气前行，发现一个小店，一回族老者正在铁锅里煮着什么。康熙问有什么吃食，老者给他端上来一碗煮好的羊杂汤，同时拿了两个烧饼，康熙大呼好吃，食后容光焕发，精神倍增，问老者这是什么？老者答："是羊杂汤，用羊下水做

石家庄金凤扒鸡

唐山蜂蜜麻糖

河北皮蛋

蔚县糊糊面

成。"康熙十分高兴，随口道出诗来："喜峰口外远，塞北古道长。野鹿入柳林，八沟羊杂汤。"从此，八沟羊汤名声大振，远近食客交口称赞。

24. 石家庄金凤扒鸡

石家庄的中华老字号食品。始于1908年，回民马鸿昌在石家庄大桥街开办"红顺利"店铺，经营五香烧鸡。1956年，储勤永等人吸收德州扒鸡的优秀工艺，结合自身的传统，创制了石家庄扒鸡，店面命名为"石家庄大桥街回民扒鸡店"，后改为石家庄市回民扒鸡厂，店面更名为"扒鸡老店"。选用500天左右的健康蛋鸡，仔细清洗后用蜂蜜进行上色烹炸，用18味秘方配制的老汤焖煮，出锅后的扒鸡形状扁平、美观完整、色泽鲜艳而光亮、肉嫩酥软、香味醇厚、适口不腻，可用"炸得匀，煮得久，焖得烂，易脱骨，色形美，香味厚"18个字来概括。配料具有药物功能，食用的同时拥有保健作用，深受消费者欢迎，经常供不应求。1984年，经营者设计了"金凤"商标并进行注册，寓意为"鸡窝里飞出的金凤凰"，获商业部"优质产品"称号。2007年被列为省级非物质文化遗产。

25. 唐山蜂蜜麻糖

唐山名吃，有百余年的历史。原产于曹雪芹的老家——丰润的七树庄，由冀东人喜欢吃的"排杈"演变而来。当时，人们逢年过节喜欢将用糖和面、芝麻油炸的"排杈"作为节日食品，其做法有两种：一是用糖和面，再用芝麻油炸；另一做法是先用油炸，再浇上蜜汁。两种做法各有优劣，油炸的硬而脆，蜜汁的软而皮。唐山"广盛号"糕点铺将这两种做法进行中和，并吸收京城糕点"蜜供"浇浆的方法，推出了著名的风味名吃——蜂蜜麻糖。以精面粉、白沙糖、蜂蜜、香油、花生油等为原料，经过配料、和面、擀片、清面、剁块、炸制、浇浆等工艺，制成后色泽黄润、片薄如纸、形似花团、清香甜脆，营养十分丰富，是食用和馈赠亲友的佳品。2009年"广盛号"麻糖被列为省级非物质文化遗产。

26. 河北皮蛋

河北特产，也叫松花蛋、变蛋，已有百年余的历史。著名产地有廊坊胜芳、保定白洋淀、沧州盐山等，外贸出口统称为"河北皮蛋"。精选新鲜、个大、优质的鸭蛋，用生石灰、纯碱、茶叶、食盐、麦壳等为原料，用水稀释后糊在蛋外，装罐封存一段时间后，敲掉外面凝固的外壳、剥开蛋皮即可食用。其蛋白为茶色或琥珀色的胶冻状，半透明，有松枝花纹，因此川得名；蛋黄为深绿色或五彩色，黏度适宜、浓而不滴、香味扑鼻。吃起来清香爽口、风味独特，是佐餐、下酒及馈赠亲友之佳品，还可作为皮蛋瘦肉粥、皮蛋拌豆腐等的原料。营养丰富，有一定药用功能，中医认为其性凉，可治眼疼、牙疼、高血压、耳鸣眩晕等疾病，有助于消化、清热、醒酒、去大肠火，治痢疾。畅销国内各地，并远销日本、新加坡、马来西亚、香港等地，深受消费者的好评。

27. 邯郸豆沫

邯郸百姓日常特别喜欢吃的一种汤食。以小米为主料，与花椒、茴香等一起用冷水泡发，加水研磨成糊状的米汁，上锅兑水，下入花生仁、黄豆瓣、海带丝、粉条、精盐等，开锅后放入米汁，边倒边搅拌，锅再开后，压住火，放入豆腐丝、五香粉、胡萝卜丝、菠菜、炒芝麻等即成。糊色乳黄、红绿分明、气味喷香、略透麻辣、口感润滑，与河南等地的胡辣汤有异曲同工之妙。老百姓平时早晨在街头巷尾喝一碗豆沫，要上两根刚出锅的油条，是一顿绝佳的早餐。如今豆沫已进入了高档的宾馆、酒楼，成为到邯郸必吃的一道美食，同时制成配好的豆沫粉，销往全国各地。

28. 临漳扒兔

邯郸临漳的一种美食。临漳养兔的历史悠久，上世纪90年代被国家命名为"中国獭兔之乡"。加工的扒兔肉烂骨酥、味道醇厚、口感纯正、老少皆宜。选优质的獭兔为原料，用多种名贵的中草药及调料腌制，经文火焖煮加工而成。兔肉具有高蛋白、高赖氨酸、高消化率、低脂肪、低胆固醇、低热量等特点，近年来颇受消费者青睐，被称为"保健肉"、"不老肉"、"荤中之素"、"美容肉"等，是餐桌上及外出旅游的上佳食品。如今采用先进的设备加工，经高温高压杀菌处理，在常温条件下能保质8个月，色味如初。远销德、意、日、韩、香港等国家和地区。

29. 蔚县糊糊面

张家口蔚县暖泉镇的特色食品。暖泉镇是历史文化古镇，有许多特色的食品，如辣椒油、豆腐干、凉粉、糊糊面等，其中糊糊面堪称一绝。用当地南山地区所产的绿色产品（专施农家肥）豌豆、扁豆等多种豆类为原料，晾干后烘炒至八九成熟，去皮后入磨面机磨成面粉，吃时用水调匀后慢火煮沸成糊状即可。呈淡褐色，飘散着清雅的豆香，可以加入少许的白糖，入口柔和醇香，有解油腻、暖肠胃、增营养等功能，在酒宴吃了荤腥、鱼肉之后，喝一碗热乎乎的糊糊面，有非常好的效果，被人们称为"蔚县咖啡"。现开发出多种成分、口味的产品，采用真空包装，销往河北、山西、广东等各地，被越来越多的消费者所接受和喜欢，是赠送老人、看望病人的佳品。

30. 保定糖葫芦王

保定的风味食品。早在宋、明时期，保定就有蘸糖的红果，叫做"糖堆儿"，到了清代，为食用方便，出现了串在一起的糖葫芦。选用上好的山楂用竹签穿成串，将糖熬到适当的火候，把串放进糖锅里一蘸，拿出后晾干即成为晶莹剔透的糖葫芦。十多年前，满族人赵锡康跟着做糖葫芦的老艺人潜心学习，并进行改进和创新，创立了自己的品牌"糖葫芦王"。他制作的糖葫芦讲究"香、甜、酥、脆"，不粘纸，不粘牙，有一种自然的清香，除山楂外，还放有青丝、玫瑰、

保定糖葫芦王

唐山棋子烧饼

地方名酒

香油、核桃仁、绿豆、红小豆等，做工精细、美观漂亮、口感好，很受人们的欢迎，还开发出加红豆沙、绿豆沙、麻山药等多个品种，有一些是他独有的。央视对他的糖葫芦进行过多次报道，曾将糖葫芦送到了央视春晚的现场。

31. 任丘熏鱼

沧州任丘白洋淀一带的传统食品，已有数百年的历史。选择肉质细腻、形体扁平的鲂鱼、鲮鱼、鲢鱼等，去鳞、开膛、清洗，放入由十几种调料配成的汤里，浸泡半天，捞出后上锅蒸熟；然后在锅里放进适量的白糖和小米，把熟鱼摆在铁箅子上用白糖和小米烧焦后冒出的浓烟熏蒸，勤翻动，直至鱼呈黄红色为止。食前再往鱼身上刷些香油，有一种特殊的烟熏的气味，鱼肉不松散，柔韧有劲，清香可口，鱼刺能全部剔出。易存放，即使在炎热的夏季，放上五六天也不会变质。

32. 唐山棋子烧饼

唐山的美食，因状如小鼓、个似棋子而得名。用大油和香油和面，包进肉、糖、什锦、腊肠、火腿等多种馅心，经过烘烤，色泽金黄、肉馅鲜香、酥脆可口，便于保存。最早源于丰润城关，后随采矿业的兴起，唐山成为北方的工业重镇，餐饮业兴起，赵东富在便宜街开"九美斋"饭店，借鉴传统的做法，经过改进，做出了深受消费者喜爱的棋子烧饼。用一斤精面，配四两鸡油、半斤五花肉，外粘一层芝麻，成为远近闻名的地方风味美食。据说上世纪60年代，周恩来总理出访波兰时，还曾派人来唐山购买棋子烧饼作为礼品赠送给外宾。

大名府小磨香油

地方名酒

33. 大名府小磨香油

邯郸大名的美味调味品，源于清光绪年间。第一家开油坊的是回民杨殿魁，他从山东请来一位磨油师傅，合伙在大名城内西街开设了一家小磨香油坊，以芝麻为原料，用石质小磨和独特的传统技艺加工而成。此人善于经营，除每天走街串户零售香油外，还天天往饭铺、包子铺赊送，立下账据，定期结算。如此一来，小磨香油在大名逐渐普及开来，尤其是回民，多是用香油调味，售油量不断增多，生意格外红火。磨油师傅干了三年要辞业回家，临别时，杨殿魁带着礼物、盘缠一路送行，磨油师傅深受感动，路上将磨油秘诀告诉了他："凉到的芝麻，搅到的油"，即炒芝麻后要用木锹扬凉，芝麻越凉越香；搅油时要搅熟，越熟出油越多。杨殿魁回到磨坊，经过认真摸索，掌握了技术，生意越干越大。民国期间，大名做磨油生意的开始多了起来，成为大名地方的一大特色。如今大名的小磨香油闻名全国，其质量好，品味纯正，仍沿用传统的加工方法，销量占到全国香油总销量的1/4，是名副其实的"中国小磨香油之乡"。

34. 地方名酒

河北酿酒历史悠久，有刘伶醉、衡水老白干、丛台、长城干白等一批名酒。刘伶醉为保定徐水酒厂酿制的特曲酒，刘伶为晋代安徽人，"竹林七贤"之一，嗜酒如命，被称为"酒仙"。刘伶不满朝廷的专权横暴，千里迢迢到遂城（保定徐水）看望老友张华，张华拿出当地酿造的好酒款待，刘伶饮后大加赞赏。史料记载他沉醉于美酒之中，竟大醉三载，后卒于遂城，至今遗冢尚在。用优质高粱、大麦、小麦、大米、小米、糯米、豌豆七种粮食为原料，取太行山下古流瀑河畔的甘泉井水，采用传统工艺酿制，被誉为"北方小茅台"，远销日本、新加坡、马来西亚及港、澳地区。

衡水老白干为河北衡水老白干酿酒（集团）有限公司酿造。衡水古称桃城，酿酒历史可追溯到汉代，知名于唐代，唐代大诗人王之涣曾任衡水主簿，称衡水酒"开坛十里香，飞芳丁家醉"。明嘉靖年间城内有十八家名酒坊，以德源涌最为知名，其酒以"洁"、"干"著称，遂取名"老白干"，"老"指历史悠久，"白"指酒质清澈，"干"指纯度高，达67度。以优质高粱为原料，纯小麦曲为糖化发酵剂，采用传统的老五甑工艺和两排清工艺，地缸发酵，精心酿制而成，饮来芳香秀雅、醇厚丰柔、甘洌爽净、回味悠长。近年开发出不同度数的衡水老白干酒和"十八酒坊"系列酒。先后被国家有关部门认定为中国驰名商标、"中华老字号"、全国工业旅游示范点和中国非物质文化遗产。

丛台酒为邯郸酒厂酿制，因酒厂坐落在战国时期赵武灵王所修丛台附近，取名"丛台"。以华北特产的红高粱为原料，经土质老窖低温发酵酿制，具有无色透明、酒香浓郁、入口绵软、落口甜净、回味长久的特点，有53度、49度、38度多个品种，行销北京、天津及全国各地。

长城干白葡萄酒是由沙城长城葡萄酒有限公司酿制，

地方名酒

华夏庄园地下山体酒窖

以龙眼葡萄为原料，用当地名泉老龙潭泉水精制而成。酒质柔和、味道清香、酸甜适度，饮后有增进食欲、提神健身等功能，是酒席宴会、家庭小酌的佳品。1983年在英国举办的第十四届国际评酒会上，荣获国际银质奖。1984年荣获国家金质奖荣誉。同时生产干红葡萄酒系列。

除上述酒外，张家口的钟楼特制啤酒、沙城老窖，承德的山庄老酒、板城烧锅酒，廊坊的燕潮酩、迎春酒，石家庄的汾州黄酒、羊羔美酒、廉州宫酒，沧州的御河春酒、三井十里香、小刀酒，保定的五合窖、祁州陈酿等，都有一定知名度。

八、璀璨的古今城市

城市是人类聚居的地方，伴随着人类文明而诞生，顺应历史的进步而发展，凝聚着人类的智慧和能量，展现着一个地方的风采和底蕴。河北省历史悠久，底蕴丰厚，在漫漫历史进程中，先后建立起十几座以至几十座城市，它们记述着河北的历史，展现着河北的文化，是河北的形象与标志，是进一步发展的根基与载体。它们宛若一颗颗璀璨的明珠，镶嵌在燕赵的版图上，艳丽夺目，熠熠生辉。河北省立足现实，着眼未来，正面临着重大的机遇和挑战，城市则担负着重要的责任，展现出巨大的生机与活力。

（一）古城古镇

1. 华夏第一古都——涿鹿

中华文明发端于5000余年前。当时中原地区散居着很多部落，相互之间征战不已，生产力低下，生命及财产得不到保障。部落首领黄帝、炎帝和蚩尤于今张家口境内的阪泉和涿鹿从征战到融合，"合符釜山，邑于涿鹿之阿"，举行有各氏族、部落及部落联盟参加的政治大会盟，推举黄帝

涿鹿

为天下共主，创造统一的龙图腾，定都涿鹿。"符"即一种信物，用竹、木、玉石等制成，上刻文字，作为结盟的凭证；"邑"即指城市、都城，涿鹿古城称得上是中国最早的都城，被誉为华夏第一古都。

涿鹿古城也称"黄帝城"，位于现涿鹿县城东南40公里的矾山镇。城址为夯土结构，平面近方形，南北长近800米，东西宽500米，墙体厚20至30米，高20米。城址经历代叠加，如今只能隐约看出当年的模样。20世纪80年代，专家、学者对城址进行考察，认定城池确为当年黄帝所建，在这里进行了大量军事和政治活动。长期以来，这里出土了一批有价值的文物，包括石器、蚌器、陶器及纺轮，还有古钱币、瓦当等。

涿鹿古城被视为华夏文明发祥的标志，是历代帝皇、政要祭拜的圣地。前215年，秦始皇"幸涿鹿，谒黄帝庙"；北魏拓跋鲜卑皇室在此建造行宫，用于祭奠黄帝；明朝多位帝王曾亲临涿鹿黄帝祠；孙中山先生手书《祭黄帝祠》："中华开国五千年，神州轩辕自古传。创造指南车，平定蚩尤乱。世界文明，惟有我先"；毛泽东在《祭黄帝祠赋》中称颂黄帝"建此伟业，雄立东方"、"涿鹿奋战，区宇以宁"。人们这样评价：百年中国看上海，千年中国看北京，两千年中国看西安，五千年中国看张家口的涿鹿。如今涿鹿古城已成为世界华人寻根祭祖的圣地和人们观光游览的著名风景区，有三祖堂、黄帝祠、黄帝泉、轩辕湖、炎帝营、蚩尤寨、桥山、釜山及涿鹿、阪泉古战场等建筑和遗迹，环境优美，景色宜人，每年接待大批的游客。

2. 易水河畔的燕下都

中国的地域格局大约是在春秋战国时期形成的。当时群雄争霸，军事上相互征战，思想文化上百家争鸣，各个区域相对独立，形成了齐鲁、三晋、燕赵、秦韩、荆楚、巴蜀等几大文化脉系。河北当时地属古燕国和赵国，故有"燕赵"之称，燕赵文化是河北文化的底色和根基。

燕国当时是北方的大国。周武王灭商后，封召公于燕，即今北京及河北中、北部，都城在"蓟"，即今北京房山琉璃河一带，称上都。到战国时期，燕国日强，争霸中原，号称"战国七雄"之一。为了应对中原诸国，燕在今保定的易县又建立了一座都城，称下都，即"燕下都"。都

可爱的河北 LOVELY HEBEI

城西依太行山，南临易水河，东连大平原，地势险要，交通便利，易守能攻。

都城呈长方形，东西长约八公里，南北宽约4～6公里，面积约40平方公里，中部有一条纵贯南北的古河道，相传为运粮河。河东岸有一道与河道平行的城墙，把城分成东西两部。东城的文化遗存丰富，是当时政治、经济的中心，分为宫殿区、手工业作坊区、市民居住区和墓葬区。宫殿区由三组建筑群组成，大型主体建筑武阳台是这座城市的标志。以北有望景台、张公台和老姆台，坐落在同一条中轴线上，呈典型的战国中期城市建筑的风格。手工业作坊区围绕在宫殿区周围，墓葬区设在东城的西北部。西城区为防御性的附城，城址内遗存较少。

公元前311年，这里正式成为燕国的都城，到燕昭王时达到鼎盛。昭王是一位很有作为的君主，励精图治，富民强兵，采纳郭隗的建议，招贤纳士，筑黄金台，"千金买骨"，结果各国士人"争趋燕"，很快聚集了苏秦、乐毅、邹衍等一大批人才。他"吊死问孤，与百姓同甘苦"，即凭吊死者，慰问孤老，与老百姓同甘共苦，深受拥戴；用乐毅主持国政，派苏秦游说各国，联合赵、魏、楚、韩等国伐齐，报当年齐入侵燕国之仇，使燕国从弱小之国成为一时之强。

公元前2世纪30年代，秦国势起，燕国衰落。这里发生了一起著名事件，即燕太子丹派荆轲西征刺秦。太子丹是燕王喜的儿子，年轻时曾被送到秦国作人质，常受到非礼，逃脱后回到燕国，试图挽救即将灭亡的国家。当时秦先后灭韩、赵，燕国危在旦夕。太子丹找到了侠客荆轲，要其赴秦国刺杀秦王，即后来的秦始皇。荆轲毅然受命，太子丹送其至易水河畔，荆轲唱道："风萧萧兮易水寒，壮士一去兮不复还。"其侠肝义胆、大义凛然的精神令人赞叹，自此也就有了"燕赵自古多慷慨悲歌之士"的说法。

从民国初年始，燕下都出土了大批文物，有10万余件之多。其中齐侯四器、铜龙等曾引起国际轰动，战国铜人和大铜辅手首衔环被专家定为国宝；出土的剑、矛、戟等兵器工艺精湛，被认定为纯铁或钢制品，说明我国在战国晚期已经能制造高碳钢，掌握了淬火技术。出土数量多、在史界影响大的是它的瓦当，种类丰富，纹饰多样，制作精美，堪称一绝；年代从春秋早期至战国末年500余年都有代表作，纹饰有饕餮纹、人面纹、窗棂纹、花草纹、几何纹、棱形纹、图腾纹、鸟兽纹等60余种，形制硕大，很厚重，说明当时这里的建筑物具有相当大的规模。都城周围有荆轲塔、镇陵塔及战国影视城等。

3. 古建筑博物馆——蔚县

蔚县也称蔚州，位于张家口境内、北京的西北部。古属冀州，商周时为代国，秦汉、三国、两晋时为代郡，北周大象二年（580年）改称"蔚州"，沿用至今，迄今有1400余年的历史。有各类文物遗存点780余处，古建筑580多处，其中全国重点文物保护单位九处，省级19处，有馆藏文物5000余件，是全省文物遗存最多的县，被誉为"古建筑博物馆"。

商周时期，中国北方有一支叫做"代戎"的游牧民族在现蔚县一带游牧、狩猎，建立"代国"，设都城于此，为古城的最初源头。到战国时成为赵国的领地，在此封代王，城称之为代王城。秦汉以后设郡县，成为藩地，依然封王，仍称代王城，到西汉时期处于鼎盛，东汉后开始衰落，北周时基本废弃。遗址位于现蔚县城以东10公里处，平面呈椭圆形，这在古城垣中很少见，城垣保存较好，有荥阳门、兴隆门、宝源门等九座城门，文化遗存丰富，以筒、板瓦等建筑材料最多，2001年被国务院确定为全国文物保护单位。

说到代王城有两个人物必须一提，即汉文帝刘恒及窦太后，汉文帝称帝前曾在代地做代王，窦太后正是在这期间被吕后送给文帝成了王妃。窦是河北观津人，现属衡水。文帝性格内敛，处事低调，加之在代地，因此躲过了吕后对皇子们的大肆杀戮，在周勃等人的扶助下才有了称帝的机会，他与儿子景帝共同开创了令世人称道的"文景之治"盛世。窦太后在这一过程中起到了很重要的作用，她历经文帝、景帝及武帝的前期，实际预政

蔚县

蔚县

前后达50年，是中国最后一个推行黄老之学的政治家，她死后武帝"罢黜百家，独尊儒术"，开领了长达数千年儒学作为中国统治思想的先河。

现蔚县古城始建于北周大象二年（580年），明洪武年间重修，经过1000多年的积累，留存有大批的古建筑，种类多样，档次较高，保存基本完好。一座地处边远的小城能有如此多珍贵的古建文物，并且没有遭到大的破坏，实属罕见。古建筑大体分为四类：一是古堡，史上蔚县有800座堡之说，有村便有堡，见堡则是村，多为民建；二是古寺庙，有辽、元、明、清、民国各代建筑近600处，其中辽代的南安寺塔、元代的释迦寺、明代的玉皇阁为国家级重点文物保护单位；三是古戏楼，数量多，分布广，全县738个自然村竟有戏楼700余座；四是古民居，一般为四合院，建筑精美，有大量砖、木、石雕等，一些富商、官吏的宅第中还建有戏楼、宗祠、书屋等，有四进套院、九连环院等。

蔚县周边的环境很美，山川秀丽，景致宜人。小五台山为省级自然保护区和森林公园，北麓一道峡谷，因河底为金黄色的岩石在碧水的映衬下金光灿灿，称为"金河口峪"。飞狐口奇峡怪石，鬼斧神工，有72道弯，弯弯景不同，最宽处七八十米，最窄处仅一米。在与保定涞水交界处有一处"空中草原"，海拔2000多米、阔30平方公里，相传为赵武灵王当年操练兵马的练马场，夏季无酷暑，春季无沙尘，花草如织，空气新鲜，是一座天然的大"氧吧"。

4. 六朝故都——邺城

位于邯郸临漳以南的邺城，是魏晋南北朝时期曹魏、后赵、冉魏、前燕、东魏、北齐的"六朝故都"。这座城市如今虽风采不再，显得落寞和荒凉，但当年却是黄河流域最为繁华、喧嚣的都市之一。特别是它城市的规划和设计，在中国城市发展史上占有重要地位，其布局合理、结构严谨，达到了都市建设很高的水准，对后世隋唐的长安、北宋的开封、明清的北京及日本的奈良城都产生了很大影响。

邺城初为春秋时齐桓公所筑，战国时以西门豹治邺而闻名。东汉后期,为袁绍政权统治北方的中心。东汉建安九年（204年），曹操攻破袁绍，占据了邺城，"挟天子以令诸侯"，在这里生活了16年。其间曹操对邺城进行大规模建设，规模扩大，人口日增，成为曹魏政权实际上政治、经济的中心。据史料记载，邺城平面呈长方形，东西长七里，南北宽五里。内外有两重城垣，郭城和宫城。郭城有七座城门，南面三座，东、西各一座，北面两座；城中有一条东西干道将城市分成南北两部；北为行政区，正中为宫城，设有举行各种礼仪的建筑和广场；宫城以东为宫殿和官署，官署以东为戚里，即王室、贵族们居住的地方；宫城以西为铜雀园，有粮仓、武器库和马厩等。在园西北依托城墙筑成铜雀、金虎、冰井等三台，平时供游览和检阅军马演习，战时则作为城防要塞。南为市民居住区，划分为若干坊里，即街道、胡同；三条南北方向的干道分别通向南面三座城门，中轴线的大道通向宫城北面的端门。城东门外为对外交往和开市的区域，迎宾馆，即建安驿设在这里；西

邺城

门外有大片皇家苑囿和水面，曹操曾在此操练水军。为供应城市用水，引漳河水从铜雀等三台下流入宫禁地区，一部分河水分流至坊里区，从东门再流出城外。

金凤台、铜雀台、冰井台是邺城最大的特色和亮点。金凤台台高八丈，有各种屋宇185间，现存有古台、文昌阁及历代碑刻等；铜雀台位于金凤台北侧，建筑金碧辉煌，当年曹操父子经常与"建安七子"登台赋诗，唐代诗人杜牧"东风不与周郎便，铜雀春深锁二乔"的诗句中所说的"铜雀"就是铜雀台；冰井台在铜雀台北侧，明末被洪水冲毁。

曹操雄才大略，文武双全，不仅勇于征战，而且雅好文学，吟诗作词。他在邺城期间广泛招揽文学雅士，逐渐形成了以三曹（曹操及子曹丕、曹植）为核心、与"七子"（孔融、陈琳、王粲、徐干、阮禹、应场、刘桢）和蔡琰在内的邺下文人集团。他们发扬汉乐府民歌的现实主义传统，以反映人民疾苦和建功立业的追求为主要内容，作品慷慨悲凉，语言刚健爽朗，形成了文学史家盛赞不绝的"建安风骨"。

曹魏之后，又有后赵、冉魏、前燕、东魏、北齐等五个王朝在这里建都，前后达126年。其中后赵皇帝石虎在位时邺城的发展达到高峰，城池扩大，建筑奢华，店铺密集，道路通畅。东魏时修建南邺城，建造了太极殿、昭阳殿、仙都苑等。北齐的皇帝高洋崇尚佛教，动用力量在邺城附近修建和开凿了多处佛寺和石窟，如灵泉寺、万佛沟、北齐石窟、响堂山石窟、洪谷寺风景区等，留下了丰厚的文化遗产。邺城于北周时被杨坚下令焚毁，从此泯没于田野之中，再没有成为都市的机缘，但这却使其在地表上没有被城市叠压，为当今全景呈现其原貌提供了可能。

5. 北方雄镇——正定

位于石家庄市以北15公里处的正定是国家级历史文化名城，古称常山、真定，史上曾与北京、保定并称"北方三雄镇"。历史悠久，底蕴厚重，被诩为三国子龙（赵云）故里、佛教临济（禅宗临济宗）祖庭、京外名刹之首（隆兴寺）、世界冠军摇篮（中国乒乓球训练基地）、元曲（白朴）创生中心、红楼文化经典（荣、宁二府）。名胜古迹众多，素有"九楼四塔八大寺，24座金牌坊"之说，有国家级重点文物保护单位八处，省级六处。

早在新石器时代，这里就有古人繁衍生息。春秋时期，鲜虞国曾在境内的新城铺建立都城。前197年，汉朝将领赵利叛乱，高祖刘邦御驾亲征，看着这神奇而富饶的土地，赐名真定，意让其真正安定下来，即今天的正定。北魏时，鲜卑族首领拓拔圭率领40万军队南下，在真定打垮了当地守军，他凭借敏锐的眼光，看到了其重要的战略意义，但忧于时常泛滥的滹沱河水，下令将城池从滹沱河南岸迁到了北岸，重建的城池坚固而宽阔。唐"安史之乱"后，藩镇割据局面形成，真定节度使李宝臣凶悍刚烈，拥有训练有素的强大骑兵，称"成德军"，恣意妄为，拒不向唐王朝交纳贡赋，引得朝廷大怒，派兵围剿，却被"成德军"所败，唐只得默认了这个独立王国。

正定

宋代时真定是契丹、女真、蒙古等少数民族和汉族的杂居地，民族融合，经济文化发展。元代时集市贸易繁荣，吸引了阿拉伯、大食国和西域等地的商旅，马可波罗到访，称其为"贵城"。明朝朱元璋死，燕王朱棣起兵南下，史称"靖难之役"，2000多名燕军偷袭真定，攻入城内在瓮城遭受重创，全军覆没。燕军再战，一打就是四年，当燕军占领真定时，城内居民死的死，逃的逃，几

正定

为空城。朱棣迁都北京，为了巩固这个战略要地，从山西等地迁来大量移民。清雍正皇帝即位，为避其名讳，改名为正定，沿用至今。

正定文物古迹众多。南城门上镶有"三关雄镇"的石刻匾额。隆兴寺被誉为"京南第一古刹"，原为十六国时后燕慕容熙的龙腾苑，隋文帝开皇六年（586年）在苑内改建寺院，初名龙藏寺，唐改称龙兴寺；宋开宝四年（公元971）年，奉宋太祖赵匡胤之命，进行扩建，修建大悲阁，并铸造了高22.28米的千手千眼铜观音像，为中国现存最高的立式铜佛像，与北京雍和宫、天津蓟县独乐寺、承德普宁寺的大佛并称为北京周边地区的四尊最大的佛像；以北是"龙藏寺碑"，隋朝所立，记录了寺庙的修建，书法为隶书向楷书过渡的典范；摩尼殿北侧有一尊五彩悬塑的观音坐像，被誉为"东方女神"；建筑为宋代的建筑风格，康熙五十二年（1713年）赐额"隆兴寺"；历代帝王曾多次到此巡幸驻跸、上香礼佛、题诗书匾、刻碑立石。此外，正定还有唐代华塔、开元寺钟楼和须弥塔、天宁寺凌霄塔、临济寺澄灵塔以及五代遗物文庙大成殿等文物价值极高的古建筑。

正定在史上名人辈出，赵佗是秦末、汉初著名的军事家、政治家，恒山郡（真定）东垣人，受命征服岭南，采取"和辑百越"政策，促进民族团结，传播中原文化，对岭南地区的开发、建设作出了卓越的贡献，被誉为"南下干部第一人"。三国时蜀国大将赵云祖籍正定，当时称常山郡，所以人称"常山赵子龙"，其武艺高强，胆识过人，长阪坡之战奋不顾身"单骑救幼主"，被誉为"常胜将军"。元曲四大家之一白朴从事杂剧创作，代表作有《墙头马上》、《梧桐雨》，语言雍雅华贵，绚丽多彩，开杂剧文采派之先河。一代名臣范仲淹生于正定，参与北宋"庆历新政"改革，写下了千古名篇《岳阳楼记》。

6. 九边冲要——宣化

中国古代把天下的府州县分为四等，重要的关隘和要道边城曰"冲要"，因关系到都城的安危，故名列一等。明初，为了防御元朝残余势力的侵扰，沿长城一带建立了九个边防重镇，即所谓"九边"，其中以宣化府最为冲要，故有"九边冲要数宣府"之称。

宣化古城历史悠久，唐代始建，初为土城，规模较小。明初，朱元璋先后将23个儿子封为亲王，分驻全国各战略要地，第十九子朱橞被封为谷王，藩地在宣府。谷王就藩后，在原有城垣的基础上扩建，面积与当时的西安城相当。正统五年（1440年），将土城用砖包砌，并挖护城河、以加城台20余座。如今宣化的古城墙，基本保存了明代扩建后的规模。

宣化作为九边冲要之地，曾经发生过许多重大历史事件。据载，仅明代这里就发生过较大兵戈50余次。正统十四年（1449年）"土木堡之变"中，明英宗被瓦剌俘获，瓦剌首领也先挟英宗到宣府城下，让总兵杨洪开城出迎，企图进城抢掠，杨洪为保全百姓，拒不开门，并在瓦剌军队退却之际，乘机追击。明末，李自成领导的农民军渡过黄河，攻下太原、大同后占领宣府城，受到百姓们的欢迎，不久，越过居庸关，攻占了北京城。1900年，八国联军入侵北京，慈禧太后挟光绪皇帝仓皇经由延庆、怀来逃到宣化，在宣化呆了三天后继续西逃。

宣化

宣化大新门

八国联军的一股窜入宣化一带烧杀抢掠，活跃在宣化城的义和团奋起反抗，在清远楼鸣钟聚义，率众设伏于城外烟筒山，痛击联军贼寇，杀死德军上校约克，谱写了一曲爱国的壮歌。

宣化的古建筑精美，其中以清远楼、镇朔楼为最，是中国古代楼阁建筑中的瑰宝。清远楼始建于明成化年间，通高25米，外观三层，内实为两层，平面呈十字形。建筑布局灵活，不拘成法，楼内悬挂一口明嘉靖年间铸造的大钟，重约五吨，故称钟楼，钟声悠扬洪亮，可远传20余公里。屋檐下悬挂四块匾额，南曰"清远楼"，北曰"声通天籁"，东曰"耸峙严疆"，西曰"震靖边氛"，均系清乾隆年间朝议大夫、北口道兵备员吴炜所书。清远楼造型瑰丽，为全国重点文物保护单位，被称为"第二黄鹤楼"。镇朔楼位于宣化城南北通衢大街上，与清远楼遥遥相对。因镇守宣府总兵官例佩"镇朔将军"而得名。通高25.1米，占地1000余平方米，为重檐九脊歇山顶的高大建筑。楼中有一面直径1.5米的大鼓，又称鼓楼。南北檐下悬挂有两块木制大匾，南为"镇朔楼"，北为"神京屏翰"，是乾隆皇帝途经宣化时亲笔手书，是价值很高的艺术珍品，全国重点文物保护单位。

7. 邮政通信业的雏形——鸡鸣驿

张家口怀来有座鸡鸣山，山脚下有座鸡鸣驿，也称鸡鸣山驿，是中国现存唯一保存完整的古驿城，是中国邮政通信业的雏形，或曰邮政通信的摇篮。1996年中国邮政发行纪念邮票《古代驿站》一套两枚，其中一枚就是鸡鸣驿，为中国重点文物保护单位。

　　鸡鸣驿始建于元代。成吉思汗统一中原后，又率兵西征，在通往西域漫长的大道上开辟了一些驿站，称"站赤"。当时因为物质条件所限，朝廷发布旨令、传递信息、官员走访等主要靠骑乘马匹，而马匹行走一段距离便要歇息、进食，需要有个落脚的地方，于是便设置驿站。驿站刚建立时很简陋，也就是安两顶帐篷，经过发展，功能不断扩大，由单纯传递信息变为政务、军事、经商、出行、巡游、邮递等多方面的需要，因人流、物流大量增多而演变为市镇。到明代，鸡鸣驿已发展成为拥有数百名驿兵和勤杂的大型驿站。1472年修筑土垣，1570年防守指挥王懋修建青砖城垣，全城周长1800米，城墙高10米，底宽七米，上宽三米。城池北高南低，由东西走向的两条大街分割成三大块。设东西城门，门额上分别楷书"鸡鸣山驿"、"气冲斗牛"。门台上筑越楼，四面墙体均筑战台，北墙正中设玉皇阁楼，南墙正中上筑寿星阁楼，两阁楼遥相呼应。清乾隆年间对城垣进行了全面维修，现存的城垣主要为清代建筑，占地22万平方米，有驿丞署、驿馆院、马号、驿仓、校场、店铺、驿学、庙宇等。

　　驿城中的驿馆即"公馆院"是专供过往官员、驿卒休息的场所，为明代砖木结构的建筑，现今保存完好，门窗、隔扇、木榫插头做工考究，上面雕刻有琴、棋、书、荷、莲、蝙蝠、蜻蜓、蝉等

鸡鸣驿

不同形象，栩栩如生。贺家大院是当年的驿城署，是整个驿城规格最高的古建筑，五进连环院均建筑在台阶之上，出廊、房角和前墙砖码头上都雕有各种图案，古色古香。当年八国联军入侵北京，慈禧太后和光绪皇帝在逃往西安途中曾住在这里。驿城内还有佛道教的寺观13处，现保存较好和修葺过的有泰山庙、文昌庙、老爷庙、财神庙、城隍庙、龙王庙、姑姑庙等。以文昌庙保存最好，院内有石碑两块，清晰流畅的字迹记载着驿丞、驿操司（把总）捐资兴学的实情。

作为大型驿城，除官办驿站、递铺、军站外，由于地处交通要道，商旅往来很多，私营的车马店、茶房、酒肆等也很发达，随着内地通往俄罗斯国际交通干线的开设，经由鸡鸣驿的商业运输与国际信使的往来频繁，在文昌宫、城隍庙乾隆年间的碑刻中有明确的记载，捐献的名单中有永丰当、仁和当、泰和当、协和当、义和当、恒昌当等六家当铺及恒定号、双和号、义和号、祥和号、裕盛号、三益号、和通号、东三号、万盛号九家商号，另有合成油铺、李油铺、毕醋铺、万和店作坊店铺等19家有名号的买卖，可以想见当年店铺林立、买卖兴隆的繁华景象。

驿城在民国三年（1914年）由于通邮被撤销，完成了其历史使命。但它古老的城垣、丰厚的文化积淀吸引着来自各方的游人，受到中外影视制作人的青睐，上世纪80年代以来作为外景地，拍摄了《血战台儿庄》《大决战》《新方世玉》等50多部影视剧作品。

8. 太极拳的发祥地之一——广府古城

位于邯郸境内的广府古城，也称永年古城。始建于何时无可考证，春秋时期已建有城池。据说是战国时期赵国平原君的门客毛遂的封地。唐武德二年（619年）绿林军窦建德在此建都。原为夯土城，明嘉靖年间修砌为砖城。城垣上建有四座角楼，有铺舍、垛墙，四门上建有城楼，城外增筑瓮城。城内街巷纵横，店铺林立，官署肃穆，商贾云集，分布有30多条街道。城四周为护城河，深3.5米，宽100多米，终年积水，是这座古城的特色。

广府古城是中国太极拳的发祥地之一，诞生了杨式、武式并派生出李式、吴式和孙式太极拳。清道光年间，广府人杨露禅酷爱武术，曾先后三次到河南温县陈家沟学艺，将陈式老架太极拳改造成为架势舒展大方、动作圆润、柔中有刚的杨式太极拳，把武术由单纯的格斗提升为健身与养生，

广府古城

赋予其以人类的普遍价值。目前，国家体育总局公布的88式、24式均为这一套路。比杨露禅稍晚的广府举人武禹襄首次对太极拳进行理论上总结，著书立说，并创造出具有文人特色的武式太极拳，动作小巧紧凑，刚柔相济。

广府城古迹星罗棋布，有弘济桥、毛遂墓、黑龙潭、紫山书院、文庙大殿及杨露禅故居、武禹襄故居等，另有大量明、清时期的古民居院落，为研究民俗风情提供了珍贵的史料。近年来，广府先后荣获 "中国历史文化名镇"、"中国太极拳之乡"、"中国太极拳研究中心"、"太极拳圣地"、"全国简化太极拳推广先进单位"、"中国最佳旅游休闲县"、"东方神秘古城"、"河北省人居环境范例奖"、"河北省环境优美城镇"等称号。

与古城比邻的永年洼淀是继白洋淀、衡水湖之后的华北第三大洼淀，面积达4.6万亩，洼淀陆面平均海拔41米，长年积水，处于湿地状态。这里浅植稻苇，深种荷藕，不仅鱼虾丰富而且野生鸟类繁多，呈现出"芦苇茂盛、鱼虾共生，碧水风荷、雁戏鸟鸣"的南国水乡景象，被誉为"北国小江南"。目前，广府以太极拳为中心的文化旅游综合开发已初具规模，万亩荷花池、芦苇荡已初具规模，湿地森林公园、千亩垂钓园已基本完工，规划中的太极迷宫和太极湖正在加紧建设中。

（二）省辖市

1. 火车拉来的城市——石家庄

石家庄在100年前是个仅有200户人家的小村庄，隶属真定府（现正定县）获鹿县（现鹿泉市）。20世纪初，中国的洋务派修建卢沟桥至汉口的铁路，即芦汉铁路，也就是现在的京广线，在此设站。当时石家庄的名气很小，以相距不远的振头镇命名，叫振头站。1903年，筹建芦汉铁路的支线正太铁路，以解决山西煤铁外运的问题。为避免耗费巨资在滹沱河上架设铁路桥梁，便将正太铁路的起点由正定改为振头。1907年10月，正太铁路全线竣工通车，伴随汽笛和车轮的轰鸣，山西的煤铁源源不断地运出，经石家庄辗转运往全国各地。

石家庄

当时由于经济上的原因，芦汉铁路修筑的是1.435米的国际标准轨距铁路，而正太铁路则是一米宽的窄轨，两条铁路相接，但火车并不能通行。于是石家庄就有正太、芦汉两个车站，晋煤及其他货物到石家庄都要进行转运，这便形成了大的铁路转运业。从此，城市发生了翻天覆地的变化。许多外国资本和国内工商、手工业主，看好其优越的交通条件，纷纷环绕铁路站场购地设厂、开店。1904年以后，相继建成正太总机厂（今石家庄车辆厂）、石家庄炼焦厂、大兴纱厂（今石家庄第七棉纺织厂）、井陉矿和正丰矿等一批近代工业企业。到1925年，铁路以西的石家庄村街区面积达到1.8平方公里，此时正值城市创建改制，获鹿县便决定将石家庄及铁路以东的休门、栗村合并成立新市镇，经协商，将石家庄与休门两个村名各取一字，称"石门市"。

现石家庄的老火车站以北有座大石桥，建成于1907年。长150米，高七米，有23个桥孔，全部用青石铺就，坚固美观，是中国史上较早的铁路公路立交桥。大桥建成后，同时跨越正太、芦汉共七股线路，沟通市区东西两侧的交通。市区也以大石桥为界分成了桥东和桥西区，一直沿用至今。石家庄的商业、服务业随之蓬勃兴起，商铺、客栈、酒楼、钱庄、银号等大量涌现，形成了以南花园为主的商业大街，逐渐取代获鹿成为河北南部重要的经济中心。

1937年10月，日寇占领石门。出于战略上的考虑，日军派重兵驻守，开通机场，扶植地方傀儡政权。为掠夺华北的资源，于1940年修建了石家庄至德州的铁路，即石德线。从此，石家庄成为石太、石德、京汉三条铁路的交会点，所以，人称石家庄是"火车拉来的城市"。新中国建立后，河北省省会在天津，后搬迁到保定；又迁回天津、再迁到保定；1968年，确定石家庄为河北省省会，一直至今。

石家庄作为城市的历史虽不长，但底蕴丰厚。战国时是古中山国的所在地，20世纪70年代，考古工作者在平山三汲乡发现了古中山国故城遗址，出土了大量精美珍贵的文物。距市区20多公里井陉境内有条"秦皇古道"，是古驿道主干线上的重要一段。相传当年秦始皇东巡病死在邢台，朝臣赵高和李斯秘不发丧，用辒辌车载着其尸体经这条驿道回到咸阳。当时天热，尸体腐烂生味，为掩人耳目，在车上装满了臭鱼。赵州桥是享誉世界的石质拱桥，位于赵县，为隋代工匠李春所建，设计精奇，造型美观，历经数次地震、洪水冲击，至今完好如初，被桥梁专家尊为

"天下第一桥"。位于赵县的柏林寺始建于汉代，古称观音院，南宋为永安院，金代名柏林禅院，至今已有1700多年历史。相传玄奘大师赴印度取经前，曾在此院研习佛法；晚唐时禅宗高僧真际80高龄来此弘法，120岁圆寂，形成独具风格的赵州禅。"吃茶去"的典故便出自于此，常年香火甚旺。市区以北的毗卢寺建于唐代，距今已1200多年，殿内的壁画笔法娴熟、潇洒流畅，艺术品位极高，对研究我国古代社会生活、风俗习惯以及传统绘画艺术有着重要价值。

石家庄最具影响力的是西柏坡——中共中央最后一个农村指挥所。毛泽东等领导人在这里组织召开了全国土地会议，通过了《中国土地法大纲》，领导了解放区的土地改革，指挥了解放全中国的"三大战役"，成立了华北人民政府，召开了著名的中共七届二中全会，提出了我党"工作的重心由乡村移到了城市"，"必须用极大的努力去学会管理城市和建设城市"，"务必使同志们继续地保持谦虚、谨慎、不骄、不躁的作风，务必使同志们继续地保持艰苦奋斗的作风"的英明论述。

如今的石家庄市围绕打造现代一流省会城市、建设幸福石家庄的目标，城市面貌有了很大变化。旧城改造全面实施，市容环境大为改观，新增公园广场20座、街心游园112座，建成区绿地率达到41%。铁路穿城入地工程基本完工，新客站顺利投入使用；城市轨道交通开工建设；"公交都市"建设步伐加快，新开辟公交线路122条，正定新区路网建设全面铺开。实施蓝天碧水、汉河治理和市容市貌综合整治工程，环城水系全线通水,滹沱河综合整治一期工程基本完工。拆改市区分散燃煤锅炉，关停治理建材企业，淘汰黄标车。县城和小城镇建设步伐加快。完成了城市总体规划和各类专项规划，形成"一河两岸三组团"的省会发展新格局，一河即滹沱河，两岸即主城区和正定新城，三组团即藁城、鹿泉、栾城三个县（市）。加强主城区的基础设施建设。加快城市地铁建设进程，推进高铁、航空和高速公路、干线公路、快速公交等交通设施建设，提升省会的交通枢纽功能；改造水、电、气、热等市政公共设施，全面提高保障能力。高标准规划建设环城水系两岸区域，推动主城区外延发展，拓展城市空间。按照"低碳、生态、智慧"的理念，以天津、成都市为标杆，推进正定新区建设。完成新城大道、太行大街建设，形成主城区与正定新区的快速通道。加快市民服务中心、会展中心、河北奥林匹克体育中心、职教园区、市一中新区分校、市特殊教育职业中专学校、河北医科大学第二医院新区医院、市第一医院新区分院、河北出版集团等项目建设进度。实施正定古城保护，启动古城墙修复工程，恢复一批古街巷历史风貌；完善新区路网、公建配套项目，推进新区各项建设，充分展示新区的美好形象。促进县城和特色镇建设，加速县城的扩容升级，支持辛集、平山、晋州、新乐等县（市）向中等城市迈进。启动石济客专建设，推进京昆高速（石太段）、京港澳高速（京石段、石安段）、107国道、定魏公路、平涉线等改扩建工程，完成晋深公路等干线公路建设。启动南二环东延、西延工程，确保红旗大街南延工程、三环辅路、机场路建成投用。完善市区路网，建设新胜利大街、南二环与新胜利大街立交桥等配套工程。高标准完成新客站东广场建设。推进城市轨道交通项目建设，启动

石家庄

白佛、汇通路、中仰陵等公交枢纽站建设，完成平安大街、建设大街、体育大街三条公交专用道建设和延伸工程。加快热源和管网建设步伐，保障城区供热质量。加大市区排水管网改造力度，推进民心河二期、五支渠、东二环地下管网南延等雨污管网工程建设，提升城市防汛能力。实施城市精细化管理工程，坚持建管并重、综合治理，构建管理与执法高效统一的大城管格局。加快智慧城市建设，整合规划、城管、交通等信息资源，构建信息互通、资源共享平台。实施城市容貌综合整治，以新旧火车站片区、二环路、平安大街等"三片、一环、八线"为重点，加大对违法违规建筑的监督和查处力度，实施净化、美化、亮化、绿化、硬化，管住管好建筑渣土、工地扬尘和噪音污染，提升道路保洁水平，二环内主干道机械化清扫率达到80%以上。

2. 紫塞明珠——承德

承德在300年前是个仅有几十户人家的小村落，因流淌着一条世界上最短的河流——热河，称热河上营。1703年，清康熙皇帝途经此地，被这里山清水秀的景色所震撼，下令在此修建园林，建好后取名"避暑山庄"。雍正元年（1723年）在此建热河厅，十一年取"承受先祖恩德"之意，改称承德。

承德是因修建皇家宫苑而诞生，宫苑及所承载的文化便成为这座城市的主流和根基。皇族的情结、皇家的气质、皇室的文化弥漫于城市的时间和空间。山庄是皇家文化的最集中的展现，那种只有皇家才拥有的至高无上、恢宏大气，深深地影响着这座城市，也影响着与之相伴的承德人。他们以山庄为骄傲，传承和弘扬着山庄的文化。

避暑山庄始建于康熙四十二年（1703年），至乾隆五十五年（1790年）完工，历时87年。山庄采取前宫后苑的总体规划，宫廷区在前，园林区在后，园林区又因地貌与景观不同而分为湖泊区、平原区和山岳区三个部分。宫廷区在山庄的南端，正宫有九进院落，依次为"澹泊敬诚"、"四知书屋"、"烟波致爽"、"云山胜地"殿等，是皇帝处理朝政、读书和居住的地方。湖泊区以真山真水为基础，有八座大小岛屿，八片湖泊，相互穿插，交相辉映；各岛以堤坝、桥梁相通，构成水陆一色的绝佳风景。在这块仅占总面积1/10的景区内，安置了全园一半以上的建筑，其中最为知名的是金山亭和烟雨楼，具有浓郁的江南水乡情调。平原区是一块狭长的平地，东部为"万树园"，西部是试马埭，是供帝王野宴活动的地方，景致极尽北方的特色。山岳区在西北部，占到总面积的4/5，山势雄浑壮美，逶迤连绵，土质肥厚，郁郁葱葱，山峦间辟有四条干道，20余座寺庙、建筑隐没在山谷绿荫之间。

在避暑山庄外环绕着一组雄伟壮观、气势恢宏的寺庙建筑，即世界上最大的皇家寺庙群——外八庙。实际上有12座庙宇，因其中八座由清政府直管，故称"外八庙"。庙宇呈汉、满、蒙、藏等多个民族的建筑风格，色彩绚丽，金碧辉煌，有的甚至是鎏金鱼鳞瓦覆顶，与山庄古朴典雅、青砖布瓦的建筑风格形成鲜明的对比。安远庙建于清乾隆二十九年（1764年），当时清平定了新疆准噶尔部叛乱，厄鲁特准噶尔达什达瓦部2000多人从新疆伊犁迁居承德，为"柔怀远人"，乾隆皇帝下令仿照伊犁固尔扎庙建造。普陀宗乘之庙是外八庙中规模最大的喇嘛庙，为祝

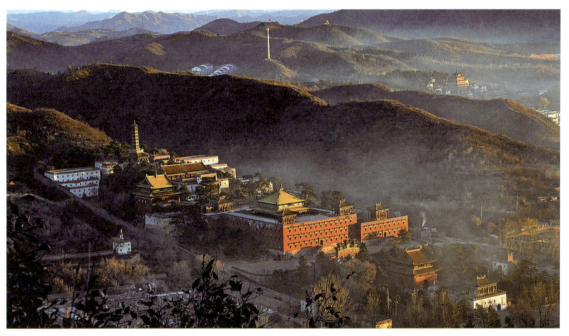

承德

贺乾隆皇帝60寿辰和皇太后80寿辰，同时迎接土尔扈特部归顺、安抚蒙古各部，仿西藏拉萨布达拉宫依山势而建，由红、白两台构成，融汉藏建筑艺术于一体，庙中藏品非常珍贵。须弥福寿之庙建于乾隆四十四年（1779年），为迎接西藏六世班禅给乾隆祝寿专门所建，仿西藏日喀则扎什伦布寺的造型，俗称"班禅行宫"，是西藏与内地密切交往的历史见证。普乐寺建于乾隆三十一年（1766年），清平定准噶尔等部的叛乱，新疆地区的少数民族首领每年要到承德举行朝觐活动，乾隆采纳西藏活佛章嘉的建议，修建此寺，取"先天下之忧而忧，后天下之乐而乐"之意名普乐寺。普宁寺又称"大佛寺"，建于乾隆二十年（1755年）。以西藏山南地区"三摩耶庙"为蓝本，大雄宝殿前为汉式"伽蓝七堂"布局，后为藏式仿山南桑耶寺建造。大乘之阁内供木雕金漆千眼千手大悲菩萨，高22.28米，用松、柏、榆、杉、椴五种木材雕成，是中国现存最大的木雕佛像之一。

承德

在承德市西北的坝上地区是木兰围场，山峦叠嶂，雨量充沛，森林密布，河流纵横，一派大漠风情。1631年，康熙皇帝选中将其辟为皇家狩猎场，为的是邀请蒙古族王公共同狩猎，安抚睦邻，以求和好；同时操练皇室及军队的骑射技艺，不忘祖上先辈的豪荡之风。

如今的承德围绕建设国际旅游城市的总目标，加速城市建设步伐。城市规划框架体系基本形成，规划区面积达1200平方公里。扎实推进老城区改造，迁出行政事业单位和企业，实施山庄及外八庙周边环境整治，对五个城中村集中搬迁，改造碧峰门、迎水坝等棚户区。实施"四纵五横"骨干路网建设，即纵向打通西大街四道沟至碾子沟、牛圈子沟至碾子沟路、拓宽高速下道进入市区的迎宾路、京承旅游路；横向打通中心区到双滦区的狮子园至单塔子路、元宝山至雹神庙路、双峰寺到狮子园路等九条道路。改造桃李街、南兴隆街等百余条街巷，新建改建停车场24个，增加停车位近5000个。加快新城建设步伐，建成规划展馆、地质博物馆、奥体中心等大型公共建筑。打造滦河、武烈河两条生态休闲景观带和城市"绿核"，实施重点区域绿化美化和亮化工程，市中心区人均水面、绿地分别达到26和28.6平方米，荣获"国家园林城市"称号。市区及各县垃圾和污水处理厂全部建成投用，饮用水源水质达标率100%，市区二级以上天数增加，被评为环境保护目标管理优秀市，进入省卫生城市行列。建成全国文明县城两个、省级园林县城四个、省级卫生县城四个，打造出一批文化古镇、商贸新镇、经济强镇和旅游名镇。深度拓展文化旅游服务业。开发文化创意、温泉度假、滑雪狩猎和康体养生等旅游产品，实施了鼎盛王朝文化产业园、枫水湾温泉城、将军国际健康城等一批高端休闲旅游项目。成功举办了承德国际旅游文化节、中华菌文化节、山戎文化研讨会等活动，《康熙大典》和《帝苑梦华》两台演出成为旅游的亮点，获评全国文化体制改革先进地区。完善旅游要素功能和配套服务。星级饭店达到40家、床位一万余张，乡村旅游经营户达到3400家，周台子村成为全国休闲农业与乡村旅游的示范点。争取国家投资，实施山庄外八庙文化遗产保护工程。国家A级旅游景区达到25家，列入全国第二批旅游标准化建设示范城市，被评为中国10大休闲旅游城市。人社部培训基地、契丹文化研究中心等落户承德。

3. 京西名城——张家口

张家口位于北京以西，八达岭长城居庸关以北。中国把长城的关隘称"塞"，张家口因之被称为"京西名城"或"塞外明珠"。是扼守京城的巨大屏障，是北疆通往北京的必经之地。

张家口的军事战略地位非常重要。明初，朱元璋为了防御元残留势力的侵扰，建立了屏藩京师的两道防线，一道经大宁（今凌源县）、开平（今内蒙古正蓝旗）到东胜（今呼和浩特东）；一道是沿长城的"九边"重镇。朱棣即位后，将第一道防线回收，使得张家口的军事地位突出，成为防御蒙古骑兵进犯的前沿。清初，蒙古察哈尔亲王布尔尼发动叛乱，直逼张家口，康熙派兵打败叛军，追杀布尔尼。康熙三次征讨准噶尔，都是从张家口出发。准噶尔为中国卫拉特蒙古四部之一，即元代的"斡亦拉"和明代的"瓦剌"，经常骚扰内地。康熙帝亲征，在著名的"乌兰布通之战"中打败其骆驼阵，最后将其消灭。当时发生过一件事情：康熙三征准噶尔大胜回京，轻车简从，夜晚到达张家口大境门城下，叫城门不开，只得夜宿城外。第二天康熙见到守军士兵，非但没有怪罪，还给予赏钱，展现出其居功不自傲，宽容大度，张家口的兵士坚守原则，朴实执着。后人建了一座"卧龙亭"以纪之。

抗日战争时期，张家口是中日军事双方争夺的重镇。七七事变后，日军进攻张家口，国民党29军刘汝明部在赐儿山八角台与日军展开激战，击毙日军少将旅团长本多丘，日军伤亡惨重，虽最终失守，但给日寇以沉重打击。日军占领张家口，操纵德穆楚克栋鲁普在张家口成立了"蒙疆自治政府"。八路军于1945年8月解放了张家口，这是中国人民从日寇手中夺回的第一座大城市。抗战胜利后，国民党军队进攻张家口，解放军战略撤退，1948年12月第二次解放张家口，歼敌5.4万人，为夺取平津战役的胜利起到了重要作用。建国后，张家口为北京的西大门。1981年，在这里举行了著名的802华北军事演习，邓小平等党和军队的领导人检阅三军，重启了军队正规化建设的进程。

张家口还是中国北方重要的商贸集散中心。明朝末年，明清之间战火连绵，尚未入关的清军需要大量中原的物资，但由于与明朝处于敌对状态，除武装抢掠外，只能通过蒙古与张家口之间的贸易市场。清入关后对蒙古地区采取封禁的政策，只允许张家口、归化（治今呼和浩特市）、

张家口

多伦诺尔（治今内蒙古多伦县）、西宁（治今阳原县）等处的沿边城镇，在朝廷的监控下进行有限的贸易。乾隆后封禁松动，到蒙地经商的人激增，旅蒙商的总部大都设在张家口，分号设在库伦（今蒙古国首都乌兰巴托）和恰克图（今蒙古国阿尔丹布拉克），两地间贸易频繁，形成了一条经商大道——张库商道，被誉为第二条"丝绸之路"。在商贸的刺激下张家口快速发展，辛亥革命后，成为对外开放的商埠，各种商号达1600家，年贸易额1.5亿两白银。1923年，张家口的票号、钱庄达到42家，投资和经营者多为晋商，有山西祁县乔家大院开的宏茂票号，梁家开的茶店和三晋源、百川通票号，太谷曹家开的锦泉涌、锦泰亨、锦泉兴票号、钱庄等。此外，还有来自束鹿、深州、饶阳、辛集等地的直隶商帮和来自北京的"京帮"，以及蔚县、阳原、怀安、涿鹿的本地商帮，同时还吸引了英、德、美、日、法、俄、荷等国的资本，在张家口办有德隆、礼和、茂盛、三井、立兴、恒丰等商行达44家。张家口的武城街、怡安街、得胜街依然能看出当年繁华的景象。中国首条依靠自己力量修建的京张铁路，正是看中了这里的商业环境。

　　张家口还是座富有革命传统的城市。1925年，共产党的创始人李大钊在张召开西北农工兵代表大会，京绥铁路及察、热、绥各业工会、农会、武装组织的代表200余人参加，中共赵世炎、谭平山、罗章龙、韩麟符、陈乔年、王仲一、江浩及国民党李烈钧、徐谦等出席，提出"农工兵大联合"、"拥护苏联"、"反对帝国主义和封建军阀"等口号。1933年，在中共的推动下，爱国将领冯玉祥、方振武、吉鸿昌在张组建了察哈尔民众抗日同盟军，有10万兵马，冯玉祥任总司令。6月开始向察哈尔和热河的日军进攻，7月攻占重镇多伦，将日军逐出察哈尔，成为"九一八事变"以来首支收复失地的中国军队。中共领导人周恩来、贺龙、叶剑英、聂荣臻等都曾在张家口工作和生活过。当年，一批文艺工作者，邓拓、成仿吾、周扬、丁玲、艾青、郭兰英、田华等先后聚集张家口，配合革命的战争和土地改革，进行文艺创作和演出，有街头诗、歌曲、戏剧表演等，以及《抗敌报》、《晋察冀日报》等新闻媒体，在海内外产生很大影响。丁玲依照当地土改的历史背景写出了《太阳照在桑干河上》，获斯大林文学奖。当年，张家口被誉为"东方文化城"。

　　如今的张家口市按照"绿色崛起"的思路，向"国家生态园林城市"目标迈进。启动新区建设，尚峰国际、容辰东区综合体等项目主体完工，五一广场综合改造、威尼斯大酒店等项目顺

张家口

利推进，成功引进总投资30亿元的世贸中心项目。实施"万株大苗进城"、"生态廊道建设"等工程，城市主次干道、城区出入口、滨河公园绿化和景观得到明显提升。行政办公中心顺利南迁。基础设施完善，张涿高速、北绕城高速、张石高速竣工通车；张唐铁路加快建设。园区管理体制进一步理顺，对四个区属园区进行了调整，全市22个园区达到项目入驻条件，市产业集聚区和东山产业集聚区被批准为省级高新技术开发区。统筹中心城市和中小城镇建设，推进城市向更高层次迈进。完善城市功能。实施主次干道新改扩建、小街巷综合改造、集中供热、天然气置换等市政工程。完成洋河部分河段防洪治理工程，提高城市防洪能力。谋划实施图书馆、体育场、少儿活动中心等公共服务设施项目。军民合用机场实现多线运营，京张城际铁路开工。改善城市生态。推进清水河两岸立体绿化、"四园"改建、道路增绿等工程，巩固"国家园林城市"成果，向"国家生态园林城市"迈进。张北、怀来和万全、崇礼、蔚县、怀安分别进入国家和省级园林县城行列。加大环境综合整治力度，提升市区环境质量综合水平。提升城市品位。推进历史文化旅游区、现代商贸休闲区、高端文化金融商务区建设，实施长青路世贸中心、中联国际商业广场、维多利亚广场等一批城市综合体项目，打造标志性建筑群。加快老城区重点区域开发，推进新区和宣化县新城建设，实现旧城新区同步发展。加强城市管理。解决中心城市和县城环境污染、交通拥堵、私搭乱建等问题。实施智能城市战略，促进管理向网格化、智能化方向转变。抓住列入全国发展改革试点城镇的机遇，探索城镇建设和管理的新路子。

4. 中国"夏都"——秦皇岛

秦皇岛是座著名的海滨城市，在海内外有着很高的知名度，从它诞生之日起就与中国的最高权力联系在一起。前215年，秦始皇率领浩浩荡荡的人马，千里迢迢地来到古称"碣石"的渤海岸边，住进巍峨的行宫，举行神秘而盛大的拜海求仙活动。从此，这里得名秦皇岛。在漫长的历史岁月中，中国共产生了340位帝王，而秦皇岛是唯一因皇帝帝号而得名的城市。从秦始皇起，汉武帝、曹孟德、唐太宗等20多位帝王在这里留下了足迹；康有为、徐世昌、朱启钤、张学良等近代的风云人物在这里留下了故事和诗篇；20世纪50年代后，中国的高层领导暑期在这里办公，被称为中国的"夏都"。

北戴河是秦皇岛最美的地方，因戴河流经其西，南临渤海，故名。1893年，清政府为了加强京畿沿海一带的防务，修筑了天津至山海关的津榆铁路（山海关古称榆关），在北戴河设站。时任总工程师的英国人金达在勘测路线时，发现这里气候凉爽，有狭长的海滩，是避暑游玩的好地方。由于外国人没有置地盖房的权力，便鼓动包工头修建房屋，租赁给来游玩的外国人住。这是最早专门出租给外国人用的房屋，由于1894年甲午战争爆发，事情没有发展。甲午战争后西方人来北戴河购地建房的人数逐渐增多，大部分是传教士，利用《中法北京条约》赋予传教士可以在中国"租买田地，建造自便"的权力，租用土地，建造别墅。清政府深感忧虑，当时正在筹建秦皇岛港，于是圈定戴河口至秦皇岛沿海20公里为港址的初选地带，抢先购买了大部分岸滩。1898年，清政府宣布秦皇岛为"自开商埠"，同时宣布北戴河为准允中外人士相杂居住的避暑地。这是中国史上第一个由政府确定的向外国人开放的旅游度假地，是现代旅游业的摇篮。从此，世界上几十个国家的传教士、外交人员及商贾名流纷至沓来，在此避暑度假、建房修园，至上世纪50年代前共修建了719栋别墅，风格各异，被誉为"万国建筑博览会"，与江西庐山、浙江莫干山、河南鸡公山共称"四大别墅区"。

秦皇岛

秦皇岛

　　秦皇岛拥有世界上最大的能源输出港。200多年前秦皇岛是个方圆不到一公里的小岛，明清以后，沿海地区河口逐渐淤滞，与大陆连成一片，成为独特的优良港湾。因为风平、浪低、水深、不冻，附近渔民、商贾多集结在此捕鱼、贸易或避风。至清同治年间，秦皇岛港已发展成为大型的商业运输航船的停泊港，清政府设"理船厅"，使海上贸易及运输有了很大的发展。甲午战争后，中国的北洋海军遭受重创，清政府决定重建秦皇岛港。是建军港还是建商港？经过再三考虑，认为还是辟为商港更为有利。此时清政府财力匮乏，无力兴办。时任直隶总督和北洋大臣的荣禄找到开平矿务督办张翼，令其筹划。张翼提请朝廷由开平矿务局代建秦皇岛港，获准，同意港口建成后以运输煤炭为主，辅以运送客旅、杂货、转递国际邮政文件及北洋海军驻扎、靠泊等。

　　清政府宣布秦皇岛为自开商埠，目的是区别于其他的约开口岸。约开口岸西方人享有租借权，而秦皇岛的地亩是由政府责成开平矿务局代办，在一定程度上维护了国家的主权。开平矿务局购买了大量土地，共2700多公顷，连同勘察垫款共花去34万两白银，要建筑码头，钱缺口很大。张翼与英商墨林借款20万镑，以秦皇岛全部财产和码头作抵押。港口建成后，开平矿务局的煤炭输出由以塘沽、天津为主转为以秦皇岛港为主，成本大为下降。此后，秦皇岛港不断扩建，装卸运输能力不断增强，效益非常可观。秦皇岛因港而生、依港而兴，城区的中心地带称之为海港区。

山海关长城是秦皇岛的标志，是明长城的东部起点，气势恢宏，雄伟壮观。因北依燕山，南临渤海，山海相济，地势天成，故称山海关。它紧锁华北通往东北的咽喉，战略地位十分重要，有"两京锁钥无双地，万里长城第一关"之称。山海关最负盛名的是雄踞于镇东门之上的镇东楼，即"第一关"城楼。城墩墙高12米，中为巨大的拱门，城楼为两层，西侧辟门，其余三面设有68个箭窗，城台布满垛口。高悬于上层额枋前巨匾上"天下第一关"五个遒劲有力的大字，与城楼浑然一体，题字的是明成化年间的进士萧显。

如今的秦皇岛市围绕建设富有实力、充满活力、独具魅力的沿海强市、美丽港城的目标，加大城市建设力度。区域统筹发展格局基本形成，全面拉开城市"6＋2"发展框架，即山海关区、海港区、北戴河区、北戴河新区、抚宁县城和昌黎县城加上卢龙和青龙两个县城。城市功能不断完善，美化、亮化、景观化水平明显提升，环境质量和宜居水平不断提高。荣获中国最佳休闲城市、中国最佳和谐发展城市、中国10大最具成长力创新型城市、全国双拥模范城市等称号。启动老旧小区和城中村改造，综合整治市区主干道及临街建筑。推进市区"六河"、县域"七河"的治理，即大马坊河、小马坊河、护城河、新开河、大汤河、小汤河和青龙河、饮马河、贾河、洋河、人造河、戴河、石河。推进县城空间拓展、功能完善和形象提升，抚宁、卢龙、青龙成为省级园林县城，昌黎初具现代小城市规模。全市森林覆盖率达到42.29%，建成区人均公共绿地面积达到19.97平方米，空气质量二级以上天数常年保持在350天以上，达到创建国家环保模范城标准。推进北戴河近岸海域环境综合整治，水质不断改善。促进旅游、文化产业的发展，推进葡萄岛、山海关总兵府、北戴河文化艺术区、乔庄度假庄园等旅游文化项目。以北戴河休疗院所为依托，加快培育商务会展、培训教育等产业。实施昌黎月亮湾温泉等20个乡村旅游项目。加强基础设施建设。津秦客专建成运营，完成城区跨铁道桥梁工程、秦皇岛火车站交通枢纽工程。北戴河机场具备了通航条件。加快沿海高速北戴河机场支线及北戴河联络线、秦抚快速路等重点项目建设，改造升级九条干线公路。搞好垃圾和污水处理、天然气管网、集中供热等重点工程建设。推进县城和重点镇扩容升级，落实四县城乡总体规划，加快县城建设，每年挑选1~2个建制镇重点支持，使小城镇功能品质有明显提升。提高城市管理水平，以国家第一批智慧城市试点为契机，整合各类资源，实施智慧旅游、医疗、交通、安保和计算服务中心等工程。

5. "近代工业的摇篮"——唐山

传说很久以前，一只金色的凤凰口衔"太阳石"飞到冀东大地，凤凰化做唐山这座秀美的城市，"太阳石"化做了广袤的煤田，因此，人称唐山为"凤凰城"。

唐山

在这块土地上，很早就有人类生息、繁衍。自上世纪50年代起，在滦河流域和燕山南麓，发现了数十处旧石器和新石器时代人类文化遗址，属"滦河文化"的范畴，是中国史前文化的重要分支。5000余年前，黄帝率部落东迁至唐山一带，建城池，取名"迁安"。商周时期属北方孤竹国，"夷齐让贤"、"不食周粟"的故事被人们广为传颂。战国时期为燕国的辖地。秦汉时为右北郡、辽西郡，属幽州。唐代李世民东征高丽曾屯兵于大城山一带，赐用国号，"唐山"由此得名。征战中李世民的爱妃曹妃死在南部沿海岛屿，李世民下令在岛上修建宫殿，即如今的曹妃甸。辽统治唐山近210年，辽灭后又为金人统治。元朝时为"腹里"之地。明清在1877年前是滦县与丰润之间的一个村落。

唐山作为城市是从创办煤矿开始的。清末外国资本和洋务派在中国先后开办了几十家企业，

唐山

需要大量的煤炭。当时我国煤炭全靠土法采掘，英、法、澳等国的煤商乘机而来，在市场上高价兜售。直隶总督李鸿章向朝廷提请开办我国自己的煤矿获准，最早在邯郸磁州，因储量不足、运输困难停办。光绪二年（1876年），时任上海轮船招商局总办的唐廷枢与英国矿师马立师受派赴京、津以东的开平、古冶、唐山、凤山一带考察，将采集的矿石分送北京同文馆和英国化验，证明这里有大片储量高的优质煤田。李鸿章即派唐廷枢到唐山成立开平矿务总局，1878年10月2日，在唐山南麓乔家屯打下了第一钻。

这一钻标志着我国第一座使用机器采掘的大型煤矿诞生，改变了过去手工采掘的做法，按照西法设计施工，购买西方国家的先进机械，聘请大批国外工程技术人员到煤矿任职，生产出大量煤炭，很快解决了煤炭需求问题。为解决运输，在李鸿章、唐廷枢等人的努力下，排除朝廷保守势力的阻挠，修筑了从唐山至胥各庄之间的唐胥铁路，这是中国史上第一条标准轨距的铁路。工人们利用废旧物料制造出"龙号"蒸汽机车，揭开了中国铁路运输的序幕。煤矿还开挖了从胥各庄至芦台河口长35公里的煤运河，这是中国近代采煤史上的第一条煤运河，使煤炭源源不断运往天津，改变了洋煤垄断天津市场的局面。随后又先后修建了天津河东、塘沽、营口、烟台、上海日辉、浦东、吴淞、广州、香港荔枝阁、秦皇岛等12处码头，组建了中国最早的自营运输船队。煤矿采用官督民办的形式，招商集股，建立管理机构和规章制度，成为中国煤炭行业最早的股份制企业。在煤炭生产的同时还进行资本运营，跨地区、跨行业对企业投股参股，开展多种经营。唐山被誉为中国的"煤都"。

唐山还是著名的"瓷都"。中国陶瓷号称有淄山、佛山、唐山及景德镇"三山一镇"。1900年，德国工程师汉斯·昆德应唐山细绵土厂的聘请来到唐山，在当地找到了制造水泥的原料，使靠从广东进料的工厂起死回生。1907年更名为启新洋灰公司，昆德为总工程师。几年后，昆德发现当地所产的矸子土可做陶瓷原料，又开设了启新瓷厂，从国外引进设备，生产出中国第一件卫生瓷。1927年开始生产彩色铺地砖和内墙砖，成为中国第一家建筑陶瓷企业。在新技术的带动下，进一步生产出精细日用瓷，迅速占领中国华北、东北市场。

在采矿、陶瓷业的基础上，唐山迅速发展起开滦煤矿（开平矿务局与后组建的滦州矿务局合并而成）、铁路工厂、启新水泥、新华纺织等企业集群，商业、交通、餐饮、服务、娱乐、金融等行业随之兴起，人口大量聚集，城市规模不断扩展，成为中国北方的工业重镇，被誉为"近代工业的摇篮"。新中国建立后，唐山作为全国重工业基地，为全国经济、社会的发展作出了巨大的贡献。

1976年7月28日，唐山市发生了震惊中外的大地震，百年城市毁于一旦，有人断言唐山将永久地从地球上消失，但在党中央、国务院和全国人民的大力支援下，震后仅用10年时间就建成了一座新唐山，获联合国"人居荣誉奖"，"迪拜国际改善居住环境最佳范例奖"，市政府被评为"为人类住区做出杰出贡献的组织"，这是中国第一个获此荣誉的城市。

如今的唐山市围绕建设具有实力、活力、魅力的沿海强市、美丽唐山的目标，提升城市建设发展水平。获得2016年世界园艺博览会举办权，被授予"全国文明城市"和"全国绿化模范城市"称号。实施了南湖生态城、凤凰新城、空港城和环城水系建设，全面推进震后危旧平房改造和南湖西北片区、长青楼等重点区域改造。新建改造城市道路47条，唐曹高速、承唐高速等一批重大交通设施相继建成。新火车站主体完工。三女河机场建成通航。建设"美丽唐山"即要地更绿、水更清、天更蓝，让群众喝上干净的水、呼吸新鲜的空气、吃上放心的食品、用上清洁的能源、享受优越的宜居环境，形成节约资源能源和保护生态环境的产业结构、增长方式、消费模式。到2017年，唐山的单位GDP能耗比、化学需氧量、氨氮、二氧化硫和氮氧化物的排放总量都将大量减少。完成市区及周边重点污染企业关闭搬迁，削减市中心区污染物，城乡绿地大幅增加，建成国家生态园林城市。抓好基础设施配套。启动城市环线拓展改造，打通、延伸部分城市道路，形成内外畅通、快速便捷的城市路网体系。实施西郊三期配套供暖、南湖水厂等一批市政工程建设。抓紧编制唐山地区铁路网规划，加快唐山客车线等重大项目建设进度，唐山站改扩建工程投入使用。完善城市服务功能。高标准规划建设一批餐饮服务和休闲娱乐设施，提高接待服务能力。加快教育、文化、卫生等公共服务设施建设，加速城市扩容改造，创造高品质的城市生活环境。抓好城市主干道、出入口和重要节点的景观建设，实施世园会园址周边和南新道两侧的环境改造提升，打造一批具有唐山特色、充满现代气息的标志性建筑和景观示范街。加强城市精细化管理，完善市、区、街、居四位一体的公共服务管理体系，推进城市管理重心下移。实施"智慧唐山"建设，深化全国文明城市创建工作。促进旅游和文化产业的发展。推进旅游资源的规划、整合和开发，抓好清东陵的保护与利用、国际旅游岛开发、启新1889文化创意产业园建设等重点项目，加快曹妃甸湿地文化旅游度假区建设，培育开发旅游品牌和产品，使唐山成为影响力强、令人向往的旅游目的地。挖掘文化资源，发展壮大文化产业，加快集大剧院、图书馆、群艺馆、工人文化宫等于一体的市文化广场建设，抓好唐人文化园等重点项目建设，提高文化产业规模和水平。

6. 京津通道——廊坊

廊坊位于河北省的中部，在北京和天津两大都市之间，驱车到首都机场和天津港都仅需30多分钟，有京津通道之称。在明代只是一个村庄，因为附近有个琅琊寺庙宇，取其谐音称廊坊。清光绪年间，修京山铁路在此设站，逐渐发展起来。早在6000多年前这里就有古人类聚居，1978年发现的三河孟各庄村新石器时代遗址，有灰坑、房址、垒墙等，出土了大量石器、陶器和骨镞。

廊坊

5000多年前，黄帝曾在这一带活动，流传有黄帝长子玄嚣娶安次女凤娘、即"龙凤呈祥"的故事，安次即现在的廊坊。从新时器晚期至今，廊坊文物遗存几无断代，文化积淀很深。

廊坊作为中原文化的腹地，曾是北方游牧文明和内陆农耕文明相互争斗和交融的重点地区。战国时期属燕国，现文安、大城县境内保存有燕长城，是将河堤等水利设施加以改造，称燕南长城，也称易水长城，是中国最古老的长城。永清县境内有一条宋辽时期的古栈道，是防御性的地下军事工程，被称之为"地下长城"，结构复杂，线路长，类型多，既有宽大的藏兵洞，又有各式的迷魂洞、迷障巷道、翻板、翻眼等，配有通气孔、瞭望孔、放灯台、蓄水缸、土炕和为运兵而修的"引马洞"等，对研究中国古代军事史有着极高的价值，填补了史书记载中关于防御工程的空白。

曹操当年北伐乌桓路过廊坊，见龙凤双河竞秀，万类勃兴，说道："此处地灵人杰，是龙飞凤翔之地。后世不但富庶隆兴，车水马龙，而且出慷慨之士，将相人才。"历史确实被曹操所言中，廊坊名胜古迹遍布，历史名人辈出。

廊坊有许多名胜古迹：永清县大辛阁石塔，辽代建筑，元、明修缮。传说很久以前，有个饥寒交迫的男孩病倒在地，被一僧人所救，收在寺里修养，当其病愈离开时，发誓将来发达了一定要重修寺庙，以示报答。多年后他在京城成为后宫的总管，每日锦衣玉食，却忘记了誓愿。数年后他大病缠身，久医不愈，请来一僧人诊治，僧人道破病因：此时应是还愿时。这时他想起了当

廊坊

年的誓约，倾其家财修建了这座白塔，了却了心愿，自己也出家做了和尚。霸州龙泉寺是省重点文物保护单位，始建于唐末。原名叫龙花寺，金代改名"普照禅院"，因其大雄宝殿前的中轴线两侧有两口古井，水如泉涌，改叫龙泉寺。大雄宝殿镶有一座石质浮雕，中间是佛像，两边有龙的图案，属于佛教的中国化。目前是开放的宗教活动场所。大厂的北坞清真寺始建于明代万历年间，是省著名的清真寺之一。礼拜大殿雄浑壮丽，殿顶的塔式望楼巍然屹立，色彩和谐，可容纳一千人礼拜。三河有座二郎庙，为道观，始建于东汉至三国年间，日寇入侵时被毁，1945年当地群众重建，文化革命时又被拆毁，1995年再次重建。

廊坊历史名人众多，其中为臣为相的特别多，出过六位宰相，当年宋、辽两国对立，双边的宰相都是廊坊人。张华是西晋的大臣，汉初谋臣张良的后裔，当过广阳郡守，晋初为中书令，力主伐吴，结束了"三国演义"的局面，惠帝时贾太后专权，他协助惠帝平息了事态，避免了社会的动荡。周惠达是北周、西魏的大臣，征伐东魏时在后方悉理政务，建国后主持修改典章旧制，唯才是举，以举荐治国奇才苏绰传为美谈。吕端是北宋的大臣，太宗时为相，清廉善政，有人说他糊涂，太宗反驳："端小事糊涂，大事不糊涂。"毛泽东在评价解放军的领导人叶剑英时，借用了这则典故，说："诸葛一生唯谨慎，吕端大事不糊涂。"辽国宰相韩延徽后唐时奉命出使契丹，被辽太祖留用，受器重，建筑城郭，分市里，安置汉人，传授垦艺，对辽地开发起了重要作用。史天泽是元初的丞相，是元代唯一官至右丞相的汉族官员，爱护百姓，蒙古军攻占真定时遇抵抗，占领后要屠城，他竭力保护，提出很多措施被忽必烈所采纳。张绍曾是民初的国务总理，留学日本，回国后任北洋督练公所教练处总办、陆军次长、国务总理，主张迎孙中山入京协商南北统一，为总统曹锟所忌，不久去职，被张作霖的刺客杀害。

如今的廊坊市本着让人民生活得更加舒适、更加舒心、更加幸福的目标，打造区域性高端休闲商务政务平台。按照"生态、智能、休闲、商务"的城市定位，编制完成城市总体规划和中心城市空间发展规划，确立全市域"一体两翼"的总格局。以"一轴一廊两环八大中心"建设为骨架，建设高水平、现代化的城市核心区和功能性中心，万达广场、京沪高铁站、市体育场建成投入使用，苏宁广场、香港新世界广场、浙商广场等大型城市综合体组团式落户，瑞龙园、丹凤园、自然公园西扩等大型城市园林项目加快建设，梦廊坊文化产业园翼基开工，千年古刹隆福寺重修工程进展顺利。开发区次中心加速构建，会展中心及周边区域功能提升和景观改造工程全面开工。城南面貌发生巨大变化，龙河次中心全面开发建设，创业大厦建成投入使用，红星美凯龙大型城市综合体即将开业运营。县城和重点镇建设水平普遍提升。三河大力实施精品工程，文化中心广场建成开放，汇福国际健康中心、万亩森林公园等大型城市项目加快实施。霸州打造国际化生活品质城市，中国戏曲大观园、温泉公园、牤牛河历史文化公园等建成投入使用。香河打造生态宜居家园，运河大道、城市休闲广场等重点市政工程竣工投入使用。固安建设京南现代田园城市，城镇面貌和功能大为改观，已成为承接北京产业转移的重要基地，各县（市）城镇建设都迈上了新台阶。下一步将坚持走集约、智能、绿色、低碳的新型城市发展道路，实施"中心扩容、两翼并驱，服务带动、工业支撑，分区统筹、区域联动"发展战略。提升城市规划。借助北京新机场建设，充分发挥京沪高铁的拉动作用，统筹规划城市空间、功能节点和重点产业布局。优化城镇体系。以空港新区为突破口，实施中心城市扩容，推动城市组团发展，加快主城区、固安县城、永清县城、万庄新城、廊坊开发区、廊坊新兴产业示范区同城化进程。以县城为支撑，以重点镇、园区为节点，推进以业兴城、以城促产、产城互动，推进城镇建设管理，促进产业壮大和人口聚集，培育环北京和环天津城镇群。建设重点工程。推进主城区城建"10项重点工程"，规划建设生态文化艺术新区和中央商务区，建设市民服务中心、梦廊坊文化产业园、光明商务岛、城市交通中心等。实施道路提升项目，推进新奥艺术大道东连西延、永兴路南延等工程。做好北京新机场建设及周边路网前期工作。推进城北污水处理厂、新水源地建设，实施雨污管网改造和热电联产配套管网建设。加强县城和重点镇的建设，促使其集聚功能、风貌特色、管理服务上水平。提高城市管理水平。推进管理体制改革，加强执法监管，实施环境综合整治，推进城区净化、绿化、亮化、美化、序化工程，营造现代、时尚、精致、靓丽的城市环境。完善城市数字规划，拓展数字城管监管范围，将供水、供电、供气、供热服务监管系统纳入城市管控系统和网格化管理，建立地下管线设施数据库，提升城市管理效率和水平。

7. 北京的"南大门"——保定

保定是国家级历史文化名城，迄今已有2300多年的历史，自汉朝建制，后唐立州，元代设路，明代为府，清置直隶总督署。元代定都北京，因紧邻京城，取"保卫京都，安定天下"之意，始称保定。明、清的行政区划以省、府、县为建制，河北（当时为直隶省）境内分别有保定、正定、顺德、大名、广平、河间和宣化府等。保定是出京城向南的第一座府城，同时又是直隶总督署所在地，贵为畿辅之地、天子脚下，地理位置十分重要，被誉为北京的"南大门"。

保定最有名的古建筑是直隶总督署。当年清政府为了便于管理，将都城周围的地区设立为直隶省，由朝廷统辖，省会在保定。直隶省的最高军政首脑为直隶总督，大都由朝廷的重臣担任，唐执玉、方观承、曾国藩、李鸿章、荣禄、袁世凯等均担任过此职，其中李鸿章仕职时间最长，前后达25年。总督署是总督办公的地方，始建于清雍正年间。大门上高悬"直隶总督部院"的竖匾，因直隶总督都兼任兵部尚书和都察院右都御史衔，故称"院部"。院落东西宽130余米，南北长220余米，总占地三万余平方米；分东、中、西三路，中间依次为大门、仪门、大堂、二堂、

保定

上房，两侧是幕僚院、花厅、箭道、花园等，呈典型的北方衙署建筑风格；与北京故宫、山西霍州、河南内乡并称为中国保存完好的从中央到地方四级古代官衙，全国重点文物保护单位。

总督署对面是古莲花池，原名香雪园，为元代汝南王张柔所建，经明、清两代扩建维修，占地2.4万平方米。正门坐南朝北，上悬民国总统徐世昌手书"古莲花池"横匾。园内池塘面积近8000平方米，以中心岛为界分为南北两塘，南塘呈半月形，外围峭壁环抱，松柏翠绿；北塘呈不规则矩形，四周叠石堆岸，杨柳垂丝；水心亭居于其中，满塘莲绿荷红，因此而得名。园区小巧玲珑，优雅别致，拙中见巧，朴中有奇，将造园艺术与大自然融为一体，汇集了南北不同园林建筑风格的精华，为中国10大名园之一。清代乾隆、嘉庆、光绪三朝均辟为皇家行宫；1900年，八国联军入侵被毁，珍贵文物被洗劫一空；1903年修复，作为慈禧的行宫御苑。

清雍正十一年（1733年），直隶总督李卫在莲花池北创立莲池书院，任用著名学者章学诚、张裕钊、吴汝纶等人先后担任院长，开设西文（英语）、东文（日语）学堂，招收外籍留学生，聘请外籍教师，一时"声播四方"，造就不少经世致用人才。1952年毛泽东莅临莲花池，说"莲池之所以有名，关键是莲池书院有名，莲池书院在清末可称为全国书院之冠。"

保定军校创建于1902年，是近现代培养中国高层军政人才的摇篮。中国近代军事教育始于李鸿章的北洋武备学堂，袁世凯就任直隶总督后，为了扩充军事力量，提高军队素质，在保定创办了北洋行营将弁学堂，后几经更名，定名为保定陆军军官学校（简称保定军校）。内设练官营、参谋学堂、测绘学堂、师范学堂、电信信号学队等，学员分速成和深造两级，深造学制两年。从

保定

创办到1923年停办，共培养出数万名学员，其中有2000多名成为了将军，包括直系军阀吴佩孚、国民党党魁蒋介石、新四军军长叶挺、红军将领董振堂、赵博生等，在中外军事教育史上是罕见的。1924年孙中山在广州开办了黄埔军校，其教育体制和训练方法多遵循保定军校的模式，各级领导和教官多为保定军校的毕业生，如校长蒋介石、副校长李济深、教授部副主任和教育长王柏龄、教练部副主任和教育长邓演达等。保定军校的师生虽政治派别各异，人生道路不同，但很多人在辛亥革命、反袁护国、抗军阀割据、护法运动、北伐战争、抗击战争中都扮演了重要的角色，喋血捐躯，英勇奋斗。

保定市区有一座留法勤工俭学运动纪念馆。五四运动时期，中国青年受新文化运动和反帝爱国斗争的影响，为"输世界文明于国内"，寻求救国救民的知识和真理，一批人赴法国开展勤工俭学运动。1912年，祖籍保定高阳、清代军机大臣李鸿藻之子李石曾和吴玉章、吴稚晖、张继等在北京发起组织"留法俭学会"，送中国青年赴法；又在巴黎兴办工人夜校，发起组织勤工俭学会，成立华工学校和华法教育会。为准备出国求学，李石曾在家乡高阳的布里村和保定育德中学创办留法工艺学校和高等工艺预备班。至1920年，赴法求学人数达到1600人，周恩来、邓小平、陈毅、聂荣臻、李立三、赵世炎、蔡和森、蔡畅、李富春及严济慈、童第周、巴金、徐悲鸿、钱三强、肖三、冼星海等人，都是在这一时期出国的。毛泽东虽然没有出国留学，但做了大量的组织和动员工作，并专程到保定看望准备出国的湖南籍留学生。纪念馆在原保定育德中学旧址建成，记述并展示了那一段重要的历史。

如今的保定市围绕打造连山接水、环境优美、宜居宜业的区域中心城市目标，加快城市建设步伐。高速铁路建成通车，实现零的突破；高速公路通车里程居全省第一。大水系主体工程完工，实现两库（王快水库和西大洋水库）连通、清水入城。东三环、西二环、朝阳大街北延竣工通车，交通体系日臻完善。北部宜居新城迅速崛起，建成电谷立交桥、农业生态园、东湖、新火车站等一批精品工程。太阳能之城建设成效明显，入选全国首批低碳试点城市、中国10大和谐管理城市，通过国家园林城市验收。县城道路、广场等及农村新民居示范村建设加快，所有村庄实现路水电讯全覆盖。将坚持集约、智能、绿色、低碳方向，构建彰显品位、功能完善、布局合理的新型城镇体系。统筹"一城三星一淀"人保定组团发展格局，即中心城区、徐水、清苑和满城三个卫星城以及安新白洋淀区域。做大中心城市，实施北拓、南延、东通、西联路网贯通工程，启动建设白洋淀大道、复兴路西延、瑞祥大街北延、乐凯大街南延四条"城星通道"。加快北部新城和东部新城建设，拓展城市发展空间。完成东湖、万博广场、燕赵商务中心等精品工程，建设一批新地标型建筑。加快三大片区拆迁改造步伐，打造复兴路、东风路、朝阳大街、七一路、乐凯大街五条景观大道。完成竞秀公园、植物园等五大公园提质改造，提升城市形象。加快定州、涿州、白沟新城、涞源四个中等城市建设，发展一批中小城市，打造一批特色小城镇。加快津保城际铁路和京石拓宽、荣乌、曲港、京昆北延等高速公路建设，增强城镇综合承载力。实施东湖文化中心、西湖体育中心、中央商务中心、市民服务中心和高铁新城会展中心建设，提升城市品位和管理水平，把保定打造成为连山接水、环境优美、宜居宜业的区域中心城市。

8. 杂技、武术之乡——沧州

很多人知道沧州，源于"林冲发配"的故事，在人们心目中是一块偏僻荒凉的不毛之地。实际上沧州是历史、文化底蕴很深厚的城市，经过长期、特别是改革开放以来的快速发展，是环渤

沧州

海地区重要的化工和海港城市。

　　沧州为濒临"沧海"之意，与大海有着不解之缘。秦代"徐福出海"的故事发生于此，当年招募数千童男童女、各类工匠驾船出海，到日本诸岛，开中日友好之先河，盐山被誉为"华夏第一侨乡"。在沧州的大海岸边矗立有一尊巨大的铁狮子，名"镇海吼"，是沧州的标志，铸造于五代后周时期，造型雍容大度，工艺精湛别雅。青县有个盘古镇，遗存有盘古祠，开天辟地的传说即源于此。河间有座诗经村，相传《诗经》经孔子删定后相继传于子夏、毛亨，毛亨口授给毛苌；西汉河间献王刘德修学好古，设立"君子馆"，招徕贤者学士讲学，毛苌应聘宣讲，使《诗经》得以流传。献县自西汉建河间国，一直是王封之地，遗存有汉代墓葬群，有献王墓、孝王墓、毛公墓、贯公墓等，号称72冢，是国家重点文物保护单位。单桥是一座五孔大石桥，建于明崇祯年间，长近70米，桥身用石料，表面用铁榫，中间用木柱穿心加固，栏板、栏柱上雕刻着各种动物图案，省重点文物保护单位。

　　沧州的杂技闻名于世。中国盛行杂技的地方很多，有山东聊城、江苏盐城、河南濮阳、湖北天门、安徽广德、天津武清等，但最著名的当属沧州的吴桥。据吴桥县志记载，历代每逢佳节有"掌灯三日，放烟火，演杂技，士女喧闹，官不禁夜"的风俗。吴桥的杂技艺人遍及各地，几乎国内各大杂技团都有吴桥籍的艺人，许多人漂洋过海，有"没有吴桥人，不成杂技班"的说法。为弘扬杂技文化传统，吴桥县政府与香港国旅共同兴建了"吴桥杂技大世界"，有江湖义化城、杂技奇观宫、滑稽动物园等景观，集娱乐、参与、交流、表演、餐饮等多功能于一体，是国家4A级景区。1987年，省人民政府创办了中国吴桥国际杂技艺术节，每两年举办一届。1999年，经国务院批准，升格为国家级文化艺术节，由文化部和省人民政府共同主办，是与摩纳哥蒙特卡洛国际马戏节、法国巴黎"明日"与"未来"世界马戏节齐名的"东方杂技大赛场"。

　　沧州还是著名的武术之乡。武术高手林立，门派众多。近代涌现出许多艺精德高的武术名家，如击败沙俄大力士、受到康熙皇帝召见嘉赏的丁发祥；宣统皇帝的武术教官八极拳师霍殿阁；助谭嗣同变法声震京城的王正谊；神枪李树文、镖师李冠铭、双刀李凤岗、大枪刘德宽等。仅明、清两代就出过武进士、武举人1937名。武术门类除失传的共计有50余种，有六合、八极、唐拳、螳螂、清萍剑、闯王刀、疯魔棍、花拳、杨家枪、太极、八卦等。如今沧州常年习武人口达140余万人，有640多家武术馆、学校、拳社、辅导站。沧州市举办"沧州武术节"，以武会友，促进经贸文化的交流。

沧州是穆斯林聚集区，有回族18万多人，是华北地区回族人口最多的市。有100多座清真寺，最知名的有北大寺和泊头清真寺。清真北大寺位于市区，是中国四大清真寺之一，第一部汉译《古兰经》便诞生于此。泊头清真寺位于泊头市大运河西堤，全国重点文物保护单位。据传，明末崇祯皇帝为修缮金銮殿从南方伐来大批木料，经运河北上，至泊头冯家口时，李自成已攻下北京城，泊头籍的回族官员御史石三畏、礼部尚书余继登便将这批木料扩建了泊头清真寺。

如今的沧州市围绕打造靓丽、繁华、宜居、和谐新沧州的目标，城市面貌焕然一新。沧州体育馆、规划馆、体育场、会展中心、政务服务中心、高铁站等建成使用；金狮和阿尔卡迪亚两座五星级酒店建成运营；狮城公园、名人植物园、千童公园、运河景观带、文庙复建工程竣工开放；天成郡府、东方世纪城等精品住宅小区入住；维明路立交桥、沧州博物馆、图书馆、游泳馆、20家企业总部等工程扎实推进。新建、改扩建城市道路、天然气、供热管网，扩大城市绿地面积，成功创建省级园林城市。市区年空气质量二级以上达到346天。中心城区商贸快速发展，华北商厦三期、红星美凯龙、居然之家等名品名店建成投用，泰达国际、锦绣天地等一批商业综合体加快推进。沧州高新区和沧东开发区跻身省级园区行列，沧东物流园区增列为省级物流聚集区，台商产业转移创新基地、航天神舟太阳能光热产业园等落地开工。下一步将以西部城区、东部新城、火车站周边旧城区、运河景观带"三区一带"为重点，抓好10大城建工程，推进东西部城区均衡发展。实施绿色行动计划，加快滨河公园、体育公园、文化公园等九个公园、10个街头游园建设。抓好永济西路、广州路、新疆大道等道路绿化、沧州师院、沧州炼油厂等社会绿化、环城林带建设工程。新建青海大道、纬三东路、海丰大道三条道路，加快维明路地道桥及引道工程、广州路、上海路等续建工程建设，抓好流津时代、嘉禾一方等小区配套道路建设。加大城中村和旧城区改造力度，做好居民回迁工作。加快皇家壹里、泰和世家等精品住宅小区建设。加速管业大厦、传媒大厦、恒顺世纪中心、明珠商贸城、台湾精品城等商贸物流项目建设，加快沧州

沧州

游泳馆、河北工专新校区、市医院医专院区等续建项目。建设新城消防指挥中心、人防宣传教育和技能培训基地，改造妇女儿童活动中心、青少年宫。坚持建管并重、综合治理，打造优美舒适、规范有序、便捷畅通、文明和谐的城市环境。推进县城建设，提升规划、建设和管理水平，做大规模、完善功能、提升品位、打造特色。加快中心镇、产业镇和农村新民居规划建设，整治优化城乡街道环境卫生，推进道路交通、供排水、信息网络等基础设施和公共服务设施向城镇覆盖，向农村延伸。

9. 与水相依——衡水

衡水位于黑龙港流域。数千年前华夏大地洪水肆虐，大禹治水，将大地划为九州，有冀州、青州、豫州、扬州、徐州、梁州、雍州、兖州和荆州。冀州在现衡水境内，是希望的意思，河北省简称即源于此。

衡水与水紧密相关，市区西南是水面面积75平方公里的衡水湖。相传是大禹治水时在此掘了一锹土，留下了这片碧波涟涟的湖泊。实际是前602年，黄河杞县一带决口改道，流经衡水冲刷而成。衡水湖除水域外，还有大片的草甸、沼泽、林地、滩涂等，是典型内陆湿地地貌类型，生长有大量水生植物和多种珍稀鸟类，是华北平原上保存最完整、类型最齐全的淡水湖泊、湿地生态系统，被国务院批准为国家级自然保护区。

老白干酒是衡水特产，中国10大名酒，衡水的名片之一。酿造历史可以追溯到汉代，距今有1800多年。据载，汉顺帝时冀州刺史苏章就用桃城佳酿同朋友欢饮，桃城即现在的衡水。唐代衡水的酒名声四起，大诗人王之涣有"开坛十里香，飞芳千家醉"的诗句。明代酿酒业快速发展，小小的桃城竟有18家烧锅，现"十八酒坊"酒便取名于此，老白干酒也于此时得名，"老"指历史悠久，"白"指晶莹剔透，"干"指燃烧后不留水分。曾在1915年美国旧金山巴拿马赛会上获

衡水

衡水

甲等金质大奖章。

衡水人杰地灵。西汉的窦太后是清河观津人，现地属衡水，是汉文帝的皇后，景帝的太后，武帝的太皇太后，实际掌控朝政长达50余年，其间造就了令世人称道的"文景之治"。窦太后死，汉武帝弃黄老哲学而独尊儒术，实现统治思想向儒家思想的转变，促成这一历史事变的是董仲舒，景县人。董仲舒为学勤奋，古籍说他"专精一思，志不在他，三年不窥园"，钻研起学问来特别专注，心无旁物，连园子里长的什么都不知道。汉武帝举贤良文学之士，他三次应诏对策，提出"罢黜百家，独尊儒术"的主张，被采纳，开领了中国封建社会2000余年以儒学为正统的先河。北魏冯太后是冀州人，文成帝的皇后，献文帝的皇太后，捕杀谋反的权臣，重用汉士，行俸禄制、均田制、三长制、租调制，迫使献文帝将权力禅位给儿子孝文帝，推动了北魏政权的改革。王之涣为盛唐诗人，其"白日依山尽，黄河入海流。欲穷千里目，更上一层楼"等诗句脍炙人口，在衡水做主簿，衡水县令李涤慕其才华，将千金许配予他。他才高气傲，不愿为主薄的卑职而折腰，加上有人诬陷攻击，愤然辞官，在家过了15年闲散的生活，嫁给他的县令千金并未嫌弃他，安贫乐素，跟他过着清苦的生活，演绎了一段凄美的爱情。衡水共诞生过九位帝王。冯跋是十六国北燕的帝王，长乐信都（今冀州）人，在位时专心政事，革除后燕苛政，简省赋役，奖励农桑，惩治贪污，社会安定。高洋是北齐的皇帝，渤海燕人，今景县，重用汉人杨愔，严禁贪污，制齐律，修筑长城，出击柔然、突厥、契丹，大都获胜。高颎是隋代的重臣，渤海条县（今景县）人，攻灭后陈，助隋文帝统一江山，因事遭隋炀帝杨广记恨，被杀。

衡水有不少名胜古迹。开福寺舍利塔俗称"景州塔"，塔顶有两米多高的铜葫芦和铁丝网座，每遇风吹，会发出水涛的声音，有"古塔风涛"之称。宝云塔位于衡水市内，因矗于宝云寺内，故名。明永乐年间县城被洪水所淹，寺院移走，但塔未动，在绿树掩映下巍然高耸。西堤北塔在冀州，称震雹塔，元代所建，全部用青石雕刻砌造，有莲花、龙首、宝瓶、佛像等浮雕和阴刻塔文。封氏墓群位于景县，俗称"十八乱冢"，是北朝门阀士族封氏"集族而葬"的墓群，出土的青瓷"莲花尊"现存北京历史博物馆。西汉将领周勃之子周亚夫墓、北齐高氏墓群也都在景县。唐代著名经学家孔颖达墓离市区不远。

衡水人有制作和经营手工艺品的传统。中外驰名的北京琉璃厂原多为衡水人经营，这些人文物鉴赏能力和经营能力强，从业人数多，勤劳敬业，琉璃厂因此有"衡水街"之称。衡水的手工艺品很著名，以冀派内画、武强年画、宫廷金鱼、侯店毛笔最具代表性，被称为"衡水四绝"。

如今的衡水市围绕建设美丽新衡水的目标，城乡面貌焕然一新。推进城镇改造建设，拆除违章和危陋建筑，完成城中村改造，创建园林城市、文明城市，建成一批路、热、气、环卫等市政设施。依托衡水湖生态优势，确立了"一湖两城"的城市布局，主城区面积扩大，常住人口增加。滏阳河带状公园等一批标志性工程完工，提升了城市品位。两次举办衡水湖高峰论坛，衡水湖保护发展受到有关方面的高度关注。滨湖新区规划建设有序启动，景观风貌正在显现，旅游接待能力初步形成。县城和小城镇建设协调发展，农村新民居和幸福乡村建设稳步推进。将按照"一湖六区"的战略规划，加大主城区、滨湖新城、工业新区、冀州市建设力度，逐步将枣强县、武邑县等地纳入同城化管理。谋划实施一批城建重点工程，抓好榕花大街与红旗大街贯通、永兴桥至京衡大街贯通、大广高速衡水湖连接线、106国道改线等重点工程。加强供热供气增容和管道建设，加快改造建设公益性场馆、小游园、文化中心等公共文化设施。开展文明城市、园林城市、卫生城市、环保模范城市、生态旅游城市的创建工作。加快滨湖新城建设，作为提升中心城区功能的重点，推进市政基础设施和公共服务设施建设，促进商务接待、会议会展、总部基地以及动漫、影视、研发等无污染的高科技产业发展，打造设施完善、现代时尚、生态优美、宜居宜业的新城区。增强县城的承载能力，加快县城扩容升级，抓好道路改造、商贸服务、垃圾污水处理和绿化美化亮化，每个县城都要建成一条精品街道、一个高标准公园、一个商贸综合体、一个城市广场、一批公共服务设施。抓好小城镇和新型农村社区建设，对乡镇驻地和部分中心村按城市社区标准规划、建设、管理。

10. 商代著名都市——邢台

邢台是华北地区最古老的城市之一，迄今已有3500多年的历史。历史上曾四次建国，两次定都，商第十三代国君祖乙曾迁都于此，至盘庚才迁都至殷，即安阳，纣王时又将都城扩展到这一带。周代时这里封为邢侯之国，从此得名。东晋羯人石勒在此建都，即后赵。隋唐时称邢州，元朝至清代改顺德府。辛亥革命后改为邢台县，1953年设市。

邢台

　　邢台别称"卧牛城"。据史书记载，经商、春秋、后赵、宋等历代修建，邢台的城池很大，城墙周九里十三步，阔六步，上可卧牛，故名。民间则是另一种说法，很久以前，这一带土地肥沃，草水丰美，人们来到这里，见有一头神牛头南尾北，席地而卧。人们在神牛卧过的地方定居下来，繁衍生息，逐渐形成了城镇，便有了"卧牛城"的称谓。邢台至今还有保留有许多关于牛的掌故，市南有东牛角村和西牛角村，市北有牛尾河，市内有"拴牛橛"，有南肠街和北肠街，但现在把肠子的"肠"已写成长短的"长"了。

　　邢台底蕴厚重，在悠悠岁月中涌现出许多著名人物。"三皇五帝"中的尧帝诞生于邢台，其所开创的"尧天舜日"盛世催化了中国的第一个朝代夏王朝。唐代的李渊、李世民父子的祖籍为邢台，并非如史界长期以来所说的甘肃陇西，邢台隆尧现存有李氏的先祖冢及祠堂，可从修建于唐太宗贞观三十年的大唐帝陵的碑文上得到佐证。五代后周的皇帝郭威、柴荣都是邢台人，郭威取后汉立后周，改革弊政，免除苛敛，境内小安，促进经济文化的发展；柴荣精明强干，志向宏大，内政和军事都取得了成就，先后败北汉、南唐和辽国，为事后赵匡胤建立统一的宋王朝奠定了基础。十国时期后蜀的皇帝孟知祥、孟昶父子是邢台人，先后在成都称帝，与民休息，社会稳定，发展生产；当年动员百姓在成都遍种芙蓉，美化城市，"蓉城"由此而得名。此外，战国时期的医圣扁鹊、唐代的宰相宋璟，高僧、天文学家一行、元代科学家郭守敬、郭伯玉、明末音韵学家樊腾凤等都是邢台人。

邢台

　　如今的邢台按照"还邢台青山绿水，走生态发展之路”的思路，加快城市建设步伐。建成了一批广场、游园、水系等亮点工程，突出历史、文化、生态等邢台的特色元素，打造出一批精品建筑、街区和标志性景观。谋划、启动了邢台新区、高铁新区项目，通过招商引资，完善路网等基础设施建设，建设创业服务大厦、综合客运枢纽中心等。进行老城区的改造，规范推进“四改”工程，拆迁违章、危陋建筑，搞好回迁房的建设；加强对历史文化遗存的保护，延续历史文脉。谋划建设生活垃圾焚烧处理等项目，新增天然气、供热设施；对襄都路、冶金路、泉北大街雨污水管道实施改造建设，提高城市防涝能力。加强对环境的改造，实施“三河五湖”、“四河截污还清”的秀水工程，市区新增水面136万平方米；开展市区绿化，新增游园六个、四条休闲健身绿道，绿地面积增加46万平方米，争创国家园林城市。加强“一城五星”的统筹，即主城区和内邱、沙河、任县、南和、皇寺五个卫星城，按照资源统配、设施共建、环境共创、利益共享、风险共担的思路，淡化行政区划，推进融合发展；引导工业企业退市进园，谋划建设一批高效益、高附加值、高新技术项目，支持市开发区、沙河开发区、旭阳工业聚集区等加快发展。加快县城和重点镇建设，完善设施，突出特色，力争新增省级园林县城四个，择优培育14个中心镇，鼓励冀中能源、德龙钢铁、旭阳焦化等大企业合并周边乡村，建设特色新型小镇，促进企业和乡镇共同发展。力争每县抓好一个商贸型、旅游型或工业型小镇。走精细化管理的路子，市区重点抓好环境卫生、园林绿化、公共设施等八大类100事项，推广应用信息技术，加快数字化城管平台建设，以治违、治脏、治乱、治差为重点，强化对主要街道、交通环境、重点社区的综合整治。

11. 中国历史文化名城——邯郸

邯郸是战国时期赵国的国都。赵在春秋时为晋国的一支，经韩、赵、魏三国分晋，成为诸侯国，疆域有今山西、陕西和河北的部分地区，为“战国七雄”之一，邯郸是其政治、经济、军事、文化的中心。古城址位于现邯郸市区的西南，称“赵王城”。由东、西、北三个小城组成，呈“品”字形，总面积512万平方米，遗址周围保留有残高3～8米蜿蜒起伏的夯土城墙，内部是布局严整、星罗棋布的建筑基台。西城遗存比较完整，中部偏南是一座长、宽均达200多米，高19

邯郸

米的"龙台"，为宫殿的主体建筑基址，南北对峙有赵王阅兵点将的"南将台"和"北将台"，地下有面积较大的十几处夯土基址，四周有多处城门遗迹，是我国目前保存最为完好的战国古城址，首批国家重点文物保护单位。

赵国自赵敬侯元年（前386年）从中牟迁都于此，至赵王迁八年（前228年）被秦国所占，共历经了八代君主、158年；其中第六任君主赵武灵王对赵国及这座都市的发展起到了很重要的作用。他英勇果敢，足智多谋，先后率军攻伐中山、林胡、楼烦等地，使赵国疆域广阔，实力日涨。征战中，他受少数民族穿紧身衣、短打扮、骑马射箭的启发，提出了"胡服骑射"的理论和措施，被誉为中国最早的军事改革家。

赵武灵王在故城西北、即现在的邯郸市区修建了一座大型建筑——丛台，用于观看军事操演和欣赏歌舞，建筑巍峨高耸，气势恢宏，因由许多墩台相连而成，故名。据史载，当初有天桥、雪洞、妆阁、花苑等建筑，古人曾用"天桥接汉若长虹，雪洞迷离如银海"的诗句来形容，大诗人李白、杜甫、白居易等许多文人墨客都曾到此登台赋诗。建筑曾多次受损、重建，现为清同治年间（1862～1874年）所建。1994年，邯郸市被国务院命名为中国历史文化名城。

如今的邯郸市围绕建设中原经济区具有重要影响力的中心城市为目标，着力建设宜居宜业宜游的富强邯郸、美丽邯郸。规划"1＋6"城市发展布局，即主城区及邯郸县、肥乡县、成安县、永年县、磁县、峰峰矿区等六县（区）实行同城化管理、一体化发展，提升城市的聚集功能和综合承载能力。启动"四大新区"、"六大新城"建设，即中央商务区、商业步行街区、化工整合区、滨河景观区和东部新城、赵都新城、南湖新城、梦都新城、丛台新城、北部新城，实施近3000个城建项目；打造"五河、四湖、一淀"工程，即滏阳河、沁河、支漳河、输元河、渚河，南湖、梦湖、东湖、西湖及永年洼淀，城市水系建设加快推进。新建改造小游园214个，赵王城、龙湖等五个公园被评为省五星级公园。新建改造城市道路69条、小街巷近900条，集中供水、供热、供气等配套设施进一步完善，县县建有污水处理厂、垃圾填埋场。城市管理水平不断提高，列入国家首批智慧城市试点。产城融合步伐加快，新增省级园区15家。武安、涉县荣获国家园林县城，12个县城被评为省级园林县城。在此基础上，进一步拓展空间、完善设施、提升功能、强化管理。加快东部新区建设，建设市客运枢纽中心，实施体育中心、传媒中心、科技中心、青少年活动中心等项目，推进教育园区建设，拉开东部新区开发框架；同时完善西部城区配套设施，

邯郸

实现城市"双核"互动发展。本着"便民、急需、量力"的原则，实施机场路南延、中华大街南北延、学院北路等39个城市路桥项目，推进人民东污水处理厂、邯峰供水管线改造等15个配套设施项目，确保19个回迁房项目开工建设、30个项目如期竣工。建设苏曹公园、百家公园，改造20个小游园。加强历史文化名城、名镇、名村保护，推进串城街改造，滏阳河通航工程一期通航。开展"智慧邯郸"建设，促进城市网络化、智能化、个性化发展，实现数字化城管市域全覆盖。加强城市综合治理，探索市场化运作的有效方法，加大主次干道和小街巷的整治力度，开展治脏、治乱、治噪、治堵行动，清理占道经营、私搭乱建，完善环卫设施，全面提高城市净化、亮化、绿化、美化水平。实施县城扩容升级，突出特色，彰显个性，完善功能，打造精品。推进道路改造、商贸综合体、城市广场等公共基础设施建设，提高城市综合承载能力。

邯郸龙湖

九、骄人的中国之最

河北是中华文明的发祥地之一，有许多全国之最和天下第一。它们是河北先民的智慧和劳动的结晶，是丰厚历史文化的集中反映，是物质文明和精神文明的成果和标志，是河北取得进一步发展的根基和动力，是河北以至整个华夏弥足珍贵的人文财富。当然，列出的可能是挂一漏万，只是其中的一部分。

（一）文化艺术

1. 世界上最早的蚕蛹型陶器

1977年石家庄正定南杨庄出土，是大约于5400～5500年前仿照家蚕蛹烧制的陶器，是目前发现的人类饲养家蚕最古老的文物证据。

2. 世界上最早的瓷器

1981年在石家庄正定南杨庄出土的釉陶片，经鉴定为原始瓷器，是目前世界上发现最早的瓷器，将中国烧瓷的历史向前推进了1000多年。

3. 最早的碑刻

于石家庄平山发现，高90厘米，上刻两行文字。此地为古中山国的一个都城，有供国王游玩的池塘公园，附近有墓葬群。碑刻上的文字属于大篆，是西周至战国时期使用的文字，为目前中国发现最早的碑刻之一。

4. 最早的建筑设计蓝图

1974年于石家庄平山古中山王墓中出土的《兆域图》，是迄今发现的世界上最早的铜质建筑设计平面图，已有2400多年的历史。铜版长0.94米，宽0.48米，厚0.01米，一式两份，王府、陵墓各一份。比国外最早的古罗马帝国时期的建筑图早600年，在人类地图史上占有重要地位，具有很高的研究价值。

5. 最全面、系统的综合性地理著作

北魏地理学家、散文家、范阳（今保定涿州）人郦道元所著《水经注》，作了20倍于原书的补充和发展，自成巨著。记述了大小1252条水道及所经地区山陵、原隰、城邑、关津的地理情况和建置沿革以及有关历史事件、人物，甚至神话传说等，旁征博引，是公元6世纪前我国最全面、系统的综合性地理著作。不仅是历史地理，而且是水利学、农业学、考古学的古典巨著。其中写景的文字和手法，为历代所传诵，被推崇为游记文的开创者。

6. 我国存世最早的一幅名画

北周末隋初渤海（今沧州河间）人展子虔的《游春图》。生动地描绘了人们迎着春光、踏着碧绿葱茏的小路纵情游乐的情景。巧妙地把阳光、春天、山川、静波、林木、飞蝶、小径、游船等融为一体。整个画面远山如云，近水若绢，春意盎然，生机勃勃，具有鼓人向上的艺术效果。

7. 首创地图编绘体例

唐代大臣、地理学家贾耽（沧州南皮人）爱好地理，常向边疆少数民族来使及出使各国的使臣询问各地山川风土，搜集各方资料，加以潜心研究，创作出《海内华夷图》，开创了中国地图编绘的体例，现西安碑林有《华夷图》和《禹迹图》的缩刻碑石。

《兆域图》

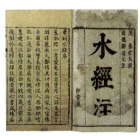

《水经注》

《游春图》

8. 最早的全国地方志

唐代赵郡（今石家庄赵县）人李吉甫编纂的《元和郡县图志》，共40卷，目录2卷，以当时的47镇为标准，每镇篇首有图，分镇记载了唐代全国的州、府、县、户、沿革、山川、道里、贡赋等项。

9. 官府刻印书籍之始

五代时期的大臣、瀛州景城（今沧州泊头）人冯道倡请国子监校定《九经》镂版印行。

10. 现存最早、规模较大的铸铁艺术品

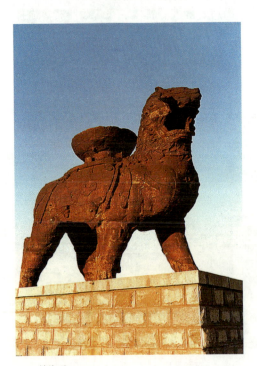

镇海吼

位于沧州沧县的铁狮子，学名"镇海吼"，铸造于五代后周广顺三年（953年），距今已有1000多年的历史。狮身高3.8米，长5.3米，宽三米左右，重40多吨，身姿雄伟，神态逼真。

11. 考卷糊名之始

"糊名"是对试卷的考生姓名和号码严密加封，使得阅卷者无从知晓试卷属谁，可以避免从中舞弊。首行"糊名"制的是宋太宗赵光义亲自主持的殿试，在科举考试中全面实行则是宋真宗赵恒，二人祖籍为保定涿州。

12. 最早的天元术著作

天元术是我国古代建立数字高次方程的方法。

即先立天元，表示所求的未知数，依据问题所给的数据立出两个数量相等的多项式，然后相减。构成一个一端为零的方程。中国现存最早的天元术著作，是元代数学家（石家庄栾城人）李冶所著《测圆海镜》和《益古演段》，书中对天元术作了系统的论述。

《四库全书》

13. 我国最大的一部丛书

即清乾隆年间经10年纂修而成的《四库全书》。共收书3503种，79337卷，分经、史、子、集四部，故名"四库"。总纂官为清朝大臣纪昀，字晓岚，直隶献县（今沧州献县）人。

《毛泽东选集》

14. 中国最早的马克思主义传播者

李大钊，唐山乐亭人。在十月社会主义革命后接受了马克思列宁主义，积极支持和领导了五四运动，比较系统地研究和传播了马克思主义的基本原理。

15. 第一部《毛泽东选集》诞生

1942年，《晋察冀日报》社（当时设在保定阜平及石家庄平山一带）社长邓拓筹划并建议编选一部比较完整的《毛泽东选集》。1944年1月，中共晋察冀分局决定由邓拓主持编选出版，于9月在保定阜平马兰村完成印刷发行。这是毛泽东著作出版史上的创举，是新中国成立后编辑出版的《毛泽东选集》的原型。

（二）历史遗产

1. 最早的单孔敞肩石拱桥

赵州安济桥，位于石家庄赵县城南的洨河上，由隋朝石匠李春设计建造。一孔石拱跨河而过，拱肩敞开，两端各建两个小拱，既减少水流阻力，又减轻桥身和地脚的承重。为世界上年代最早的大跨度单孔石拱桥。

2. 最高的立式铜佛

正定隆兴寺铜佛，名大悲菩萨，又称千手千眼观音。通高22.28米，有42臂，分别执日月、净瓶、宝杖、宝镜、金刚杵等法器，面部端详恬静、仁慈庄重。始铸于北宋开宝四年（971年），有3000工匠投入工程，采取"先铸佛，后盖楼"、"就地支锅，屯土增高，分节铸，再加雕刻"的方法，从莲座到头部，共分七节铸成，最后添铸42臂。国内直到20世纪初西藏扎什伦布寺内的铜佛问世，才超过了其高度。

赵州安济桥

千手千眼观音

3. 最高的砖质古塔

位于定州城东南的开元寺塔，始建于北宋，高84.2米，八角11层，座基外围长128米，通身为砖质结构。为中国现存最高的砖木结构古塔，有"中华第一塔"之称。当时定州为宋辽对峙之地，修此塔是为了观察敌情，又称"料敌塔"。

开元寺塔

4. 体量最大的经幢

位于石家庄赵县的陀罗尼经幢，建造于北宋景祐五年（1038年），造型高峻挺拔而秀丽多姿，因幢体刻有陀罗尼经文，故名。由基座、幢体和幢顶宝珠等组成，为八棱七级，除经文外，还雕刻有佛像、神兽、仙山、宝塔、垂幔及佛教故事等，为经幢石雕艺术的精品。

承德避暑山庄

5. 我国现存规模最大的古代园林

承德避暑山庄，亦称承德离宫、热河行宫。为清代皇室的避暑行宫，被称为清朝第二政治中心。分为宫殿区和苑区两大部分，规模宏大，殿、台、亭、阁遍布，山峦与绿水相间，与北京颐和园、苏州的拙政园、留园并称中国古代"四大名园"。

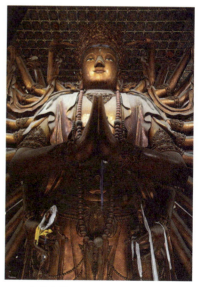

木雕大佛

6. 世界上最大的木雕大佛

位于承德普宁寺的大乘之阁内，金漆木雕，高27.21

海上敌台

鸡鸣驿

人民邮政纪念邮票

米，腰围15米，重约120多吨，俗称"千手千眼菩萨"。大佛内部中空，由一木构架支撑着全部身躯与手臂，用松、柏、榆、杉、椴五种木材雕刻而成，共用材120多方。体态匀称，雕工精细，衣纹飘逸，造型优美，通体饰以金箔，金碧辉煌，栩栩如生，已被载入吉尼斯世界纪录。

7. 万里长城唯一的海上敌台

靖卤台，在南海口尽头，屹立海水中。明嘉靖四十四年（1565年）由主事孙应元兴建，隆庆四年（1570年）总兵戚继光改名靖卤台。是万里长城的第一座敌台，也是唯一的一座海上敌台。

8. 最早的邮政驿站

位于张家口怀来鸡鸣山脚下的鸡鸣驿，又名鸡鸣山驿。始建于元代，占地约22万平方米，城墙高12米，筑有城门、角楼、玉皇阁和寿星阁等。是中国现存最早、保存最完整的古代驿站，为中国邮政的雏形。

9. 最早的人民邮政纪念邮票

晋察冀边区临时邮政机构发行的"抗战军人纪念邮票"，1938年9月发行。晋察冀边区位于同蒲路以东，津浦路以西，正太（今石太）、石德路以北，承德、张家口以南的广大地区。

（三）科学技术

1. 世界上最早的铁矿渣和铁器

于石家庄藁城台西商代遗址发现的铁矿石和经冶炼的铁矿渣，以及铁刃铜钺，是目前发现的世界上年代最早的冶铁实物，证明早在3400多年前石家庄一带的先民已经掌握了冶铁技术。

2. 世界上最早的医疗器械和药物

于藁城台西商代遗址出土的石质砭镰（手术刀）和桃仁、郁李仁等，是目前我国发现的最古老的医用手术器械和药物实体。

3. 最早算出精密的圆周率

南北朝时期范阳（今保定涞水）人祖冲之计算出的圆周率精确到小数点之后的第七位，精确值要比欧洲早1000多年。

4. 首次求出"交点月"的精确数字

祖冲之创制的《大明历》首次求出历法中通常称为"交点月"的日数值，与近代测得的数值极为近似；规定一回归年长度为365.2428日，是我国宋代《统天历》以前最精确的数据。

5. 最早得出球体积计算公式的人

南北朝数家祖暅之（祖冲之之子），比欧洲人早约1000年。他还潜心钻研天算之术，使《大明历》得以正式施行，并制成漏壶等精密观察仪器。

祖冲之

古观象台

6. 首次考虑到太阳视运动不均匀性

是隋朝经学家、天文学刘焯（冢信都昌亭、今河北冀州人），并创立三次差内插以计算日月视运动速度。

7. 最早发明钟表的人

元代的郭守敬（邢台人），在大明殿制作了专门计时用的机械钟，能"一刻鸣钟，二刻鼓，三钲，四钱，初正皆如是"，比荷兰科学家惠更斯发明的摆钟早了380年。

8. 最早精密测量天体坐标的仪器

元代天文学家王恂（保定唐县人）和郭守敬（邢台人）发明的"简仪"，包括赤道经纬仪、地平经纬仪和日晷三种仪器，领先世界300余年。

9. 中国历史上施行最久的历法

由元代科学家郭守敬和王恂、许衡等创制的《授时历》，1281年起实施，历时达364年，精确度与现代历法相差无几。

王恂

（四）高等学校

1. 中国最早的铁路院校

1896年创建于山海关的山海关铁路官学堂，1905年迁唐山，更名唐山交通大学、唐山铁道学院等，是中国最早建立的高等工科学校之一。以土木工程为主，是中国近代土木工程高等教育的重要发祥地之一。1972年迁四川峨眉，改名西南交通大学，沿用至今。

2. 中国最早的警察学校

即北洋巡警学堂。1902年，直隶总督袁世凯委派天津巡警总监赵秉钧筹建天津警官学堂，地址在天津河北区堤头村。1903年保定警务学堂并入，更名为北洋巡警学堂，培养一般警官和高级警官。毕业生主要分配到天津、上海、南京等地。1913至1917年各大商埠设立警察，均向天津聘请教官。

3. 中国最早的高等农业学校

创办于1902年的直隶农务学堂，先后经历了直隶农务学堂、直隶高等农业学堂、河北省立农学院、河北农业大学等历史阶段，目前为省重点建设示范性大学，全国农林院校中办学规模最大的学校。

4. 中国最早的法政学校

1906年创办的天津北洋法政学堂，先后更名北洋法政专门学校、河北省立法政专门学校、河北省立法商学院。具有光荣的革命传统，中共创始人之一李大钊1907年考入，在校攻读六年，创办并主编了《言治》月刊。辛亥革命烈士白雅雨曾担任该校史地教员。师生积极参加辛亥革命、五四运动、五卅运动、一二九运动，成为天津大中学校的一面旗帜。

5. 中国最早的女子师范学校

北洋女子师范学堂，由著名教育家傅增湘创办，并自任监督。后相继改名为北洋女子师范学校、直隶省立女子师范学校、河北省立第一女子师范学校等。1916年著名师范教育家齐国梁任校长后，于1929年创办河北省立女子师范学院，为当时全国女子院校中科系最多、设备最为完善的学府。

（五）工业商贸

1. 最大的羊皮服装和制革产销基地

石家庄辛集的皮革业始于明，盛于清，有"辛集皮毛甲天下"之说，是中国历史上最大的皮毛集散地和北方商埠，羊皮制革占全国总量的40%以上，羊皮服装革和羊皮服装代表国内先进水平，是全国最大的产销基地。

2. 亚洲最大的火柴生产厂家

始建于1912年的泊头火柴厂，生产的"泊头"牌日用安全火柴曾获得国家知名品牌、省首批重点名牌商品以及六大畅销品牌称号，主要经济技术指标连续多年居国内同行业之首。

3. 中国最大的感光化工企业

1965年9月建成投产的保定胶片厂，能生产黑白、彩色电影、照相、医疗、勘测、航空等几十种感光胶片产品。

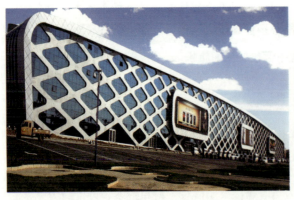
辛集皮革城

泊头火柴

4. 世界首创无苯铅笔漆

苯是铅笔漆的重要原料之一，污染空气，对人体有害。衡水县制漆厂于1982年研制成功无苯新型铅笔漆，具有色泽鲜艳、无苯毒、固定成分高等优点，经国家有关部门鉴定，属世界首创。

保定胶片

5. 首创不用水泥的加气混凝土

石家庄市建材二厂和石家庄市建材科研所协作于1983年8月研制成功"石灰—粉煤灰加气混凝土"和"石灰—电石灰—粉煤灰加气混凝土"，两种新型建筑材料主要原料为工业废渣，不用水泥，填补了国内空白。

6. 首创从木糖醇母液中提取阿拉伯醇

保定制药厂与国家轻工部环保所合作攻关，应用层析分离技术提取，于1983年9月获得成功。木糖醇母液是含有多元醇混合物的下脚料，每吨母液中可提取约3000克的阿拉伯醇，同时还可提取结晶木糖醇。此项技术为国内首创，有重要的经济价值。

7. 首次研制成功的超轻型飞机

石家庄红星机械厂研制的W5(单座)、W5A(双座)超轻型飞机，1983年9月通过国家鉴定委员会鉴定，命名为"蜻蜓五号"和"蜻蜓五甲"，为国内首创。此种飞机的研制成功，有利于发展中国的航空体育、地质勘探、空中摄影和旅游事业，对消灭虫害、森林防火也有很大作用。

8. 中国第一台煤水泵

1958年7月在开滦煤矿机械制修厂试制成功，可以通过水力把井下的煤提升到地面上来。

9. 中国最大的箱包产销基地

保定白沟箱包市场位于京、津、保三角腹地，很早即有生产箱包的传统，经过一段时间的发展，产品达20大类1000多个品种，有150家规模企业、3000多家个体加工户，年产箱包1.5亿只，产销量约占全国的五分之一，是全国最大的箱包产销基地。

10. 中国北方最大的小商品集散地

石家庄南三条和新华集贸市场从破旧的胡同中起步，经历20多年的发展壮大，现成为拥有20多个专业市场，集商业贸易、饮食服务、交通运输、通讯信息、住宿仓储、金融信贷为一体的国家级大型综合贸易市场，经营商品达20大类八万多个品种，辐射全国32个省区市及东欧、非洲、中亚的20多个国家和地区，成为中国北方最大的小商品集散中心。

南三条集贸市场

11. 第一座大型流动大棚剧场

中国第一座A—1型大型流动大棚剧场于1983年9月在廊坊落成并投入使用。采用无梁悬索流线圆柱体型，原料为维纶帆布、木料及合金铝薄型管，高12米，展开面积1700多平方米，能容纳2000个座位。台口及台深都大于一般剧场。台后有景灯区，两边有副台，供乐队、音响、灯光等作业；设有化妆室、男女更衣室及可住80人的演员宿舍。总重约七吨，可全部装入一个箱内，用一辆解放牌牵引车即可拉运，搬迁迅速便利。

（六）自然风物

1. 延伸最长的早太古代地体分布带

唐山迁西太平寨地区，是目前世界上延伸最长的早太古代（约45亿年前）地体分布带，从内蒙古大青山，经山西阳高，北京密云，唐山迁西、迁安，承德平泉，一直延伸到辽宁凌源、抚顺和新金，全长约1000多公里。

2. 最古老的岩石

唐山迁西太平寨的麻粒岩，岩龄为36亿年左右。是一种在高温高压情况下形成的区域变质岩石，主要矿物成分为斜长石、石榴子石、紫苏辉石、石英、硅浅石及方柱石等。

3. 现存最早的酒

于石家庄平山古中山国遗址出土的酒，已有2000余年的历史，是世界上现存最古老的酒，分别盛放在一个圆形的和一个扁形的青铜酒壶之中，共有10多斤，色泽碧绿、清澈透明，出土时还有芬芳的气味。此发现证明我们的祖先在战国以至更早时间就掌握了酿酒技术。

"长城牌"葡萄酒

4. 首获国际大奖的中国葡萄酒

即张家口沙城长城酿酒公司生产的"长城牌"干白葡萄酒。选用当地生产的龙眼葡萄为原料，酿制工艺先进，具有晶亮透明、新鲜爽口等特点。1983年10月在伦敦举办的第十四届国际名

板栗

酒比赛中获得银质奖。

5. 最大的板栗生产基地

河北省沿长城内外400公里的广大燕山山区，包括秦皇岛的抚宁、昌黎、卢龙、青龙，唐山的迁安、迁西、遵化，承德的兴隆等10余个县，生长的板栗素以色泽鲜艳、含糖量高、果实整齐而著称于世，是中国最大的板栗生产基地。

6. 中国生物之最

被认为在中国早已灭绝的植物——菜芙蓉，于2003年8月在邢台内丘惊现，引起专家们的关注。此种植物高两米多，开紫心黄花，生物酮含量比大豆、银杏高近百倍，为一年生草本植物，属锦葵科，已多年不见踪迹。

唐胥铁路

京张铁路

（七）交通运输

1. 中国第一条标准轨距的铁路

从唐山至胥各庄的唐胥铁路，长10公里，1881年建成通车。此条铁路是开平煤矿为了煤炭开发，在清政府洋务派主持下，由开平矿务局集资修建。

2. 最早自行勘测、设计、修建的铁路

北京至张家口的京张铁路，建于1905至1909年，詹天佑为总工程师兼会办，主持铁路建设的全线工程。铁路沿线，特别是八达岭一带层峦叠嶂，峭壁接天，隧洞深长，直至今日人们仍然赞叹这项工程的艰巨与伟大。

秦皇岛港

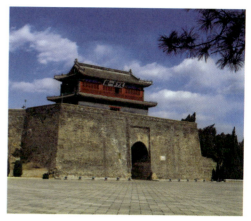

天下第一关

3. 中国第一条复线电气化铁路

即由石家庄至山西太原的石太线铁路，全长235公里，1982年9月全线建成通车。

4. 最长的引水隧洞

引滦入津工程咽喉地段的引水隧洞，位于唐山迁西、遵化两县交界处，是中国目前最长的引水隧洞，全长12.39公里。

5. 最大的煤炭输出港

建于清朝末期的秦皇岛港是目前世界上最大的煤炭输出港。

（八）其他"第一"美誉

1. 天下第一关

山海关，位于秦皇岛市，地处冀、辽两省交界处，是万里长城的东部起点。南临渤海，北负

西柏坡

燕山，一关雄踞，将山、海、关联成一片，地理位置十分重要，历来为兵家必争之地，素有"两京锁钥无双地，万里长城第一关"之称。

2. 天下第一坡

西柏坡，位于石家庄平山太行山南麓，滹沱河北岸，南临岗南水库，因村北岭上长满松柏并与东柏坡相对而得名。1948年5月至1949年3月，毛泽东和中共中央、中国人民解放军总部驻扎在这里，是中国革命的最后一个农村指挥所。

3. 杂技第一乡

沧州吴桥，此地很早就有"杂耍"的传统，民谣讲："上至九十九，下至才会走，吴桥耍玩意儿，人人有一手。"迄今已有2000多年历史，从这里走出了大批杂技人才，有"天下杂技，没有吴桥不搭班"之说，被誉为中国乃至世界杂技的摇篮。

4. 天下第一药市

保定安国药市，安国古称祁州，又称祁州药市。早在北宋年间就成为中国著名的中药材集散地，清道光年间达到鼎盛，被称为"药州"、"药都"、"天下第一药市"，有"草到祁州方成药，药到安国始生香"的说法。

5. 天下第一峡

百里峡，位于保定涞水的野三坡，由三条幽深的峡谷及蝎子沟、海棠峪、十悬峡组成，形如鹿角。因全长52.5公里，故名百里峡。集雄、险、奇、幽于一体，构成浓墨重彩的壮丽画面。

6. 第　次有组织、有准备的农民起义

即东汉末年发生的黄巾起义，经过长期的准备，发展到100多万人，遍及河北、河南、山东、

吴桥杂技大世界

野三坡

安徽、湖北、江苏等地，动摇了东汉的统治。起义领袖张角、张梁是巨鹿（今邢台平乡）人。

7. 第一个解放的大城市

1947年11月12日石家庄解放，这是解放战争时期中国人民解放军攻克的第一个较大的城市。此次战役的胜利，为以后的城市攻坚战提供了宝贵经验。

第一个解放的大城市——石家庄

8. 中国第一条"地下大动脉"

即黑龙江大庆至秦皇岛的输油管道，全长1152公里，1974年12月建成输油。大庆的石油经过输油管道运到秦皇岛油港，装船后运往四面八方。

9. 中国第一个碳酸盐岩大油田

1975年发现、1978年10月建成的任丘油田，是已发现油田中储油岩层最厚、单井日产油最高的油田。首年开发打的一批井，平均单井日产油量在1000吨以上，最多的达3000吨，相当于大庆等砂岩油田100口井的日产油量。

后 记

　　本次再版《可爱的河北》一书，源于一位老同志写给省委常委、宣传部长艾文礼的信，提出1984年由河北人民出版社编辑出版的《可爱的河北》很好，是河北的活字典，希望省委宣传部牵头重新编辑出版此书，可作为河北各级政府的官方礼物赠送友人，以弘扬河北文化。艾文礼部长意识到这项工作所蕴涵的巨大价值，立刻做出批示。杨永山常务副部长组织落实，白石、戴长江副部长专题打报告提出运作方案及编撰人选，事情就此确定了下来，组成了编委会及编写组。经过半年多努力工作，进行了认真的规划和研讨，查阅和筛选了大量的资料，征集到大批图片，稿件基本成型，共分为九个部分，近60万字，配1000余幅图片，彩色印刷，图文并茂。

　　编辑制作的具体分工，文字部分：1.良好的资源禀赋（范捷）；2.悠久的历史传承（范捷）；3.雄厚的经济基础（刘继章）；4.发展的科技教育（郑恩兵）；5.绮丽的风光名胜（杜涛）；6.高雅的文化艺术（赵继民）；7.独特的民俗物产（郑恩兵）；8.璀璨的古今城市（范捷）；9.骄人的中国之最（赵继民）。由范捷负责全书的策划、统筹及审定，郐少华负责图片征集、装帧设计，彭大力、王冬炎负责提供插画。

　　要感谢《可爱的河北》一书原版及首次再版的作者及编辑们，因为他们所付出的智慧与劳动，使此书在社会上产生了非常好的影响，奠定了很好的基础，也才有了这一次再版。在本次编辑出版的过程中，要感谢省委宣传部、省文明办、省委外宣局、省出版传媒集团、省社科院、河北日报、省科技厅、省教育厅等部门的大力支持，感谢几位作者的辛勤劳动，感谢河北人民出版社马千海、荆彦周等社领导及编辑所做的大量工作。

2013年12月